黄遵宪外交活动与思想研究

倪新兵 黄涛 ◎ 著

SPM 南方传媒 广东人民出版社
·广州·

图书在版编目（CIP）数据

黄遵宪外交活动与思想研究 / 倪新兵，黄涛著. —广州：广东
人民出版社，2023.8
ISBN 978-7-218-16836-4

Ⅰ．①黄… Ⅱ．①倪… ②黄… Ⅲ．①黄遵宪（1848—
1905）—政治思想—思想评论 Ⅳ．①D092.52

中国国家版本馆CIP数据核字（2023）第155135号

HUANG ZUNXIAN WAIJIAO HUODONG YU SIXIANG YANJIU
黄遵宪外交活动与思想研究
倪新兵 黄 涛 著

出 版 人：肖风华

责任编辑：钱飞遥
责任技编：吴彦斌 周星奎

出版发行：广东人民出版社
地 址：广州市越秀区大沙头四马路10号（邮政编码：510199）
电 话：（020）85716809（总编室）
传 真：（020）83289585
网 址：http://www.gdpph.com
印 刷：广州小明数码印刷有限公司
开 本：787毫米×1092毫米 1/16
印 张：22.25 字 数：320千
版 次：2023年8月第1版
印 次：2023年8月第1次印刷
定 价：68.00元

序 言
Xu Yan

　　作为中国近代史上杰出的史学家、外交家和维新活动家，黄遵宪所处的特殊时代是鸦片战争以后的晚清国势衰弱沉沦、东西列强肆意侵华的民族危机时期。伴随着政治嬗变和经济转型，东西方的政治思想、学术文化、社会价值等领域里的新旧冲突也不断发生，中西文化碰撞尤为激烈。在时代急剧变动的这段时期里，黄遵宪是一位希望一雪国耻的积极探索者，他从中华优秀传统文化中汲取精髓，又从西方社会进步和国际时局变迁的文化交流中，启迪自身、惠及国人，与时俱进地成为能够代表近代中国文化发展的先进人物。他在很好地融汇东西方文化，又在去伪存真的推陈出新中，辛苦撰写了《日本国志》，将之作为劝诫最高统治阶级和融汇东西文化的一面政治大旗，深刻体现了他的热爱祖国、自强不息的民族精神和奋发图强的人文情怀。在走出国门的弱国外交征途上，工作之余，黄遵宪不断积累了大量文献资料，比较深入地了解近代日本的政治变革和社会发展情形，在光绪四年（1878）夏到光绪二十一年（1895）秋冬之间撰成《日本国志》并刊行，彰显了这部历史著作的文化价值。仅以《日本国志》定本所载的李鸿章、张之洞和薛福成等政坛显赫人物的言论，足见黄遵宪的赤子之心和历史成就，例如李鸿章在光绪十四年（1888）年初批注，称《日本国志》，"于酌古之中，为匡时之具。"①张之洞在向总理衙

---

　　① 李鸿章：《日本国志·裹批》，王宝平主编《日本国志》，上海古籍出版社2001年版，第434页。

门呈送的咨文中写道："《日本国志》纲目备举，寄意深远。"①薛福成在为《日本国志》作序后赞曰："此奇作也！数百年来鲜有为之者。"②作为一部研究日本的史书，《日本国志》至今虽逾百年，但不乏闪光点。它征引了广博的文献资料，涉及了丰富的内容，在发掘问题和提出见解方面的敏锐和独到之处，"不仅过去没有，以后也未曾见过"。③或许难免言过其实，但《日本国志》所具有的史学价值、思想文化价值、社会变革意义和社会影响仍有特定的时代价值，也具有以史为鉴的当代学术意义，值得深入研究。

黄遵宪努力编撰《日本国志》，充分展示"弱国有外交"和渐进立宪的强国思想，而且并蒂而生的还有他的经世才略。对此，深受黄遵宪思想影响的晚清维新派巨匠梁启超有过精辟的评价，"其所志所学，蟠天际地……举九州之骏足，十驾焉而莫之能追"，甚至说"古有以一人之用舍系一国之兴亡者，观于先生，其信之矣！"④虽然身居不过驻日、英使馆参赞和驻美旧金山与驻新加坡总领事等职，外交官黄遵宪不以为落拓而是以外交救国为己任，在竭力协助公使和完成本职公务的闲暇时间里，他秉承周礼"小行人""外史氏"之任，费时八九年（1878—1887年）著成《日本国志》，更大规模和更高层次地将立宪改革思想布于社会，导向维新，尽职责而超时务，筚路蓝缕之功远胜于著才毕现。维新实践家的黄遵宪在卸任归国后办《时务报》、襄助湖南新政、觐见光绪帝陈述变法韬略，及出使日本而未果，一直锐意进取、恪守立宪，誓要实现这一目标。如此坚韧、如此真挚，全赖于他对于西学的理解和接受、改造和实践。黄遵宪以

---

① 张之洞：《日本国志·咨文》，王宝平主编《日本国志》，上海古籍出版社2001年版，第434页。

② 薛福成：《日本国志·序》，王宝平主编《日本国志》，上海古籍出版社2001年版，第1页。

③ 向荣：《中国的近代化与日本》，湖南人民出版社1987年版，第136页。

④ 梁启超：《嘉应黄先生墓志铭》，载钱仲联《人境庐诗草笺注》附录二，上海古籍出版社1981年版，第1165页。

进化论和民权思想为指导，结合驻东西洋的实地考察，著成四十卷《日本国志》，构筑了一个以日本为参照系的立宪模式，在湖南新政中化作"地方自治"方案，试行一年多卓有成效。如果能独当一面，或被委以重任，西学模式就有可能成为现实。但这种西学模式的局限性也很多，黄遵宪一方面追求西方资产阶级民主，另一方面又不时受到封建君臣大义的制约，只是在晚年才对封建君权进行抨击。①可见，黄遵宪的君主立宪变革思想是不彻底的，是在维护封建制度的前提下的改良之举。但从历史的眼光分析，黄遵宪所能达到的时代高度，就是君主立宪的政治理想，这是当时中国人学习西方的时代成果，正如毛泽东所说"自从一八四〇年鸦片战争失败那时起，先进的中国人，经过千辛万苦，向西方国家寻找真理。……要救国，只有维新，要维新，只有学外国。那时的外国只有西方资本主义国家是进步的，它们成功地建设了资产阶级的现代国家。"②学习未必超越时代，因此不能苛求于他，恩格斯曾说绝大多数人"没有能够超出他们自己的时代所给予他们的限制"。③站在已有成果的视角而论，本着世界开放的宽域、本着迈向立宪政体的资本主义社会向往，黄遵宪将弱国外交、开启民智和立宪救国相融合，构建了他始终如一的言行一致的改革蓝图，从而在近代外交史上名噪一时又为后世乐道之。

拙著《黄遵宪外交活动与思想研究》本着对先贤黄遵宪的尊敬和对《日本国志》所蕴含历史价值的古今通情的发掘心愿，努力展示黄遵宪在近代外交舞台上的积极作用，以及其外交理念对当代国际关系的某些借鉴意义。黄遵宪是晚清政治内部的外交官，却将传统朝贡外交置于身外，有胆有识地移植进而创新了有利于弱国外交的外交理念和外交方法，并在本职岗位上为祖国已丧失利权的挽回和潜在公众之利益沦丧的阻止，都起到

---

① 黄敬才：《浅析黄遵宪的西学思想》，《沧桑》2009年第6期。

② 毛泽东：《论人民民主专政》，《毛泽东选集》第4卷，北京：人民出版社1991年版，第1470页。

③ 恩格斯：《社会主义从空想到科学的发展》，《马克思恩格斯选集》（第三卷），北京：人民出版社1997年版，第405页。

了很明显的历史作用。从历史上看，洋务派的"开放"和"诚信外交"仍是一种"和戎"政策，是传统朝贡体系在当时的延伸，其外交原则就是委曲求全，以假"和平"作为终极目标，这极易造成丧权辱国的悲剧结局，洋务运动的破产就是明证。而黄遵宪所遵循的弱国外交理念，则是周旋于列强之间，持理不屈，伸缩有度，最终达于阻滞其或平起平坐于列强，这是中华民族顽强不屈、自尊自强、改革求进等优良传统在近代外交、政治变革过程中的体现。

值得指出的是，近代中国外交事业的艰难起步和维护民族利权的力不从心，最主要的原因是晚清半殖民地的国际地位和每况愈下的综合国力，而外交人员的蒙昧、懈怠不争和得过且过的"怀柔远人"也是不可忽视的因素，但这不能将黄遵宪包括在内，因为他竭力地使弱国外交达于极致，以致实在无能为力而恳请奉调国内进行许多外事人员不愿涉足的教案和开埠谈判活动，即便如此他也是不辱使命，尽管因最后决策权在清廷手里而使其谈判协议成为一纸空文。这些"一纸空文"却道出了黄遵宪杰出的外交才能和忧国救国的民族大义，他具有世界开放理念和追求主权平等、和平交流的思想，显然超越了洋务派、保守派的思想境界而成为典型的资产阶级外交家，特别是对华侨的外交保护，成为黄遵宪"伸自主之权，保公众之益"的重要外交内容。由此可见，近代中国的外交事业是处在不断发展的历史时期。我们知道，1877年2月24日，郭嵩焘开始与英国政府谈判在新加坡设立领事馆事宜，经反复交涉，7月，英国政府同意在其殖民地新加坡设领事馆。8月9日，郭嵩焘向总理衙门上《新加坡设领事片》，建议在华侨居住地设立领事馆，以保护华人华侨。10月31日，清政府批准在新加坡设立领事馆，由当地华商胡璇泽（原道员，广东人）出任首任领事。中国第一个驻外领事馆设立了，这是中国海外设立领事馆的开端。终清一代，驻新加坡领事共有12任。驻外领事分总领事、正领事、副领事或署领事三等，由出使大臣选派，归使臣节制。除在华侨聚住地设立领事馆外，清政府还应形势需要在世界各地建立领事馆和派驻总领事官，如1881年6月，驻美公使郑藻如奏请在纽约设立领事馆，推荐原江苏试用通判欧阳明为第一任领事，1883年3月纽约领事馆正式建立。[①]经过薛福成的努力，1891年11月，新加坡领事馆升格为驻海峡殖民地总领事馆，首任总领事官是原二品衔分省补用道黄遵宪。清政府在海外设立各级领事馆，不仅提高了中国在世界的地位与影响力，也逐步有效地保护了海外华侨和中国在国际上的合法权利。在华侨和华工方面，真正对改变传统移民政策和保护华侨贡献最大的是薛福成和黄遵宪。通过对美国和东南亚华侨的了解和观察，他们提出对华侨"每于海外要地设领事官以保护之"，以前的海禁条例"不废而自废，不删而自删，非偏厚此出洋之民也，实势为之也。"[②]1893年9月13日，总理衙门上奏，提请正式废除海禁旧例，允许"良善商民，无论在洋久暂，与内地人民一律看待"[③]。至此开始，"自弃王化"而赴海外的华侨受到保护和重视。到清末新政之际，特别是商部成立后，加强了对华侨的保护措施，1903年12月，清政府发布谕旨，命令地方官员认真执行，违者按律严惩。[④]据不完全统计，至清末，中国共在10多个国家设立使馆和领事馆，以保护侨民，一定程度上说明了晚清这个"天朝"正在融入以西方为主导的近代外交体系之中。

外交就像战争一样，是民族国家政治的外在延伸和外围保障或促进。在弱肉强食的近代世界，处于下风的晚清弱国，外交对保障国家利权上力量最弱，除非达于综合国力均势的格局下外交才具有平等地位和斡旋功效，因此，"弱国有外交"的内涵便转移到立宪强国的政治根本上来。然而，戊戌变法刚使晚清中国迎来进步的曙光，就被封建顽固保守派扼杀在

---

① ［澳］颜清湟著，粟明鲜译：《华工出国与清朝官员》，中国友谊出版公司1990年版，第155-157页。

② 薛福成：《庸盦全集》，《海外文编》第1卷，台北：华文书局1963年版，第18-20页。

③ 朱寿朋编，张静庐等校点：《光绪朝东华录》（三），北京：中华书局1958年版，第3244页。

④ 陈宝箴等编：《大清德宗景皇帝实录》第523卷，北京：中华书局1987年版，第3页。

摇篮里。这是中国政治的悲哀，也是外交家黄遵宪命运不佳的历史写照。光绪帝错失了能挽救颓亡的才臣黄遵宪，也因之成了最悲切的囚君。黄遵宪的君主立宪模式也就失去了依凭而成为空中楼阁，促成了他晚年一度的从改良走向群众革命思想的发端，"人言廿世纪，无复容帝制，举世趋大同，度势有必至。"①

终生怀才不遇而"才大世不用"的黄遵宪病逝于1905年3月28日，时年58岁，时人皆大为惋惜。何士果从驻日使馆寄来一副挽联，历述黄遵宪之生平事迹，联云："五千年罕见奇才，著演孔篇，是哲学巨儒；创保卫局，是政治大家。至于画策朝鲜，参议琉球，是外交舞台屠龙妙技。此老为硕果仅存，归养故乡，曾筑精庐在人境；一万里遥传噩耗，览公遗书，有日本国志；颂公遗草，有新民诗话。追忆送客长亭，赌棋别墅，有东晋名士挥尘风流。暮春正樱花齐放，怆怀景物，不堪洒泪向梅州。"②据笔者所知，与这首挽联的意境与评价相媲美的，乃是学者张永芳的论文《历史标志的幸者与壮志未酬的先觉》对黄遵宪的精辟总结，"黄遵宪既是标志性历史人物的幸者，又是没能实现自身抱负而承担巨大痛苦的时代先觉，其幸与不幸，都只能从历史本身求得答案。"③因此，拙著正因对这位先贤"识、学、德"的敬仰和对他期冀的大同而和平的世界秩序的期望，而应生在21世纪初年，更具有对人类未来"邻交有益"的和平与进步的瞻望情结，因为"人飞不如禽，走不如兽，而世界以人为贵，则以禽兽不能群，而人能合人之力以为力，以制伏禽兽也，故人必能群而后能为人。何以为之国？分之为一省一郡，又分之为一邑一乡，而世界之国，只以数十计，

① 黄遵宪：《病中纪梦述寄梁任父》一诗，载钱仲联《人境庐诗草笺注》，上海古籍出版社1981年版，第1075页。
② 谢永昌：《黄遵宪与近代中国》，载王晓秋等编《黄遵宪与近代中日文化交流》，大连：辽宁师范大学出版社2007年版，第278页。
③ 张永芳：《历史标志的幸者与壮志未酬的先觉——缅怀近代名人黄遵宪》，载中国史学会等编《黄遵宪研究新论》，北京：社会科学文献出版社2007年版，第548页。

则以郡邑不足以集事，必合众郡邑以为国，故国以合而后能为国。"①作为一代出师未捷身先死的外交家，黄遵宪呼唤着国强民富的近代化是奠基在"合群"理论之上，在他看来，"合群"就是世界一体、和平共创、文明共享，这是人类创造文明的实事求是的思想与行动原则，也是我们研究黄遵宪外交理念后所能得出的最深邃的人性结论。

---

① 黄遵宪：《南学会第一二次讲义》，《戊戌政变记·湖南广东情形》，载梁启超《饮冰室合集》（第六册专集卷一），北京：中华书局1989年版，第139页。

目 录
Contents

　　黄遵宪（1848.5.29—1905.3.28），出生于广东嘉应州城东攀桂坊黄屋（即今梅州市下市德赞楼），字公度，别署"人境庐主人"，自号"东海公""法时尚任斋主人""水苍雁红馆主人""观日道人""布袋和尚""公之它""拜鹃人"等。出身于由典肆致富的官僚地主家庭，其父黄鸿藻是清末举人（1856年中举），曾任户部主事贵州司行走、广西思恩知府等职。黄遵宪4岁入家塾，学习中国传统的旧学。同治四年（1865）太平军一部入嘉应城，他携新婚之妻叶氏随家人避乱于潮州，自此开始重视时务，研究经世之学。同治六年（1867）入州学，同治十年（1871）岁试第一名补廪膳生，翌年（1872）考取拔贡生。同治十三年（1874）赴京应乡试。光绪二年（1876）中举，被录取为第141名举人。光绪三年（1877）经何如璋举荐，年底即随何出使日本担任清政府驻日使馆首任参赞，开始外交生涯。在日履职四年多，是其政治思想的重要转折时期。黄遵宪开始研究日本，不几年初成《日本国志》草稿。光绪八年（1882）他被调任美国旧金山总领事，四年后辞职回家，在刊行《日本杂事诗》诗集之后，着力撰修《日本国志》，至光绪十三年（1887）完稿。光绪十六年（1890）他跟随薛福成赴英、法，任驻英使馆二等参赞，两年后调任新加坡总领事。1894年甲午中日战争爆发前后，他奉调回国，在张之洞幕下主持江宁洋务局。其间，史著《日本国志》得以刊梓，广为传布，为维新派提供了变法指导思想的主要蓝本。1896年黄遵宪参加了上海强学会，主持创办《时务报》，并使它成为维新派在南方的重要喉舌。光绪二十三年（1897）受到翁同龢的举荐，黄遵宪出任湖南长宝盐法道，旋兼署理湖南按察使。在湘期间，他积极协助巡抚陈宝箴推行新政，颇见成效。一年后被任命为出使日本大臣，未赴任而戊戌变法失败，卒被革职放归故里"永不叙用"。从此，黄遵宪只得与诗为伴，1902年辑成《人境庐诗草》出版。1905年卒于家乡，终年58岁。黄遵宪生前编撰出版《日本杂事诗》二卷、《日本国志》四十卷和《人境庐诗草》十一卷，此外还有大量的文稿、书札。

黄遵宪是近代中国第一批外交官，外交征程几近二十年的前前后后，他有很多次重要的思想渐进和精神嬗变，例如少年时代读书中举励名、赴日后研究日本而著书立说、赴欧后见习立宪政体而欲倡民权变法、归国后办报纸以促维新、戊戌变法之际出师未捷、返归故里后投身教育，一度革命思想萌生。短暂一生却风生水起，豪迈中裹着悲伤，落拓中蕴含激奋。无论仕途如何，国运如何，他总不落笔墨，成为近代中国"诗界革命"的大员，"思少日喜为诗，谬有别创诗界之论。然才力薄弱，终不克自践其言。譬之西半球新国，弟不过独立风雪中清教徒之一人耳。若华盛顿、哲非逊、富兰克林，不能不属望于诸君子也。诗虽小道，然欧洲诗人，出其鼓吹文明之笔，竟有左右世界之力。仆老且病，无能为役矣，执事其有意乎？"①然而，正是从诗人观世界的自我定位出发，黄遵宪一辈子展示多少自负、自谦、自怜和自叹。透过现象看本质，事实上，黄遵宪志在变法和国运福祉，并不屑以诗人自居，却因独木难支而不经意间以诗名世，"举鼎膑先绝，支离笑此身。穷途竟何世，余事且诗人。技悔屠龙拙，时惊叹

---

① 黄遵宪：《致丘菽园函》（光绪二十八年十一月一日，1902年11月30日），载陈铮编《黄遵宪全集》，北京：中华书局2005年版，第440页。

蜡新。剖胸倾热血，恐化大千尘。"①对于兄长的诗才和政才，胞弟黄遵楷做了鉴别，"其于诗也，虽以余事及之，然亦欲求于古人之外，自树一帜"，"以非诗人之先生，而使天下后世，仅称为诗界革命之一人，是岂独先兄之大戚而已哉！""先兄之不见容于当时，终自立于无用之地位，先兄之不幸，抑后于先兄者之不幸耶！"②

　　黄遵宪堪称近代中国的经世改革家，而且他在外交、文学、史学、社会、教育等领域均取得了一定的成就，至今仍成为历史研究的一个对象。同时，他又是一位落魄的政治家、外交家和新派诗人，以诗名世，这是时代对他的纪念。怀才不遇和终生落魄的才子佳人不计其数，但能留名于世，人生足显光芒。从诗人的角度，梁启超对黄遵宪的评价堪为公允，"古今之诗有两大种：一曰诗人之诗，一曰非诗人之诗。之二种者，其境界有反比例，其人或相非或不相非，而要之未有能相兼者也。人境庐主人者，其诗人耶？彼其劬心营目憔形，以斟酌损益于古今中外之治法，以忧天下，其言用不用，而国之存亡，种之主奴，教之绝续，视此焉，吾未见古之诗人能如是也。其非诗人耶？彼其胎冥冥而息渊渊，而神味沈沈，而音节入微，友视骚、汉而奴畜唐、宋，吾未见古之非诗人能如是也。主人语余，庚、辛之交，愤天下之不可救，誓将自逃于诗忘天下。然而天卒不许主人之为诗人也。余语主人，即自逃于诗忘天下，然而子固不得为诗人。并世忧天下之士，必将有用子之诗以存吾国、主吾种、续吾教者，矧乃无可逃哉？虽然，主人固朝夕为诗不少衰，故吾卒无以名其为诗人之诗与非诗人之诗欤？"③以诗言志，是黄遵宪从事弱国外交的前后最基本的人文活动，它将作诗、外交、改革合成一体，构成他生命的连贯性。狄葆

---

①　黄遵宪：《支离》一诗，载钱仲联《人境庐诗草笺注》，上海古籍出版社1981年版，第773页。

②　黄遵楷：《人境庐诗草初印本跋》，载陈铮编《黄遵宪全集》，北京：中华书局2005年版，第69-70页。

③　梁启超：《原稿本卷五至卷八·梁跋》，载钱仲联《人境庐诗草笺注》，上海古籍出版社1981年版，第1086页。

贤曾写短章五首吊唁黄氏："竟作人间不用身，尺书重展泪沾巾。政坛法界俱沉寂，岂仅词场少一人。悲愤年年合问谁？空余血泪化新诗。微吟踏遍伤心地，不见黄龙上国旗。雁泪随红涨秋水，法时尚任意何如？遥怜病榻传遗札，更胜当年论学书。无端重话旧因缘，说法维摩等化烟。何处身心现离合，天华来去自年年。奇才天遣此沉沦，湘水愁予咽旧声。莫问伤心南学会，风吹雨打更何人？"①作为黄遵宪忘年交的梁启超，在《嘉应黄先生墓志铭》中盛赞黄遵宪的品才兼优，"呜呼！以先生之明于识，练于事，忠于国，使稍得藉手，其所措施，岂可限量。而乃使之浮沈于群吏之间者且数十年；晚遭际会，似可稍展其所蕴矣，而事变忽起，所志不终遂，且乃忧谗畏讥，流离失职而死，此岂天之所为耶！"②

黄遵宪是否为一位英雄，若以成败论英雄而观，是很难被称为英雄，但他是一位披阅中西文化而又有深邃见解的出世英雄。在国难日重下的功败垂成，黄遵宪难免英雄怅然，君主立宪思想不能变成现实，绝非仅是黄遵宪一人的悲哀，而是晚清中国的一个时代的悲哀。而黄遵宪所遵循的立宪渐进之法，则是深谙古往今来的人类文明大势的一个政治觉悟，是先知先觉和应时政治的结合体。激进的保国和保守的护国，都是爱国主义的表现方式，只是在适应性方面存在差异或优劣。在《中国近代思想史上的激进与保守》的演讲结尾，余英时说道："矫枉不能过正，我绝不是提倡用'保守化'来代替'激进化'的潮流。无论是爱因斯坦也好，是阿兰·布鲁斯也好，他们都主张'保守'和'激进'或'创新'是需要随时随地、相互平衡的。中国百余年来走了一段思想激进化的历程，中国为了这一历程已付出极大的代价。"③也就是说，任何变革都有一定之规，激进和保守都是相对的，重要的是如何恰如其分地实践好。正是认知水平和操作水平的低，晚清的洋务运动和戊戌变法相继失败，都在考量着中国人从失败中找到走向成功的政治元素。可见，"我们的先辈们实在是做了无愧于历史的艰苦努力，他们的努力未曾达到预期的目标，主要责任不在他们，是中华民族的危机太深重了，历史给予他们的机会太少了。"①

黄遵宪是晚清中国历史的经历者、创造者和见证者，是时代养育的一位先进分子。他以匠心独运之心力著成《日本国志》而成就史学家的伟岸，并以虽败犹荣的立宪变革勇气在中国宪政发展史上留下精彩一笔，都足以使之成为经久不衰的历史研究对象。目前被称为"黄学"的黄遵宪研究已经取得了很多学术成果，是有目共睹、有稽可查的事实。在笔者看来，百余年来国内外的"黄学"研究，从宏观上讲，20世纪初至40年代是起步（草创）阶段，从50年代至70年代是奠基阶段，从80年代至今是发展阶段。改革开放以来，对黄遵宪的学术研究更加深入，领域也不断拓宽。学界一般认为，黄遵宪首先是一位维新政治改革派、启蒙思想家、外交活动家、爱国教育家，然后才是清末一位杰出的诗人，而他的诗也主要是政治诗，正如香港"黄学"专家怡然先生所说："纵观中国近代历史，就开放意识而言，如果说林则徐是'睁眼看世界'的第一人的话，那么黄遵宪是真正走向世界的第一人了！后人往往从文学或诗界革命的领域去理解他，而忽视其作为爱国者、思想家、变法维新者、政治家的本来面目，对黄遵宪历史地位全面深刻认识，是直到近年来才开始出现的。"②

为深入研究黄遵宪及其思想，笔者择取他的外交理念和外交活动及其成效进行抛砖引玉的初探尝试。要达于符合学术规范和较深刻的研究结论，需要对黄遵宪留下的诗文史著进行细心研读，因为这里蕴含着黄遵宪思想变迁的全部脉络，也演绎着他的各种思想的前因后果，其中外交思想

① 耿云志等：《西方民主在近代中国》，北京：中国青年出版社2003年版，（前言）第3页。
② 肖根平、饶金才：《黄遵宪：近代中国走向世界第一人》，《梅州日报》2004年5月9日。

是一种基础思想，并与他的史学思想、诗学思想、政治思想、教育思想等相互贯通，相互依存，统一而显著，成为"黄学"研究取之不竭的资料源泉。对此，黄遵宪研究的先驱者之一的周作人说过"黄公度是我所尊重的一个人。但是我佩服他的见识和思想，文学尚在其次"①。研究黄遵宪，史著《日本国志》就显得非常重要，它不仅是作者的著才、诗情和史学功底的全面展露，也是作者的外交思想和政治思想的集中体现。自随使日本到1887年的八九年间，黄遵宪公务之余克服了"采辑之难""编纂之难""校雠之难"而编撰成的《日本国志》，堪称是当时研究日本的扛鼎之作，这也预示着他在中国近代外交进程中的一件伟大使命的完美谢幕。从总体上而论，《日本国志》是近代中国人编撰的第一部日本通志，也是黄遵宪在弱国外交舞台上凝聚心血而成的外事心得和外交奏章，所以，它在当时是一部里程碑意义的政论和史著，具有符合时代潮流的思想启蒙作用，"海内奉为瑰宝，由是诵说之士，抵掌而道域外之观，不致如堕五里雾中，厥功洵伟矣哉！"②遗憾的是，黄遵宪向李鸿章、张之洞等当朝权贵人物和负责清朝外交的总理衙门呈递书稿和禀文，却迟迟得不到回应，《日本国志》未能在定稿时及时出版而广泛传布，影响到了立宪思想的传播，这不仅是黄遵宪和《日本国志》的不幸，更是悠久华夏文明的一次不幸，"在中外时势剧变的晚清时期，清皇权官僚士大夫体制的僵化、封闭、保守，扼杀了在体制内部生长的弥足珍贵的应对时局的思想和知识资源，从而给国家利益和民族命运造成了不可弥补的历史损失。"③甲午战败，《马关条约》签订后，民情激愤。总理衙门章京袁昶带了《日本国

---

① 周作人：《人境庐诗草》，载《秉烛谈》，长沙：岳麓书社1989年版，第43页。

② 狄葆贤：《平等阁诗话》，载钱仲联《人境庐诗草笺注》附录三，上海古籍出版社1981年版，第1274页。

③ 李长莉：《黄遵宪〈日本国志〉延迟行世原因解析》，中国史学会等编《黄遵宪研究新论》（纪念黄遵宪逝世一百周年国际学术讨论会论文集），北京：社会科学文献出版社2007年版，第81页。

志》往南京见张之洞，除盛赞《日本国志》"翔实有体"外，还对甲午战前当局未对此书予以重视深表遗憾，他说："此书稿本，关在总署，久束高阁，除余外，无人翻阅。甲午之役，力劝翁常熟主战者为文廷式、张謇二人，此书若早布，令彼二人见之，必不敢轻于言战，二人不言战，则战机可免，而偿银二万万可省矣。"①与袁昶持相似意见的还有湖南同僚皮锡瑞，时在1897年10月。皮锡瑞在日记中写道："出门见黄公度廉访同年，相隔廿余岁矣，道故甚亲密，允以《日本国志》见赠，云此书早交总理衙门，而彼不刻，若早刊出，使道希、季直见之，或不至力主战矣。"②或许是天理昭昭，或许是皇天不负有心人，也或许是"人类巨大倒退是以巨大进步作为补偿"的倒效应，黄遵宪在《日本国志》中预言日本"颇有以小生巨，遂霸天下之志"③，晚清在甲午战争中战败宣告洋务运动破产，清政府被迫签订前所未有的屈辱的《马关条约》，引发了中国严重的民族危机；而酝酿已久的资产阶级维新思潮和变革运动，以1895年春的"公车上书"为契机，迅速走向全面高涨，中国处在"山雨欲来风满楼"的前夕。在群情激愤的社会转型时期，由广州富文斋刻印的《日本国志》也在1895年秋冬之际正式刊行。耽搁八年之久《日本国志》在是年秋冬之际横空出世，恰如这场暴风骤雨来临前的闪电，给予败于蕞尔岛国的泱泱大国之中国人莫大的心理抚慰。就在维新变法期间，《日本国志》多次刊行，成为当时统治者和维新派以及一些觉醒人士的启蒙书籍。

　　黄遵宪病逝后，不少挽联对其一生的政治抱负和文化造诣都给予了不同层面的评价，例如蒋观云联曰："公才不世出，潦倒以诗名。……才大

---

　　① 吴天任：《黄公度先生传稿》，香港中文大学出版社1972年版，第366页。

　　② 皮锡瑞：《师伏堂日记》（光绪二十三年九月初六日，1897年10月1日），《湖南历史资料》1958年第4期。

　　③ 黄遵宪：《日本国志·地理志一》，王宝平主编《日本国志》，上海古籍出版社2001年版，第105页。

世不用，此意谁能平？……惟于歌啸间，志未忘苍生。"①梁启超在《嘉应黄先生墓志铭》中更坦率地对黄遵宪的悲剧人生做了发人深省的思考，"士失职者多矣，而独于斯人焉奚悲？悲其一身之进退死生，与一国之荣悴兮相依。……其所志所学，蟠天际地，曾不得以百一自见于时；若夫事业文章之在人耳目者，则乃其平生之所不屑为，然且举九州之骏足，十驾焉而莫之能追。……九原不作兮吾道谁与归？仪型先民兮视此辞。"②黄遵宪是经世致用的外交官和维新变法者，其悲剧是主客观的产物。诗人的豪放和自负，与封建官场格格不入，仕途坎坷不得志自不能免，"入世无情皆巨敌，最能写公度生平。公度于声音笑貌间，往往开罪人而不自知。要之，此等人物，在中国腐败社会中，欲与彼鬼蜮竞争以行其志，有劣败而已。"③在客观上，"封建专制下的官本位文化系统，都是英雄尽入彀，帝王心始快，那些特立独行的有见解的知识分子则注定沦为官僚体制的牺牲品，这种历史现象所包含的反讽意味，值得反思。"④

一代先贤黄遵宪早已远离我们而去，在史册上成为昭明后世的一盏明灯。因为邻交有益和文明共享是人类社会的最高价值观，而且为后世人民所津津乐道的历史，总是由那些震撼人心的社会事件和显赫一时的风云人物所构建，其中的错综复杂和交互作用就是后人深入浅出的各种研究所想挖掘的历史意蕴，或许某些延续的文明共通性和文化特定性就成为研究者顿悟而来的认识成果和建构新理想的素材，人类历史也就在这样的过程中走向永远。19世纪是中国走出封建专制，走向近代化、走向世界的转折时期，也是时代风云激荡、英雄人物辈出的历史时期。黄遵宪就是这个时期中的一位值得重视的历史人物，也是著者在初涉史学领域时便开始关注的一个学术研究对象，至今仍想对之进行深入的研究，特别是对《日本国

① 蒋观云：《挽黄公度京卿》，载钱仲联《人境庐诗草笺注》，上海古籍出版社1981年版，第1270页。
② 梁启超：《嘉应黄先生墓志铭》，同上，第1165页。
③ 梁启超：《饮冰室诗话》，同上，第1272页。
④ 黄升任：《黄遵宪评传》，南京大学出版社2006年版，第601页。

志》这部史学巨著迁思回虑，总期冀从中发掘隐蕴其中而不为世人顿悟的是是非非。故今，笔者不揣浅陋，推出拙著《黄遵宪外交活动与思想研究》，愿将十余年来之所悟付诸文字而后快，窃以之为前人阐幽微，也为后人推钝磨；倘能促成学术进步和文明进化之丁点，则吾以为不愧于日日坐书桌旁而有所成的聊以自慰！

第一章

黄遵宪外交活动与思想的时代产物：启蒙与抉择

康乾盛世以来的晚清中国，是处在东西方文化冲突的近代前夜，西方资本主义席卷世界之大势注定要把封建中国卷入其中。传统朝贡体制受到了鸦片和先进枪炮的逐渐侵蚀以至彻底溃败，国际格局向近代化的资本主义体系演进，中国被卷入西方式的生产关系体系，而非中国"大同"理想的"以德报怨"。被动启蒙和被迫抉择成为了首先觉悟起来的一些先进中国人的重要政治课程，"摸着石头过河"的艰难和"敢教日月换新天"的豪情，激励了像黄遵宪这类思想先驱者以近代外交为武器，以自主和公益为准绳，展开了国际视域性的"弱国有外交"的维新自强的历史华章。黄遵宪既是"睁眼看世界"的先进知识分子，也是勇于走出国门的经世改革派人物，更是"知其不可为而为之"的近世外交家之一。他的外交理念的形成与成熟既关联着国际格局的变迁，也关乎着祖国命运和民生福祉，更为中国的外交改革史贡献了一份独特的历史价值。易言之，黄遵宪生活在近代中西的文明对抗和文化融汇的复杂时代，这段世界史的演绎进程既成为中国百年屈辱的客观事实，又成为中国人民救亡图存的不断进步的时代背景，也成为黄遵宪阐发和推广其开放、外交、变法图强及其具体实践的时代性特征，"每个原理都有其出现的世纪。例如，与杜威原理相适应的是11世纪，与个人主义原理相适应的是18世纪；为什么该原理出现在11世纪或18世纪，而不出现在其他某一世纪，我们就必须仔细研究一下，11世纪的人们是怎样的，18世纪的人们是怎样的，在每个世纪中，人们的需求、生产力、生产方式以及生产中使用的原料是怎样的，最后由这一切生存条件所产生的人与人之间的关系是怎样的。"① 从这种时代背景和中国走向世界的必然趋势出发，剖析黄遵宪外交理念的历史运作和积极文化价值，就要联系近代世界变迁和中西关系演变情状，以及黄遵宪思想的阶段性转变和主要外交活动。

---

① 《马克思恩格斯选集》第1卷，北京：人民出版社1972年版，第113页。

第一节

中西迥异的社会形制与中国战败

在地球村形成之后的当今世界，全球化似乎有了中国先贤"大同"境界的韵味，也似乎有共识承认人类"分久必合"的意志，有史以来的各人类种群的接触、融合、共存共荣却经历了重复性的痛苦过程，其中自诩为泱泱大国的文明延续不断的中华，将其外的种族诸国划在"中国圈"之外，构成了中西两大类文化，世界历史的舞台从来都不能缺少了中国，正所谓"世界需要中国，中国需要世界"。这种"中央大国"的气场，虽然有着雄厚文明的底蕴，却无疑会招来"西"文化的强烈对峙和反制，"不是东风压倒西风，就是西风压倒东风"。当中国文明走向封建社会的专制顶峰时，西风以不可抗拒的力量席卷了全球，也冲击了泱泱大国。在百余年的交锋中，中国战败了，被迫走出中世纪，走向近代化。

一、夏夷之辨与中西冲突

文明源远流长的中国古称"华夏"，中国人一直被称为"中华儿女"，所属民族集合体被称为"中华民族"。《史记·五帝本纪》记载，五帝中的首位是黄帝，后人始称黄帝为华夏族的始祖。黄帝之后，尧、虞、禹为部落领袖，开辟中华民族原始社会之盛景。大禹治水有功，继位于舜，舜当了中原各部落之共主，其子启建立了中国历史上第一个王朝。《史记·夏本记》又载称，夏、商、周乃至以后的秦均应同出一祖，传说中的黄帝则成了构成以后中华民族各个族群的共同祖先。虽然从民族史和现有的考古学材料看，夏、商、周各族居地不同，文化面貌也各有差别，若认为其同出一系，显然并不符合历史实际，但是华夏族在其形成、发展、壮大过程中，以夏、商、周等族为主体，不断地积极吸收周边四裔各族的文化，兼收并蓄，发扬光大，从而不断加速着华夏族同周边各族的渗透融合过程，夏族是构成中华民族的主干民族华夏族的主体民族之一，则是不争的事实。①随着考古学资料的日渐丰富，夏王朝的史迹基本上得以佐证。目前学术界大多数学者均承认夏王朝是我国历史上最早的王朝，以后，夏作为族称，则又往往专指汉族的祖先，因而就有了夏代华夏族形成说。②古代汉族向周边乃至海外移民时自称华夏人，因此，"华人"在中华文明不断外拓外传而自成中华文化圈以来，就成了今天"中国人"的统称。

中华民族是逐渐形成的文明共同体，在几千年的与周边民族融合中，演变为以华夏（即汉民族）居中的具有国家结构色彩的民族政权格局。这一中心观念在儒家学说中得到强化和宣扬（孔子曾严肃而明确地提出了严分"诸夏"和"夷狄"的主张，所谓"夷狄之有君，不如诸夏之亡也"，孟子更说"吾闻用夏变夷者，未闻变于夷者也"），逐渐成为我国漫长封建时代人们心目中对汉族政权合法性的重要准则。③可见，在传统观念中，"夏""夷"可谓泾渭分明，只有以夏变夷，没有以夷变夏的。准确地讲，中华有文字历史是从夏朝开始的，"华夷之别"通常以"夏夷之辨"所替言。由夏朝而衍生的代表中华内涵的"夏"字，其基本含义有三。一曰"禹之乐舞之名"，如《礼记·乐记》："夏，大也"；郑玄注："禹，乐名也"；《周礼·乐师》注："大夏，夏禹之舞。二曰'中国之人'"，如《诗·周颂·思文》："无此疆尔界，陈常于时夏"；马瑞辰《毛诗传笺通释》："陈常于时夏，谓陈农政于中国也"；《汉书·地理志》："此之谓夏声"；《汉书·地理志》："夏，中国也"；许慎《说

---

① 吴天钧：《先秦时期夏夷观念之探析》，《贵族民族研究》2006年第4期。

② 谢维扬：《论华夏族的形成》，《社会科学战线》1982年第3期。

③ 杨妍：《畛域与融合：试析"夏夷之辨"政治心理对中国早期现代化之影响》，《云南行政学院学报》2002年第3期。

文》："夏，中国之人也。三曰'大'"，如《尔雅·释诂》曰"夏，大也，故大国曰夏"；《诗·秦风·权舆》："于我乎夏屋渠渠"；《毛传》："夏，大也"；《陈奂·传疏》云："夏屋，大屋也"；《汉书·刑法志》："外攘夷狄，内尊天子，以安诸夏"；《汉书》："夏，大也，言大于四夷也"。除此三种基本含义之外，由"夏"衍生出的其他词汇，含义更为丰富。不难得知，在古代中国人心目中，"夏"多用作褒扬之意，如《左传·定公十年》中孔子曰："裔不谋夏，夷不乱华"；孔颖达疏曰："夏也中国，有礼仪之大故称夏"。"夏"同以后的"华夏"的概念接近，甚至二者存在颇为密切的关系。"夏"的内涵历经商朝、周朝，到春秋时期不断扩大，不再局限于周朝的直辖领域，诸夏、诸华、华夏的概念相继产生，而且使用频率也较高。这表明中原地区的诸国拥有了共同的华夏意识，一部分人的共同心理状态逐渐稳定。因此，有的学者强调指出，春秋时期开始形成华夏民族的核心。①

严格说来，春秋以前的中国人共同体大多还处在氏族、部落的发展阶段，其社会生活尚处于马克思主义经典作家所称的"野蛮向文明过渡、部落制度向国家制度过渡、地方局限性向民族的过渡"。②在整个先秦时期里，人们共同体的语言、地域、经济生活、文化心理素质都处于极不稳定的状态，因而出现了与诸夏相对立的共同体。《周礼·夏官·司马》之《职方氏》记载了四夷、八蛮、七闽、九貉、五戎、六狄等共同体名称；《尔雅·释狄第九》亦云："九夷、八狄、七戎、六蛮，谓之四海"。显然，四五六七八九等数字，不必确指，而戎、狄、夷、蛮等名称，也是常有互相代用的现象。③正是由于不稳定的社会态势，"夏""夷"之别应运而生。"夷"的概念出现亦颇为久远，在商代甲骨文、西周时期的金文中

---

① 堀敏一：《中国与古代东亚细亚世界》，东京：岩波书店1993年第1版，第16页。

② 《马克思恩格斯选集》第1卷，北京：人民出版社1972年版，第56页。

③ 唐嘉弘：《春秋时代的戎狄夷蛮》，载其主编《先秦史研究》，昆明：云南民族出版社1987年版，第1页。

就有"夷"字出现。许慎《说文》云:夷,东方之人也,是相对于夏商周建国在中原乃至西部地区而言,战国之后的"东夷"概念最普遍,较早的文献多释"夷"为"踞",认为东夷之民蹲踞,和中原之人席地跪坐的礼俗不同。尽管如此,先秦时期的"夏""夷"各共同体之间极少歧视的概念用词,他们之间长期交互影响和杂居混融,是其演进的总趋势。由于居民的混融主要是建立在血缘亲属关系向地缘关系行进的过程中,共同体中的各部族的名称界限不严格,对于一地居民,有时称夷,有时称蛮,有时称戎或狄,其名号之杂乱,显示了先秦时期占据统治地位的"夏"人的绝对权威,"夷"作为有别于"夏"人的共同体存在,显然具有民族融合的历史代价,虽然没有强烈的歧视或排斥感,但"夏夷之别"已经出现了。

"东夷"并非东方民族的专称,在古文献中不仅有东夷之称,还有西夷、南夷、北夷等名称,如《公羊传》僖公四年说:南夷与北狄交,中国不绝若线。《左传》昭公九年云:肃慎、燕亳,吾北土也,杜预注曰:肃慎,北夷。在这种情况下,凡蛮、夷、狄、戎总名四夷者,犹公、侯、伯、子、男皆号诸侯云。①可见,相对"夏"的诸夷都是泛称,而非专称,所谓的东夷、西戎、南蛮、北狄等概念都是从先秦战国到秦汉这段漫长历史时期逐渐形成的文化产物,它们是构成华夏民族的最基础的社会文明共同体。

随着民族融合加强和国家制度的建立,以"夏"为核心的黄河长江流域的各民族共同体逐渐形成"华夏"大族,开启了"中外之别"。自汉代开始,华夏内部的"夏夷之别"最主要区别表现在饮食、服装、社会生活习俗和物质文化等方面,农耕和游牧的不同社会生活方式,不是笼统的先进和落后等词语简单概括的文明现象,而是民族文化交流与融合的基础状态。诸夏和夷狄诸族的各共同体之间虽然有遥遥无期的矛盾和战争,但更多的是和平共处,初期并不存在后世所谓的"华夷之辨""夷夏之防"等

---

① 范晔:《后汉书》,郑州:中州古籍出版社1996年版,第814页。

观念的。①

毋庸置疑，"华夷一体"是中华大一统的基础。"夏夷之辨"肇始于春秋，在封建社会历经了以文化的民族性差异到以文化的时代性差异区分夏夷的过渡。伴随着华夏中心意识的不断强化，以文明与野蛮区分夏夷，遂成为夏夷之辨的主流观念，其余绪直至近世仍清晰可见。夏夷之辨之所以重文化而不重血统与种族，有两个主要原因：一是夏夷之间源远流长的血统的混杂，具有夷狄血统的舜与周文王却被儒家奉为华夏族的著名先王；夏夷血统的混杂与夏夷互变的现实使以血统和种族区分夏夷失据。二是夏夷文化差异逐渐明显，奴隶社会初期的夷夏文化界限尚不明显，到了春秋战国，是否认同华夏文化、采用华夏礼乐制度，成为先儒进行夏夷之辨的主要依据。②随着战国以来华夏一统格局的渐趋形成，夏夷之间文化发展程度的差异日益突出，华夏民族在与周边民族的交往中看到了自身的文化优势，并从中衍生出根深蒂固的华夏中心意识。以文化民族性为主要特征的礼乐制度被赋予文化的时代性内涵，"中国有礼义之大，故称夏；有服章之美，谓之华。华、夏一也"。③秦始皇一统天下，建立皇皇大秦帝国，开辟了中国历史上延绵两千余年的封建专制体制，为日后万邦来朝的汉朝奠定了"夏夷之别"的政治与文化基础。迨至汉武帝时期礼制的重建，"罢黜百家，独尊儒术"的伦理道德为主线的王政推行，是否尊奉和践行华夏王朝的礼仪典章，成为夏夷文野之分的主要依据。易言之，"夏夷之辨"就成为了独裁专制之源，中国两千年来的封建专制至大清帝国而达于巅峰，也是走向"物极必反"的中国战败的先兆，因为"华夏中心意识"是一把双刃剑，既强国也败国！

所谓"华夏中心意识"，是一种民族主义意识。这种意识并非孤立的历史和现实现象，而是世界文明的诸多分支的精神归依。民族主义意识

---

① 吴天钧：《先秦时期夏夷观念之探析》，《贵州民族研究》2006年第4期。

② 李云泉：《夏夷文野之分与华夏中心意识》，《山东师范大学学报》（人文社科版）2002年第3期。

③ 孔颖达等注：《十三经注疏·左传》，北京：中华书局1980年版，第34页。

是世界上普遍存在的文化现象。古代埃及人、希伯来人、波斯人、希腊人都曾以人类文明的中心自居。随着地理屏障的突破、战争以及程度相当的不同文明之间的交流，上述文明古国的民族自我中心意识逐渐淡化以至消失。至希腊化时代，希腊哲学家已经泯除了他们和"蛮族"之间的界限，认为凡是人都可以用理性追求人生的幸福。这种超越种族和国界的对人的看法，得益于不同文化之间的冲突与交融。①反观中国，由于地理环境相对封闭，对其他发达文明不得而知。华夏族在与文明程度较低的"夷狄"的冲突与交往中，日益增强了自身的文化优越感。这样，夏夷之间的界限不仅没有泯灭，反而愈加分明。华夏中心意识成为一种普遍的社会心理。华夏中心意识包括地理中心和文化中心两层含义。如果说华夏文化中心意识是以领先于"夷狄"的文化优势为据的话，那么华夏地理中心意识则是夏夷限域的地理格局在观念上的反映。西周至春秋时期，夏夷之间虽无明确的地理界限，但夏夷限域的观念已经产生。《尚书·禹贡》所载"五服"制度和《周礼·夏官司马·职方》所载"九服"制度，依据血缘亲疏、尊卑高下、地理远近，确立了一套以王畿为中心向周边层层扩散的统治结构，将夷狄置于边远地区，处于"要服""荒服"地位。不管"五服"或"九服"在现实中是否推行，但至少在观念上，夷狄已被排除在中原的地理范围之外了。战国以降，经过春秋"尊王攘夷"血与火的洗礼，夷狄要么被同化，要么被迫迁至边远地区，这样，在观念上，华夏与"夷蛮戎狄"五方之民共为天下；在地理上，形成华夏居中，四夷环居周围的大致格局，华夏与夷狄之间的地理和文化界限已经泾渭分明。《礼记·王制篇》谓："中国戎夷，五方之民，皆有性也，不可推移。东方曰夷，被发文身，有不火食者矣；南方曰蛮，雕题交趾，有不火食者矣；西方曰戎，被发衣皮，有不粒食者矣；北方曰狄，衣羽毛穴居，有不粒食者矣"。后世华夏士人进行夏夷之辨时，一再强化华夏地理和文化中心意识，如南朝士人认为，"夷夏论者，东有骊济之丑，西有羌戎之流，北有乱头被发，

---

① 吴于廑：《古代的希腊和罗马》，北京：中国青年出版社1957年版，第86页。

南有剪发文身。姬孔施礼于中，故有夷夏之别"。①明末清初的顾炎武、黄宗羲、王夫之等华夏士人，皆将满人视若禽兽，在"率兽食人"的民族危机和文化危机面前，欲将满人赶出中原。有趣的是，到19世纪70年代，本为"夷狄"的清朝统治者在与西方列强就外交礼节问题讨价还价时，仍然认为夏夷之间是"君子与禽兽"之别。②不过，这里所说的"夷"已是西方诸国的别名，远非昔日之夷狄可比。这种不以地域而以文化差异区分"夏夷"的做法，用在远征中国的近代西方列强身上，最能体现"华夏中心意识"的大国心理。唐朝人陈黯所撰《华心》中曰："夫华夏者，辨乎在心。辨心在察其趣响。有生于中州而行戾乎礼义，是形华而心夷也；生于夷域而行合乎礼义，是形夷而心华也"。③及至近世，主张向西方学习的开明士大夫王韬在同治末年所撰《华夷辨》中指出："自世有内华外夷之说，人遂谓中国为华，而中国以外，统谓之夷。此大谬不然者也。《禹贡》画九州岛，而九州之中，诸夷错处。周制设九服，而夷居其半。春秋之法，诸侯用夷礼则夷之，夷狄之进于中国者，则中国之。夷狄虽大曰子，故吴楚之地皆声名文物之所，而春秋统谓之夷。然则华夷之辨，其不在地之内外，而系于礼之有无也明矣。苟有礼也，夷可进而为华；苟无礼也，华则变为夷。岂可沾沾自大，厚己以薄人哉！"④王韬所言指出了"华夷之辨"的谬误之处，并提出了自己的观点——只在名谓上崇己贬人，岂是根本争胜之道，也是不值得争胜的，不争自息也。

　　华夏中心意识的形成和发展显然有它的历史依据，在康乾盛世及先前封建时代的中国古文明明显高于周边国家和地区，并居世界领先地位，形成了"天朝上国"自豪与自负并存的文化气派，自视为文明中心，并以

---

　　①　僧祐：《弘明集》（四部丛刊初编本）卷7《戎华论》，上海：上海书店1989年版。

　　②　《筹办夷务始末》（同治朝，卷89），台北：文海出版社影印本。

　　③　董浩：《全唐文》，北京：中华书局1983年版，卷767。

　　④　王韬：《弢园文录外编·华夷辨》（光绪二十三年），上海：弢园老民刊，卷10，第17页。

文野区分"夏夷",自然包括远在他洲的诸族。华夏中心意识具有历史的进步性,作为一种普遍性的社会心理,它确乎有助于维系中华民族一以贯之的文化传统,对统一的多民族国家的巩固与发展做出了积极的贡献。同时,超越种族与血统的夏夷文野之分,成为华夏士人入仕异族政权进行"用夏变夷"的理论依据和心理基础,有助于对维护作为文明化身的中华文化传统的丰富和发展,而且,夏夷文野之分以是否奉行华夏礼乐文明作为区分夏夷的标准,也为以夷狄身份入主中原的少数民族提供了由夷变夏、跻身中华民族大家庭的有效途径。例如,忽必烈起兵灭宋时曾说"彼尝以衣冠礼乐之国自居,理当如是乎?"认同和践行华夏礼乐制度并一统中国的蒙古统治者同样可以自居华夏正统。明朝史臣对元世祖忽必烈做了这样的评价,"世祖度量弘广,知人善任使,用能以夏变夷,立经陈纪,所以为一代之制者,规模宏远矣"。[1]灭元起家的明王朝的汉人史臣是不会有偏心之嫌的,显然他们认为少数民族统治者采纳以儒学为核心的华夏文化,是"用夏变夷",值得称道。[2]就中华民族多元一体文化格局的不断壮大史而言,魏晋以来入主中原的少数民族尊奉"以夏变夷"的战略,无疑有助于华夏政体礼制和儒学主流的巩固和推广。更重要的是,封建社会的"夏夷之辨"和文化大一统对于中国文化的远播和以中国为中心的古代东亚礼治秩序的建立,皆有重要作用。大而言之,这是包括中国在内的中世纪对于人类文明的历史意义,正如恩格斯所言,"中世纪是从粗野的原始状态发展而来的。它把古代文明、古代哲学、政治和法律一扫而光,以便一切从头做起"。[3]然而,华夏中心意识的保守性也是明显的,到封建末期愈发显示了它的停滞性,最终导致了东西方文化优势的大逆转。文化差异被西方列强视为"夏夷之辨"的根本工具。历史出现了惊人的重复性或相似性,中国人遭遇到了别人的"以其人之道还治其人之身"的百年蒙难。

---

① 宋濂等著:《元史·世祖本纪》,北京:中华书局1976年版,第8页。
② 马大正:《中国边疆经略史》,郑州:中州古籍出版社2000年版,第444页。
③ 《马克思恩格斯全集》第7卷,北京:人民出版社1959年版,第400页。

　　如果说中华民族内部的"夏夷之辨"只是池塘微波，中西之间的文化差异引发的"华夷之辨"则是大洋波涛，一浪高于一浪。所谓的文化差异，主要包括两层含义：一是指不同民族或种族的文化原型和发展道路各异；二是指文化发展程度不同。借用当今的文化术语，前者指文化的民族性差异，包括不同民族或种族之间生活方式、思维方式、行为方式、价值尺度、情感意向等方面的差异；后者指文化的时代性差异，主要是社会发展阶段和文明程度的不同。"就时代性而论，不同文化类型之间，或因发展阶段之不同，而生先进落后之分，有其价值上的不同；若就民族性而论，不同文化类型之间的差别，正是不同文化得以存在的根据，无可区分轩轾"。①16世纪地理大发现之后，资本主义文化已呈日新月异之势。就文化的时代性而言，此时中国文化落伍于西方的态势逐渐形成，而封建统治者仍以"天朝上国"自居，遂使西学在华的传播和影响大打了折扣。利玛窦对此不无感慨地说："中国人把所有外国人都看作没有知识的野蛮人"。②在夏夷对峙和中外文化交融的历史时期，华夏中心意识同样成为华夏士人严夏夷之防、排斥外来文化的心理和理论依据，正如战国时期"胡服骑射"改革就遭遇反对派的攻诘，他们的观点是"中国者，盖聪明徇智之所居也，万物财用之所聚也，贤圣之所教也，仁义之所施也，远方之所观赴也，蛮夷之所义行也。"③作为文明中心的中国怎么能向教化堕落的夷狄学习，以夷变夏呢？因此，每当国内外政治形势不利于华夏或中国文化受到外来文化冲击时，以夷变夏的恐惧感便萦绕在大部分官僚士大夫心头，造成对外来文化难以认同的心理障碍。这实际上是一种自信和自卑相依存的矛盾的政治文化心理，是"睡狮"的政治哲学。因此，近代以降，在由西方"新夷狄"引发的前所未有的民族危机和文化危机面前，位居高

---

　　① 庞朴：《文化的民族性与时代性》，北京：中国和平出版社1988年版，第104页。

　　② ［意］利玛窦、［比］金尼阁：《利玛窦中国札记》，何高济等译，北京：中华书局1963年版，第94页。

　　③ 司马迁：《史记》（赵世家十三），北京：中华书局1999年版，第1468页。

层的中国政治、文化人士曾打出各种理论旗号，从"西学中源"说到"中体西用"论再到中国精神文明与西方物质文明之争，无不流露出夏夷文野之分与华夏中心意识的余绪。但不可逆转的事实是，泱泱大国凭借在东亚的几千年历史，自信满满地走到了中世纪的末期，迎来的不是"以夏变夷"的大同理想的靠近，而是西方"变夏"的开始。这是坏事里的好事，因为封建中国步入近代化、走向世界的过程，同时也是超越夏夷文野之分，跳出华夏中心意识窠臼的过程，尽管它的步履是艰难而迟缓的。

西方"变夏"的肇事国，无疑是英国。始于1688年建立了君主立宪制的英国，是一个具有真正近代意义上的资本主义国家，并在其后的百余年间，资本主义社会取得了远比中世纪多的文明进步："资产阶级在它的不到一百年的阶级统治中所创造的生产力，比过去一切世代创造的全部生产力还要多，还要大。自然力的征服，机器的采用，化学在工业和农业中的应用，轮船的行驶，铁路的通行，电报的使用，整个大陆的开垦，河川的通航，仿佛用法术从地下呼唤出来的大量人口，——过去哪一个世纪料想到在社会劳动里蕴藏有这样的生产力呢？"[1]然而，资本主义制度的建立并非友善的政治结果，而是殖民和残暴的丛林法则的不正义时代的开端，在资本主义先锋国家中，英国把殖民主义罪恶演绎得淋漓尽致。在1840年前的中英冲突注定了近代中国百年屈辱的不可避免性。英国需要中国的原料产地和销售市场以维持资本主义经济和政治，因而在对完成邻近地区的殖民后就将矛头指向万里之外的中国。两国的冲突首先在两种不同的通商体制上表现出来。封建中国的外交体制，是以朝贡为核心的政治结构，"朝

---

① 马克思、恩格斯：《共产党宣言》，《马克思恩格斯选集》第1卷，北京：人民出版社1972年版，第256页。

贡体制"因此成为中外学者研究的一个重要内容。①从历史上看，清朝闭关锁国的根本政策下，并非完全没有外交活动。朝贡对象既包括周边国家和远洋的弱国小国，又包括周边和远洋的没有朝贡关系的各类国家，特别是西方列强。在"夏夷之辨"主导思想下，故步自封又自大自负的清政府统治阶级，却要将两类外交对象合二为一，归宗到朝贡的一种外交体制中，从而造成了与往常处理属国朝贡事务完全迥异的外交新矛盾：中西冲突。众所周知，清朝外交决策最高权力属于君权神授的皇帝，正所谓"普天之下莫非王土，率土之滨莫非王臣"，而且"人臣无外交"。当时，粤海关和十三行则是针对非朝贡国家的一种独特外交体制设计，"互市"之国日渐增加，"荷兰以曾助剿郑氏，首请通市。许之。而大西洋诸国因荷兰得请，于是凡明以前未通中国、勤贸易而操船舶为生涯者，皆争趋。"②广州一口通商体制折射出这种国家间关系的简单图景，因为来华通商的大西洋诸国人依然是清人心目中的"外夷"，"天朝制度，从不与外夷通达书信。贸易事件应由商人转禀"。③换言之，到粤夷人，向清朝官员交涉，必须经过行商递交禀帖，成为清政府处理在广州一口通商情况下中外关系的一项最重要的原则。然而，与互市之国产生贸易睚眦在所难免，进而扩大化到外交、政治层面而形成国家冲突，牵一发而动全身的针毡之痛在所难免。

---

① 美国学者费正清最早完整地使用"朝贡制度"来解释中国传统外交制度结构，在其《论清代的朝贡制度》《朝贡制度与东西关系》《美国与中国》《中国的世界秩序：中国传统的对外关系》等论著中都有阐释。日本学者滨下武志在《近代中国的国际契机——朝贡贸易体系与近代亚洲经济圈》也肯定了朝贡体制下的以中国为中心的贸易圈。用朝贡理论架构在解释中国与属国关系时有一定的合理性，如果以此来叙述清朝的全部外交体制，很显然有明显不足，它忽视了广州在清朝对外关系中的独特地位。朝贡体制是一种天朝心态，也可认为这是中国的一种外交惯例。见李兆祥：《近代中国的外交转型研究》，北京：中国社会科学出版社2008年版，第25-26页。

② 王之春：《清朝柔远记》，北京：中华书局1989年版，第36页。

③ 中国人民大学清史研究所：《清史研究集》第三辑，成都：四川人民出版社1984年版，第102页。

鸦片战争前，奉行自由主义贸易原则的以英国为首的西方列强，越来越不满中国的广州一口通商体制。然而，在1793年，乾隆谢绝了英国使臣马葛尔尼赴华的国书和派使臣驻北京和扩大通商的要求。显然，乾隆不管英国所提要求是否合理合法，都在给英王的两份敕谕中加以全部否定，这是历史在中英关系史上打了死结，"中英之间的交锋将继续下去，直到找到一种解决的办法。这是双方的悲剧。"①1816年，嘉庆帝又因英国使臣阿美士德拒绝叩头而断绝两国往来。1835年，道光帝公布了《防夷新规八条》，再次强调外夷护货兵船不准驶入内洋等内容。②尽管清政府有理有节地进行海防、贸易的管理，但是它不能理解西方列强的社会生产方式的近代化，以及资本主义的市场无限性的殖民运动，更不能在专制体制下做到利用科技更新发展军事力量来维护国家的主权，阻止外敌的侵略。1840年鸦片战争爆发和《南京条约》签订就是最好的历史例证。

二、晚清战败与条约外交

一般而言，从英国"光荣革命"爆发的1688年至鸦片战争爆发的1840年间，世界主流处于自由资本主义的发展阶段。随着以西欧肇始的资本主义国家制度的不断建立，欧美资本主义国家的对外关系方面始终伴随血腥暴力和无尽掠夺，印证了一个历史定论，即"掠夺是一切资产阶级的生存原则"。③为了新的商品销售市场和原料供应地，资本主义不断扩大殖民地范围，"资本主义如果不经常扩大其统治范围，如果不开发新的地方，并把非资本主义的古老国家卷入世界经济的旋涡之中，它就不能存在与发

---

① 李兆祥：《近代中国的外交转型研究》，北京：中国社会科学出版社2008年版，第42页。

② 《粤海关志》卷二九《夷商四》。转引自同上，第43页。

③ 马克思：《致路·库格曼》，《马克思恩格斯选集》第四卷，北京：人民出版社1972年版，第390页。

展。"①以英国为首的西方资本主义国家不断进行殖民扩张，渐次地把亚非拉众多国家变成它们的殖民地和保护国。自17世纪中叶开始，东方古老的中国成为列强觊觎的对象。由于朝贡体制下的中英贸易逆差不断增大，英国为改变不利的贸易地位，在两批使节来华希望中国开放贸易的外交企图失败后，就开始采取武装走私、贿赂官员等卑鄙手段，向中国输入鸦片。鸦片输入中国产生严重后果，不仅损害了中国人的身心健康，而且造成中国白银大量外流，以致"清政府因而财源枯竭，银价和物价上涨，中国人民的生活陷入痛苦的深渊。"②

1840年爆发的鸦片战争和1842年《南京条约》的签订，标志着中国开始进入半殖民地半封建社会，是中华民族百年屈辱的开端。西方列强至此并未止步，更加凭借坚船利炮，在12年修约不成的情况下，英法联军挑起了第二次鸦片战争，大清帝国再次败北，而且输得更惨，以致《天津条约》《北京条约》的相继签订，进一步地加深了中国半殖民地化的程度。而在19世纪末的甲午战争和八国联军侵华战争，则完全陷中国于半殖民地的深渊，中华民族危机达到巅峰。晚清中国战败的根由何在？自闭落伍也。康乾盛世以后的大清其实已经过了鼎盛时期，封建专制走到了巅峰，也就意味着国运日暮穷途了。相对于欧美经济、科技、文化的发展而言，清朝"闭关锁国"的严重后果必然是落伍于世界了。换言之，晚清中国既不了解世界发展大势，更不谙近代外交体例，错失了和平建交而步向近代化的良机。

西方列强在长达半个多世纪的武装侵华过程中，清政府着实每况愈下。除了有镇南关大捷的局部战役的胜利之外，所有大规模的战争都战败了，丧权辱国在所难免。列强的罪行累累，而中华民族的灾难也是深重的。例如，赔款一节，第一次鸦片战争失败后被迫签订的《南京条约》，

---

① 列宁：《俄国资本主义的发展》，《列宁全集》第3卷，北京：人民出版社1959年版，第545页。

② 雷依群等主编：《中国古代史》，北京：高等教育出版社1999年版，第587-588页。

就规定了中国的赔款数是2100万银元，到60年后的《辛丑条约》所规定的赔款数本息共达白银9.8亿两（实际支付66000万两），不仅中国人民负担之重难言，而且中国海关长期受制于外人。百年屈辱之中的最令中国人不能接受的是国家主权的沦丧，其中，司法主权之治外法权丧失长达100余年之久（1842—1943）。治外法权最先包括领事裁判权，即权利国之法律，延长至本国领土之外，而达于义务国领土。所以称为领事裁判权者，因上述权利之行使，通常属于领事馆。清政府给予外国人领事裁判权，始于鸦片战争以后，清政府与英国签订的《五口通商章程》，该条约第七款规定："英国商民既在各口通商，难保无与内地居民交涉诉讼之事，应即明定章程，英商归英国自理，华民归中国讯究，俾免衅端，他国夷商，仍不得援以为例。查此款业据此该夷照覆，甚属妥协，可免争端，应即遵照办理。"①自此以后，各国与清政府订立条约，无不援例办理，且有甚于此约。到1918年，中国与瑞士订约为止，共计有英、美、法、挪、俄、德、葡、丹、荷、西、比、意、奥、匈、日、秘、巴、墨、瑞典、瑞士这20国。西人把领事裁判权非法用在半殖民地的中国，客观上也说明了晚清的法制落后的一面，"西方人对中国刑法事实上允许随意逮捕和折磨被告也感到不满。盎格鲁-萨克逊的法律传统和中国法律传统的背后实际上隐含着对个人权利和义务的两种截然相反的看法，因此1784年以后在广州的英国人便拒绝将杀人案提交中国司法机构审理，1821年以后美国也这样做了。实际上这已经发展成某种程度的治外法权（由外国司法机构审理外国国民），但并未得到中国方面的明确认可。"②但是，治外法权的存在，严重破坏了中国的司法主权，危害极大。

从自闭落伍中走出来，虽然被西方列强套上了半殖民地性质的近代化的条约外交体制，却不啻是一种脱胎换骨的自我洗礼。条约外交既是一种

① 展恒举：《中国近代法制史》，台北：商务印书馆1973年版，第94页。

② ［美］费正清、赖肖尔：《中国：传统与变革》，陈仲丹等译，江苏人民出版社1992年版，第279页。

束缚，也是一种平衡，更是一种鞭策。中国人同样能以条约的公正性和约束性来维护国家利益，虽然需要达到公正的目标任重道远，但可以让国人始终保持清醒头脑和坚定的奋斗精神。综观晚清被迫签订的一系列不平等条约，既有商约也有政治条约，也在一定程度上对清朝外交体制产生重大影响。条约改变了清政府官员不与互市国交涉的惯例，晚清政府当时尚未成立独立的中央外交管理机构，却先行具备了一个皇帝钦派的与西方各国交涉的责任人，如在《南京条约》签订时，中方代表使用的名号是"大清大皇帝特派钦差大臣便宜行事大臣"，《望厦条约》签订时，中方代表的名号是"大清大皇帝特派钦差大臣太子少保两广总督部堂总理五口通商善后事宜办理外国事务"，中法《天津条约》使用的名号则是"大清国大皇帝钦差便宜行事全权大臣"。[①]条约也把一些西方的外交惯例和基本程序传递给清廷，诸如递交国书方法、中外交涉行文的范式、互派使节和条约必须遵行的国际通则等，从而改变了清政府对通商口岸的管理体制，否定了广州一口通商体制，将其扩大到五口、十一口乃至整个东南沿海口岸，在通商口岸设领事馆，派驻领事，并享有领事裁判权。虽然中国主权遭到很大的损害，但鸦片战争后的专门管理中西交涉的五口通商大臣体制的形成，有效地拓展了中国人的视野，加快了晚清政府加入国际化的步伐，对"睁眼看世界"的思想文化潮流的形成起到了自上而下的启蒙作用。

值得重视的外交变革是清政府设置的总理衙门，它代表了中国近代外交转型的时代特征，虽然它终结了传统的朝贡体系，却将洋务运动推向新的历史高度，为中国走向自强求富创造了最初的物质基础和国际外交环境。我们知道，美法与晚清所签条约都规定修约时间，不可避免地在12年后修约，但五口通商官员大多采取不合作为荣的态度。修约之初，清廷一片反对声起，加上西方列强的贪得无厌，中西关系变逐渐恶化。然而，从根本上讲，1840—1860年是中国外交的蒙昧时期。就在晚清政府及其官员

---

① 王铁崖：《中外旧约章汇编》第一册，北京：三联书店1957年版，第30、51、104页。

处在摆脱外交无知的摸索过程中，西方列强急不可待地发动了第二次鸦片战争，中国又被打败了，清政府彻底屈服了，开始做起了两件事：中外"合作"剿杀太平天国、支持统治集团中的洋务派开展自强求富运动。它们既是清政府政治统治的现实急务，也是对西方近代外交的引进和模拟实践。总理衙门成为这两件事的幕后首脑，甚至是直接的策划人和执行者。1861年1月11日，恭亲王奕䜣等人联名上奏《通筹夷务全局折》，正式提出在"京师设立总理各国事务衙门"，20日，咸丰帝正式颁旨，恩准成立一个"通筹夷务"的机构。3月11日，奕䜣从礼部领到"钦命总理各国事务关防"牌匾，随即通告吏部等衙门、地方督抚并照会各国驻华公使。总理衙门的成立开创了近代中国的新外交体制，它既是对鸦片战争以来西方列强强加于中国的不平等条约的一种被动回应，也是清政府加强对西方各国沟通的必然选择，得到了列强的赞成，从而揭开了中国近代化外交的新篇章。

第二节

晚清自改革大趋势与外交

盛衰皆有缘故，也是封建历史循环的结果，当康乾盛世不再的时候，清朝就开始走向衰落了，而1840年鸦片战争就把这种衰落定格了。西方资本主义国家要把全球变成它的原料产地和商品市场，以强权和掠夺的方式展开了全球性的殖民侵略，中国自然避免不了这种伤害。以英国为首的西方列强用坚船利炮打开了长期封闭的"天朝"大门，老大帝国在尖锐的阶级矛盾之外又添加了无法一时消解的民族矛盾。鸦片战争后的第十一年，即1851年，太平天国运动摇撼着腐朽的清王朝的根基。正是在这风云激荡的年代，一部分先进中国人"睁眼看世界"，掀起了中国改革的浪潮，也推动了以总理衙门为主轴的外交转型和国际外交活动，加快了中国政治与外交近代化的步伐，具有鲜明的时代特征和实践意义。

一、自改革的趋势与诉求

清政府在1840年的鸦片战争中完全失败，而被迫签订了丧权辱国的中国历史上第一个不平等条约《南京条约》。从这时候起，中国社会性质就开始发生根本性的变化，逐渐沦为半殖民地半封建社会，直到大清王朝在中国资产阶级革命的炮声中覆灭。在70余年的最后存续时期内，中华民族与帝国主义的矛盾、封建主义与人民大众的矛盾，是晚清社会的主要矛盾，而前者是最主要的矛盾，中国人民肩负着反帝反封建的民族民主革命的双重任务。半殖民地半封建的社会，是晚清政治格局中的一种特殊社会形态，意味着晚清已被强行地卷入了世界资本主义政治经济体系之中，中国已经在形式上跨入近代社会，但由于各种矛盾和冲突的长期存在，中国社会一直处在剧烈变动之中。但在这样的巨大的、延续性和前进性的社会运动中，有一个最不应该忽视的进步力量，就是中国内部的自改革趋势和民族自救诉求，集中反映了中国人民不屈不挠的奋斗精神，因而成为"物是人非事事休"的反帝反封建斗争的一道美丽的风景线。

从历史上看，中华民族的自改革精神由来已久，在民族危亡时期从不缺席，而且改革之频繁堪称世界之最，是中华文明源远流长的最可珍惜的文化精髓之一。在康乾盛世逐渐消退后的岁月里，大清帝国也产生了挽救"衰世"的改革思想并进行了相关实践。早在嘉庆四年（1799），因为社会面临的经济政治危机的爆发，洪亮吉就在《上成亲王书》中敦促帝国"咸与维新"。嘉庆二十年（1815）前后，龚自珍在《乙丙之际箸议》中疾呼实行自改革，敦促清廷应该因势利导地进行自上而下的自改革。复旦大学教授朱维铮先生最先对晚清自改革思潮加以考察，指出所谓自改革，即帝国只有实行由上而下的自我改革才能继续生存，"作为同一政治追求，它在整个19世纪的文献中反复道及，而变得越来越强烈，显示它正是一股时代思潮。"①鸦片战争以来的中国，面临着"数千年未有之变局"，在民族生死存亡的起始阶段，由魏源开启的"睁眼看世界"而来的洋务运动，就是一个最大的自改革运动。近代中国历次的自改革无论成效如何，都在说明了一个事实，就是中国人走出中世纪、走向近代化、走向世界的历程在艰难地向前推进着。

中国历代自改革诉求和实践主要由两种缘故促成，一种是民族矛盾激化下的被迫型的求生存的自改革，一种是阶级矛盾激化下的稳固统治的自改革，两种模式都不过是封建统治阶级为巩固和挽救自身腐败统治而进行的自我修复过程，其是非成败对封建专制统治和国内外形势变迁都具有很直接或间接的影响。

---

① 朱维铮：《维新旧梦录：戊戌前百年中国的自改革运动》，北京：三联书店2000年版，第2页。

在近代以降的民族矛盾激化的背景下，由于不断受到外力威逼，中国自改革诉求的萌生与发展，成为中华民族救亡图存的一项自救之法。被"蕞尔小国"英国打败，签订丧权辱国的《南京条约》，成为"天朝上国"的奇耻大辱。然而，这些并没有使封建帝王、王公贵族和权臣朝官从迷梦中醒来，而首先使中下层地主阶级中的一批有识之士开始"睁眼看世界"。地球知识开始在中国展开，例如，姚莹绘制一幅《今订中外四海舆地总图》附于其著《康輶纪行》后，警告世人曰："四海万国，具有在目中，足破数千年茫昧。异时经略中外者，庶有所裁焉。"①此际一大批封建士大夫，如林则徐、魏源、徐继畬、姚莹等人都指出，抛弃蒙昧主义，国人就能看到一个全新的世界，看到西方资本主义社会是一种与中国传统社会迥然不同的文明体系。先进的中国人在对西方资本主义文明的朦胧向往中，也开启了近代中国人向西方学习、向西方寻找真理的艰难历程，而且一直绵延了整个19世纪。从"师夷长技以制夷"的抵抗，到"奉天诛妖"的太平天国革命，到"中体西用"为核心的求强求富的洋务实践，到早期维新派"商战"和"议会民主"的诉求，直到康梁为首的改良派发动的效仿英日"君民共主"的戊戌变法，其实都是以救亡图存为中心的各种政治力量此消彼长的自改革运动，有力地加快中国跨入近代社会的历史进程。当然，也应看到，这种在外力亡国危机下的自改革运动，也有其局限性。列强对华侵略和中国自改革本身就是一种矛盾对立关系，前者要陷中国于殖民地深渊，后者努力保持一个独立国家的地位和形象，这样列强既希望中国自改革而成为西方的同道，又害怕中国自改革成功而实现独立富强，因而在矛盾不可解决中列强最终选择的是对中国进行持久的侵略和压迫。从中西关系的历史进程上看，中国社会对于西方国家冲击的反应或者迟滞，或者最终陷于绝境，究其原因，"大体上可以认为，自近代以来，中国的传统专制国家的保守的官学化的意识形态信条与高度集权的专制政

---

① 姚莹著，施培毅点校：《康輶纪行·东槎纪略》，合肥：黄山书社1990年版，第509页。

治体制相结合，形成一种特殊的回应西方挑战的综合反应模式。在这种模式下，一方面，保守的意识形态与传统思维方式相结合，作为对西方冲击的信息进行认知与判断的解释框架，这种解释框架不能对这种信息的性质与意义做出客观准确的判断与处理。另一方面，传统政体结构的僵化性及其防民混乱的宗旨，使之不能对自身进行自我更新，其结果就进一步在中西冲突中遭受新的屈辱、挫折与民族危机。"①直到清朝覆灭，东西列强的灭华之心更加强烈，已经无须枚举恶例了。这里，或许还有一个小小的内部民族矛盾的问题，在资本主义列强的民族冲突之下，中国还有一种狭义的民族危机，即汉民族反抗满族统治的运动。太平天国起义就是一个例子，它对清政权威胁最大，战争持续14年使得清朝元气大伤。太平天国最后失败，但对中国社会的自改革影响深远，洋务运动就是满汉民族中最具外交远见的"同治中兴"人物领衔发起的。可惜的是，洋务运动没有让清朝获得足够的复兴力量，原因大抵在于"清政府种族观念太深，不能推诚大用。"②

在维护专制和反专制统治的阶级矛盾激化的基础上的中国历次自改革诉求和实践极为频繁，而且成效参差不齐，但与近代自改革的效应相比，强度和影响力都不可同日而语。与西方入侵而来的民族危机深重一样，晚清政治危机同样严重，"近代中国的政治危机是中国传统社会结构与政治体制在特定的历史条件下发生的一种必然反应，也可以说是内忧外患的'综合症'。"③自康乾盛世以来，晚清帝王一代不如一代，大量官员日益贪污腐败，满汉融合与人口快速增长，使得中国开始走下坡路。闭塞保守、富而不强的传统社会体制，到鸦片战争前夕已到了穷途末路。"这一社会结构，在国家运作上，一面造成官僚集团对权力的全面垄断，绝对排

---

① 萧功秦：《危机中的变革：清末现代化进程中的激进和保守》，上海三联书店1999年版，第10—11页。

② 钱穆：《国史大纲》（修订本），北京：商务印书馆1997年版，第887页。

③ 曹全来：《国际化与本土化：中国近代法律体系的形成》，北京大学出版社2005年版，第30页。

斥民众对于政治的参与和对于权力的分享，另一面造成下层民众对权力的畏惧、崇敬和无条件的服从。……权利高度集中，还导致权利争夺的激烈化，导致权力易于被滥用，以及变权力为特权，使官僚集团的膨胀无法遏制，政治的腐败无法根除。"①如此专制堕落的君主专制、中央集权和官僚主义的积弊，自然遭到先进人士和广大劳动人民的鄙视、反对和反抗，在清中期一些知识分子中就出现了抨击和批判的声音，衍生成一种经世的变革的思想。这种经世改革的思想首先在学术领域中表现出来，导致了今文经学的产生，其代表人物有庄存与、刘逢禄、龚自珍、魏源等人。他们主要围绕社会实际问题，用今文经学讲经世致用和变革现状，倡导据乱、升平、太平三世因缘，并希望士人积极参与政治，更寄希望于中枢大臣的有所作为。只不过，这种自改革呼吁，并没有产生多大的影响，对清朝内部的腐朽政治意识的改变实在短暂和几乎没有成效。不可能改变了上层统治者的组成，也无法打破官僚主义和专制集团的专制统治，遑论把大清帝国推向近代民族国家的转型。换言之，清朝上层的自改革是无法完成自身的近代化之路的，"民族国家的形成，最初正是通过权力主体转移到全体国民一方、亦即形成所谓人民主权而实现的。权利在民以及承认各个不同阶层的民众中间的基本平等是现代民族国家观念的精髓，同时这正是民主的基本原则。在这个意义上，'民主是与民族意识同时诞生的'。"②历史已经证明，清末的两次自上而下的自改革，即1898年的戊戌变法和1901年起的清末新政，都是清政府内部发生的民主政治的两次不成功的尝试，足以说明这个延续两千多年的封建专制制度到了非被推翻而无其他自救之出路的时候。把封建帝国转向民主国家的使命，只能依靠"排满"的辛亥革命，才能开创民主共和的新局面。

上述两种模式的自改革效应不能令人满意，从根本上难以做到起码

---

① 姜义华：《论近代国家与社会非同步发展的政治整合》，载复旦大学历史系等编《近代中国的国家形象与国家认同》，上海古籍出版社2003年版，第13页。

② 姚大力：《变化中的国家认同》，载复旦大学历史系等编《近代中国的国家形象与国家认同》，上海古籍出版社2003年版，第159页。

的如意，毕竟中国在半殖民地深渊中越陷越深。然而，对于一个愈挫愈奋的伟大民族，在民族存亡关头是不会沉沦下去的。自信和来自实力的自信都是永恒的中国精神，所以我们更应该看到，在自改革的理论和实践的进程中，晚清社会确实出现了一些前所未有的新变化，极大地改变着古老中国的政治格局和经济面貌，有助于民族的政治觉醒。综合而论，中国近代的新变化，至少体现在以下两个方面：一是在外力刺激下，封建专制和自然经济的逐渐解体，中国出现了近代意义上的资本主义元素。尽管到19世纪70年代，中国才诞生了近代意义上的资本主义工业，在整个国民经济中的比例很小，发展也很微弱，但它是中国封建社会内部的一个深刻性变化，中国从此有了新的经济、阶级和政治力量，即新的资本主义生产方式的近代工业经济、资产阶级和无产阶级，以及与之相伴生的资产阶级的改良派和革命派，戊戌变法和辛亥革命就是由新的阶级发动的自改革运动，在19世纪的中国政治舞台上曾产生了极大的作用与影响。二是中国最后的封建王朝在内外交困而不可逆的背景下，也在自改革的旗帜下展开了一定程度的调节与改善，在执政方式和外交工具上有了适应世界潮流的新变化。其中，继总理衙门、同文馆后的中外近代交往模式或渠道，晚清主动走向世界，向外国派驻大使，也就反过来促使了"世界走进中国"。以郭嵩焘、曾纪泽、薛福成、何如璋、黄遵宪等出使欧美和东洋的晚清外交官为代表，他们也是19世纪中国人向西方学习的重要代表，在沟通或引入西方文明方面居功甚伟，涉及到坚船利炮和化电声光的器物层面和西方政治制度、思想文化方面，尽力让中国与以欧洲为主导的世界相接轨，目的是以西方为师从而推动中国政府内部的自改革运动。这些驻外使节们的"西学输华"的重要意义，在于改变了国人的思想文化素养和政治面貌，为以康梁为首的资产阶级维新派正式提出的要在中国建立起类似西方的立宪政体、发展资本主义经济的思想与实践，提供了不可或缺的域外资源和思想启蒙。黄遵宪身兼二者，所著的《日本国志》和其所蕴含的君主立宪改良思想，实际上就在其中起着思想启蒙作用。

中国人的自改革精神是世代绵延不绝的优良文化传统，在自强和福泽世界的连续几千年后的19世纪，中国因自闭而落伍，逐渐沦为半殖民地社会。这种史无前例的国难，依然没有泯灭国人的自改革意识和实践潜能，体现了"中国本身拥有力量"的伟大论旨。在《容闳和西学东渐》一文中，钟叔河援引了一段话，是1881年英国H.N.Shore评论容闳，原话是"一个能够产生这样人物的国家，就能够做成伟大的事业。这个国家的前途不会是卑贱的。……可以看到，中国本身拥有力量，可以在真正完全摆脱迷信的重担和对过去的崇拜时，迅速使自己新生，把自己建设成为一个真正伟大的国家。"①这段话不仅是对近代国难里的像容闳一样的知识分子的褒扬，也是有史以来中国知识分子历史使命的总概括，印证了历史传承的"人民有信仰，民族有希望，国家有力量"的当代韵味。只要回顾近代国难中的"中国人的精神"，就不难发现"中国本身拥有力量"的历史底蕴。闭关自守是封建社会的重要特征，这是中国近代落伍的重要原因。从1840年鸦片战争起，中国战败的历史命运已不可扭转。林则徐、魏源、洪仁玕、康有为、严复、孙中山等先进中国人的代表，他们能够从失败中吸取教训，在"悉夷情""师夷长技以制夷"的过程中，探索着救国救民的道路，却最终没有解决中国走向世界的问题，遑论领先世界乃至领导世界的伟岸了。然而，失败是成功之母，十月革命的成功，给灾难深重的中国送来了马克思主义，不断觉醒的中国人民在中国共产党的领导下，经过一个世纪的革命和改革，21世纪的中国才得以开始最伟大的和平崛起。因此，历史不能抹杀从林则徐到孙中山等几代中国人的伟大功绩，中国的自改革精神仍然是当前实现民族复兴的最深厚源泉。到清朝末年，尽管统治者思想已完全僵化从而陷入无法摆脱的危机当中，但这并不代表全部，力量仍存在于民本之中。植根于人民而源远流长的中国文化仍然保持着它的活力和奋进精神。近代外交家曾纪泽既不否定"先圣昔贤之论述""六经典籍之记载"，更强调"就吾之所已通者扩而充之，以通吾之所未通"，

---

① 钟叔河：《中国本身拥有力量》，南京：江苏教育出版社2005年版，（序言）第5页。

就是一种中国精神的博大宽容态度。可以说，中国文明是与时俱进又丝毫不会数典忘祖的典范，19世纪向西方学习旨在"扩而充之，以通吾之所未通"，无论是坚船利炮、化电声光，还是政治社会制度，都是自改革的必要资源，康有为、黄遵宪等人更是提出了要在中国建立西方的立宪政体，发展资本主义经济，而孙中山等资产阶级革命派则力主推翻清政府腐败统治，创建共和国。①这些自改革的理论和实践，显然都是由五千年历史熔铸而成的民族观念和爱国精神的产物，显然不是几阵"欧风美雨"冲刷得了的，只有适合的才是最好的，在摸索中，任何适合中国国情的政治、文化和社会制度都可以尝试的，从中遴选出最能"使中国日趋于文明富强之境"的国体政体形式，以造福国人，进而福泽世界民生，才是文明的最真实的体现。因此，无论是从宏观还是微观上而论，近代以降的中国自改革多以失败结束，却依旧在史册上闪耀着它们绮丽的光彩，是经验，是教训，更是宝贵的财富，是中国人精神的历史传承。"中国本身拥有力量"永远是真理，是地球文明史中值得关注的文化特色，更是21世纪和平崛起的当代中国人取之不绝的文化源泉。

简言之，长期闭关锁国的清王朝走到了它的衰落起点，无法承受住来自西方列强的武力冲击，从此跌入半殖民地的境地，丧权辱国在所难免。如果以"苦难兴邦"为思想转折的历史教训，可以理解"哪里有压迫哪里就有反抗"的道理，先进的中国人走向世界的"睁眼看世界"、自清中叶以来自上而下的自改革的经世思潮，以及很多反帝反封建的各式斗争，都在演绎着中国人民的伟大奋斗精神，体现在晚清社会所出现的向西方学习，进而变革政体的政治思潮中。由这种大环境而决定的中国政治社会变迁，也在很大程度上影响到了黄遵宪的外交征途的人生选择，他能够涉足外交实践，又在外交过程中确立自己的君主立宪改良思想，就是由晚清特定的反侵略斗争的政治思潮所决定的，具有一定的普遍性和理论意义。

① 钟叔河：《走向世界：近代中国知识分子考察西方的历史》，北京：中华书局2000年版，第497—503页。

二、晚清的近代外交转型

回顾历史，近代中国外交经历了饱受屈辱、被动抗争到力争收回国家主权的转变，虽然成果寥寥，却不能掩盖清政府高层的俯首问学、外交官的辛勤努力、广大民众的救国激情以及爱国民主人士的强国努力。国家政治制度的转变、国家外交策略的转变、外交官的斡旋与国际形势的变化，是促成近代中国外交转型的复合因素。易言之，晚清外交转型是历史大趋势，这种转型需要切实的机制运作和人员操作，还有不可预知的变动因素，包括政治、经济、文化、人心、国际关系等。因此，在近代化国际背景下探究晚清外交的转型，具有新陈代谢和体制创新的理论价值和实践意义。

所谓外交，学术界尚无普遍接受的定义，以一言概之，外交就是外交官昭示国家主权的外事活动，而外交官既可泛指，大到政府首脑，小到黎民百姓；亦可特指那些拥有资格、获得授权的专职外交人员，他以所学、所知、所智在其职权范围内维护乃至拓展国家利益，因而是国家主权行为，在这个过程中也会展现自身的民族精神和号召力，从而崭露头角。中国自古不乏精明强干的外交官，而近代以降的外交官才逐渐成为具有国际背景的互派使者、政治鼓手和文化旗手。晚清的近代外交转型，是一次承前启后的外交变革，是以朝贡体系解构、独立外交制度建构、不平等外交推进的被动超越主动的时代转型。以君主制下的朝贡外交向立宪或共和政体下的条约外交的转型，充斥着新旧斗争的过程，虽然经历了艰难起步、初步展开和循序推进的外交阶段，但却因晚清政府在1912年退出历史舞台而中断。短短几十年的外交转型，是不能完全展现中国近代外交的是非得失，却能从另一方面展示中国人利用国际外交，逐步废除列强在华特权、追求国家主权平等、树立国家外交新形象的长期努力，充分体现了中华民族造福世界的伟大气魄和真才实干的民族精神。

在第一次鸦片战争中败北的清王朝在首批近代不平等条约签订后，事实上开始进入西方规制下的近代外交轨道。外交体制的变更势必带来政治体制的改变，这是清政府无法容忍的，但却不得不回应强敌的外交欺凌，只得在外交运作形式和办事机构等方面做些调整。所以从总体上说，清政府没有变革外交体制，而是在原有的外交体制之下做了一些修补的工作，也就做了一些与国际近代化外交接轨的基础工作。第一次鸦片战争削弱了绵延几百年的朝贡体制，一些属国也逐渐沦为西方列强的殖民地或半殖民地，逐渐断绝对清朝的进贡，而清朝在对抗列强的同时也开始为属国（如朝鲜、琉球、越南、暹罗、缅甸等）的生存担忧，并低调维持着与属国间的朝贡关系。随着时间的推移，与这些属国的朝贡关系也逐渐解体，如咸丰三年（1853），缅甸因在缅英战争中失败，最后一批入贡使臣在赴京途中，就被咸丰的谕旨遣送回国，"朕念缅甸国王久列藩封，贡使远道输诚，具征忱悃。……现在粤匪未平……即传旨其使臣，此次毋庸来京，仍优予犒赏，委员护送回国"。[1]《南京条约》强迫清政府开放了广州、福州、厦门、宁波、上海五口通商，由先前广州一口变成五口，实质上改变了通商和外交的管理体制，领事的设置就是牵制乃至消灭朝贡体制的重磅炸弹。中国治外法权被剥夺，又造成了中西商贸关系向全面政治关系的转变，中国受制于列强的不可逆形势愈发严峻。因此，从总体上看，公行废除后设立的五口通商大臣体制并没有实现清政府对外交涉的近代化。当然，"无论哪个督抚仍旧是地方官宦，清政府仍把对西方交涉限制在非中央或地方的层次，像原广州一口通商时期一样，由地方来处理。对西方的交涉，还没有引起清政府的高度重视。"[2]

第二次鸦片战争和又一批不平等条约签订以及列强驻京公使的相继履职、借师助剿太平天国和洋务运动的兴起，推进了具有近代化、国际性的外交制度的建设进程。以总理衙门设立为起点，晚清的外交制度建设开始与近代国际外交体制接轨了，同时，在东西列强的冲击和压制下，以中

---

① 赵尔巽：《清史稿》卷48，北京：中华书局1976年版，第14683页。

② 李兆祥：《近代中国的外交转型研究》，北京：中国社会科学出版社2008年版，第62-63页。

华文化圈为核心的东亚国际关系体系的逐渐解体，催生了中国人的国家主权意识，为追求国家间平等、重塑中国形象奠定了坚实的思想基础。总理衙门堪称有史以来中国首次能体现外交职能的独立机构，它的出现无疑是中国外交制度的新气象。总理衙门及其相配套的一系列外交体制，既是传统的对非朝贡国外交的一种延续和发展，也是晚清全面构建新的外交体制的最初探索，具有明显近代化的过渡性特征。它的建立与运作，主要是列强强加于华的不平等条约所规定的中外交涉方式的结果，但在被动与困厄中亦不乏清政府当权者的某些觉醒，他们在一边继续丧失主权利益的同时，尽力维护国家利益，并着手为已经失去的国家利益找寻收回的办法。以总理衙门为中枢结构的新外交体制，是由总理衙门、南北洋大臣及地方督抚、将军等三个关系密切的外交实践系统所构成的比较合理的组织架构，其中，主体是总理衙门，其他两者是两翼，"各国事件向由外省督抚奏报，汇总于军机处。近年各路军报络绎，外国事务，头绪纷繁，驻京之后，若不悉心经理，专一其事，必致办理延缓，未能悉协机宜。请设总理衙门……并请另给公所，兼备与各国接见"。[①]更重要的是，总理衙门是自强、求富的洋务运动的倡导者和主持者，表明了它首先是一个外交机构，进而其职权不断超出，囊括到外交、政治、经济、军事、教育等领域，都变成了它的职权范围，"掌各国盟约，昭布朝廷德信，凡水路出入之赋，舟船互市之制，书币聘饷之宜，中外疆域之限，文译传达之事，民教交涉之端，王大臣率属定议"。[②]总理衙门的外交管理权力实质化和业务管理系统化的逐渐加强，逐渐使它真正地演变成为中外交涉和兴办洋务事宜的中枢机构，"凡策我国之富强者，要皆于该衙门为总汇之地"，其事"固不

---

① 中国史学会：《中国近代史资料丛刊：洋务运动》（一），上海人民出版社1978年版，第6—7页。

② 《钦定大清会典》卷99，第1页。转引自李兆祥《近代中国的外交转型研究》，北京：中国社会科学出版社2008年版，第119页。

独繁于六部，而实兼综乎六部矣"。[1]1884年4月8日，慈禧以奕䜣及总理衙门在中法战争中妥协为由，挑起了"甲申易枢"事件，罢免了以奕䜣为首的总理衙门军机五大臣，改由庆亲王奕劻主持总理衙门，但奕劻对外交事务甚不了解，对外交涉近乎停顿。1885年清政府设立海军衙门，把海防事宜从总理衙门中厘出，极大冲击了总理衙门的国际地位。甲午战争爆发到战败签订了空前屈辱的《马关条约》，开篇就规定"中国认明朝鲜国确为完全无缺之独立自主，故凡有亏损独立自主体制，即如该国向中国所修贡献典礼等。嗣后全行废绝"。[2]《马关条约》的一个最令晚清中国蒙羞又促使中国人解脱的条令，就是这"区区的49字，它不仅宣告了中朝宗藩关系的结束，宣告了清政府维持朝贡体系的失败，宣告了在中国存在了两千多年的朝贡体系的崩溃，而且也宣告了一种独特的东方国际秩序的瓦解。"[3]甲午战争后，清廷又重新启用奕䜣，但因奕䜣老迈且无心重振总理衙门，在他去世后，该机构基本上处于瘫痪状态。1900年，面对八国联军侵华的危险处境，慈禧不得不对总理衙门进行重大的改组，杀害了主战的袁旭等四个大臣，并命端郡王载漪主持其事。慈禧挟光绪帝"西狩"西安后，也设立了一个总理衙门，但它已没有任何中外交涉的功能，不过是清廷清谈的破坛而已，而攻陷北京的东西列强为了自身利益，却在打算替清廷改组总理衙门了。

八国联军侵华战争和义和团运动被剿灭后，列强逼迫清政府签订《辛丑条约》，继续向中国索取政治特权和经济利益。严酷的国际形势，将近代中国的外交逼向了非改革无以自守的地步。20世纪初的十年，是垂死的清王朝启动新政的时期，也是中国外交的近代化转型循序推进的时期。1901年1月，西逃归京的慈禧颁布"变法"上谕，拉开了"清末新政"的序

①　国家档案局明清档案馆编：《戊戌变法档案史料》（添裁机构官制吏治），北京：中华书局1958年版，第179、180页。

②　王铁崖：《中外旧约章汇编》第一册，北京：三联书店1957年版，第614页。

③　李兆祥：《近代中国的外交转型研究》，北京：中国社会科学出版社2008年版，第109—110页。

幕，除对君主制政体的修修补补之外，不过是个骗局，但它在客观上也为晚清外交转型提供了某些有利的条件。1901年，由总理衙门改建而来的外务部，不但位列六部之首，满足了东西列强的交涉要求，而且它的结构、职能以及权力行使，在与西方外交模式相比较中也能够体现出一个中央外交中枢机构的职权特征。也就是说，如果大清不灭亡，这种以外务部为核心的新的外交运作体制，或许能成为一种媲美于西方外交体制的新形态。遗憾的是，腐败专制透顶的清政府在辛亥革命的炮声中轰然倒台，1912年，中华民国临时政府正式成立，也意味着近代中国外交新体制的建立，成为中国近代外交转型的一个决定性因素，到1928年中国外交已基本完成了由传统外交形态向近代外交形态的转型。民国外交体现了分权制衡的原则，以外交部作为国家外交机构中枢，外交总长作为外交具体事务掌控者，从而不断推进了外交部的机构设置国际化、规范化和外交官与领事官的选拔任用的制度化。在此期间，中华民国的国际地位也逐渐得到提高，特别是以1917年参加一战为契机，中国开始全面介入国际事务，并以战胜国身份在1919年参加巴黎和会，尽管在和会上所提的正义主张没有得到认可，但也明确表达了中国追求国家之间平等相处的和平信仰。民国时期，中国取得了一些外交成果，其中一个标示就是1921—1922年华盛顿会议。这次会议是"中国争回一些权利而不是失去更多权力的一次会议"[1]。1923年，中华民国政府颁布了《中华民国宪法》，是第一次以国家根本大法形式确认了中华民国成立以来外交实践的成果，肯定了主权在民原则，将"外交"作为增列的"国权"一章的第一项国权，并明确规定"由国家立法并执行之"。[2]当然，无可讳言的是，民国时期，中国利用外交途径收回国家主权和权利的成就，是晚清政府所无法做到的，但历史对于晚清丧失一些主权、权利的罪过和收回权利的努力是有功过分明的评判，对其中晚

---

[1]　王建朗：《中国废除不平等条约的历程》，南昌：江西人民出版社2000年版，第106页。

[2]　《中华民国宪法》1923年10月，陈荷夫编《中国宪法类编》，中国社会科学出版社1980年版，第406页。

清外交制度的尝试和某些成功之处应当予以积极而肯定的评价，因为历史是不容割裂的，没有清政府的努力，就难以说明民国时期的外交成功的亮点多多。

简言之，清末，中国在长达半个世纪与列强交锋的历次战败，在某种程度上讲只是一种军事上蹒跚不前的恶果，却反映出全盘失调的政治失误，因而牵一发而动全身地导致了中国外交体制的近代化变革。历经两次鸦片战争的败北，清政府开创了以总理衙门为主轴的新外交体制，为沟通世界、维护国本起到了救死扶伤的战时效果，也为一批接着一批的优秀国人走出国门、放眼世界、接受新知、推进自改革进程创造了积极而有效的政治基础和外交桥梁，黄遵宪是远赴海外，以外交护国的一批外交官中的佼佼者，对日后中国外交事业的发展有着很深远的影响。

第三节

黄遵宪与走向近代化的世界潮流

近代化是世界文明发展的必经过程，这种潮流在西方显得那样平静和有序渐进，而在同期的清朝却经历着巨大阵痛和跌宕起伏的过程，其艰难程度和转型复杂性都是其他国家不曾有的，也是自身文明发展中史无前例的。第一次鸦片战争的失败，使一个自视"天朝"的"上国"和有着众多藩邦和属国的泱泱大国，被迫放弃"天朝"尊严，步向条约外交的近代化行列。这就是中国走向世界的新进程。此前连绵不断的几千年中华文明，在根本程度上而言是中国自觉和不自觉走向世界的过程，它是和平和福祉性的，而这次走向世界则是被迫而屈辱、付出巨大代价的无可回避的选择。从天道的无生有、有生一、一生二，乃至无穷的原理出发，在近代世界史的血与火的考验中，一个中国精神也在新生，就像一个民族或国家的新生一样。这是中国历史的进步，是中国融入世界的开始。宝剑锋自磨砺出，梅花香自苦寒来，正是包括黄遵宪在内的晚清中国人走向世界近代化潮流的实践意义。

一、国难中成长的黄遵宪

晚清中国是不是世界？能不能代表世界？显然历史已然给出了答案，即中国自闭而落伍，成了西方资本主义国家的殖民地，这就是中华民族几千年来的首次国难，国难之绵长和深重不仅震惊了国人，惊呆了世界，更刺激了尚未在功劳簿上酣睡的中国先进知识分子，他们生于国难之中，却以平天下为己任，以"师夷长技"为方法，抒写了一段虽难以成功却立场鲜明的救国强国的历史篇章，提升中国文化的内聚力，发掘中国力量的时代动能，这就是国难中不屈的中国脊梁，是经受得住血与火洗礼的中国精神。

　　黄遵宪在国难中出生又在国难中成长为一名杰出的外交官，与同时代的先进人士，如魏源、康有为、梁启超、严复、章太炎等理论家、思想家不同的是，他首先是一个改革先锋和经世致用的实践家，其次才是一个资产阶级理论家、思想家，最后才应是一个诗人、散文家、历史学家，正如有学者所指出，"黄遵宪固然写过很多诗，出版过名声远扬的历史著作，留下不少书札、散文，但这一切都是为了改革社会、改造国家这个大目标服务的，或者说，它们中有的干脆就是改革社会、改革国家这一实践行为的体现，是这一实践过程的副产物。"①从人生旨趣和实际行为而论，黄遵宪不屑以诗人自豪，而自称"独立风雪中清教徒之一人"，体现的是即便能够扛得起"诗界革命"大旗，也不是他的人生追求，他只想在中国近代诗歌革新运动中做一个学创近体诗的角色，而其中的深刻用意在于呼吁国强民富的近代化变革。晚年谪居故里的黄遵宪，在给当时蜚声岭南的诗人丘逢甲的书信中就明确表达了自己的诗论，"思少日喜为诗，谬有别创诗界之论。然才力薄弱，终不克自践其言。譬之西半球新国，弟不过独立风雪中清教徒之一人耳。若华盛顿、哲斐逊、富兰克林，不能不属望于诸君子也。诗虽小道，然欧洲诗人，出其鼓吹文明之笔，竟有左右世界之力。仆老且病，无能为役矣，执事其有意乎？"②然而，自负、自谦、自怜和自叹的黄遵宪，根本不屑以诗人自居，但终没有能够在政治救国上功成名就，不得不以诗名世，"举鼎脱先绝，支离笑此身。穷途竟何世，余事且

---

①　李珺平：《从"加富尔"到"马志尼"：黄遵宪政治理想之定位及价值》，《湛江师范学院学报》2005年第5期。

②　黄遵宪：《致丘菽园函》（光绪二十八年十一月一日，1902年11月30日），载陈铮编《黄遵宪全集》，北京：中华书局2005年版，第440页。

诗人。技悔屠龙拙，时惊叹蜡新。剖胸倾热血，恐化大千尘。"①胞弟黄遵楷明确指出了黄遵宪的政治抱负和诗人气质之间的深刻关系，"其于诗也，虽以余事及之，然亦欲求于古人之外，自树一帜"，同时又痛惜地说："以非诗人之先生，而使天下后世，仅称为诗界革命之一人，是岂独先兄之大戚而已哉！""先兄之不见容于当时，终自立于无用之地位，先兄之不幸，抑后于先兄者之不幸耶！"②诗人与政治家合为一体，在黄遵宪时代既是合适的又是难以匹配的，如果用落魄的诗人政治家来形容他似乎可以看出人们对他的缅怀有据，即黄遵宪还有一个不可磨灭的"诗界革命"旗手的美誉。黄遵宪的政治品格和诗人风范相结合的人生定论，在梁启超这里有了隐喻的评论，"古今之诗有两大种：一曰诗人之诗，一曰非诗人之诗。之二种者，其境界有反比例，其人或相非或不相非，而要之未有能相兼者也。人境庐主人者，其诗人耶？彼其劬心营目憔形，以斟酌损益于古今中外之治法，以忧天下，其言用不用，而国之存亡，种之主奴，教之绝续，视此焉，吾未见古之诗人能如是也。其非诗人耶？彼其胎冥冥而息渊渊，而神味沈沈，而音节入微，友视骚、汉而奴畜唐、宋，吾未见古之非诗人能如是也。主人语余，庚、辛之交，愤天下之不可救，誓将自逃于诗忘天下。然而天卒不许主人之为诗人也。余语主人，即自逃于诗忘天下，然而子固不得为诗人。并世忧天下之士，必将有用子之诗以存吾国、主吾种、续吾教者，矧乃无可逃哉？虽然，主人固朝夕为诗不少衰，故吾卒无以名其为诗人之诗与非诗人之诗？"③

国难深重的国情、"才大世不用"的境遇，并没有影响黄遵宪的豁达人格，他没有怨天尤人于乱世，而是以据乱世开升平世的气魄和胆识，顺

① 黄遵宪：《支离》一诗，载钱仲联《人境庐诗草笺注》，上海古籍出版社1981年版，第773页。

② 黄遵楷：《人境庐诗草初印本跋》，载陈铮编《黄遵宪全集》，北京：中华书局2005年版，第69—70页。

③ 梁启超：《原稿本卷五至卷八·梁跋》，载钱仲联《人境庐诗草笺注》，上海古籍出版社1981年版，第1086页。

应近代化的世界潮流，值守外交事业终身，并义无反顾地投身维新事业，其爱国之心、报国之志确实可圈可点。2003年6月29日，温家宝总理在香港期间两次提到黄遵宪的《赠梁任父同年》这首沉郁悲痛的诗歌，"寸寸河山寸寸金，侉离分裂力谁任？杜鹃再拜忧天泪，精卫无穷填海心。"同年9月13日，温家宝在访问墨西哥会见华人代表时，又引用梁启超《嘉应黄先生墓志铭》中"明于识，练于事，忠于国"之句，表明自己"将国家利益放在第一位，忠于祖国"的观念就来自黄遵宪。中华人民共和国的三位总理曾先后提及黄遵宪，除了温家宝总理，周恩来总理曾称赞他对教育改革的贡献，朱镕基总理曾评价他为维新改革先行者。[1]这些赞誉，都足见黄遵宪作为卓越外交家、近代变法先驱、晚清爱国诗人的历史地位和深远影响。

视野开阔和确有思想主见也在黄遵宪身上有所体现。他出生于一个不算富裕的地主家庭，却顺应了乱世求变的时代需求，自小用诗歌来抒发自己的思想，逐渐形成济困救世的现实主义精神。早在十六七岁时，黄遵宪就写有《感怀》组诗，明确表达了他否定汉宋之学的反封建传统的思想，而这种大胆否定束缚和禁锢人性发展的封建理学的精神，使他在21岁时就务实地喊出了"我手写吾口，古岂能拘牵"的口号。[2]黄遵宪的这句诗，向来被中国近代文学史研究者推崇为近代"诗界革命"的宣言，但他们只注意到它在文学上的意义，忽视了的思想内容和革命精神。从终极的人生理想而言，黄遵宪首先是一位外交家和政治活动家，然后才是诗人，他的近代诗是他表达其进步思想和精神境界的最重要的工具之一，因为黄遵宪向来主张"诗以言志为体，以感人为用"[3]。自幼饱读诗书而养成的独立

---

[1]　吴春燕、陈亮谦：《晚清爱国诗人黄遵宪感动今人》，《光明日报》2005年3月30日。

[2]　黄遵宪：《杂感》一诗，载钱仲联《人境庐诗草笺注》，上海古籍出版社1981年版，第42页。

[3]　黄遵宪：《致梁启超函》（光绪三十一年一月十八日），载陈铮编《黄遵宪全集》，北京：中华书局2005年版，第457页。

思考和审时度势的洞察力，使他最初就将反封建思想揭橥于诗，并在随使日本、欧美期间，亦用诗歌讴歌西方近代文明和激发国人的革新精神。在1894年归国后，黄遵宪积极投身变法活动中，更公开表明自己的诗是"维新诗"，"废君一月官书力，读我连篇新派诗。风雅不亡由善作，光丰之后益矜奇。"①诗中所谓"新派诗"就是"维新诗"，黄遵宪把"新派诗"作为宣传维新变法思想的工具，表现出强烈的"诗言志"的思想倾向。可见，曾被誉为"神童"②的黄遵宪自小过着比较优渥的生活，并有机会接受封建传统教育，但他并不拘泥僵化的传统，而是不断通过自己的诗篇、史著、政论、笔谈等，时刻透露着他的自改革诉求和理想。黄遵宪极力抨击封建统治阶级抱残守缺的汉学余脉，指出乾嘉考据学和宋明理学严重钳制了人民思想和顺应时势的变革精神，"妄图使人们或高谈'性理'，不切实际；或皓首穷经，埋头经籍，全然不顾国家大事，政局安危。"③针对当时读书人的迂腐穷酸之气，片面夸赞古代的社会兴盛而对当代社会和外部世界一无所知的状况，黄遵宪不肯盲从，而是采取一种批判的方式去继承，他猛烈抨击了科举制度和八股文的弊害，"吁嗟制艺兴，今亦五百载。世儒习固然，老死不知悔。精力疲丹铅，虚荣逐冠盖。劳劳数行中，鼎鼎百年内。束发受书始，即已缚扭械。英雄尽入彀，帝王心始快。"④进而，21岁的时候，他更大胆地提出了"我手写吾口，古岂能拘牵"，⑤表达了他的反对封建思想的愿望。在1877年走出国门而出任驻外使官之前，黄遵宪还经历了太平天国运动的冲击，从看到清政府诸多弊端的立场出发而

① 黄遵宪：《筹曾重伯编修》一诗，载钱仲联《人境庐诗草笺注》，上海古籍出版社1981年版，第762页。
② 张永芳：《黄遵宪"神童"成因辨析》，载其主编《黄遵宪新论》，北京：中国社会科学出版社2004年版，第93-100页。
③ 盛邦和：《黄遵宪史学研究》，南京：江苏古籍出版社1987年版，第5页。
④ 黄遵宪：《杂感》一诗，载钱仲联《人境庐诗草笺注》，上海古籍出版社1981年版，第47页。
⑤ 同上，第42页。

开始同情苦难的人民，"终累吾民非敌国，又从据乱转升平。"①由于认识到劳动人民与统治阶级的矛盾，而他逐渐与官僚地主阶层分道扬镳。随着科举失意下目睹香港繁荣和外敌侵略的民族耻辱，黄遵宪以成长起来的资产阶级政治觉悟而成为"志在变法"的改良派人物。经历1870年天津教案后，开始着手研究时务，阅读了大量的"洋书"的思想解放过程，黄遵宪初步了解到了西方的自然和社会知识。直到1876年中英《烟台条约》签订之后，他就敏锐地感到"国耻诚难雪，何仇到匹夫"，中国命运已到"事竟成狙击，危同将虎须"②的危急时刻了。就在中举之际，黄遵宪"时时发狂疾，痛洒忧天泪"③，发出"到此法不变，终难兴英贤"④的疾呼，认识到中国之变势在必行了。

黄遵宪一生经历了内忧外患，是一位饱经风霜、学贯中西的入世又出世的诗人英雄，尽管人微言轻，但他在中国近代宪政史上留下一笔珍贵的外交和变革的思想遗产。时代造就了黄遵宪，时代的悲剧也给他带来了个人悲剧。在遭到"永不叙用"的惩罚而谪居故乡的最后岁月里，黄遵宪冷静地反思所经历的一切，反而更加坚信中国唯走立宪之路而达于进步，并要渐进地推进立宪进程。在他看来，没有明确时间表可以确定渐进立宪的成功，但必须需要民智、官智开启和其他客观条件成熟。戊戌变法后，梁启超逃亡日本，直到光绪二十八年（1902），黄遵宪才与他联系上。就在与梁启超的频繁通信中，他始终坚守和强调他的渐进立宪观，其中比较明确的用词，诸如光绪二十八年四月之函有言："今日当采西人之政、西人之学，以弥缝我国政学之敝，不必复张吾教，与人争是非、校短长也。"⑤

---

① 黄遵宪：《喜闻恪靖伯左公至官军收复嘉应贼尽灭》一诗，载钱仲联《人境庐诗草笺注》，上海古籍出版社1981年版，第21页。

② 黄遵宪：《大狱》一诗，同上，第189页。

③ 黄遵宪：《述怀再呈霭人樵野丈》一诗，同上，第186页。

④ 同上，第178页。

⑤ 黄遵宪：《致梁启超书》，载吴振清等编《黄遵宪集》，天津人民出版社2003年版，第487页。

而"采西人之政、西人之学"绝非一蹴而就，是需要加以时日和勇气智慧的，因为"中国旧习，病在尊大，病在固蔽，非病在不能保守也。今且大开门户，容纳新学。"①光绪二十八年五月之函有言："二十世纪中国之政体，其必法英之君民共主乎？胸中蓄此十数年。……又历三十年，复往英伦，乃以为政体当法英，而其著手次第，则又取租税、讼狱、警察之权，分之于四方百姓；欲取学校、武备、交通之权，归之于中央政府……内安民生，外联与国，或亦足以自立乎。"②光绪二十八年十一月之函有言："中国政体，征之前此之历史，考之今日之程度，必以英吉利为师，是我辈所见略同矣。风会所趋，时势所激，其鼓荡推移之力，再历十数年、百余年，或且胥天下而变民主，或且合天下而戴一共主，皆未可知。然而中国之进步，必先以民族主义，继以立宪政体，可断言也。……今以中国麻木不仁，痛痒不知之世界，其风俗之敝，政体之坏，学识之陋，积渐之久，至于三四千年，绝不知民义、民权之为何物。……仆以为民已有智，民既有力，而政府固靳之权，祸患未由而弭，此政府之责，非公之咎也。"③"仆以为由蛮野而文明，世界之进步必积渐而至，实不能躐等而进，一蹴而几也。"④光绪三十年（1904）七月之函有言："专以普及教育为目的，既发端于一乡，并欲运动大吏，使遍及全省。虽责效过缓，然窃谓此乃救中国之不二法门也。"⑤光绪三十一年（1905）正月之函有言："总之，二百余年朝廷所以驭官之法，官长上求保位，下图省事之习，吾承其弊，采其隐，迎其机而利用之。一二年间吾之羽翼既成，彼地方官必受吾指挥，而惟命是听矣。"⑥凡此种种言论，皆表明黄遵宪不仅对建立立

① 黄遵宪：《致梁启超书》，载吴振清等编《黄遵宪集》，天津人民出版社2003年版，第495页。
② 同上，第491页。
③ 同上，第507—509页。
④ 同上，第511。
⑤ 同上，第515页。
⑥ 同上，第517页。

宪政体充满信心，而且坚决主张以渐进方式实现之，反对激进改革和革命排满手段，因为"守渐进主义，以立宪为归宿"是他"至于今未改"的政治理想。^①

但也无可否认，苦难确实成就了黄遵宪这位时务英雄。湖南新政的襄助和其间的有所作为，堪称黄遵宪一生中在所达到的政治作为的最高峰。然而，黄遵宪的突然病殁，在一些时人的心中无疑是巨大损失。狄葆贤作联以挽："竟作人间不用身，尺书重展泪沾巾。政坛法界俱沉寂，岂仅词场少一人。悲愤年年合问谁？空余血泪化新诗。微吟踏遍伤心地，不见黄龙上国旗。雁泪随红涨秋水，法时尚任意何如？遥怜病榻传遗札，更胜当年论学书。无端重话旧因缘，说法维摩等化烟。何处身心现离合，天华来去自年年。奇才天遣此沉沦，湘水愁予咽旧声。莫问伤心南学会，风吹雨打更何人？"^②而梁启超在《嘉应黄先生墓志铭》中，既赞扬又惋惜地写道："呜呼！以先生之明于识，练于事，忠于国，使稍得藉手，其所措施，岂可限量。而乃使之浮沉于群吏之间者且数十年；晚遭际会，似可稍展其所蕴矣，而事变忽起，所志不终遂，且乃忧谗畏讥，流离失职而死，此岂天之所为耶！"^③因此，在此深入研究黄遵宪的外交理念，以及围绕着外交而涉及他的经世思想、改革实践和在文学、史学、社会、教育等领域中作为和成就，不仅是对近代国难的一次反省，也是对先贤良智的一种敬仰。

二、顺应潮流地走向海外

世界主要资本主义国家的建立和崛起以及"天赋人权""三权分立"等理论改变了人类文明的发展进程。"天赋人权"集中反映了资产阶级民

---

① 黄遵宪：《致梁启超书》，载吴振清等编《黄遵宪集》，天津人民出版社2003年版，第514页。

② 狄葆贤：《平等阁诗话》，同上，第1274—1275页。

③ 梁启超：《嘉应黄先生墓志铭》，同上，第1264页。

主主义思想，成为资产阶级反对封建专制的理论武器，也成为资产阶级革命胜利后新政权的立法原则之一。"三权分立"则是资产阶级政治制度的重要理论原则和组织形式，不是简单的国家权力的分工，其本质仍是一种阶级分权，但"事实上这种分权只不过是为了简化和监督国家机构而实行的日常事务上的分工罢了"，①尽管资本主义国家内部矛盾具存不可调和性，但资本主义本质的一统天下野心将席卷整个世界，中国当属它必然要被奴役的对象。西方列强殖民势力的东来，与以清朝及其朝贡国、互市之国为基础架构的东亚国际关系发生了碰撞，西方文化对中华文化圈的挑战不可避免。文化冲突和外交碰撞的最终恶化演变成为19世纪中叶西方列强对中国无休止的侵略战争。屡战屡败的清王朝在尽力维持以朝贡体制为核心的外交关系的前提下，不得不屈辱地接受了列强的诸多不平等条约，开始了对外关系的理论与实践上的些许改变。

毋庸置疑，两次鸦片战争的失败，唤醒了一批睁眼看世界的中国有志之士和有识之士，他们开始探索新形势下的中国外交和御敌之法，由此开启了"师夷"的序幕，进而达于"器"变、"学"变和"政"变的中国近代化历程。林则徐在禁烟和抗击英军时曾向外国购买过大炮布防海口，还组织人手翻译外国报纸，了解夷情，学习夷人的奇技，甚至主张"制炮造船"，编练水师以"制夷"。②虽然很多"师夷"主张遭到道光帝和耆英的拒绝，但"师夷"思想不胫而走，有效地破坏了传统的"夏夷之辨"的理论根基，为西风东渐打开了一个思想缺口，成为中国人学习西方的指示方向。第二次鸦片战争的再次战败，震醒了一些接触过洋务的官员，他们拿出了勇气，把"师夷"当成"急务"与"要政"，特别是借师助剿太平天国的"成功"，不仅加强了"中外合作"，也在增强控内御外能力的过程中，清政府的开明官绅发动了技术领域全面"师夷"的洋务运动，更

---

① 《马克思恩格斯全集》第5卷，北京：人民出版社1958年版，第224—225页。

② 林则徐：《林则徐集·奏稿》中册，北京：中华书局1965年版，第883—885页。

加推进了中国走向世界、融入国际社会的进程。从本质上讲,洋务运动表面上是中国军事一败再败后的强军自救运动,却开启了中国近代化的历史进程,也促进了中国近代外交的迅猛发展。洋务运动初期,军事强国的努力没有超出魏源所总结的洋人的"长技"学习,"一战舰,二火器,三养兵、练兵之法"。①随后,洋务运动拓展到了民用企业、新式教育等领域,也就是不但要从器物层面上改变中国,而且也要从某种程度上改变中国人的闭塞僵化的思想。历史证明,从1860年到1900年40年的中外战与和,都是洋务运动在外交方面的实力体现,特别是中法战争的战事胜利。更重要的是,洋务运动在近代教育上的突出贡献,是留学生的派遣,这无疑是西学潮流被肯定的国民意识的体现。留学生派遣计划得到曾国藩、李鸿章等人的支持,"整个留学计划包括选派120名学生,分4批,每批30人,学习时间为15年等内容。"②留学生计划只执行3年就被迫中止,但不少留学生回国后在教育、科技、外交等领域做出过重大贡献,容闳在其中的历史作用是巨大的。留学生制度虽未形成相对稳定的安排,但它"开启风气之先,促成了一种思想观念的变化,是中国人走向世界、真正了解世界的壮举。这是以军事工业为先导的中国近代化进程中一个绚丽的篇章,用现代科学知识和对西方的真切认识武装起来的头脑,要比仅仅用钢枪、大炮武装起来的人更具有抵御外侮的力量。"③

到了近代,随着西方列强的入侵,西方文化也传播开来,西学成了一种有人爱有人恨的异质文化。由于西学主要是与列强侵略相伴而入华的,给中国人造成了一种阴暗或阴谋的心理暗示,这使西学在华传播受阻。然而,晚清战败的历史,暴露出了中国政治、经济、文化、军事体制的内在

---

① 赵丽霞:《中国启蒙思想文库·默觚——魏源集》,沈阳:辽宁人民出版社1994年版,第277页。

② 容闳著,石霓译:《容闳自传:我在中国和美国的生活》,百家出版社2003年版,第179-180页。

③ 李兆祥:《近代中国的外交转型研究》,北京:中国社会科学出版社2008年版,第88页。

落后性和虚弱性，因此，一批批先进中国人开始对西学特别关注，想借鉴它以利于图强自新。1854年，作为第一个毕业于美国著名的耶鲁大学的中国学生，容闳毅然回归祖国，想用所学西学知识为国家富强做贡献。容闳以西学救国的例子并非个案，而是晚清知识分子中的一种较普遍的趋势。梁启超也是这方面的卓越代表，他的维新思想就是从西学中衍生出来的。自参与"公车上书"之时起，在此后的40年岁月中，梁启超"脑中固绝未忘一'国'字，且平昔眼中无书，手中无笔之日亦绝少"，留世1400多万言，创造了著作超等身的文化奇迹，迄今无人其匹，故被挚友徐佛苏敬为"世界第一博学家"。①这种博学的最大贡献，就是站在人类文明的高峰鸟瞰世界的"大同"，"拿西洋的文明来扩充我的文明，又拿我的文明去补充西洋文明，叫他化合起来成一种新文明"。②这是对他自己在1902年所著《新民说》中对中西文化"淬厉本有"和"采补本无"观点的新阐发。在《新民说》中他写道："新之义有二：一曰淬厉其所本有而新之，二曰采补其所本无而新之"，"吾所谓新民者，必非如心醉西风者流，蔑弃吾数千年之道德、学术、风俗，以求伍于他人，亦非如墨守故纸者流，谓仅抱此数千年之道德、学术、风俗，遂足以立于大地也。"③

与随西方列强的坚船利炮而入华的，还有被清朝统治阶级所不屑的西学潮流，即西方资本主义的宗教学说、科学技术和学术思想在中国的传播，史称"西学东渐"。其中，西方学术传入中国的渠道主要有四个：一是传教士的身传；二是西方各类图书的翻译和传播；三是中国的驻外使节，如郭嵩焘、黄遵宪等人，都留有使西日记和述职报告，甚至有学术专

---

① 丁文江、赵丰田：《梁启超年谱长编》，上海人民出版社1983年版，第1204页。

② 梁启超：《欧游心影录节录》之《欧游中之一般观察及一般感想》，《饮冰室合集·专集之二十三》，《饮冰室合集·文集之七》，北京：中华书局1989年版，第35页。

③ 梁启超：《新民说》，黄坤评注，郑州：中州古籍出版社1998年版，第54-55页。

著，如黄遵宪的《日本国志》等；四是晚清留学生对外国的接触与了解。西学东渐的历史作用也是双刃剑，但对于腐朽没落的封建思想的冲击，却是当时最需要和最重要的文化成就。西学东渐显著地促进了近代中国人的民权意识的觉醒，而对民权学说倡导最积极的当数戊戌变法时期的康有为、梁启超、严复等人，尤其是梁启超，他提出"故民权兴则国权立，民权灭则国权亡。为君相者而务压民之权，是之谓自弃其国，为民者而不务各伸其权，是之谓自弃其身。故言爱国必自兴民权始。"①从不同文明互鉴而扬长避短的文化价值观出发，我们不否认近代的"西学东渐"确实有助于解除了中国传统文化的本位观念"华夷之辨"，唤醒一大批先进人士将目光投向全球，在中外古今的文化比较中寻找救国良方，并通过各种各样的内外斗争内容和方式，既最终抵御了外敌的侵略，赢得了民族独立和国家统一，使中国成为当今世界上古老文明的幸存者，而且为中华民族积累了不断走向强盛的文明因素，这些因素凝聚了古今中外最可靠的人性道德制高点的元素，成为中国精神的最大支撑。当前中华民族的伟大复兴摒弃武力外侵的霸权方式，而以"和平崛起"的方式为中国、也为世界带来持久和平与永恒幸福的未来，这就是中国在百年屈辱中收获的最好的历史经验。

需要指出的一点是，在黄遵宪中举后毅然步向外交险途之前，顺应近代化潮流并非全国一盘棋的步调，只是在一种时尚中包含着理性的抉择，是介于统治高层和一般民众间的先进知识分子的明智，它像一股愈滤愈明的清泉，渐渐成为越来越多的人所向往和追求的政治理想和文化旗帜。众所周知，洋务运动时期，虽然有名噪一时的总理衙门倡导互市国通商和近代教育，但总理衙门的权限并非无可制约，因为它并没有外交决策权，咸丰帝仍是最高的决策者，军机处仍是最高决策者的赞襄机构，遑论其他低级权力机关，正如咸丰帝所言，"黜陟大柄，朕自持之，非诸臣所可轻

---

① 梁启超：《饮冰室合集·文集》（三），北京：中华书局1989年版，第76页。

议"。①易言之，固守自封的封建王朝设置总理衙门，只不过是旧瓶装新酒，掩人耳目，它不顾世界大势，仍将中西关系界定在通商范畴中，所设的总理衙门的全称是总理各国通商事务衙门，而且与总理衙门一起恩准设立的南北洋通商大臣，强调的还是"通商"二字，与先前的五口通商大臣无异，只不过是通商口岸增多了而已。因此，羁縻策略在甲午战争前都是清政府处理中西关系的既定政策，它主张"以信义笼络"。②可见，设立南洋通商大臣和北洋通商大臣就是试图将列强拦在北京的外面，"如天津办理得宜，则虽有夷酋驻京，无事可办，久必废然思返"。③实际上，任何驻京公使根本都没有"久必废然思返"，这是近代国际外交规则，而不谙世界形势的晚清王朝却一意孤行，妄图恢复"天朝"的朝贡形制，确实是夜郎自大的自欺欺人行径。无论如何，中国门户被打开了，想要关上就难了。不管是旧瓶装新酒，还是换了新瓶装新酒，中国都与世界接轨了，而接轨如何有成效，除了拭目以待，就是要弄清潮流，做时代的弄潮儿而非龟缩一隅的自得其乐。1873年2月23日，同治帝亲政，次日，英、法、俄、美、德五国公使联合照会清政府，要求举行觐礼，3月5日再次照会，最终在6月14日清廷谕令准予觐见。6月29日，日本、俄国、美国、英国、法国、荷兰、德国驻华公使及德国使馆的翻译官依次在中南海紫光阁完成了觐见。紫光阁原是大清皇帝接见朝贡国使节的地方，④现在它被用作外国公使觐见皇帝的场所，实际上打破了夏夷观念对中国的束缚，横亘在中国走向世界面前的藩篱被撤除了，清廷接受了西方外交形式之时也就接受了西方外交理念。由此开启的重大外交举措，便是常驻使节的外派与中国驻

① 梁章钜：《枢垣纪略》卷一，转引自李兆祥《近代中国的外交转型研究》，北京：中国社会科学出版社2008年版，第132页。
② 中国史学会、故宫博物院明清档案部：《中国近代史资料丛刊：第二次鸦片战争》（五），上海人民出版社1978年版，第340页。
③ 同上，第347页。
④ ［美］费正清、刘广京编：《剑桥中国晚清史》（下册），中国社会科学院历史研究所编译室译，北京：中国社会科学出版社1993年版，第102页。

外使馆制度的基本确立。外国公使驻京的示范作用，加速了遣使的步伐。1875年8月，以"马嘉理事件"发生、英国要挟遣使赴英道歉为契机，清政府谕旨任命候补侍郎郭嵩焘出使英国。1877年1月，郭嵩焘一行到达伦敦，创立了中国第一个驻外使馆，成为了中国遣使驻外之肇始。此后清政府又相继向日本、美国、秘鲁、西班牙、法国、俄国等派遣了公使。到1894年西方国家向中国遣使的共有13个国家，清政府向外遣使的国家有12个，初步奠定了整个清代驻外使馆的格局。①驻外使馆的建立，既是中国了解世界的一个重要窗口，也为中外纷争提供了一种新的直接解决方案，中国不可能与世界分开，要想回到闭关和专制的时代简直就是痴人说梦了。

虽说外交不能救国，但它可以用来护国，最大限度地阻止国家主权和民族利益的旁落或被剥夺。两次鸦片战争后的19世纪七八十年代，是中国边疆危机最深刻的时期，不仅仅存的朝贡体系不断瓦解，直至《马关条约》后荡然无存，而且清政府苦心经营的洋务运动所取得的军事成就也在中法战争中暴露它的致命弱点，即中国不败而败的结局。如此窘境，昭示了中国外交近代化的危机重重。近代西方资本主义国家的政体模式和相应的政治与经济等制度的优越性、西方列强弱肉强食于东方民族的世界恶况，加大了近代外交的历史重责，也催生了被迫走向世界的晚清社会要在荡秋千的外交路径上为中国收回可能被收回的权益。一批有志于外交事业的先贤能人放弃科举仕途而毅然走出国门，踏上了充满荆棘却能阅历西方的传奇之路。黄遵宪就是其中的一员，他在相当长的海外外交生涯里，以广博的见闻、深刻的反思，构建了他独特的外交理念和立宪政体思想。

选择外交事业，是艰难而出色人生历练的壮举。青年时期的黄遵宪就怀有远大的抱负，他对那种"埋头破屋""皓首穷经"的儒生生活甚是反感，常常写诗予以反讽，更是警惕自己不要沉迷其中，高扬"经世致用"的读书理念，学以致用，立志"要搏扶摇羊角直上九万里"，求得青史留

---

① 李兆祥：《近代中国的外交转型研究》，北京：中国社会科学出版社2008年版，第141页。

名。然而，在封建科举时代，没有考取功名，是难以得到施展抱负的政治机会，所以，委曲求全之下，黄遵宪闭门读书，屡次参加乡试，可惜多次失败而感到人生无常，更对封建思想和科举制度深恶痛绝。不过，他还是在同治十二年（1873）考取拔贡生，光绪二年（1876）又赴京参加乡试而考中举人。此际将近而立之年的黄遵宪审时度势，并没有把族人希望他继续应进士试的科举宦途当作光宗耀祖的唯一出路，而是断然放弃科举。因为他看到了第二次鸦片战争失败后，西方资本主义势力开始进入内地，民族危机加重。他既不清政府的投降外交政策，也深深忧患于外侮日逼，深感"以海禁大开，外人足迹如履户庭，非留心外交，恐难安内"，[①]就这样，黄遵宪抱着经世致用的救国心理，于光绪三年（1877）底毅然跟随清朝首任驻日公使何如璋东渡日本，出任使馆参赞，主管清廷对日的文教工作。纵观黄遵宪的全部人生，这是他的继"出家门"接触"当世事"之后的一次人生转折。"出国门"的重大选择，对于睁眼看世界和向外考究强国之道的举人黄遵宪而言，绝非冲动之举，而是实实在在的理性考虑。

历史已经证明，黄遵宪的选择非常正确，从此开始的历时十四五年、足迹遍及日本与欧美等国的外交生涯，不仅开阔了他的文化视野、拓展了他的思维方式，而且使他成为一代杰出的外交家和维新变法者。他的外交官生涯首先从日本开始，具有近水楼台的人生转折意义，因为中日一衣带水，却在近代处于两种不同的发展方向，一个自觉的近代化，一个抗争着被迫步入近代化。这种迥异的社会进化方式，已经为黄遵宪转变为一位资产阶级思想家和实践家做好了社会环境准备。正是从日本开始，黄遵宪开始了他的近代外交理念和君主立宪政体思想的了解、接受、确立和不断完善的过程。自1877年赴日担任驻日使馆参赞之日起，黄遵宪还先后出任过驻美旧金山首任总领事、驻英使馆二等参赞和驻新加坡首任总领事等外交职务，1894年卸职回国后多次参与处理涉外事件，并在甲午战后与梁启

① 钱仲联：《黄公度先生年谱》，钱仲联《人境庐诗草笺注》，上海古籍出版社1981年版，第1180页。

超、汪康年在上海创办《时务报》，后襄助湖南新政，1898年被光绪帝派遣为驻日公使，因戊戌政变而被放逐回乡，应该说主要是在外交领域里度过了他最有作为的年华。应该说，黄遵宪在外交工作中是不辱使命的，他在职权范围内做到了"伸自主之权，保公众之益"，还著书立说，尤其以《日本国志》为核心，阐发了西方君主立宪制的资产阶级改良思想。十多年的外交生涯，造就了黄遵宪作为一名外交家和政治活动家的胆识与胸襟，并为他日后成为一位维新政治家奠定了稳固的精神基础，尽管他的一生并非一帆风顺，其中饱含着艰难探索、痛楚反思、慎重比较和坚定选择。

第二章

黄遵宪外交活动与思想的世界观念：开放与制衡

黄遵宪履职日本、英国、美国等国领事十余年来归乡定稿的《日本国志》，是近代中国人编撰的一部日本明治维新史，也是实际上的第一部日本通志。从政治变革的角度而论，它又是一部效仿日本明治维新而进行中国式的近代化改革的战斗檄文，因而具有极强的文化启蒙意义："海内奉为瑰宝，由是诵说之士，抵掌而道域外之观，不致如堕五里雾中，厥功洵伟矣哉！"①因此，研究黄遵宪外交理念及其相关理念与实践，断不可离开这部皇皇大著所蕴含的客观内容和精神实质，因为它凝聚了黄遵宪在整个外交生涯中省悟的全部思想财富。此外，黄遵宪还是"诗界革命"的大旗手，创作了数量颇丰的诗歌作品，汇集而成的《人境庐诗草》《人境庐集外诗辑》《日本杂事诗》中约有千余首诗歌，其中"海外诗"几占一半，"公度负经世才，少游东西各国，所遇奇景异态，一写之以诗。其笔力识见，亦足以达其旨趣。子美集开诗世界，为古今诗家所未有也。"②黄遵宪撰写如此多的海外诗，是其诗学思想的集中反映，就是主张诗歌要关注瞬息万变的现实世界，将新思想、新事物、新意境入诗，即"身之所遇、目之所见、耳之所闻，而笔之于诗，何必古人？"③正如一位学者所说："（黄遵宪）是中国自有诗以来第一个有世界观念的诗人，这固然一方面由于他的游踪广阔，见闻繁赜，同时他敏于感受的精神，也容易吸收到时代思潮，非庸俗之诗人所可追及。"④

---

① 狄葆贤：《平等阁诗话》，钱仲联《人境庐诗草笺注》附录三，上海古籍出版社1981年版，第1274页。

② 徐世昌：《晚晴簃诗话》，同上，第1282页。

③ 黄遵宪：《与朗山论诗书》，载吴振清等编《黄遵宪集》，天津人民出版社2003年版，第412页。

④ 葛贤宁：《近代中国民族诗人黄公度》，《新中华》1934年第2期。

第一节

资本主义的全球趋势与世界视阈

黄遵宪所处的时代正是欧美自由资本主义几乎席卷全球的时期，东方的日本在明治维新后脱亚入欧而成为殖民国家，封建末期的中国遭受了来自东西两面的巨大冲击，特别是资本主义经济方式对自然经济的毁灭性打击。中国无法独善其身，只能在抗拒中低调维持自然经济和所谓的朝贡国际体系，却逐渐地卷入资本主义全球趋势的滚滚潮流，中国被融入资本主义列强尊崇的近代大潮之中。

一、经济时代的趋一体化

如果把小农经济支撑的君主专制看作是晚清中国最为显著的文化特征，那么资本主义渗透和入侵中国的历史命运则是一种经济时代的发轫。重农抑商的农业社会相较于重商哺农的工业社会，显然在总体上有碍于文明进步和民生福利。《日本国志》深入介绍了近代日本资本主义经济的情况，无疑是切中时务的。在该著40卷中，专论经济的章节就有6卷的《食货志》，其他诸志也在不同程度上提到经济问题，显示出黄遵宪对经济的高度重视和对晚清经济体制变革的大声疾呼。在《日本国志·食货志三》（国计）中，黄遵宪以"外史氏曰"口吻说道："财也者，兆民之所同欲，政事之所必需者也"。他认为，经济发展是"兆民同欲"的改革正道，兆民的求富之路就是要发展经济。在《日本国志·物产志一》开头"外史氏曰"中，他指出，与政治、军事相比，衡量一个国家的强弱不在于军事力量而最终在于经济力量，"疆场之役，十战九败，不足虑也。若物力虚耗，国产微薄，则一国之大命倾焉，元气削焉"。显然，黄遵宪是把"财"，即经济，作为国家的基础。人类文明史早已证明，经济繁荣远比军事力量更为重要，是国计民生的根本，如同马克思所言"政治是经济的集中表现"一样显著。从《日本国志》所有31处"外史氏曰"内涵与外延的比较中，黄遵宪似乎具备了初步的近代唯物主义经济思想。

自鸦片战争以来，晚清中国面临的一个显著的历史现实，就是如何顺应时代潮流，发展资本主义经济的问题。1882年春《日本国志》初编完成，很多经济方法都在其中出现，例如改革工艺、预算、国债、钞币、银行、赋税等概念。可见，近代资本主义经济发展的时代要求，已成为黄遵宪"富国"思想与内容的最强音的时代背景。首先，晚清中国"闭关锁国"已经走到了历史的末路。当西方文艺复兴和资本主义经济兴起之际，东方诸国大都处在封建统治的闭关锁国时代，有清一代的中国对外经济政策的保守性与封闭性是有过之而无不及的。海禁政策，连带而来的禁教政策，使闭关锁国顽固到深陷"天朝上国"的迷梦中而不能自拔，直到被西方列强的坚船利炮震醒了，还处在迷迷糊糊之中。因此，"闭关锁国"的恶果是不言而喻的，"当时的清政府对外执行封闭主义政策，是禁锢国家和民族的桎梏，其危害是十分严重的"。①西方殖民势力的长驱直入和国内资本主义的明增暗长，最终摧毁了清王朝的腐朽统治。其次，近代对外贸易的兴起是发展国内近代经济的极大推动力。从中国的历史发展看，国家控制对外贸易由来已久，朝贡贸易弊大于利，"这些地方对中国并没有实际价值，可是具有潜在的重要性，如果落到不友好国家的手里，就会成为帝国的威胁"。②自1842年《南京条约》签订之后，一系列不平等条约接踵而来，半封建半殖民地的国家形态逐渐形成，半独立的晚清政府在外贸上的主动权一经丧失，面临的就是国际化的政治经济大环境，这是欧洲列强

---

① 戴逸：《清代乾隆朝的中英关系》，载《清史研究》1993年第3期。
② ［美］泰勒·丹涅特：《美国人在东亚》，姚曾廙译，北京：商务印书馆1959年版，第365页。

200多年来东进和觊觎的必然结果。如此天壤之别，也潜移默化地改变了清政府对于海外贸易的态度。鸦片战争以来，清政府开始重视"商战"，尤其是被罗荣渠先生称为"防卫性现代化"①的洋务运动，更将中国对外贸易推向到一个重要阶段，极大增强了国内民族资本主义的潜在实力，就是发展外贸以利"富国"的明证。最后，中国资产阶级维新派由经济变革而上升到政体变局，不可逆地加速了资本主义经济力量在晚清中国的积蓄。甲午战败的残酷现实，催生了中国社会各阶层的分野，中国民族资产阶级的代表人物抓住洋务运动失败的契机，领导了变法运动，不仅有政治改革要求，还有经济改革要求。康有为早在1888年进京上书光绪帝，提出最初的变法要求，"非变通旧法，无以为治。变此之法，富国为先。"②将"富国"作为首要前提，显然与黄遵宪是英雄所见略同。可惜，变法最终归于失败，并对中国近代化产生了极大的副作用，"这一切并未能挽救大清王朝的覆灭，固守旧制的清王朝失掉了历史的发展机遇，中华民族也与世界第一次工业革命失之交臂。"③戊戌变法虽是失败了，但它宣告和预示的在中国发展资本主义的历史潮流却是正确而真实的，那是晚清中国所处时代的世界性的历史最强音。

作为近代中国的先进人物之一，黄遵宪能够深谙世界大势，疾呼国人大力经济变革以"富国"。在《日本国志》中，黄遵宪以六卷《食货志》的篇幅着重阐述了他遍考东西洋而得的关于近代化经济改革的一整套建议。通过《食货志》中的"外史氏曰"，我们可以发现，黄遵宪有关经济改革思想和实施内容的表述，显得言简意赅，是以18个字总括的，即审户口、核租税、筹国计、考国债、权货币和稽商务。在黄遵宪看来，这18个

---

① 罗荣渠：《现代化新论：世界与中国的现代化进程》，北京大学出版社1993年版，第272页。

② 康有为：《公车上书》，中国史学会编《戊戌变法》第三册，上海：神州国光出版社1953年版，第140页。

③ 高淑娟：《近代化起点论：中日两国封建社会末期对外经济政策比较》，北京：中国社会科学出版社2004年版，第323页。

字组成的六大经济改革方案并非零碎地凑合在一起，而是有机结合的统一体，缺一不可，"六者兼得则理财之道得而国富矣，六者交失则理财之道失而国贫矣"。

（一）"审户口"的本质是改革户籍制度，以促兴"群工众商"。黄遵宪所说的"国多游民则多旷土，农一食百，国胡以富？群工众商，皆利之府，欲问地利，先问业户"，是外延与内涵都很丰富的经济改革方案。首先，黄遵宪以人口问题为出发点的经济思想，主要强调人是最重要的，管理好人口和发挥人的生产热情，才是发展国家经济的首要条件。其次，既然人口对经济发展有重要影响，那么国家财经的第一要义就在于"审户口"，改革户籍制度势在必行。再次，"审户口"的根本目的是发展生产，解决人口增长与国家富强、社会稳定之间的矛盾。"地利"即生产资料，"户口"即劳动力，要大力"移民垦殖""广兴农桑"，以解决当时中国农村人满为患所造成的社会危机。最后，更重要的发展生产的途径，就是发展工商业，即"群工众商"，因为它是"皆利之府"。这就是黄遵宪的发展资本主义经济的旗帜，"举一切光学、气学、化学、力学，咸以资工艺之用，富国也以此，强兵也以此，其重之也，夫实有其可重者在也。"[1] "和戎以来，设局造炮，置厂造船，中外所措意，专以强兵为事，然皮之不存，毛将焉附？遵宪在外十年，考求有素，以为今之中国，在兴物产以保商务。……若炼铁一局，尤今之急务。……遵宪谓此一局，关系于亿万众之脂膏，数十年之国脉，至远且大。"[2] 简言之，黄遵宪"审户口"的经济变革主张是对日本明治维新中"殖产兴业"的嫁接与移植，是对当时资本主义经济发展潮流的国际对接，是"富国"战略。

（二）"核租税"的本质是正当征税。在黄遵宪看来，发展生产首在富民，而民富当须"洒血报国"，是为"血税"；"血税"之缴，只有

---

① 黄遵宪：《日本国志·工艺志》，王宝平主编《日本国志》，上海古籍出版社2001年版，第424页。

② 黄遵宪：《致蔡毅若观察书》（光绪十六年），载吴振清等编《黄遵宪集》（下卷），天津人民出版社2003年版，第448页。

"惟正之供"，方才"天经地义"，并且更重要的"天经地义"，乃是这些上缴的"血税"，必须"以天下财，治天下事"。国家"虽操（征税）利权"，但只要"取之有制"，税收之轻重就不以数量多少论处了。显然，黄遵宪所谓的"富国"必须做到"取一国之财，治一国之事"，征税乃至课重税是天经地义的经济行为，它不仅有助于促进生产与再生产，对人民没有什么害处，这与欧洲资产阶级经济学家亚当·斯密的《原富》中的租税理论是一致的。黄遵宪提出"以天下之才治天下事"的理财观点，显然突破了那种单纯强调"薄赋税""节用"的传统理财观点的框框，从而使他的经济思想具有浓重的近代资产阶级的色彩。这是黄遵宪比与他同时代的某些改良主义者要高明的地方。[①]

（三）"筹国计"的本质是规范财政管理，即"理财得当"。黄遵宪很重视财政管理制度，他认为政治的治乱兴衰与国家的财政管理制度存在着密切的关系。他虽然主张征税，甚至课以重税，但有一个前提，只要理财适当，就能国富民强，也就能使政府不会随意向人民"增租税、重赋敛"，"臣谓政治之要以理财为第一义，苟理财失其法，惟增租税、重赋敛，使斯民不得安息，国亦随而凋敝。民疲国敝，安得独立？政府可不寒心哉？"[②]如何做到"理财"得其法呢？必须"筹国计"，它包括两个方面：一是"权一岁入，量入为出，权一岁出，量出为入"，即整顿税收，消减冗费，使收支平衡，甚至支出不能超过收入。二是"多取非盈，寡取非绌，上下流通，无壅无积"，即要实行财政制度的改革，特别是采用欧美国家预算决算、账目公开的做法。在黄遵宪之后，郑观应、何启、胡礼垣、张謇等人亦提议过要采用预算决算制度。[③]"筹国计"的经济变革思想虽然没有触及封建社会的经济基础即财产的所有权方面的变革，是一种权

---

① 郑海麟：《黄遵宪与近代中国》，北京：三联书店1988年版，第241页。

② 黄遵宪：《日本国志·食货志三》，王宝平主编《日本国志》，上海古籍出版社2001年版，第198页。

③ 赵丰田：《晚清五十年经济思想史》，北平：哈佛燕京学社1939年版，第294—295页。

宜之计的理财之法，但他的强调国家财政管理以充分利用国家的财力、人力以发展资本主义的思想是值得肯定的。

（四）"考国债"的本质是按需求发放国债，作为国家财政收入的补充手段。国债起源于西方国家，西方国家"国债盛行"，"泰西诸国尽负国债，累千万亿，数无涯际"。日本亦是如此。其中，内债往往可使国家与人民"患难与同，忧乐与共"，"相维相系之义日益深，而国本日益固"，"西人每谓社稷可灭而国不可亡，国债亦居其一端。是故内国之债虽高如山阜、浩如渊海，西人视之若寻常不为怪也"。而从总体上来讲，外债对民族国家的发展的不利一面则强些，"盖内国债虽有利有害，楚人失之，楚人得之，其利害系于一国。外国债则利在一时而害贻于他日，且利在邻国，而害中于本邦"，此正所谓"息有重轻，债别内外，内犹利半，外则弊大"，因而对借外债必须十分慎重。因此，权衡利弊，量入为出，慎重国债是非常必要的。清政府多次向列强进行数额巨大的借贷，对中国财政和民众负担都造成很大的负面影响。黄遵宪在《日本国志》中密切关注国债问题，充分反映出他具有强烈的忧患意识。①黄遵宪是较早对国债问题作过认真分析和讨论的人物，尤其他的重内债而薄外债的国家理财思想对当前我国经济体制改革有一定的历史借鉴意义。

（五）"权货币"的本质是适量发行纸币，取代金银真钱，以利商业生产和商品流通。在《食货志五》结尾的"外史氏曰"里，黄遵宪提出了自己关于货币改革的主张：发行纸币是不可避免的历史必然，"金银铜外，以纸为币，依附而行"。②显然发行纸币利大于弊，值得推广，但纸币的发行必须根据国家储存的金银总额，所谓"金轻于纸，凭虚而造，纸犹敝屣，轻重由民，莫能柅止"。黄遵宪还阐述了近代银行在货币改革和经济发展中的意义，以及它对发展商务方面所起到的积极作用，"银行者，

---

① 黄升任：《黄遵宪评传》，南京大学出版社2006年版，第316页。

② 黄遵宪：《日本国志·食货志五》，王宝平主编《日本国志》，上海古籍出版社2001年版，第215页。

集赀为商会，欧洲各国，莫不有之。凡金银兑换、交汇、借贷、寄顿，皆银行司理。国家每总其利权而稽其出入，盖货财以流通为贵，设银行以资周转，俾之无雍无匮，亦裕国便民之一事也"。[1]正是因为重视银行在国计民生和推动变法维新中的正面作用，黄遵宪和康有为等维新派无不大声疾呼必须设立银行，而且他提出的仿效资本主义国家的货币制度来改革清朝币制的建议，对戊戌时期维新派建议清政府设立国家银行、发行纸币的改革设想有着直接的影响。[2]

（六）"稽商务"的本质是振兴商务，发展对外贸易，而核心在于对外贸易，是"审户口"方案的自然延伸。黄遵宪对东方国家一贯以来的"重农抑商"思想与现实政策予以激烈的抨击，"亚细亚诸国重农而不重商，但恐货物匮乏，或无以养人之欲，给人之求，故立之制限，使货不滥出则价不腾贵，意在保民不在通商。古来政体如此"，而欧美各国则"以工商立国"，"广兴商务以争利益"。两相比较，自是后者远胜于前者，日本明治维新中发展商务的经验和晚清中国败于资本主义国家的事例都可以证明之。正所谓"输出输入，以关为口，利来利往，以市为数"，振兴商务和发展对外贸易正成为当时世界经济发展之潮流，无可阻碍。为此，黄遵宪明确提出了发展民族资本主义经济的商务主张，他还警告当政者，如任凭西方国家大量输出商品于我国，势必是"以有尽之财，填无穷之欲，日朘月削，祸深于割地，数倍于输币，百倍于聚敛"，而严重的后果已有明证，"既经明效大验者，印度则亡矣，埃及则弱矣，土耳其则危矣"。简言之，黄遵宪"稽商务"是一种近似发展民族资本主义经济的近代经济变革思想，它重视发展商品生产、商品流通和致力于海外贸易，对当时清政府走出经济困境和维护民族独立有着重要的历史影响，亦对当前我国经济体制改革和对外开放事业都是一种积极的心理支持和站在历史肩

---

① 黄遵宪：《日本国志·食货志五》，王宝平主编《日本国志》，上海古籍出版社2001年版，第214页。

② 郑海麟：《黄遵宪与近代中国》，北京：三联书店1988年版，第247页。

上的远瞩。

统而言之，黄遵宪通过《日本国志》六卷的《食货志》，详细介绍和评论了自明治维新以来，日本在户籍、耕地、租税、财政、国债、货币、工商、外贸等经济方面的改革情况，并且利用大量的精确的数字和表格，直观地反映出日本资本主义经济发展状况，以及日本政府在发展资本主义经济和建立类似西方资本主义经济体制方面的进展和相关特色，从而为清政府的经济改革和资本主义经济发展提供重要的借鉴。日本的经济改革对黄遵宪的触动很大，使得他在深入考察和思考的过程中，把"富国"放在首位，就是"兆民同欲"的"求富"理想。在黄遵宪这里，日本明治维新以来的经济富足和发展资本主义的正确选择，就是晚清经济变革的重要参考和借鉴。他呼吁清政府必须从鸦片战争失败中觉醒起来，仿效日本和西方国家来进行切实而高效的经济改革。蕴含在《日本国志》中的六大经济改革或发展方案，即审户口、核租税、筹国计、考国债、权货币和稽商务，它的条理化和系统化足以说明了黄遵宪对晚清的整体经济改革有系统化和同步化的深邃眼光与远见。甲午战败后，总理衙门章京袁昶在得到延迟刊行的《日本国志》后就看到了该著的巨大经济效益，认为"此书可抵银二万万两"，"甲午之役，力劝翁常熟主战者为文廷式、张謇二人，此书若早布，令彼二人见之，必不敢轻于言战，二人不言战，则战机可免，而偿银二万万可省矣。"[1]很显然，此际已是中国资产阶级维新派的晚清官员的黄遵宪，他的经济改革主张，反映出上升时期的中国民族资产阶级要求发展资本主义经济和争取自身政治经济权利的时代要求与愿望，是进步的变革潮流。

黄遵宪的资本主义经济时代趋一体化的世界阅历和理论认识，也根源于他对于晚清封建经济弊端和近代资本主义经济明增暗长的深刻体察，反

---

① 吴天任：《黄公度（遵宪）先生传稿》，香港中文大学出版社1972年版，第368页。（注"据友圃文言"，友圃为黄遵宪从弟黄遵庚的字。此说确证与否仍须待考）。

过来又增强了他对资本主义经济势必席卷全球的坚定信仰。作为中国从封建社会向近代社会转变的最后一个王朝，清朝承载着太多的封建保守和近代开放的矛盾和统一，有清一代历经着开拓、封闭、开关、锁国、开国、竞争、斗争、变革等反反复复的顿挫与嬗变，直到覆灭。尤其自鸦片战争以来，各种变革延绵不断，中华民族自身所具有的应变能力和改革进程的不中断，都展示中国人民可持续而无限发展的勃勃生机。因此，从广义的经济利益的发展角度来看，晚清经济无论是在总量还是在质量上看都是超越于它先前的封建时代，具有历史的进步性，尽管与同时代的日本和西方国家的规模与质量相比是小巫见大巫，但晚清中国能跟随西方资本主义国家的脚步，顺应了世界经济潮流，并为中国近代的民族经济的发展做出了贡献，晚清经济的崎岖前行，应该成为中国历史上值得浓墨重彩的篇章之一！

（一）封建经济对经济近代化的严重妨碍。中国人引以自豪的民族特点是中国历史悠久、地广人多、文明开化、礼仪之邦，等等，诚哉斯言！然而，鸦片战争后，中国在落后挨打的磨难中，逐渐学习和仿效西方资本主义的一套套社会制度与近代规范。其中，在经济制度和经济活动等方面的改弦更张，有力地挑战了封建社会内部的经济体制和生产模式，为中国走向近代经济拓展了一条前进的道路，延续着中华文明的顽强气息和不衰生机。可是，这种前行实在是步履维艰，任重道远，直到清朝覆灭仍不能成为大器，与世界经济近代化失之交臂而令人扼腕叹息。个中缘由正是封建经济对于近代化经济的严重妨碍。首先，漫长的世界领先地位的历史，为故步自封的保守思想的形成提供了良好的沃土，使各朝代的中国人，尤其终清一代都在经济上自给自足、政治上天朝上国的迷蒙中逍遥自在，而视而不见、充耳不闻世界其他地区日新月异的变化与进步，以致悬崖而不勒马，结果导致中华民族蒙受百年屈辱。有资料表明，自古以来的中国经济在世界经济历史中的领先地位，是有助于我们理解"生于忧患、死于安乐"的深意。从汉代开始，中国向世界顶峰攀升，到11世纪的宋代中期，中国经济处于世界的顶峰。但从15世纪中叶或1450年（明代宗景泰元年）以后，中国的科技、文化、经济发展速度相对变慢了，欧洲则相对加速了，成为中西发展的分水岭。1500年以后，中国的国内生产总值（GDP）一直比欧洲多，但差距迅速缩小，中国与欧洲GDP之比，1500年是100∶73，1600年是100∶86，1700年是100∶101，1820年是100∶82（中国GDP在世界GDP中占的比重，1700年为23%，1820年为20%）。从16世纪到19世纪，中国从世界前列跌至后进国家行列，康乾盛世后的骄傲自大和封闭无知导致生产技术停滞，与欧洲发展水平的差距扩大。1840—1842年的中英鸦片战争暴露了这种差距，中国因落后而挨打而失败。从此时开始，晚清中国一步步沦为西方列强蚕食的对象。[1]归根结底，从经济成就和漫长的自我优势来看，如果说"失败是成功之母"，那从辩证的角度而言，成功不也是失败之母吗？从这个意义上来讲，一个民族或国家如果不能顺应世界和历史的正确潮流，而一味故步自封、画地为牢地依附在所谓的自满、成功和优越的地位上，它终将轻则游离于人类的边缘，重则失去自尊和延续，成为历史遗迹。其次，中国传统的封建经济基础和长期的封建剥削成为迈向近代化的中国经济最严重的障碍，使鸦片战争后的多种近代经济成分的增长相对缓慢，经济总量也是偏低的。与西方国家和东方日本相比，中国封建社会的长期延续不只是闭关自守、与外界隔绝的结果，最根本的原因还在于其传统社会结构的坚韧性。这种障碍在被迫对外开放、开启近代化的进程以后仍然长期存在。[2]特别是前资本主义形态下弊害多多的实物地租，"可以大到这样，以致劳动条件的再生产，生产资料本身的再生产都受到严重威胁，以致生产的扩大或多或少成为不可能的，并压迫直接生产者，使他们只能得到最小限量的维持肉体生存的生活资料。"[3]再次，中国封建经济主要形态的自然经济长期占据主导地位，它和

---

① 赵德鑫：《中国近现代经济史：1842-1949》，郑州：河南人民出版社2003年版，第67-72页。

② 刘佛丁：《近代中国的经济发展》，济南：山东人民出版社1997年版，第22页。

③ 马克思：《资本论》第3卷，北京：人民出版社1966年版，第931页。

封建专制制度一起，禁锢和限制着自然经济迈向近代经济的步伐。毛泽东同志在《中国革命和中国共产党》中明确指出了自然经济的属性，在中国封建时代"自给自足的自然经济占主要地位"，即封建经济主要是一种自然经济，在这种经济形态内，一个经济单位不是为了交换，而是为了自身的需要进行生产，"农民不但生产自己需要的农产品，而且生产自己需要的大部分手工业品。"①这样，"他们（农民）除了必不可少的东西外，不论卖给他们的东西多么便宜，他们一概不需要。"②而且，不仅个体农民的经济生活停留在自然经济的范围内，地主和贵族对于从农民那里剥削来的地租，也主要是自己享用，很少用于交换。这样的经济格局，必然导致中国封建社会的农产品和手工业品很难转变成商品，也就勿提商品流通和市场了，商品经济仍在那海市蜃楼之中。虽然列宁所言的"农业中资本主义的增长首先表现在自然农业向商业性农业的过渡上"③，商品性农业的发展，在明末以来有所进步，但商品经济受到诸多压制而发展缓慢。有清一代，商品经济有所发展，国内贸易和海外贸易也明生暗长，但仍然是建立在个体农民和手工业者小私有制的简单商品生产的基础之上，所以没有也不可能在整个社会经济中占据统治地位，起不了决定性作用。最后，民族资本主义萌芽的发展缓慢和资本主义经济难以主导生产关系的窘迫，强化了自然经济的负隅顽抗，延缓了近代化经济在中国社会植根和生长的历史发展。资本主义萌芽，就是指在封建社会内部资本主义生产关系开始产生的过程，亦即资本主义所有制和资本主义雇佣劳动关系产生的过程，"只有当这种剩余劳动的产品采取了剩余价值的形式，当生产资料所有者找到了自由的劳动者——不受社会束缚和没有自己的财产的劳动者来作为剥削对象，并且为生产商品而剥削劳动者的时候，只有在这个时候，在马

---

① 毛泽东：《毛泽东选集》第2卷，北京：人民出版社1991年第2版，第623页。

② 马克思：《对华贸易》，《马克思恩格斯选集》第2卷，北京：人民出版社1972年版，第60页。

③ 列宁：《列宁全集》第22卷，北京：人民出版社1990年第2版，第64页。

克思看来，生产资料才具有资本的特殊性质。"①中国从16世纪中叶到17世
纪初，在东南沿海及其他一些商品经济发达的地区，在某些手工业部门里
开始出现了资本主义生产关系。满族入主中原，一度破坏和延缓了这一过
程，但自康熙时期开始，清朝的资本主义及其生产关系的发展也有不可忽
视的进步。丝织业、制瓷业、造纸业、茶叶、铁业、矿业、盐业、糖业以
及一些农产品加工业中，都出现了资本主义生产关系，而且壮大了的社会
力量，社会习俗以至人的价值观念都有所变化，出现了不少卓越的科技人
才，也出现了一批带有初期民主色彩的思想家，特别是民族资产阶级要求
封建政府允许工商业和城市经济的自由发展，为鸦片战争后掀起的资产阶
级改良运动定下了经济理论和变法主调。然而一个根本事实是中国封建社
会内部的资本主义生产关系的发展是非常缓慢的，直到19世纪中叶以前，
还没有形成能够突破旧生产关系的独立力量，"鸦片战争以前，中国封建
社会内部资本主义生产关系虽然已经出现，却是非常微弱的，农业中资本
主义经营难于立足是致命的弱点，手工业中的最主要部门棉纺织业仍是家
庭工业的世袭领地。真正的资本主义性质的工场手工业只是极少量地存在
于商品经济比较发达的地区和有限的几个次要的手工业部门，而且是时生
时灭波浪曲折地发展。……就整个中国的社会经济全貌来看，不但封建农
业仍然占着主要地位，而且就手工业来看，也还是以家庭工业为主，城乡
个体手工业和官府手工业还占很大比重。所以鸦片战争前夕的中国社会，
仍然是一个封建社会，它与产生资本主义的机器大生产，与进入资本主义
社会，还有相当遥远的距离。"②总之，在以自然经济为核心的封建经济基
础之上的封建剥削，以及相对应的中央集权的封建专制，都使中国长期以
来的小农经济不至于全面崩溃，延续着封建生产关系，并竭力阻挠和延缓
资本主义生产关系的产生和发展。从近代的视阈来看，正是由于中国的封

①　恩格斯：《反杜林论》，北京：人民出版社1970年版，第20页。
②　刘佛丁：《近代中国的经济发展》，济南：山东人民出版社1997年版，第
46页。

建经济的顽固和封闭，造成了天朝上国的不谙时务，甚至全面落伍于西方社会，引发了中华民族的百年屈辱。

（二）近代化经济在中国的明增暗长。人类文明的历史总是向前发展的，不管在这个过程中的某个民族或国家是否具备了与那段历史相适应的经济繁荣和政治清明。作为文明之一的经济指标，往往落后于时代的潮流，或者说现实总在理想之后。马克思曾把鸦片战争以前的中国社会比喻为一个小心谨慎地保存在密封的棺材里的木乃伊，"与外界完全隔绝曾是保存旧中国的首要条件"。诚然，漫长的封建社会使中国经济一度停留在世界资本主义经济的滚滚洪流之后，不仅国内自生的资本主义没有得到发展，而且国外舶来的资本主义也没有在中国播下变革传统经济的种子和希望，实在是错失良机，以致中国直接从半殖民地半封建社会迈向社会主义的过程中和之后依然面临着补习商品经济和资本主义中的优良品格的历史重任。但是，马克思同时也说道，鸦片战争中"英国的大炮破坏了中国皇帝的权威，迫使天朝帝国与地上的世界接触。而当这种隔绝状态在英国的努力之下被暴力所打破的时候，接踵而来的必然是解体的过程，正如小心保存的密封棺木里的木乃伊一接触新鲜的空气便必然要解体一样。"[①]这样的"解体"所带来的曙光，就是晚清中国自1840年之后所产生的新变化，近代化经济在中国的明增暗长！中国近代经济的"明增"始于鸦片战争以后，终于清朝覆灭，主要体现在五个方面：近代工业的初步发展，近代农业的开始出现，近代金融业日益兴起，交通运输与通信业逐渐开办，商业与外贸渐呈勃兴之势。比照黄遵宪在《日本国志·食货志》中"外史氏曰"之言，我们可以发现，从鸦片战争到清朝覆亡的六七十年间，中国经济在以封建自然经济为内核的基础上逐渐诞生了近代经济并有所发展，虽然很弱小，但毕竟是新事物、新生产力，代表着中国前进的方向。更重要的是，由于封建专制的逐渐松弛和自然经济的负隅顽抗，中国经济"暗

---

① 马克思：《中国革命和欧洲革命》（1853年），转引自刘中民《"重陆轻海"的海防观与鸦片战争的败绩》，《海洋世界》2009年第2期。

长"成为最深层的近代化转型。这种"暗长"是伴随着康乾盛世而来，以人口增加为起点，与西方资本主义破门而入及其剥削相始终，并孕育在封建经济之下的润物细无声的一种经济潜流。"暗长"的近代经济有力地配合与潜在地推进了中国近代经济的进程，并为半殖民地国家的经济发展以及转向新民主主义经济奠定了相当雄厚的民族心理和物质基础。比照黄遵宪的"审户口""稽商务"等经济变革主张，不难发现晚清中国在自觉不自觉中已然包容了与其经济基础完全异质的经济成分与模式，这是历史的进步，因为人类的每一个进步都是披荆斩棘的，是新事物逐渐战胜旧事物的一个过程。首先，中国的人口增长，既是经济发展的动因，又受经济发展水平的制约，反之亦然。根据西门·库兹涅茨的研究，人口增长的加速是近代经济增长的基本特征之一。[①]就中国而言，由于社会安定和传统经济的繁荣，从18世纪30年代开始，中国人口以较快的速度增长，到19世纪中叶已经突破4亿，此后中国人口总量继续增加，只是年增长速度越来越低于西方国家，到1949年底中国人口已经突破5亿。正是因为人口的合理增加，突出反映了同期的经济增长水平，促使黄遵宪站在时代的潮头，看到了中国人口的积极方面，故力主"审户口""稽商务"，以发展资本主义工商业，来达到"求富"的经济目的。其次，西方资本主义在华经济活动的影响，极大地从正面引导了中国近代经济的转型与发展。外国资本自19世纪40年代在通商口岸开办船舶修造厂起，贯穿晚清，在华企业如雨后春笋般地创立起来，为中国近代企业树立了榜样。到甲午战争前夕，外国资本在华开办的企业达191个，其中船舶修造和各种加工企业占到总数的60%，且大多分布在以上海为中心的东南沿海和长江流域的汉口等地。[②]《马关条约》不仅使列强原先擅自在华设立的企业获得合法地位，更使它们得以急剧地增加对华投资，使外资企业迅速发展。其中，从1895年到1913年，创

---

① 刘佛丁：《近代中国的经济发展》，济南：山东人民出版社1997年版，第59页。

② 李斌：《顿挫与嬗变：晚清社会变革研究》，成都：四川大学出版社2006年版，第56页。

办资本在10万元以上的大型厂矿达136家，总资本为1.03亿元，约相当于此前50年投资的13倍。[①]肇始于西欧的资本主义是以整个世界作为其活动舞台的，它需要逐渐建立起一个密切联系、相互依存的国际新秩序，"从英国的产业革命到西欧的工业化，从宗主国资本主义的迅速发展到附属国或早或迟的资本主义化，都是各国家和民族之间不断加强的互相影响和互相依存的结果。"[②]最后，洋务运动和改良运动的失败的警醒作用，让人们认识到近代资本主义经济并未掌握到国家经济的命脉。鸦片战争以前中国以农业和家庭手工业相结合的封建经济，并未因为微弱的资本主义生产关系萌芽的出现而动摇和分解，并将资本主义经济掩盖在传统经济结构之中。然而，随着资本主义经济渗透和政治控制的不断加强，清王朝完败于蕞尔小国的资本主义国家日本，导致一时轰轰烈烈的洋务运动最终破产，从反面说明了没有先进的资本主义经济思想的指导，盲目引进西方资本主义工业的不幸结果。同样，维新变法的失败在于没有领悟到资本主义经济形态下的政治意识形态的作用。西方资本主义的影响和中国内部资本主义的逐渐发展，相互促进地又越来越强地推动着中国近代化经济的发展。总之，自鸦片战争开始，中国的自然经济逐步解体，也就被动地逐渐卷入世界资本主义市场当中。尽管存在着不平衡和不利的发展态势，都不能掩盖中国的近代化经济萌生和发展的客观事实，资本主义在近代中国的兴起与发展，既是历史和时代的使命，也将是中国经济与社会的必然选择。所以，对应着黄遵宪在《日本国志·食货志》中"外史氏曰"的期望，这正是"兆民同欲"经济近代化！

---

① 黄逸平：《近代中国经济变迁》，上海人民出版社1992年版，第333页。

② 刘佛丁：《近代中国的经济发展》，济南：山东人民出版社1997年版，第55页。

二、世界观念的时代要求

走向近代化的第一步，首要的是要认识世界。从远古神话起一直到近代，中国人就以"地球中心"自居，造成东西对视又隔雾观花。《后汉书·西域传》《魏书》等书中已有了罗马帝国的记载，但显得十分单薄而错误甚多。到唐朝，中西文化交流一度达于顶峰，但依旧不能拓展中国人的世界视野，只能在周边地区形成所谓的中华文化圈，同时因东西方距离遥远，在科技落后、交通不便的条件下，东西方之间直接交往可谓寥若晨星。总之，在漫长的东西方的封建社会里，双方的隔绝空间实在是太大了。封建生产力的落后决定了不同国家及其人民之间的交往方式的落后，相互之间的误解也就难免了，"中国人称罗马为犁鞬、大秦，而西方人称中国为丝国、支那、契丹，互相对视，但又隔雾看花，一个世纪接着一个世纪，西方人看东方是神秘的东方，东方人看西方是奇异的西方。"[1]

或许是《马可波罗游记》的逐渐传播，欧洲人从中看到了东方的富庶，这成为驱使西方人到东方的巨大诱惑。到15世纪，东西方之间似乎出现了一场航海竞赛。郑和七次下西洋，留世《瀛涯胜览》《星槎胜览》《西洋番国志》等几部海外见闻录。而西方出现了三位名载史册的航海家：哥伦布、达·伽马、麦哲伦，他们是"地理大发现"事业的巨大功臣，打通了欧、美、亚、非诸洲之间的联系，具有划时代的历史意义，它使人类历史渐成为一部世界的历史，"假使这些人当中有一位今天重来的话，他会发现地理已改变得认不出来了。我们时代的航海家给我们一个新地球。"[2]更无可回避的事实是，世界格局的性质却因地理大发现而发生了重大变化，不是世界变得和平而是产生更多的冲突——东方从属于西方。自此以后，西方殖民主义者一路东进，直到南海而开始窥视和觊觎中国。

---

① 陈旭麓：《近代中国社会的新陈代谢》，上海人民出版社1992年版，第25-26页。

② ［英］约翰·贝尔纳：《历史上的科学》，伍况甫等译，北京：科学出版社1981年版，第230页。

1517年葡萄牙人、1575年西班牙人、1601年荷兰人、1602年法国人、1637年英国人、1784年美国人，他们的航船先后出现在广州黄埔。然而，这些游弋在中国东南海面上的西方人，要想跨进中华帝国的大门却是异常艰难，即便是代表国家建交的前来叩关的使节，当他们离开紫禁城的时候，带走的多半是在例行三跪九叩之礼后的赏赐之物，而没有任何开关、通商传教的承诺。这就是明清以来中国实行的闭关锁国政策。这种闭关政策不仅是一种自大自负，也是一种怯懦退缩的心理宣泄，表现出对西方人叩关的深深疑忌。自乾隆帝婉拒马戛尔尼使团后，清政府更是将英国等西方国家视为夷狄，抱"非我族类，其心必异"的戒惧之心，使禁断一切对外港埠外的广州一口通商体制更加严密。即便是广州，对外商自由限制的章程也是严格的。很明显，将西国视同夷狄，自然是一种世界知识和地理知识的错误，有碍于中国人了解世界的学习动机的培养，而仅开广州一口，就使中国人接触了解外国知识的通道更为狭窄。从国家层面上讲，在远离国都的广州一口通商，使中国近乎绝缘于近代外交的世界体例，而固守朝贡这种落后的国家间交往方式，使"天朝上国"的封闭与狭隘的世界观更加根深蒂固。在出超的绝对优势下，西方资本主义的原始积累受挫，一些蒙昧良心的外商在其国政府的默许或支持下，偷偷对华输入鸦片，不仅扭转贸易逆差，而且大赚其利，使洋货之害达于巅峰，"（鸦片吸食）其初不过纨绔子弟，习以浮靡，尚知敛戢，嗣后上自官府缙绅，下至工商优隶，以及妇女僧尼道士，随在吸食，置买烟具，为市日中。盛京等处，为我朝根本重地，近亦渐染成风。"[1]康乾盛世后上下俱困的中国，作为东方的庞然巨物，是亚洲最大的一个封建制度的堡垒，却也走到了一个周期性的改朝换代的历史尽头。但是，封建改朝换代的历史循环却没有出现，而是由禁烟而引起的英国远征军的东侵，撞倒了这块堡垒的一壁，中国蹒跚走入近代社会。所谓"近代"至少有两层含义，即政治上由专制走向民主；经

---

[1] 黄爵滋：《严塞漏卮以培国本疏》，《筹办夷务始末》（道光朝）卷2，北京：中华书局1964年版，第32页。

济上由手工走向机器生产。而当时中国这两样都还不具备，只不过在外国资本主义的侵略下逐渐向着这些方面发展了。

带着遭受外敌侵扰的民族仇视，整个晚清时期，一般中国人的世界观依然是那样狭隘、僵化而张冠李戴，成为近代中国科学思想落后、生产技术低下、科技人才枯竭的思想根源。与这种绝大多数人闭塞的世界观相比，晚清中国亦不乏具有全球观和近代科技思想的先进人物。黄遵宪当为其中的代表人物，他的世界意识和全球化主张是值得深入探究的。当然，黄遵宪的世界观代表着时代进步的方向，是有一个逐步形成的过程，是其十余年外交生涯的科学而理性的产物，他亦因之成为近代睁眼看世界的先进中国人之一。1877年，沿着科举之路上升的黄遵宪毅然放弃仕途，转赴日本，成为中国驻日使馆首任文化参赞，开启了他的世界观构建之旅。在日本驻留4年多，最大成就就是克服困难撰成《日本国志》，初步将考察而得的天文、地理、人文、政体、社会、风俗、经济、外交等近代知识贯穿其中，世界意识初见端倪。黄遵宪是晚清一位著名诗人，其诗穿越古今，揽观中外，极具"新世界诗"的前沿风范。据考证，黄遵宪在他的诗集里曾9次用到了"地球"一词，如"地球浑浑周八极……世人已识地球圆"（《宫本鸭北索题晃山图即用卷中小野湖山诗韵》），"地球南北倘倒转，赤道逼人寒暑变"（《以莲桃菊杂供一瓶作歌》），这些诗句都表明他心中地球的清晰概念。[1]1882年，黄遵宪奉命调任，从日本横滨乘船横渡太平洋去美国旧金山，跨越两半球的经历使他对地球的观念坚信不疑。在《海行杂感》一诗中，他写道："稗瀛大海善谈天，卯女童男远学仙。倘遂乘桴更东去，地球早辟二千年。"[2]诗意大致：传说秦始皇为采长生药，使齐人徐福等率数千童男童女去往东方蓬莱三岛，于是发现了日本，诗人展开想象，若使童男童女继续东行，他们将跨越太平洋进入西半球的美洲，那么发现新大陆的将不再是哥伦

---

① 马凤华：《黄遵宪诗歌中的全球化倾向》，《客家研究辑刊》2004年第1期。

② 黄遵宪：《海行杂感》，载钱仲联《人境庐诗草笺注》，上海古籍出版社1981年版，第344页。

布，而中国人也将提前2000年知道地球是圆的了。在《八月十五夜太平洋舟中望月作歌》一诗中，他写道："举头只见故乡月，月不同时地各别，即今吾家隔海遥相望，彼乍东升此西没。"同为一轮明月，家乡明月刚刚升起，此处明月却已西坠。"九州脚底大球背，天胡置我于此中"，原来自己已经走向了远离故乡的地球的背面，这样的诗咏地球是多么风趣，也是游子念家的一份惆怅。从地球圆的规定性出发，东西半球间存在着时差，黄遵宪在诗中亦有体认。在《海行杂感》一诗中，他写出了自己跨越日界线的感受，"中年岁月苦风飘，强半光阴客里抛。今日破愁编日记，一年却得两花朝。"意即二月初二是中国传统中百花的生日，而诗人恰在此日向东越过日界线，故此一年能看到两次花朝。随着地球观念的明晰，星空在黄遵宪的眼中也辽阔起来，在同首诗歌中，他写道："星星世界遍诸天，不计三千与大千。倘亦乘槎中有客，回头望我地球圆。"①诗人甚至设想，如果在星空有一只小船，那船上的人一定能看到圆圆的地球在群星中漂浮。在茫茫太平洋的海船上，黄遵宪的诗心已经体验到身游太空的快乐，是在距离我们一百多年前的时空里，到了20世纪人类开始太空探索以来，人类不再满足于诗歌的神游之悦了，2003年10月，神舟五号升空，中国人也首次体验到身游太空的真实感觉。

从地球是圆的科学知识出发，黄遵宪逐渐形成他的全球化思想。当黄遵宪离开日本，乘船驶向西半球的时候，他也跨越了国界、洲际、种族的狭隘偏见，"昔日同舟多敌国，而今四海总比邻。更行二万三千里，等是东西南北人。"②进而认为五大洲人们应该成为一体，"移桃接李尽成春，果硕花浓树愈新。难怪球西新辟地，白人换尽旧红人。"③在《以莲桃菊杂供一瓶作歌》一诗中，黄遵宪集中地表达他的全球化思想。该诗分为三

---

① 黄遵宪：《海行杂感》，载钱仲联《人境庐诗草笺注》，上海古籍出版社1981年版，第346-347页。

② 黄遵宪：《奉命为美国三富兰西士果总领事留别日本诸君子》，载钱仲联《人境庐诗草笺注》，上海古籍出版社1981年版，第342页。

③ 黄遵宪：《己亥杂诗》，同上，第810页。

段，作于他从英国卸职赴新加坡总领事任内。新加坡地处热带，终年四季鲜花盛开，"南斗在北海西流，春非我春秋非秋。人言今日是新岁，百花烂漫堆案头"。面对百花盛开的奇观，黄遵宪由花想到了人。在他看来，不同季节开放的花朵，就像不同国度生存的人们；花有不同的颜色，桃红、菊黄、莲白，就像人有不同的肤色，欧洲有白色人种，亚洲有黄色人种，非洲有黑色人种；人与人之间有太多的分歧，就像花与花之间，桃花的庸俗、菊花的退隐、莲花的高洁有太多的不同，有太多的猜忌："一花惊喜初相见，四千余岁甫识面。一花自顾还自猜，万里绝域我能来；一花退立如局缩，人太孤高我惭俗；一花傲睨如居居，了无妩媚非粗疏。有时背面互猜忌，非我族类心必异；有时并肩相爱怜，得成眷属都有缘；有时低眉若饮泣，偏是同根煎太急；有时仰首翻踟蹰，欲去非种准能锄；仰首俯水瞋不语，谁滋他族来逼处；仰首微笑临春风，来者不拒何不容。"尽管花相各异，但在黄遵宪眼中，花为一家，"众花照影影一样，曾无人相无我相。传语天下万万花，但是同种均一家""唐人本自善唐花，或者并使兰花梅花一齐发"。甚至人与花之间也没有界限，花与人之间如好友、如兄弟，"我今安排花愿否？拈花笑索花点首。花不能言我饶舌，花神汝莫生分别""质有时坏神永存，安知我不变花花不变为我。千秋万岁魂有知，此花此我相追随。待到汝花将我供瓶时，还愿对花一读今我诗"。这里，黄遵宪已然提出了人和自然和谐相处的观念，人类不是自然的对立物，而是自然的一部分，可见他的超越时代的科学意识。既然人与自然都是共生和谐的，那么人与人之间更须情同一家，而人类也必将走向一体，"如招海客通商船，黄白黑种同一国"。该诗比拟鲜活、主旨鲜明，今天读来仍旧发人深省，难怪钱仲联先生予以高度评价："此诗盖公度借以寄托其种族团结思想，不仅以科学思想入诗也。"①人类历史从近代跨向当代，全球化既是已经发生的事情，同时也是正在发生的事情，这个过程方

---

① 黄遵宪：《以莲桃菊杂供一瓶作歌》，载钱仲联《人境庐诗草笺注》，上海古籍出版社1981年版，第599—606页。

兴未艾。如何接受中国之外的大世界，不仅是百余年前的诗人、思想家黄
遵宪思考和努力的一大课题，也是我们后人承续而锐意进取的客观事业。

"吾闻地球绕日日绕球，今之英属遍五洲。赤日所照无不到，光华远被天尽
头。"[①]只要将诗中的"英属"改成"黄属"或"中属""华属"就可以。
因为，投入全球化的浪潮，与世界接轨，并成为世界舞台的主角是中华文明
复兴的重大目标。谁能说黄遵宪就没有想这么改过来？否则，他从外交部门
卸任归国后投身维新变法运动不就成了无源之水、无本之木了吗？

正是有全球化见识和人类同为一家的思想，黄遵宪在撰编和修订史著
《日本国志》时，就有了与世界接轨的写作模式。《日本国志》里的"中
东年表"就是其中重要的论据，黄遵宪将日本自崇神天皇元年（汉武帝天
汉四年，公元前97年）至明治十四年（光绪七年，公元1881年）的中日纪
元，逐年列成对照年表，附在卷首，以方便读者参考使用。与"中东年
表"相表里的，是黄遵宪对"正闰之辨"的真实态度。在"中东年表"的
结尾，黄遵宪用双行小注按语，指出它的错误。在他看来，这种"正闰之
辨，无确然不可移易之义"，实际上已损害了历史记载的真实性，因此他
强调应该尊重史实，史著当以实事求是为著述立场："尝以为通史纪年，
自大一统以外，当依列国之制各君其国，即各自纪年，即篡贼干统，巨盗
窃号，亦当著其事以明正其罪"。黄遵宪还根据近代西方自然科学尤其是
天文学知识，明确反对充斥于传统史书中的"天人感应"的历史观，"余
观步天之术，后胜于前，今试与近世天文家登台望气，抵掌谈论，谓分野
属于九州，灾异职之三公，必有鄙夷不屑道者。盖实验多则虚论自少也。
若近者西法推算愈密，至谓彗孛之见亦有缠道，亦有定时，则占星之谬更
不待辩而明矣"。可见，建立在近代科学的基础上的历史观，是黄遵宪的
世界意识和全球化思想的必然结果，表现了他实事求是的科学精神。

饱读诗书又能独立思考的黄遵宪，在很早时候就已经摆脱了所谓"华

① 黄遵宪：《伦敦大雾行》，载钱仲联《人境庐诗草笺注》，上海古籍出版社
1981年版，第509页。

夷之辨"，通过拓展全球视野，他能够站在世界潮流的前列，批评中国士大夫中的妄自尊大、思想狭隘、不善于学习西人长处的传统陋习，逐渐形成了开放观点。作为晚清一位有所作为的知识分子，黄遵宪自幼喜好读书，涉猎广泛，写诗编著无所不精，无疑得力于其开放意识、博览群书、兼容并包的个性。据说他生前藏书约8万余册，而据广东省梅州市人境庐文物管理所统计，现存藏书共587种，8099册，约为原书数量的十分之一。在这些现存藏书中，涉外书目便有30种，215册。这些藏书，收藏者不一定都读过，但至少表明收藏者对该书产生过兴趣。这样多的涉外图书，在旧时文人之中显然罕见，这本身便是时代风气推移的产物。①实际上，黄遵宪在随使日本之前，就对科举制度下的中国士夫的封闭心理予以揭批，以致放弃举业踏上当时不被看好的外交之路。这种"自我开放"的胆识成为他形成世界意识和鼓吹开放理念的重要思想基础。在《日本国志自序》中，他就指出"中国士夫好谈古义，足己自封，于外事不屑措意。无论泰西，即日本与我仅隔一衣带水，击柝相闻，朝发可以夕至，亦视之若海外三神山，可望而不可即。若邹衍之谈九州，一似六合之外，荒诞不足论议也者，可不谓狭隘欤！"，可谓一语中的。在《日本国志·邻交志上一》的"外史氏曰"中说："（日本）近世贤豪，志高意广，竞事外交，駸駸乎进开明之域，与诸大争衡。向使闭关谢绝，至今仍一洪荒草昧未开之国耳！"。在黄遵宪的心目中，那些清代的士大夫和儒生，实际上是晚清固守闭关的主流，也是妨碍进步的人物，故黄遵宪不遗余力地予以抨击和谴责。往纵深之处说，黄遵宪的开放思想的终极目标，是希望在地球上建立一个大同世界，四海一家，携手共进。此外，在其他诗篇中，黄遵宪对大同世界的渴望是真诚而急切的，如《逐客篇》有"今非大同世，只挟智勇角"；《己亥杂诗》有"滔滔海水日趋东，万法从新要大同""蜡余忽梦大同时，酒醒衾寒自叹衰""一任转输无内外，物情先见大同时"；《病

---

① 张永芳：《从人境庐藏书看黄遵宪的开放意识》，载张永芳《黄遵宪新论》，北京：中国文联出版社等2004年版，第91-92页。

中纪梦述寄梁任父》有"举世趋大同，度势必有至"等诗句，足见黄遵宪
的大同世界观颇具全球化的世界理念。

回过头来，从世界意识和开放观念来品味黄遵宪诗歌的"新世界诗"
历史意义，对于当前全球化的浪潮，无疑具有文化交流和民族融合的激
励作用。1900年冬，台湾诗人丘逢甲从其故里蕉岭至黄遵宪家乡拜访时，
在读《人境庐诗草》稿本后所写的跋语中将黄遵宪的诗歌称为"新世界
诗"，"四卷以前为旧世界诗，四卷以后乃为新世界诗。茫茫诗海，手辟
新洲，此诗世界之哥伦布也"。丘氏强调了黄遵宪赴美任职后的诗作为
"新世界诗"，是当时维新派的共识，康有为在《人境庐诗草序》云：
"嘉应先哲多工词章者，风流所被，故诗尤绝妙……及久游英美，以其自
有中国之学，采欧美人之长，荟萃熔铸而自得之，尤偈傥自负，横览举
国，自以无比。而诗之精深华妙，异境日辟，如游海岛，仙山楼阁，瑶花
缟鹤，无非珍奇矣"；梁启超在《嘉应黄先生墓志铭》中也断言："自其
少年，稽古学道，以及中年阅历世事，暨国内外名山水，与其风俗政治形
式土物，至于放废而后，忧时感事，悲愤伊郁之情，悉托之于诗。故先生
之诗，阳开阴阖，千变万化，不可端倪。于古诗人中，独具境界。"[①]按
照时人将《人境庐诗草》卷五为"新世界诗"起算，黄遵宪"新世界诗"
第一篇当为《八月十五夜太平洋舟中望月作歌》。除了描述域外新世界之
外，"新世界诗"还有对国境外文明新事物相关的心态体验。黄遵宪《人
境庐诗草》四卷后诗作，并非全部作于域外，也并非全部描写新世界的见
闻，其间也有回乡踏歌即兴之作，有回顾平生感喟之作，有中外比较感伤
之作，有怀古怀人之作等。最后，近代语言的采用是"新世界诗"的标
志。黄遵宪诗歌的诗体皆长，而以五古、七古的创作成就最高，他强烈反
对那种"六经字所无，不敢入诗篇"的语言拟古主义，提出了"我手写吾

---

① 张永芳：《黄遵宪和"新世界诗"》，载张永芳《黄遵宪新论》，北京：中
国文联出版社等2004年版，第10—12页。

口，古岂能拘牵"①的语言主张，这也与他的诗学观"诗之外有事，诗之中有人"②相一致，其中"事"是今日世界之事，"人"是今日世界之人，尤其是诗人自己。此外，在黄遵宪"新世界诗"中，直接使用的新词语以名词居多，如耶稣、华盛顿、玛志尼、美利坚、法兰西、波兰、俄罗斯、动物、植物、殖民地、人权、民权等等，此外，诗人还通过诗文注释的汉语造型引入或传播的新词有物语、议员、新闻、共和、议院、警视厅、知识、课程、幼儿园、消防局、博览会、法学、理学、化学、气学、重学、数学、矿学、天文地理、动物学、植物学、机器学、文学等等，这些新词大部分被汉语收录了，至今还在使用。③

正是具备了世界视野和经济近代化的现实主义思想，黄遵宪在西学和中西文化交流上也是站在时代前列。自汉武帝"罢黜百家，独尊儒术"以来，儒学和政治紧密结合并获得主流意识形态地位，此后在中世纪的历史演进中，虽屡经朝代兴替，但其地位却没有发生根本性的变化，儒学始终是中国传统学术的主流。有清一代，学术思想发展的基本特点是以复古为主，朱子学被定为官方正学，考据学异军突起，宋学和汉学互争雄长，道咸以降，又有义理、考据、词章的纷争不息。黄遵宪在这样的学术大背景下，拳拳服膺孔学，所谓"大哉圣人道，百家尽囊括"，但对宋学和汉学均无兴趣，以为汉学烦琐饾饤，宋学空疏无物，"均非孔门之学"。直到晚年，他还致书梁启超说，"吾所谓不喜旧学，范围太广，公纠正之，是也。实则所指者，为道咸以来二三巨子所称考据之学、义理之学、词章之学耳。"④然而，黄遵宪的"服膺孔学"并无实体，但"先生（黄遵宪）读

---

① 黄遵宪：《杂感》，载钱仲联《人境庐诗草笺注》，上海古籍出版社1981年版，第42页。

② 黄遵宪：《人境庐诗草自序》，同上，第3页。

③ 文贵良：《黄遵宪：汉语认识的世界视域与现代开端》，《社会科学辑刊》2009年第3期。

④ 黄遵宪：《致梁启超函》（光绪二十八年八月，1902年9月），载陈铮编《黄遵宪全集》，北京：中华书局2005年版，第433页。

书有精识远见，不囿于古，不徇于今"，①在治学上具有独立自主、博古通
今的特点。后因长期从事外交，黄遵宪对西学有较深的了解。他是从较高
的层次上对待西方文化的，不仅认识到西方文化的长处，以赞赏的态度描
绘了明末清初第一次西学的传入，"溯自西学行，极盛推康熙。算兼几何
学，方集海外医。天士充日官，南斋长追随。广译《奇器图》，诸器何伙
颐。惜哉国学舍，未及设狄鞮。"②而且批判了当时中国多数士大夫封闭保
守、夜郎自大，以及对西方的毫无所知，"东西隔绝旷千载，列国崛兴强
百倍。道通南微仍识途，舟绕大郎竟超海。衣裳之会继兵车，跂行蠕动同
一家，穆满辙迹所不到，今者联翩来乘槎。吁嗟乎！芒芒九有古禹域，南
北东西尽戎狄。岂知七万余里大九洲，竟有二千年来诸大国。"③在崇尚西
学的思想基础上，黄遵宪坚定主张中西文化交流，并将之作为世界一体化
的重要步骤。萌生于明末清初的"西学中源说"，虽被黄遵宪用作强调西
学重要性的一种匠心独运，却肯定了中西文化的依存性与互补性原则，而
且将之作为世界文化的基础性知识系统，人类文明将在东西方文化交融变
化中走向更高层次，创造更新的辉煌而造福人民。

　　因此，黄遵宪提出"西学源自中学尤其墨学"的良苦用心，最深刻
的意义在于利用西学内涵来为晚清正在兴起的维新运动提供精神鼓舞和变
法依据。鉴于国学和西学具有内在共通性，中国人就应该建立民族文化自
信，不能妄自菲薄，以免在中西文化交流或碰撞中迷失方向，"西人之
学，每偏于趋新；吾党之学，每偏于泥古。……不究其异同，动则剿袭西
人知新之语，概以古人所见，斥为刍狗，鄙为糟粕。乌乎！其可哉！余故

---

　　①　梁启超：《嘉应黄先生墓志铭》，载钱仲联《人境庐诗草笺注》附录二，上
海古籍出版社1981年版，第1164页。

　　②　黄遵宪：《罢美国留学生感赋》，载钱仲联《人境庐诗草笺注》，上海古籍
出版社1981年版，第318页。

　　③　黄遵宪：《感事三首》，同上，第526页。

读是编而叹息久之。"①特别需要指出的是，黄遵宪"西学源自墨学"中隐喻着一个问题，即对西学"择善而学"的问题，即学习与墨学相谐的西学内容，从而排斥了保守儒学。西学是个庞大的文化体系，鱼龙混杂、善恶并存，"凡托居地球，无论何国，其政教风俗，皆有善有不善。"②"不善者无论矣，其善者各就其性情之所偏近，学问之所偏到，此长彼短，此是彼非，吾不知所择而一一学之，则驱车于蚁封马垤，且执鞭洋洋，欲与康衢大道同其驰骋，其败绩压覆也必也""学他人之法，不择其善者，而茫茫昧昧，竭日夜之力以求其似，不求其善，天下之事，无一可也，岂独文章也哉！"③从善如流，择善而学，学而致用，正是中西文化交流的底蕴和根本意旨！

<hr />

① 黄遵宪：《〈牛渚漫录〉序》，吴振清等编《黄遵宪集》，天津人民出版社2003年版，第380页。

② 黄遵宪：《皇朝金鉴序》，吴振清等编《黄遵宪集》，天津人民出版社2003年版，第372页。

③ 黄遵宪：《日本文章轨范序》，同上，第376页。

第二节

国门开放与邻交果有大益的交流

世界观念与门户开放是思想与实践上的同质用语，没有民族国家的门户开放，哪来世界观念的普世信仰，人类在地球上形成的文明最终不可能变得七零八落，地球村的民族文化多样性正是人类文明的真切内涵，中国"大同"并非一统或同一模式，而是"和而不同"或"大同小异"。人类最美丽的思想共识将是"天地人合一"。有理由相信：开放才能促成"邻交有益"，"邻交有益"更加促成开放世界的百花齐放。人类文明史从来不缺乏"邻交有益"的广博记录，而黄遵宪更系统地阐述"邻交有大益"则是锦上添花的一次思想教育，为正当而福泽未来的门户开放提供理论上的佐证。

一、对外开放的文化机缘

与近代以降百年间的西方文化东渐的态势相反，晚清的中国文化向外传播不管是在整体上还是在速度上都不值一书，这是中华民族蒙受屈辱的时代，也是近代以来的中国人刻骨铭心而韬光养晦的时期。中国历史没有中断，中华民族在百年沉寂后依然挺立于世界民族之林。个中原因在于，中国文化中的真精神、真道理发挥着刚柔并济的扬弃作用，为中国的未来复兴准备着坚不可摧的文化力量和民族凝聚力。近代以前的中国文化东进和西传，既是经验也是动能，成为黄遵宪"西学源自墨学"的中西文化观和"大开门户容纳西学"中西文化交流论的历史基点和文化境界。

文化是一个复杂的概念，迄今不下百余种定义，反倒说明了文化本身的丰富性与复杂性，正应了老子所谓的"名可名，非常名"之意。要探讨文化的活的灵魂，应该在特定历史和现实条件下给予"文化"新的阐释。文化具有广义和狭义之分，但没有一个定义可以囊括全部要素。各种不同的文化定义都会引发一些问题，其一就是文化之间是否有优劣之分，具体一点来说，中西文化是否有优劣之分？根据东西方诸多学者的研究成果，一般认为，站在中西各族人民互相尊重的人道主义立场上，中西文化不应有优劣之分；但是在许多具体政事与价值观上，中西文化事实上有优劣之分。优劣与否，必经比较始能得到鉴别性结论。①东方的中国文化和以欧洲为中心的西方文化是自有人类以来的文明史上的两大文化类型，并以长期的文化圈繁衍而壮大，互相竞争或渗透，演绎为迄今仍在延续的中西文化新博弈。这个博弈过程也许要延绵很久很久，直到实现人类文化的大同。相较而言，近代以前，中华文化圈具有很强的外透力和历史价值。目前，世界上比较有影响的文化圈或"文化共同体"主要有中华文化圈、西方基督教文化圈、中东伊斯兰教文化圈、印度文化圈等。中华文化圈的形成和强化有一个渐进的历史过程，是特定的中国地理环境和周边地区人文环境共同作用下的产物。中华文化圈大致形成于隋唐时期，辐射到日本列岛、朝鲜半岛和东南亚等广大地区，是东方文化体系中最大的一个特定文化圈，对世界文化发展具有巨大的历史和现实意义。

我们常说的华夏文化五千年，是指从黄帝至今的整个历史时期，是以龙为图腾文化进而将龙作为民族精神的历史。公元2世纪前后，秦汉帝国和罗马帝国是世界的两个中心，前者的农业优于后者，而在贸易上大为逊色于后者。当罗马帝国衰败以后，它所建立的文化共同体也随之四分五裂，无法再复原如一，而秦汉帝国的文化遗产则被完整地继承下来，形成迄今没有中断的中华文明。而在封建社会中，中华帝国具有世界性的民族特征。这个帝国是人类世界的两大文化共同体之一，在唐朝时期，中国变成了世界的中心，长安是世界之都，四邻藩邦归附贡献，万里商贾远来贸

---

① 辜正坤：《中西文化比较导论》，北京大学出版社2007年版，第156-157页。

易。大唐的文治武功，影响深远，西到印度、波斯，东及朝鲜、日本，至此，华夏文化圈已经基本形成。直到鸦片战争之前，中国对世界最大的贡献就是创立了一个代表着当时最先进文化的"华夏文化圈"。①

中华文化圈自盛唐时代奠基以后，中国文明辐射的版图几乎是一路高歌，直到康乾盛世之后的19世纪伊始。随后的一个世纪，由于中国封建社会最后一个王朝的闭关保守、科技文化落伍于西方资本主义国家，在鸦片战争中失败，中国进入了百年屈辱的时代，直到中华人民共和国的成立。迄今为止的五千年人类文明史中，近代西方国家的扩张冲击了华夏文化圈并窒息了其活力，甚至清王朝也在西学影响下的资产阶级革命的炮声中土崩瓦解，但并没有消弭华夏文化圈固有的文明源泉和影响力。历史已经证明，无论中华文化圈是在形成过程中、鼎盛时期，还是百年衰败期间，中华文化都不间断地为世界文明作出过极大的历史贡献。然而，一俟跨入近代，所谓东西消长，大国沉浮，中国在世界现代化的历史上，成为东亚最大的衰落体，成为历次自改革失败后的另一种东亚道路的开创者。东亚和东南亚的过去深受中华文化的影响，在反帝反封建的斗争中开辟了另外一种现代化的模式，这种模式在二战结束以来的多元化格局中，形成第三世界的现代化发展模式，这是不同于西方的资本主义现代化模式，"日本和'四小龙'先后崛起，到20世纪90年代中国的和平崛起，使华夏文化圈开始了从边缘走向中心的现代化复兴，而只有中国的崛起，才能最终证明华夏文化圈在世界文明格局中的复兴与永恒活力。"②

"中华文化圈"起伏跌宕史蕴含着一个真理，即民族国家的强盛是文化国力的外传的基础和终极保障。文化国力可从器物、制度和思想三个层次上来考量。中国的传统文化国力，在两千多年的外传过程中，不仅建立了覆盖整个东亚、远播南洋与塞北的广大而强大的中华文化圈，而且启发

---

① 周宁：《世界是一座桥：中西文化的交流与建构》，广西师范大学出版社2007年版，第2—5页。

② 同上，第19—22页。

了西方的近现代文明，为西方走出中世纪而发展资本主义文明提供了动力和实际帮助。两千多年的封建社会中就有四次大的高潮，其中汉代和唐代是以东进周边为主、西传为辅的文化向外传播时期，是奠定中华文化圈的关键性过程。张骞出使西域，司马迁最先于《史记》里称之为"凿空"，誉其为首开中西交通之坦途。历史学家方豪在所著的《中西交通史》亦赞"张骞出使西域，号曰凿空，为中外关系史上空前大事"。"凿空"意味着"丝绸之路"正式开辟，沟通了东西交通大干线。从汉至明历经1800余年，"丝绸之路"一直承担着中国与欧亚国家政治、经济、文化联系的重要职能，为人类文明做出了积极而重大的贡献。到唐代，中华文化开始了向外传播的第二次高潮，突破东进而仰首西传，长安成为一个世界性大都市和中外文化交汇融合的中心，美国汉学巨擘费正清曾赞扬说："作为当时世界上的头号大帝国，唐朝的军事、政治和文化均成为邻国狂热效仿的对象。这在中国历史上是空前绝后的。"①在影响和造福周边国家的同时，中华文化的西传对西方社会产生了广泛而深刻的影响，促进了文化交流。东西方开放空前和交往频繁，形成了文化大交流与大融合的壮观景象。宋元时期更是中国古代科学技术居于世界前列的时期，这些领域的成果都曾陆续传播到海外。英国著名科技史学家李约瑟在其所著的《中国科学技术史》中列举了近30项中国向西方传播的主要发明，包括"四大发明"在内。马克思对"四大发明"盛赞有加，"火药、指南针、印刷术——这是预告资产阶级社会到来的三大发明"的论述几乎耳熟能详，而英国著名哲学家弗兰西斯·培根曾在《新工具》中也更细致地评价过中国的"四大发明"，指出印刷术、火药和指南针"这三种东西改变了世界的面貌。第一种在文字上，第二种在战争上，第三种在航海上，由此引起了无数的变化。这种变化如此之大，以至没有一个帝国，没有一个宗教教派，没有一个赫赫有名的人物，能比这三种发明在人类的事业中产生更大的力量和影

---

① ［美］费正清：《中国：传统与变迁》，张沛等译，北京：世界知识出版社2002年版，第128页。

响。"①明清之际出现了中华文化向外传播的第四次高潮，也是中华文化广泛西传并在近代欧洲社会的发展中留下相当影响的一个时期，而且不能否认，中华文化第四次向外传播高潮的显著特点是来华基督教传教士充当了文化传播者的主要角色。他们把许多中国学术典籍翻译介绍到欧洲，并通过撰写专著和大批的书信，介绍中国的历史文化和社会变迁，在欧洲思想界引起强烈反响，对正在兴起的启蒙运动产生了重大影响。蔓延欧洲200年的"中国热"达到高潮，也预示着中国的衰落即将开始，"中国从发动世界的轴心逐渐变成被西方中心冲击带动的世界边缘，它不仅降低了中国的国力，也一度动摇了华夏文化的价值与世界影响。中国落后的原因是封闭。"②以1840年开始的鸦片战争为标志，180度地改变了东强西弱的世界格局，中国成为停滞与衰落的同义词。

世界文明发展的规律之一是，自近代以来，文化资源已经成为一种"能够推动经济社会发展的重要力量源"。③特别是从20世纪末以来，文化软实力竞争是一切竞争的根本，"今天，真正决定社会发展进程的，既不是资本，也不是土地和劳动，而是文化"。④站在历史与现实、东方与西方的文化交汇点上，我们明确认识到，经济文化化和文化经济化的时代趋势更加明显，文化对经济、社会发展的推动作用越来越大，文化产业更成为世界公认的最具前途的朝阳产业。当今世界，文化与经济、政治相互交融，在综合国力竞争中的地位和作用日益明显。民族国家只有抓住文化机缘或文化交流的本旨，站在和而不同的世界开放的文明高度，才能实现人

---

① 程裕祯：《中国文化要略》，北京：外语教学与研究出版社2003年第2版，第206页。

② 周宁：《世界是一座桥：中西文化的交流与建构》，桂林：广西师范大学出版社2007年版，第12页。

③ 赵惠强，洪增林：《西部人文资源开发研究》，兰州：甘肃人民出版社2002年版，第29页。

④ 谭仲池：《自觉担当文化大发展大繁荣的历史责任》，《中国文化报》2011-02-21。

类文明的更新、互融和共享。

二、邻交有益的理性交流

黄遵宪不仅发现了西方资本主义经济优于自然经济、领略了门户开放强于闭关自守，而且强调了开放和外交理性的有机统一，故将"开放"思想和"交邻之有大益"外交理念融汇到他历时十余年撰就的史著《日本国志》中，提出了"交邻"概念，"余闻之西人，欧洲之兴也，正以诸国鼎峙，各不相让，艺术以相摩而善，武备以相竞而强，物产以有无相通，得以尽地利而夺人巧。自法国十字军起，合纵连横，邻交日盛，而国势日强，比之罗马一统时，其进步不可以道里计云。其意盖谓'交邻之有大益也'。"①在他看来，欧洲从封建闭塞的"罗马一统"时代进入资本主义时代是一个巨大进步，是欧洲诸国注重"交邻"的理性结果。所谓"交邻"，就是指国与国之间在文化、军事、经济诸领域互相开放、互相交流、互相竞争、互相学习的文明进程。显然，这是一种时代思想的超越，因为此前短促的功利思想使中国人"在认识上尚未能真正突破传统之原型，亦不曾自觉到学西方之技是中国文化上当有之理性发展，而多半看作是中国一不得已的政治手段。"②而此际黄遵宪提出"交邻"而且有益的观念已上升到政治体制和民族安全高度，超越了"师夷""商战"的认识水平，具有和平"开放"地主动融入世界的理论价值和可实践意义了。

在所著《日本国志》之《邻交志上一》和《邻交志下一》的开篇之语中，黄遵宪对中外有关"华夏"与"泰西"的概念以"小注"方式作出了明确界定，"考地球各国，若英吉利、若法兰西，皆有全国总名，独中国无之，西北各藩称曰汉，东南诸岛称曰唐，日本亦曰唐，或曰南京。南京

---

① 黄遵宪：《日本国志·邻交志上一》，王宝平主编《日本国志》，上海古籍出版社2001年版，第51页。

② 金耀基：《现代化与中国现代历史》，载罗荣渠、牛大勇编《中国现代化历程的探索》，北京大学出版社1992年版，第12页。

谓明，此沿袭一代之称，不足以概历代也。印度人称曰震旦，或曰支那，日本亦称曰支那，英吉利人称曰差那，法兰西人称曰差能，此又他国重译之音，并非我国本有之名也。近世对外人称每曰中华，东西人颇讥弹之，谓环球万国各自居中，且华我夷人，不无自尊卑人之意。余则谓天下万国声名文物，莫中国先。欧人名为亚细亚，译义为朝，谓如朝日之始升也。其时环中国而居者多蛮夷戎狄，未足以称邻国。中国之云，本以对中国之荒服边徼言之，因袭日久，施之于今日，外国亦无足怪。观孟子舜东夷、文王西夷之言，知夷非贬辞，亦可知华非必尊辞矣。余考我国古来一统，故无国名。国名者对邻国之言也。然征之经籍，凡对他族则曰华夏。传曰'夷不乱华'，又曰'诸夏亲昵'，我之禹域九州，实以华夏之称为最古。印度、日本、英、法所称，虽为华、为夏不可知，要其音近此二字，故今以华夏名篇，而仍以秦、汉、魏、晋一代之国号分记其事云""环地球而居，南北极有定，东西方无定。然居中国而视欧罗巴，则名曰泰西，日本又居中国之东，故亦沿泰西之称。阿美利加一洲，自太平洋海路已通，由东而至其国，亦可谓之太东。然其初来也，越大西洋而抵欧罗巴，乃能至亚细亚，且其种类、国俗实为欧洲枝分之国，今亦以泰西统之。至欧美各国国名，译华语无定字，读以日本音更无定字，如英吉利，或作汉义利亚，或作谙厄利亚，或作英机黎，或作英圭黎，又作伯理敦，则三岛总名也。又作不列颠，又作蒲利丹尼亚，又作貌利太泥亚。俄罗斯多作鲁西亚，或作鄂罗斯，又作露西亚。阿美利加多作阿墨利加，或作米利坚，或作亚美利驾，又译其义称曰合众国，或曰联邦。法兰西或作佛兰西，或作佛郎机，或作佛郎察西。荷兰多作和兰，或作阿兰陀，或作喝兰。日斯巴尼亚多作西班牙，或作是班牙，或作班由，或作毗斯番。又谓新西班牙为农毗斯番，即美洲之西班牙属国也。日耳曼或作簪文，或作查曼布路斯，或作字露，或作字漏生，或作普鲁斯，或作布留士，或作普鲁士。今之德意志多作独逸。葡萄牙或作波尔杜瓦尔。义大利亚或作意大利，或作以大理。比利时或作比利震，或作白利真。奥大利亚或作澳大利亚。秘鲁或作白露丹马，或作丁抹。又或节称曰英国、鲁国、墨国。此编杂采诸书，不必一一尽改，特识于此"。上述两段小注文字说明了黄遵宪所言之外交，特指晚清中国与以欧洲文化为主体的国家之间的交往，所谓"泰西"之国主要有欧洲的英法俄等国、美洲的美国、澳洲的澳大利亚和东亚的日本等。"华夏"与"泰西"的交往是中国历史上最重要的外交内容，其间的腾挪跌宕与相侵相浸使双方的异质文化歧异性和交往过程复杂性表露尽致，也更加地彰明了近代以来世界走向开放的进步潮流和邻交有大益的时代真理，又进一步揭示出西方文化骎骎东来后的国家综合实力较量过程中的外交作用，"今欧罗巴合纵连横，日寻干戈，甚于战国。往往一介行李，遂固盟好，而弭兵戎。……以折冲樽俎之间也。"①在他眼中，"华夏"和"泰西"两大文明间的交流，代表了异质文明之大体，也是文明共享的基础，具有世界意义的外交理念和实践价值。

黄遵宪是近代中国的一位诗人，也是"诗界革命"的旗手式诗人，曾被梁启超推崇为"近世诗界三杰"之一。②所著的《日本杂事诗》和《人境庐诗草》等彰显了他在近代中国诗坛上的显赫地位，他是近代中国走向世界的一位典型的外交官诗人，"奇思壮采黄京卿，地球九万堪纵横。门户不屑前人争，当关虎豹驱心兵。"③若从"诗言志"角度来看待黄遵宪及其诗歌风格，我们不否认他的新世界诗的"开放"特征。在他看来，无论是外力所逼，还是顺应而动，国门开放都是不可逆转的历史潮流，闭关锁国是不可想象的，"交邻之有大益"就是这种开放思想的深切体现。在《日本国志·邻交志上一》开篇的"外史氏曰"里，黄遵宪引用近邻日本古代和近代外交史对"交邻之有大益"观进行了实证，"然以余所闻，日本一岛国耳，自通使隋唐，礼义文物居然大备，因有礼义君子之名。近世贤豪，志高意广，竟事外交，骎骎乎进开明之域，与诸大争衡。向使闭关谢

---

① 黄遵宪：《诰封通政大夫何淑斋先生暨德配范夫人八旬开一寿序（代）》，载吴振清等编《黄遵宪集》，天津人民出版社2003年版，第377页。

② 梁启超：《饮冰室诗话》，北京：人民文学出版社1959年版，第21页。

③ 丘炜萲：《诗中八贤歌》，载王盛志、丘鸣权编《丘菽园居士诗集》，台北：文海出版社1977年版，第61—62页。

绝，至今仍一洪荒草昧之国耳，则信乎交邻之果有大益也！抑日本自将军主政七百余年，一旦太阿倒持之柄，拱手而归之于上，要其尊王之说，即本于攘夷之论；攘夷之论所由兴，即始于美舰俄舶迭来劫盟时也。则其内国之盛衰，亦与外交相维系云。"①显然，黄遵宪撇开了儒家经典中的"穷则变、变则通、能则久"的简单的治乱论，郑重提出了"交邻之有大益"的理论命题，第一次较全面地揭示了它对社会进步的重要意义，"今地球之上，无论大小国以百数，无一国能闭关绝人者。……今日锁港，明日必开；明日锁港，后日必开，万不能闭关自守者必矣"，否则仍要"泥丸自封，深闭固拒"，以致"迨乎事实之来，乃始卑屈求全，仓皇失措"，"坐听他人之瓜分瓦解"。②

在明确"交邻之有大益"的历史观的前提下，黄遵宪又较为精辟地论述了"如何交邻"，"交邻"之后其"益"又何在。首先，他指出"交邻"就是要"大开门户，客纳新学"。在比较中日文化的不同特点之后，他指出："日本无日本学，中古之慕隋、唐，举国趋而东；近世之拜欧美，举国又趋而西。当其东奔西逐，神影并驰，如醉如梦。及立足稍稳，乃自觉已身在亡何有之乡，于是乎保国粹之说起。若中国旧习，病在尊大，病在固敝，非病在不能保守也。今且大开门户，容纳新学。……居今日而言保国粹，非其时也"。③这里，黄遵宪实际上提出了"国粹"与"西学"的深层次关系问题。他明确表达了自己倡西学的坚定态度，希望近代中国对外开放，向西方学习，进而实现近代化，这才是"交邻""有大益"的关键所在。"大开门户，容纳新学"之后，就是冲突和融合的交织过程，存在着"国粹"与"西学"的"择善而学"的现实问题。在黄遵

---

① 黄遵宪：《日本国志·邻交志上一》，王宝平主编《日本国志》，上海古籍出版社2001年版，第51页。

② 黄遵宪：《朝鲜策略》，吴振清等编《黄遵宪集》，天津人民出版社2003年版，第399—404页。

③ 黄遵宪：《黄遵宪致梁启超书》，载《中国哲学》第八辑，北京：三联书店1982年版，第394页。

宪看来，中国传统文化的"真精神""真道理"会在中西文化交流中焕发活力，显示价值，"俟新学盛行，以中国固有之学，互相比较、互相竞争，而旧学之真精神愈出，真道理愈明"，"彼新学者，或弃或取，或招或拒，或调和或并行，固在我不在人也。"①可见，黄遵宪的中西文化观是一种有批判的理性、有分析的实事求是的态度。"西人之学，每偏于趋新，吾党之学，每偏于泥古。彼之学术技艺，极盛于近来数十年中，古不及今，其重今无足怪也。吾开国独早，学术技艺数千年已称极盛，吾之重古人，古人实有其可重者在也。不究其异同。动则剿袭西人知新之语，概以古人所见，斥为刍狗，鄙为糟粕，乌乎！其可哉！余故读是编而叹息久也。"②因此，他主张"择善而学"，"学他人之法，不择其善者，而芒芒昧昧竭日夜之力以求其似，不求其善，天下之事，无一而可，岂独文章也哉。"③这些见解在当时是难能可贵的，即使是今天，亦应予以肯定。

再次，黄遵宪在阐释"大开门户""择善而学"后而必有大益的观念，本质上是要强调其"益"的最大化是在政治改革的进步事业上。光绪二十四年（1898）春，康有为组织"保国会"，极力鼓吹"保国""保种""保（孔）教"的主张，认为"各国皆以保教，而教强国强。"④黄遵宪对"保（孔）教"表示了明确的反对，"南海见二百年前天主教之盛，以为泰西富强由于行教，遂欲尊我孔子以敌之，不知崇教之说，久成糟粕，近日欧洲，如德、如意、如法，法之庚必达，抑教最力。于教徒侵政之权，皆力加裁抑，居今日而袭人之唾余以张吾教，此实误矣。"在指出西方资本主义国家富强进步的真正原因在于"彼政之善，在于学之盛"

---

① 黄遵宪：《致梁启超书》，载吴振清等编《黄遵宪集》，天津人民出版社2003年版，第495页。

② 黄遵宪：《牛渚漫录序》，同上，第380页。

③ 黄遵宪：《日本文章轨范序》，载郑海麟等编《黄遵宪文集》，日本株式会社中文出版社1991年版，第115页。

④ 丁文江、赵丰田：《梁启超年谱长编》，上海人民出版社1983年版，第277页。

之后，又郑重提出了"今日但当采西人之政，西人之学，以弥缝我政学之敝，不必复张吾教与人争是非较短长。"①的主张。光绪二十三年（1897）开始的湖南新政，是黄遵宪将自己的交邻有益观付诸实践的过程之一。当时的多数改革的章程与条例，都是由他参酌日本和欧美等国而制定的，所谓"凡湖南一切新政，皆赖其力。"②黄遵宪认为，"西人之政，西人之学"自然包括了"泰西之哲学，欧美之政体，英法之学术，其所以富强之由"，"学习西人群学及伦理学之公理，生计学之两利，政治学之自治，使群治明而民智开。"③湖南新政历史地再现了"交邻"之"益"对于先进中国人的切实影响。对黄遵宪自身来说，他提出和实践"交邻之有大益"的思想，很大程度上抛却自己"西学源于墨子说"的樊篱，不仅在当时的政治思想领域里具有重大的理论意义，而且还有相当大的实践价值，体现了他的维新变法思想的务实性、开放性、择善性、全面性。

简而言之，黄遵宪生活在苦难和奋发的自信之上，远超于一般儒生在僵化而固守的一元文化氛围中而不自拔，他不仅睁眼看世界，而且宏观微观相结合地从更广阔的视野中对待国粹和西学的渊源和相互关系，即在他的心目中必须是"东西文明，两相接合"。④正是有了开放和向西方学习的自信，黄遵宪郑重提出"交邻之有大益"的外交理念，不仅具有时代特色的理论意义，而且具有相当大的现实与未来的实践价值，特别是其"采西人之政学以弥缝我政学之敝"的改革理念，构成了他渐进地改良的合理内核之一。他始终坚持"交邻有益"的开放理念，并在社会风气转变和政治

---

① 黄遵宪：《致梁启超书》，载吴振清等编《黄遵宪集》，天津人民出版社2003年版，第487页。

② 梁启超：《戊戌政变记》，中国史学会主编《戊戌变法》第一册，上海书店出版社2000年版，第783页。

③ 黄遵宪：《致梁启超书》，吴振清等编《黄遵宪集》，天津人民出版社2003年版，第498、507页。

④ 黄遵宪：《致严复函》（1902年秋），载陈铮编《黄遵宪全集》，北京：中华书局2005年版，第435页。

改革过程中推广实施，深刻反映出了他的敏锐的历史观察力和非凡的卓识远见，对当前社会主义开放和全方位外交理论与实践的拓展也是不乏积极的历史借鉴意义。

第三节

实力制衡与民族平等共处的诉求

开放是必然的时代潮流，却非无原则的奴役性的外交基础，是在主权和合法权益得到基本尊重的前提下实现异质文化交流和新文明共创的实践活动，因此，民族国家综合国力间的相互制衡就能为开放格局和平等外交保驾护航，达于世界各民族平等共存、文化共享的文明境界。这是黄遵宪外交理念的制衡原则，是对门户是否开放、自动还是被动开放的深层次阐释，"诚知今日大势，在外患不在内忧也。今五大洲之环而伺我者，协而攻我者，不独日本，日夜伺吾隙，以缴吾利。"①面对"弱肉强食"的世界形势，黄遵宪在外交路线上并不主张一味地深闭固拒，而是坚持实力制衡和民族平等的近代外交，致力于营造合理的国际交流新体系。

一、国家综合实力的制衡

国家综合实力是一个宽泛的学术概念，相对于军事实力的直观性而言，政治、经济、外交、文化、技术、人口、民智等因素也是重要的实力筹码，各司其职又相互依存，共同支撑着国家的综合竞争力。在19世纪西方列强竞相奴役其他民族的社会达尔文主义背景下，落后而被侵略的弱小国家如何在亡国灭种危机中争取生存的权利，是需要自强和卓有成效的改革，提升国力，而非寄希望于悲天悯人的上帝，因为多是很崇信上帝的西

---

① 黄遵宪：《致梁启超书》（1902年12月），载吴振清等编《黄遵宪集》，天津人民出版社2003年版，第510页。

方列强在全球侵略着。所以黄遵宪警醒国人，不仅要发展资本主义经济以匹敌西方，还要用"兵战"以遏强，更要推动开启民智的文教事业发展。《日本国志》堪称他主张全面自强的励志国人之著，40卷中就有6卷篇幅记录了明治维新进程中的日本发展近代资本主义经济的政策与成效，也同样用6卷篇幅阐述了日本明治政府高度重视近代军事变革的历史以及由此讨论有关晚清中国开展"兵战"和近代军事变革的必然性和紧迫性，而经济近代化和军事近代化显然都与民智密不可分，因为人是生产力的根本元素，人是发展经济和军力的客观主体。

（一）发展中国的资本主义经济，夯实政治改革的经济基础。黄遵宪生活在资本主义一统天下的势不可挡的近代，资本主义近代化首先是指经济近代化。在长期的外交生涯中，他对资本主义的认识愈加深刻，大力宣扬资本主义的经济繁荣。在《日本国志·食货志三》"国计"的结尾，他以"外史氏曰"口吻说道："财也者，兆民之所同欲，政事之所必需者也"。[1]在他看来，经济是社会发展的最高层面，认为发展经济是"兆民同欲"的人间正道，兆民的求富之路就是发展资本主义经济。他还将经济与政治、军事相比，指出衡量一个国家的强弱不在于军事力量而最终在于经济力量。"泰西人有恒言，疆场之役，十战九败不足虑也。若物力虚耗，国产微薄，则一国之大命倾焉，元气削焉。……日本维新以来亦兢兢以殖产为亟务，如丝之售于英法，茶之售于美，海产之售于中国，则尤其所竭精敝神以求之者，可不谓知所先务与？管子曰：'本富为止，末富次之'。大史公曰：'善者因之，其次创导之，其次整齐之，其次教诲之'。有国家者，能勿念诸。"[2]这里的"财"就是黄遵宪眼中的经济，他多次强调，作为国家生存和强盛的基础，经济繁荣远比军事强大更为重要，是国计民生的根本。显然，这也是与中华民族几千年来的传统文化内

---

① 黄遵宪：《日本国志·食货志三》，王宝平主编《日本国志》，上海古籍出版社2001年版，第205页。

② 黄遵宪：《日本国志·物产志一》，同上，第395页。

核比较一致的，所谓"天下熙熙，皆为利来，天下攘攘，皆为利往"。人类文明史已经证明，发展经济也是人类物质文明建设的最重要组成部分，如同马克思所言"政治是经济的集中表现"一样显著。近代中国的首要和根本的独立和解放之路，就是要走对"兆民同欲"的求富之路。或可这样说，黄遵宪因为"兆民所欲"的求富的经济发展思想，而具备了初步的近代唯物主义经济意识，抑或堪称近代经济思想家之一。

澳大利亚学者梅卓琳在其论文《黄遵宪〈日本国志〉的改革思想及其对戊戌变法的影响》中指出黄遵宪的改革建议中占比最大的是《食货志》中有关国家经济的部分，这些建议被后来的戊戌变法诏令所采纳。她把黄遵宪的经济思想列为十二总目，即（一）审户籍以雇员；（二）用税收以使富足；（三）年度预算、决算和账目分开；（四）借国债必须慎重，宁可借于国内而不可借于国外；（五）加强币制管理；（六）做到进出口数额平衡；（七）开垦荒地；（八）开矿；（九）奖励产业和各种工艺；（十）增加税收，特别是日用品和运输税，检查土地税和废除勒索；（十一）按金银的流通量发行纸币；（十二）发展国内日用品、商品的制造和在商品交换基础上的贸易，提高输入商品的入口税。[①]梅卓琳是将黄遵宪的经济改革建议细化，实际上就是黄遵宪所说的言简意赅的18个字："审户口""核租税""筹国计""考国债""权货币"和"稽商务"。黄遵宪的有关经济近代化的六大方案并非零碎地凑合在一起，而是有机结合的统一体，缺一不可，"六者兼得则理财之道得而国富矣，六者交失则理财之道失而国贫矣"。[②]这18字经济改革纲领被黄遵宪作为六大方案，分别在《日本国志》第十五卷到第二十卷的六卷当中有提到，并配有七处"外史氏曰"的评论或归纳，深刻地表达出著者对于方案推行的重视和紧迫感，"富国"之情跃然纸上，令人敬佩。

---

① ［澳］梅卓琳：《黄遵宪〈日本国志〉的改革思想及其对戊戌变法的影响》，载《国外中国近代史研究》第13辑，中国社会科学出版社1989年版，第172页。

② 黄遵宪：《日本国志·食货志一》，王宝平主编《日本国志》，上海古籍出版社2001年版，第180页。

（二）不失时机地练兵备战，以武力强大足以防御列强侵略而保家卫国。在坚信开放和"邻交有大益"的外交理念的同时，黄遵宪坚决反对全盘西化，更对消极抗敌和媚外投敌表示愤慨。他的邻交有益的主张，在于从逐步交流中学会借鉴西方的成功经验，变法自强，走资本主义君主立宪之路。在对日、英、美等国的全面考察的过程中，黄遵宪认为加强军事硬实力和以武阻敌是清政府建立君主立宪政体的题中之义，在不得不开放的资本主义世界体系下，强兵御侮是保障立宪政体变革进程的重要内容，其历史作用不仅在于捍卫国家主权，更在于反侵略斗争的每战必胜。这种强烈的爱国主义精神，鞭策着黄遵宪十分强调练兵备战、保国保种的重要性，"非练兵无以弭兵，非备战无以止战。"①

在《日本国志·兵志》开篇的"外史氏曰"中，黄遵宪开宗明义地提出了"非练兵无以弭兵，非备战无以止战"的战略理论，也可称为"练兵备战"的"讲武"或"尚武"军事变革思想。与经济、法制、文教、政治、外交、科学六大主题不同，在对应的《日本国志》"外史氏曰"中，唯在军事一项下，黄遵宪的"外史氏曰"语气最凝重、爱国情感最激昂、忧患意识最强烈。这种"讲武"思想，是当时晚清国势衰微、军队战斗力孱弱的窘境下的一声平地响雷，成为先进中国人救国救民的绝不可废弃的必要而有巨大力量的手段。在黄遵宪看来，自鸦片战争以来，传统的闭关锁国政策也不可行，如果强行闭关就是自绝于世界潮流之外："事变之极已至此极，虽使圣复生，必不能闭关而治。无闭关之日，即终不能有投戈讲艺、解甲归田之日，虽百世可知也"，因此，黄遵宪大声疾呼："今日之事，苟欲禁暴、戢兵，保大、定功，安民、和众、丰财，非讲武不可矣，非讲武不可矣！"两次明确呼吁"非讲武不可矣"，充分凸显出黄遵宪对于国家"尚武"精神的提倡和对晚清轻视军事与国防建设的明确抨击。而且，黄遵宪是站在民族防御战略的"讲武"角度上，突出"武有七

---

① 黄遵宪：《日本国志·兵志一》，王宝平主编《日本国志》，上海古籍出版社2001年版，第233页。

德"（禁暴、戢兵，保大、定功，安民、和众、丰财）的真实内涵，而不
是列强那样的穷兵黩武、欺凌弱小的霸权行径。所以"讲武"，就是以
"兵战"保国保民，就是构建近代国防，就是陆军海军并建，尤其是要发
展海军，"欲英吉利安富尊荣，愿吾王于万机中以海军一事为莫急之务，
至要之图。嗟夫，有国家者其念兹哉，其念兹哉！"这里的又一处重复的
"其念兹哉"，与上述重复的"非讲武不可矣"，在语气、感情和理智上
都无疑饱含着黄遵宪的强烈的反帝爱国主义思想，与当时"战争超出和
平"的时代潮流和以民族战争挽救中国危亡的自强御侮要求相适应，具有
客观而伟大的进步性和正义性。

　　对甲午战争的反思突显了黄遵宪"兵战"观的时代紧迫性和正义性。
《人境庐诗草》卷八主要就是描写这场战争的，"甲午之役，我陆军一败
于牙山，再败于平壤；海军一败于大东沟，再败于旅顺，三败于威海；遂
至一蹶不振，铸成今日之大错。黄公度按察于牙山外皆有长歌当哭。"[1]
在当哭长歌的背后，是黄遵宪对清王朝腐败无能的鞭挞、对日本帝国主义
侵略面目的揭露。御侮"兵战"观，就是黄遵宪从甲午战争中得到的感悟
最大且最集中的历史经验，以救亡图存作为近代中国的首要任务，是他至
死不渝的"讲武不可"的头等使命，"然中国之进步，必先以民族主义，
继以立宪政体，可断言也。"[2]所言的"民族主义"，首先就是"兵战"
驱逐入侵者！"诚知今日大势，在外患不在内忧。今五大洲之环而伺我
者，协而攻我者，不独日本，日夜伺吾隙以徼吾利""且吾辈处此物竞天
择，至剧至烈之时，亟亟然图所以自存，所以自立者，固不在内患而在外
攘。今日之时，今日之势，诚宜合君臣上下、华夷内外，踔厉奋发，忧勤

---

　　① 王蘧常：《国耻诗话》，载钱仲联《人境庐诗草笺注》附录三《诗话上》，
上海古籍出版社1981年版，第1287页。
　　② 黄遵宪：《致梁启超函》，载郑海麟、张伟雄编校《黄遵宪文集》，日本京
都：中文出版社1991年版，第211页。

兢惕，以冀同心协力，联合大力，以抗拒外敌。"①从某种意义上说，黄遵宪的"尚武"精神就是物竞天择、适者生存的西方进化论的另一种诠释，"世人别颜色，或白亦可黄。黑奴汝所知，汝曾至南荒。"②也就是说，在黄遵宪的政治思考中，只有"尚武"才能使中华民族巍然耸立于世界民族之林。或许在21世纪用战争消除战争的思想是不道德和不科学的，"那些用战争去防止战争的提法是一种文字上的游戏，是好战者可鄙的托词。"③然而在19世纪末民族危亡的关头，中国不采用民族战争的手段就无法得到任何的独立和起码的尊重。

大力开启民智，构建立宪需要的民众基础，真正实现富国强兵和文化强国的目标。在长期的外交活动中，黄遵宪考察了日本、英国和美国的政治体制，最终倾向英、日的君主立宪，认为中国变法必从英日，是因为君主立宪切合中国当时现实需要。他反对民主共和，原因是他认为当时中国民智未开，还不具备实行民主共和的条件，"及游美洲，见其官吏之贪诈，政治之秽浊，工党之横肆，每举总统，则两党力争，大几酿乱，小亦行刺，则又爽然自失。以为文明大国尚如此，况民智未开者乎？"④值得提出的是，他不主张中国实行民主共和，并不说明他一定反对民主共和制这种政体本身，实际上黄遵宪从来没有说过一句反对民主共和这一制度本身的话，并且其诗歌中对"民主共和""大同"之世可谓三致意焉："倘能无党争，尚想太平世。"⑤"传语天下万万花，但是同种均一家。"⑥仅在

---

① 黄遵宪：《致梁启超书》，载吴振清等编《黄遵宪集》，天津人民出版社2003年版，第510页。

② 黄遵宪：《寄女》，同上，第723页。

③ 王小野等编译：《百年诺贝尔和平奖演说词》，西安：陕西师范大学出版社2003年版，第8页。

④ 黄遵宪：《致梁启超书》，载吴振清等编《黄遵宪集》，天津人民出版社2003年版，第491页。

⑤ 黄遵宪：《纪事》一诗，载钱仲联《人境庐诗草笺注》，上海古籍出版社1981年版，第377页。

⑥ 黄遵宪：《以莲桃菊杂供一瓶作歌》一诗，同上，第602页。

《己亥杂诗》中，"大同"就多次出现，如"蜡余忽梦大同时""物情先见大同时"，足见其对大同世界的礼赞和向往。晚年的诗作《病中纪梦述寄梁任父》："人言廿世纪，无复容帝制。举世趋大同，度势有必至。"①更是深信"大同""共和"之世将来一定会实现，他并不排除自己赞同民主共和的可能："弃而不可留者，年也；流而不知所届者，时势也。再阅数年，加富尔而为玛志尼，吾亦未敢知。"②

纵观黄遵宪的政治一生，他始终坚守了君主立宪一途，根本理由就是他始终认为中国民智即便已开，也没有超过君主立宪政体观的认识水平，因此提升中国民智至关重要。所谓"民智"，在近代语境中，多指国民的科学文化知识水平，抑或包括民主参政意识。梁启超曾在1896年上海《时务报》中发表长篇檄文《变法通议》，提出了"变法之本在育人才"的观点，认为"政治习惯不养成，政治道德不确立，虽有冠冕世界之良宪法，犹废纸也。"③在指出民智与宪政关系的同时，梁启超着重研究了"民智"之"智慧"的问题，显然这种民智提高绝非易事，"今日之中国，其大患总在民智不开。民智不开，人才不足，则人虽假我以权利，亦不能守也。士气似可用矣，地利似可恃矣，然使公理公法、政治之学不明，则虽有千百忠义之人，亦不能免于为奴也"，"今日之策中国者，必日兴民权，兴民权斯固然矣，然民权非旦夕而成也，权者生于智者也，有一分之智，即有一分之权；有六七分之智，即有六七分之权；有十分之智，就有十分之权。"④严复尽管早年与维新派立场基本一致，主张西方式的变革，但在

① 黄遵宪：《病中纪梦述寄梁任父》一诗，载钱仲联《人境庐诗草笺注》，上海古籍出版社1981年，第1075页。

② 黄遵宪：《致梁启超函》（1902年11月30日），载陈铮编《黄遵宪全集》，北京：中华书局2005年版，第438页。

③ 梁启超：《饮冰室合集》（第9册·专集50），北京：中华书局1989年版，第152页。

④ 梁启超：《上陈宝箴书》，中国史学会编《戊戌变法》第二册，上海人民出版社1957年版，第551页。

戊戌变法前一年，在《中俄友谊论》中说道："以今日民智未开之中国，而欲效泰西君民并主之美治，是大乱之道也。以今日民智未开之中国，而欲效泰西君民并主之美治，是大乱之道也。"①可见，维新派的渐进立宪主张是有其根据的，近代以来中国人要求民族独立，向往民主政治，要实现它的重要条件之一就是要提高民众的文化水平。

黄遵宪等维新派的民智未开而应走君主立宪的政治主张，实际上提出了一个改造国民性的问题。1895年，严复在天津《直报》上发表了四篇重要的论文：《论世变之亟》《原强》《救亡决论》《辟韩》，对民力、民德、民智进行阐述，认为当时救国的根本办法有三，"一曰鼓民力，二曰开民智，三曰新民德。"②而黄遵宪对民智未开的前提下进行和平变革观点，主要是从君主立宪的具体条件来进行学理上的探讨。黄遵宪非常关注主权与民智、官权与民生的辩证关系。《日本国志》中的立宪使命、湖南新政中的地方自治思想、晚年以"民族主义"而倡合群之道，实际上都是黄遵宪的渐成系统的理论，"仆仍欲奉主权以开民智，分官权以保民生，及其成功，则君权、民权两得其平。"③"吾辈今日保国之义务，或尊主权以导民权，或唱民权以争官权，一致而百虑，殊途而同归，迹若相非，而事未尝不相成。"④"合群之道，始以独立，继以自治，又继以群治，其中有公德、有实力，有善法，前王先圣所以淳淳教人者，于一人一身自修之道尽矣，于群学尚阙然其未备也""吾民脑筋必为之一变，人人能独立，能自治，能群治，导之使行，效可计日待矣。即曰未能，人人知独立，知自治，知群治，授之以权而能受，授之以政而能达，亦庶几可以有

---

① 王栻主编：《严复集》第2册，北京：中华书局1986年版，第475页。

② 严复：《原强》（修订稿），载王栻编《严复集》第1册，北京：中华书局1986年版，第27页。

③ 黄遵宪：《致梁启超书》（光绪二十八年五月），载吴振清等编《黄遵宪集》，天津人民出版社2003年版，第491页。

④ 黄遵宪：《致梁启超书》（光绪二十八年十一月），同上，第509页。

为。"①正因如此，面对民智未开的现状，黄遵宪主张延缓资产阶级暴力革命、缓进立宪，认为任何没有广大民智开启的民众参加的革命都是流血的惨剧，和平应该是智慧的创造物，因为"二十世纪之中国，必改而为立宪政体。今日有识之士，敢断然决之，无疑义也。"②由此可知，黄遵宪不是一个政治激进论者，而是致力立宪的渐进论者，"吾非不知时危事迫，无可迁延，持缓进之说者，将恐议论未定，而兵既渡河，揖让救火，而火既燎原。……仆以为由蛮野而文明，世界之进步必积渐而至，实不能躐等而进，一蹴而几也。"③

二、民族平等共处的愿景

从历史上来考察，黄遵宪具有"开放"的外交理念，或许就是对中国文化传统中"四海之内皆兄弟""天下为一家"观念的回归、继承和创新。鸦片战争后，闭关锁国已无可能，晚清朝野的对外接触和逐渐开放都是不可避免的。有了接触，才可以有外交，才可以更新思想和运用新的知识。从总体上讲，中国自古并非隔绝之世，夷夏之辨也只是闭关政策的遮羞布。中外相对隔绝始于明代，"竹丈来，同谈海禁。余意谓古无禁隔华夷之制，而中外相安。中行说教匈奴不通汉，强夷狄之术耳。夷之慕华，自古今同，然明人反其道，终受其祸。论者不悟，狃以不守祖法，咎谬矣。"④清朝传承明代的对外政策，但又在消除华夷隔绝和夷夏之防，多口通商而至一口通商，说明这个绝非完全闭关，所谓"天下是一家"局限于极少的联络而已。魏源曾曰："圣人以天下为一家，四海皆兄弟。故怀

---

① 黄遵宪：《致梁启超书》（光绪二十八年十一月），载吴振清等编《黄遵宪集》，天津人民出版社2003年版，第506—507页。

② 同上，第509页。

③ 黄遵宪：《致梁启超函1902年12月》，陈铮编《黄遵宪全集》，北京：中华书局2005年版，第448页。

④ 王闿运：《湘绮楼日记》第四册，上海商务印书馆（民国十七年）排印本，第46页。

柔远人，礼宾外国，是王者之大度，旁咨风俗，广览地球，是智士之旷识。"①中国长期的封建朝贡体制，在足以表明恢廓的胸怀的同时，却又在暴露着闭关的嫌疑。从古老传统中找到的宽博精神，对于近代开放和四海一家的外交理念是一种积极的佐证和支持。然而，盲目排外和防御侵略造成的政治上的闭关，成为近代中西对抗的一个内在的障碍；西方的炮舰政策与殖民主义供给了外在的驱逐力量，刺激了中华民族的自觉，增强了排外的情绪。这是很可惜的。②因此，和平一度成为奢望，但总归要恢复到相互开放、相互学习而比邻天下的四海一家，"国与国间的关系，和平终是永久而可恃的，战争只是凭一时的侥幸。和平是稳健地在蓄养国力，战争则是冒险地以国力为赌注。……只有狭义的民族主义者，以感情用事而冒战争危险，多次的尝试使国家更积弱，更濒于孤危。"③

正是以开放、和平、民族平等为理论出发点，黄遵宪的中西文化观明确地表达了天下是一家的内核，即他在《日本国志·学术志一》开篇"外史氏曰"里所提出的"西学源自墨学"："余考泰西之学，其源盖出于墨子"。具体论证有五点：一是西方资产阶级提倡的平等，即是墨子的尚同之说，"其谓人人有自主权利，则墨子之尚同也"。二是西方资产阶级提倡的博爱，即是墨子的兼爱之说，"其谓爱汝邻如己，则墨子之兼爱也"。三是西方尊崇的基督教，即是墨子的尊天明鬼之说，"其谓独尊上帝、保汝灵魂，则墨子之尊天明鬼也"。四是西方人擅长的技术器械，即是墨子的备攻备突、削鸢能飞的发挥与运用，"至于机器之精，攻守之能，则墨子备攻备突、削鸢能飞之绪余也"。五是西方的科学，来源于墨子的经说，"格致之学，无不引其端于《墨子·经上下篇》"。上述五点可分两大层面，前三点是指政治、宗教，后两点是谈技术、科学。值得指出的是，黄遵宪论证源自墨学而西方化后的西学并不是尽善尽美的，特别

---

① 魏源：《海国图志》卷76，长沙：岳麓书社1998年版，第4页。

② 王尔敏：《晚清政治思想史论》，桂林：广西师范大学出版社2005年版，第160页。

③ 同上，第163页。

是他不赞赏西方资产阶级的平等博爱思想，认为"流弊不可胜言"。在他来说，所谓平等（尚同）之说，即"人人有自主权利"就将会导致"君民同权，父子同权"；所谓博爱（兼爱）之说，即"爱汝邻如己"就将会导致"父母兄弟，同于路人"。其理由是"天下之不能无尊卑，无亲疏，无上下，天理之当然，人情之极则也"。显然，黄遵宪是在用中国传统文化的主流思想儒家伦理道德去评判西方资产阶级的平等博爱思想的。[①]不过，黄遵宪并非一概否定平等博爱，而是强调指出，当前西方人恃其科学技术的先进，"挟其所长，日以欺侮我，凌逼我"，是不能仅与之大讲平等博爱之道的，这会"往往理反为之屈，我不能与之争雄"，而"终不能有簪笔雍容、坐而论道之日"。面对这样的"势所不敌"，唯一能做的应该是及早采用西方科学技术发展生产，训练军队，才可强国保种，"思所以捍卫吾道者，正不得不藉资于彼法以为之辅，以中土之才智，迟之数年即当远驾其上，内则追三代之隆，外则居万国之上，吾一为之而收效无穷矣"。忧患意识和自信感发自肺腑，溢于言表，表达作为资产阶级思想家的经世致用、包容开放和救国救民的民族精神。

综观黄遵宪在长期的外交生涯中的经历和思考以及在挽救国家利权方面的努力与成效，我们很清楚地看到他的民族平等共处的仁爱情怀，而且他是站在近代国际社会的全局和高度上来审视人类和平与平等共存的愿景的，其无疑具有世界化的视阈和文化共荣的远见卓识。要实现民族平等，根本在于自身的强盛而不强权，学习西方以自强是近代中国的必修课，中国走立宪制和共和制的道路，这是一个庄重的政治选择。光绪六年（1880）六月，黄遵宪在一篇序言中写道："自欧米诸国接踵东来，举从古未通之国，从古未闻之事，一旦发泄之。问其政体，则以民为贵，以共和为政，以天下为公。"[②]在他看来，"以民为贵，以共和为政，以天下

---

① 黄遵宪：《日本国志·学术志》，王宝平主编《日本国志》，上海古籍出版社2001年版，第332页。

② 黄遵宪：《〈藏名山房集〉序》（1880年7月），载陈铮编《黄遵宪全集》，北京：中华书局2005年版，第250页。

为公"正是理想的民主共和制的本质特征。在驻日使馆工作期间，他又在呈交外交文书《朝鲜策略》中，对美国这个标榜以民主共和立国的民族国家充满美好的幻想，建议面临沙俄入侵的朝鲜要"联美国"，原因就是美国"以礼义立国，不贪人土地，不贪人人民，不强与他人政事。盖民主之国，共和为政，故不利人有。"①然而，在1882年春奉旨赴任美国旧金山总领事以后，黄遵宪亲身感受现实中的美国民主共和制。任职旧金山的第三年（1884），黄遵宪亲历了美国两党选举的重大事件，"究竟所举贤，无愧大宝位"②，而逐渐转向了对美国式的民主共和制的尖锐批判："美为文明大国，向所歆羡，及足迹抵此，乃殊有所见不逮所闻之叹。碧眼红髯，非我族类，视我亚洲之人比之，自郐以下，不足复讯。此邦人不可与之处，是以读《黄鸟》之诗，不欲郁郁久居此地也。"③至此，黄遵宪理想中的"民主国"的平等和自由开始丧失光辉，"倘能无党争，尚想太平世。"④更严重的是，美国的排华政策和一次次驱逐华工的恶行，促使黄遵宪断然放弃对美国"民主立国、共和为政"的全部幻想，"堂堂龙节来，叩关亦足躄。倒倾四海水，此耻难洗濯。"⑤1885年9月，黄遵宪任职期满返国，回到家乡嘉应，对"甫创稿本"的《日本国志》进行"重事编纂"，历时两载，于1887年6月完稿。⑥在刚杀青的《日本国志》一书中，黄遵宪将美国式的民主体制剔除出去，坚定了日本式的君主立宪政体的变

---

① 黄遵宪：《朝鲜策略》（1880年9月），载陈铮编《黄遵宪全集》，北京：中华书局2005年版，第252页。

② 黄遵宪：《纪事》一诗，载钱仲联《人境庐诗草笺注》，上海古籍出版社1981年版，第377页。

③ 黄遵宪：《致宫岛诚一郎函》（1884年8月6日），载陈铮编《黄遵宪全集》，北京：中华书局2005年版，第338页。

④ 黄遵宪：《纪事》一诗，载钱仲联《人境庐诗草笺注》，上海古籍出版社1981年版，第377页。

⑤ 黄遵宪：《逐客篇》，载钱仲联《人境庐诗草笺注》，上海古籍出版社1981年版，第362页。

⑥ 黄遵宪：《日本国志·自序》，王宝平主编《日本国志》，上海古籍出版社2001年版，第2页。

革思路。终其一生，黄遵宪都是立宪制度的拥护者和实践者，尽管戊戌变法没有成功，但黄遵宪的效仿英、日立宪思想和开启民智的渐进变革主张，是经过亲身考察和深思熟虑的结果，更接近于大清国情的时代要求。

黄遵宪还考察了近代以降中日两国军备一废一盛的情状，尤其是对甲午战争进行深入反思，明确表达了中国应积极以"兵战"迎敌，要维护国家的独立和民族的尊严。这种御侮性质的"兵战"观的根本基础，决非对外扩张和侵略，这与东西列强的一味穷兵黩武的"兵战"性质是大相径庭的。尽管在强敌环伺中华的局面下力主以民族主义御侮，但黄遵宪特别重视各民族和种族的和平相处，强调黄、白、黑种人权利的一致性，强调要消除种族歧视，他并没有因为中国的受害而失去理智，心怀偏执狭隘的民族主义。在长期的外交生涯中，他对华侨在异国他乡由于中国国力弱小而遭遇不平等待遇已有深切体会，并尽力保护华侨的"公众之益"或者为之排忧解难。他于1882年作《逐客篇》，晚年又作《己亥杂诗》，强烈反对美国的排华法案，悲叹"皇华""大汉"遭受"异族"压迫，"当时传檄开荒令，今日关门逐客书。浪诩皇华夸汉大，请看黄种受人锄。"[1]甲午战后，他以明确的现代民族观念批判了西方列强的狭隘民族主义，呼吁在救亡图存的过程中要争取黄种人权利和地位，因而他呼吁全球黄种人奋起图强，自立于世界民族之林，"列国纵横六七帝，斯文兴废五千年。黄人捧日撑空起，要放光明照大千。……寸寸河山寸寸金，瓜离豆分裂力谁任。杜鹃再拜忧天泪，精卫无穷填海心。"[2]从世界整体化的角度来看，黄遵宪高度赞扬了美国首任总统华盛顿的种族平等思想和种族政策，"初辟合众国，布告东诸侯。红黄黑白种，万族咸并收。"[3]君难见近代世界历史上非

---

① 黄遵宪：《己亥杂诗》，载钱仲联《人境庐诗草笺注》，上海古籍出版社1981年版，第827页。

② 黄遵宪：《赠梁启任公同年》，载钱仲联《人境庐诗草笺注》，上海古籍出版社1981年版，第715—717页。

③ 黄遵宪：《题樵野丈运甓话别图》，载钱仲联《人境庐诗草笺注》，上海古籍出版社1981年版，第733页。

洲侵略欧洲，亚洲称霸世界，但总有一天，世界会有新变化，人类本身就是强弱互换、霸权与反霸辩证地发展，时间有短长而已。只是中国人从来很少想着走出去，到全球各地炫耀一番武力，正所谓天下兄弟是一家，和平共处，其乐融融，就是人类文明的本质。中华民族的和平精神和民族平等的实践，绝不只是黄遵宪时代的政治文化追求，如今，"中国正在崛起之时，黄遵宪这种既要民族解放和振兴，又强调各民族、种族和平相处的思想值得借鉴和弘扬。中国人如今也强调，要'和平崛起'，而不是抱着近代'150年的屈辱'崛起；中国永远是反对世界霸权的重要力量，中国永不称霸。"①

黄遵宪在追求宽广的世界性眼光和四海兄弟的国际主义责权利对等原则的同时，更是始终如一地保持着全局意识和全人类公平公正的理想。他的一生，是不断追求真义、公理、和平的短暂一生，是主动走出国门和走进西方世界的一生，也是自始至终关心民族国家的命运和前途的一生，他在坚持为民争权，为国立宪中奉献了自己的一生。他的诗歌不断彰显自己的社会实践和政治主张，被誉为"政治的诗"，"黄遵宪是中国自有诗以来第一个具有世界观念的诗人，这固然一方面由于他的游踪广阔，见闻繁赜，同时他敏于感受的精神，也容易吸收到时代思潮，非庸俗之诗人所可追及"，"黄遵宪正是这样一位具有世界观念、开放意识和新的审美取向的勇于革新的诗人。②1897年，从上海《时务报》退出迈向保守势力最顽固的湖南，黄遵宪不遗余力地襄助新政，得到了当时的贤者和大多数维新派人士的认可，他的渐进立宪的思想在湖南新政中得到一定程度的实施。在他的政治意识形态中，反对封建帝制、建立立宪政体已经势不可挡，"所求于诸君者，自治其身，自治其乡而已矣。以联合之力，收群谋之益，由一府一县推之一省，由一省推之天下，可以追共和之郅治，臻大国之盛轨

---

① 魏明枢：《论黄遵宪对中日甲午战争的历史反思》，载中华史学会等编《黄遵宪研究新论》，北京：社会科学文献出版社2007年版，第171页。

② 郭廷礼：《黄遵宪的开放意识及其诗歌的审美取向》，《东岳论丛》2005年第2期。

矣。"①1898年戊戌变法失败后，黄遵宪出师未捷而被罢为庶民归乡，但他依然坚信"二十世纪之中国必改而为立宪政体"。②并在给梁启超的一封信中说，"中国之进步，必先以民族主义，继以立宪政体"，而这是"风云所趋，时势所激"的必然结论。③即便到了生命的最后时刻，他仍对费心费力撰写的五十余万字、四十卷的《日本国志》中所蕴含的立宪精神深信不疑，认为中国必走立宪之道，才能达于民富国强的"太平世"，"立宪定公名，君民同一体。果遵此道行，日几太平世。"④可见，致力于立宪而至死不放弃立宪政治主张的黄遵宪，最希望看到的是处在被欺凌状态下的中国走向世界，并在富国强兵和文化交流平等的世界一体化中保证中华民族安命立身的权利，从而揭橥了民族共存共荣的和平愿景。

统而言之，黄遵宪一生充满传奇色彩，他把诸如诗情才智、中西兼学、思想视野、政务乾坤、家事国势等人生要素集于一身，在长期的外交活动和归国从事与外交相关的政治活动中，他做到了兼容并蓄，或张扬或顿挫，或平缓或激越，随时随地彰显了全球化的视野和人类平等共处的愿景。《己亥杂诗》89首是黄遵宪的自传性质的史诗，其中，在第一首诗中，他写道："我是东西南北人，平生自号风波民。百年过半洲游四，留得家园五十春。"⑤活生生的一个地球人！很难找到只是中国人身份的地域狭隘之感！再来稍微回顾一下黄遵宪留世的千余首"新世界诗"，就更是让后人从中看到了"古人未有之物，未辟之境"，⑥其实就是他的没有地

---

① 黄遵宪著，钟叔河辑校：《日本杂事诗广注》，长沙：岳麓书社1985年版，第550页。

② 黄遵宪：《致梁启超书》（1902年12月），载吴振清等编《黄遵宪集》，天津人民出版社2003年版，第509页。

③ 同上，第507。

④ 黄遵宪：《病中纪梦述寄梁任父》一诗，载钱仲联《人境庐诗草笺注》，上海古籍出版社1981年版，第1075页。

⑤ 黄遵宪：《己亥杂诗》，载钱仲联《人境庐诗草笺注》，上海古籍出版社1981年版，第800页。

⑥ 黄遵宪：《人境庐诗草自序》，同上，第3页。

域分界的全球观念。任何的新观念、新事物、新思想都会融合的，中国人走向西方、西方人走向中国的历程是相互的，而且在永恒的过程中，如同他在所写的《伦敦大雾行》中所说，"吾闻地球绕日日绕球，今之英属遍五洲。赤日所照无不到，光华远被天尽头。"①或许我们不能说黄遵宪具有全球化观念，但在19世纪末，全球化是人类文明大融合不可逆的趋势。黄遵宪可谓是先知先觉，如何接受"大中国"外的"大世界"是黄遵宪的一生的思考和努力方向，即便没有达到大同的境界，过程远比结果更具有意义，"全球化既是已经发生的事情，同时也是正在发生的事情。投入全球化的浪潮，与世界接轨是今天努力的方向，成为世界舞台的主角是我们明天努力的目标。"②因此，从全球化的今天逆推过去，黄遵宪堪称是人类和平与平等的先觉者和历史进步的推动者，无疑值得尊重和敬仰。

---

① 黄遵宪：《伦敦大雾行》，载钱仲联《人境庐诗草笺注》，上海古籍出版社1981年版，第509页。

② 马凤华：《黄遵宪诗歌中的全球化倾向》，《客家研究辑刊》2004年第1期。

第三章

黄遵宪外交活动与思想的海外实践：联东与抗西

黄遵宪的世界视野、开放和邻交有益思想，是他对近代以降国内外大势进行自我反省的一种明智抉择，随之应用到他的外交活动中，逐渐形成了他联东与抗西的外交实践内容。历史证明，闭关锁国是中国近代落伍于世界潮流的主要根源之一。面对"亘古未有的奇变"和"悍敌日从而环伺我"①的近代国际关系，救亡图存始终是先进中国人考虑问题的出发点。第二次鸦片战争后的"同治中兴"，以洋务运动为高潮，一时开辟了东西文明"交邻"的世界大接触。一批年轻有为的外交官离开祖国，走向世界，亲身感受西学，成为甲午战后中国维新改革的中坚力量之一。黄遵宪顺应赴海外的近代化进程，逐渐成为其中比较出色的一位外交官，并以联东和抗西的制衡原则享誉当时的外交界，为中国外交史增添了一份可贵的财富。

---

　　① 王韬：《杞忧生〈易言〉跋》，《弢园文录外编》，北京：中华书局1959年版，第323页。

朝鲜策略与中日联盟的外交思考

众所周知，鸦片战争以来的条约外交逐渐取代了传统朝贡外交体制，所剩无几的宗藩和属国中以朝鲜为重，这是黄遵宪最注重的政治联盟。而明治维新以来的日本，鉴于一衣带水的地缘关系和传统上的中日交往，使得黄遵宪将中日联盟看作是对抗西方的重要选择，既有历史的可取性又有理想的政治色彩。与朝鲜、日本联盟外交的思想，是黄遵宪在任职参赞和领事活动中一项值得深刻研究的外交内容，对当前错综复杂的国际交往和中国和平崛起具有很直接的历史参考意义。

一、近邻朝鲜的近代出路

有史以来，朝鲜与中国就具有唇亡齿寒的紧密关系，近代以降中国受辱，朝鲜难以幸免于难，日本脱亚入欧的严重恶果则是对朝鲜和中国的侵略。因此，朝鲜的近代出路，不仅对尚有宗属关系的中朝友谊至关重要，而且关乎中国遭受日本侵略的危险程度。自1877年东渡日本以来，到光绪六年（1880）六七月间撰呈《朝鲜策略》，仅三年时间，黄遵宪就以敏锐的开放眼光和深刻的世界认识，首次有系统地全面阐述了这样的一个历史事实：在风云激荡的近代之初，相对弱势的东方民族要谋求保国保种，无疑要对外开放和外交斡旋，对内变法自强，而对内对外是相互依从而并进的。从学术角度而言，《朝鲜策略》无疑是黄遵宪富有原则与谋略、极具战斗力与号召力的第一篇外交檄文，无疑是我们研究黄遵宪的外交理念的一份珍贵资料。黄遵宪撰呈《朝鲜策略》，就是为了替朝鲜筹划对付日本与俄国威胁和列强前来要求结约之策而作的，"1880年，清帝国驻日公使馆参赞黄遵宪根据他对于日本的广博了解，写了《朝鲜策略》一书，书中谈到朝鲜的危险来自俄国的南下和日本的北上。为了防止这种危险，主张应将列强势力引入朝鲜以对抗日俄的侵略。"①《朝鲜策略》的中心思想是黄遵宪希望朝鲜顺应世界大势而开放国门，利用列强势力牵制日俄侵略，以便赢得时间积极改革内政、发展经济、充实国防，以求自存自立。《朝鲜策略》曾被日本历史学家信夫清三郎称为对朝鲜开放"影响深远之书"，②朝鲜民主主义人民共和国科学院历史研究所编的《朝鲜通史》亦认为黄遵宪的这份外交文书曾对19世纪80年代的朝鲜有一定的影响。③《朝鲜策略》是国内外学者研究清末中日朝关系史的重要史料，同时因它也是一篇极有思想见地的外交策略文书，更对中国学者研究中国近代史或近代外交史以及黄遵宪的外交理念，具有重要的史料价值。

作为黄遵宪外交策论的一部重要著作，《朝鲜策略》的中心思想与撰写的历史背景是密切相关的。黄遵宪赴日之前的朝鲜，也是一个正处于封建闭关自守迈向开放的近代民族国家的过程中，同时也是东西列强争夺的资本主义商品市场，是东亚风云的一块肇端之地，特别是俄国和日本觊觎朝鲜的扩张野心路人皆知。自1868年明治维新以来，日本就已追随西方列强而在东亚开始了侵略扩张。早在明治初年，日本军国主义者就制定了"大陆政策"，确定了五大侵略步骤：第一期征服台湾；第二期征服朝鲜；第三期征服中国的满蒙地区；第四期征服中国大陆；第五期征服世界。④这种野心勃勃的征服计划不可能成功，历史已经证明了那不过是一

---

① ［日］信夫清三郎编：《日本外交史》（上卷），天津社会科学院日本问题研究所译，北京：商务印书馆1980年版，第190页。

② 同上，第210页。

③ 朝鲜民主主义人民共和国科学院历史研究所编：《朝鲜通史》（下卷），贺剑城译，长春：吉林人民出版社1975年版，第57页。

④ 万峰：《日本近代史》（增订本），中国社会科学出版社1981年版，第278页。

厢情愿，更何况侵略者必无好下场。就在日本磨刀霍霍，目光转向台湾、朝鲜之前，从未间断"东征西讨"的俄帝国早已将侵略矛头指向了中国和朝鲜。借着英法联军从南至北侵犯中国的第二次鸦片战争的烟幕，沙俄以威逼利诱的手段在1860年强迫清政府签订了中俄《北京条约》，打开了侵略朝鲜的南下通路，逐渐将朝鲜变为驻乌苏里江地区俄国军队的食品供应地。再接着，就是妄图独吞朝鲜，作为其称霸亚洲的立足点。1866年1月，一艘俄国军舰出现在朝鲜东海岸的元山海面，该舰司令官曾致函朝鲜政府，要求给予俄国商人以贸易和居住权，信中暗示如果所提要求得不到满足，俄国军队将穿过边界线直逼朝鲜。[①]俄国的南进，显然与日本的"大陆政策"相冲突，引起日本朝廷的惊慌。在被迫与沙俄签订《日俄和亲通好条约》的同时，日本也走上了侵略扩张的道路。这种扩张道路是在侵犯台湾拉开序幕的。1874年4月，陆军中将西乡从道率领日本舰队侵略台湾，遭到台湾军民的阻击而受挫，日本政府考虑到不能立即军事占领台湾，于是转而用外交手段解决问题，而腐朽的清政府却与日本政府在同年10月31日签订《北京专条》，通过赔款让日军年底从台湾全部撤走。1875年9月，日本海军进攻朝鲜江华岛，由于军力悬殊，朝鲜战役，战败后的朝鲜被迫在1876年2月与日本签订了《朝日江华条约》十二款。[②]该条约首先旨在割断朝鲜与中国在历史上形成的宗属关系，为日本日后吞并朝鲜做准备。从本质上来讲，《朝日江华条约》实际上是一个不平等条约，意味着朝鲜闭关政策的逐渐解体和资本主义势力入侵朝鲜的开始，也意味着中日矛盾加剧，彻底改变了中日朝三国之间的传统关系，某种程度上成为中日甲午战争爆发的一个诱因，"中国对朝鲜的高压态度，与日本的利益实不相容，

---

① Frederick Foochien, *The Opening of Korea*. (New York: The Shoe Tring Press. Inc. 2005), p.56.

② 王芸生：《六十年来中国与日本》第一卷，北京：三联书店1980年版，第134—137页。

恐大陆战争迟早必不可免。"①中日冲突的日益加剧，以及日本侵入朝鲜引发远东国际关系的变化，使各种矛盾聚焦在主导朝鲜的控制权上。在欧洲争夺殖民权益受挫的俄国，也在此际将扩张目标转向东亚，与日本在朝鲜问题上明争暗夺，使朝鲜面临着被瓜分和亡国的危险。时任驻日公使的何如璋就曾针对日俄在朝鲜的竞争和晚清在其中的外交作为，表达了深深的担忧，他说："窃以为高丽之患，不在日本而在俄罗斯""计俄用兵必先高丽，直趋咸镜道。以强弱之势揆之，高丽必不能支。高丽若亡，蛇蝎之患，近在心腹，中国岂有安时？"进而提醒清廷，"俄人虎狼之心，固天下万国所共知"，中国应当及早防备。②在上述国际关系和各种矛盾纷呈的特殊背景下，黄遵宪以外交官的敏锐洞察力，发现了朝鲜面临的危险而精心撰成《朝鲜策略》，以期为身处险境的朝鲜开出一剂理想的救国良方。

作为驻日使节何如璋的参赞，黄遵宪心领神会地撰写外交文书《朝鲜策略》，借此阐述他在外交活动之初的外交建议和思想观念。这篇以设问的形式写成的外交文书，是他对朝鲜问题及其应对之策的个人思考。在书中，他指出，朝鲜的危机源自日本和俄国两国的侵略，但他更强调了俄国对朝鲜的巨大威胁，因此必须防俄，"夫今日之俄罗斯，战国之强秦也。五洲诸国，皆有约纵之意。故俄欲出红海并欧洲，则英法扼之于土耳其。俄即不得志于西。将鼓棹东向朝鲜，英人又踞巨文岛以制之。近又营铁路于西伯利亚，将次告成，由俄京达高丽十五日耳，俄若得志于东，非唯中高无穷之虑，抑亦太西之所深患也。"③

黄遵宪在《朝鲜策略》开篇，就具体分析了朝鲜危机的根源是俄国威胁，揭露俄国富有侵略性的传统和这次对朝鲜的领土扩张野心，"地球

---

①　[加]诺曼·赫伯特：《日本维新史》，姚曾廙译，北京：商务印书馆1992年版，第195页。

②　何如璋：《出使日本大臣何如璋致总署函》（光绪六年十月十三日），载《清季中日韩关系史料》（全十一册）第二册，台湾"中央研究院"近代史研究所1972年版，第403页。

③　陈虬：《经世博议》卷四，光绪十八年（1892年）刊本，第16页。

之上，有莫大之国也，曰俄罗斯，其幅员之广，跨有三洲。陆军精兵百余万，海军巨舰二百余艘。……自先王彼得王以来，新拓疆土，既逾十倍。至于今王，更有囊括四海，并吞八荒之心"。沙皇俄国的领土扩张计划起初只是蚕食并吞邻近的中亚地区，继而转向欧洲，然后在1853年10月因与英法为瓜分土耳其帝国而爆发克里木战争中遭到失败以后，"圣彼得堡开始以更大的兴趣注意黑龙江以北的清朝领土"。[①]就在克里木战争以后的很短时期内，沙俄就在第二次鸦片战争中抢占了中国150多万平方公里的领土，同时占领了390万平方公里的中亚地区，不久又挥兵南下，与日本交锋于朝鲜，与中国的冲突也就越来越大。面对日、俄对朝鲜和祖国的巨大威胁，黄遵宪明确指出，俄国的南下扩张，将给东亚各国带来严重危机，朝鲜将首当其冲，"朝鲜一土，实居亚细亚要冲，为形胜之所必争。朝鲜危，则中东之势日亟。俄欲略地，必自朝鲜始矣！"因此，面对虎狼之俄，朝鲜君臣必须筹划防俄之策。

接着，黄遵宪详细地分析和阐述了《朝鲜策略》中所要表达的朝鲜应对策略。他是站在朝鲜藩属国的立场上阐释拒俄的中心论点，即"亲中国，结日本，联美国，图自强"。首先是要求朝鲜"亲中国"，因为中朝两国"休戚相关而患难与共"，"朝鲜为我藩属，已历千年"，"向者朝鲜有事，中国必糜天下之饷，竭天下之力以争之"，"今日朝鲜之事中国，当益加于旧，务使天下之人，晓然于朝鲜与我谊同一家。大义已明，声援自壮"，深刻地表明了宗主国清朝承担的责任和义务，藩属国朝鲜应加强对清朝的信任和亲近。其次，要求朝鲜"结日本"，因为因朝鲜与日本是近邻，两国都有俄国南下的威胁，所以"日本与朝鲜，实有辅车相依之势"，"为朝鲜者，自当捐小嫌而图大计，修旧好而借外援"，两国联手，"外侮自无由而入"。再次，他希望"联美国"，因为美国"守先王（指华盛顿）遗训，以礼义立国，不贪人土地，不贪人人民，不强与他人

---

① ［美］费正清、刘广京编：《剑桥中国晚清史》上卷，中国社会科学院历史研究所编译室译，北京：中国社会科学出版社1985年版，第364页。

政事"，在国际交往中，"常亲于亚细亚，疏于欧罗巴"，"常能扶助弱小，维持公义，使欧人不敢肆其恶。其国势偏近大东洋，其商务独胜大东洋，故又愿东洋各保其国，安居无事"，"引之为友邦之国，可以结援，可以纾祸"，认为只要朝鲜与美国缔约建交，就会使朝鲜得到更强的外援。

面对俄国南下威胁和日本对朝鲜的觊觎之心，朝鲜国内也必然存在各种疑问和种种防御法的论争，因此，作为驻日参赞官的黄遵宪自然很清楚地知道他的有关朝鲜自卫之策的有效性和朝鲜朝野接受的状态。为了更好地使自己所提出的"亲中国，结日本，联美国"策略得到朝鲜更多的理解和接受，他对这"三策"进行了分析，"夫曰亲中国，朝鲜之所信者也；曰结日本，朝鲜之将信将疑者也；曰联美国，则朝鲜之所深疑者也"。同样，黄遵宪也是用设问的方式来尽可能地予以释疑和解惑。他认为，只要"群疑既释，国是一定"，"于亲中国则稍变旧章，于结日本则亟修条规，于联美国则急缔善约"。实际上，上述"三策"就是出于调整外交关系、促使朝鲜的开放而言的，而一旦朝鲜的主动开放就会有助于朝鲜国内的"通商之利、富国之利、练兵之利"。而这"三利"正是朝鲜自强"五策"的努力目标。一是立朝鲜自强之基，"推广贸易，令华商乘船来釜山、元山津、仁川港各口通商，以防日本商人之垄断""海陆诸军，袭用中国龙旗，为全国旗帜以加强朝鲜的属国化""派遣学生往京师同文馆习西语，往直隶、淮军习兵，往上海制造局学造器，往福州船政局学造船""凡日本之船厂、炮局、军营，皆可往学。凡西人之天文、算法、化学、矿学、地学，皆可往学""以釜山等处，开学校，延西人教习，以广修武备"等，都着眼于要将朝鲜置于中国的保护之下，学习西学以立自强根基。二是实行开国和对外开放的外交政策，主动与西方诸国缔约通商而为救弊之计，"今朝鲜趁无事之时与外人结约，彼自不能多所要挟""然第与声明，归领事馆暂管，随时由我酌改，又立定领事权限，彼无所护符，即不敢多事"，这样就能尽可能减少西方列强在武力下强迫朝鲜签订不平等条约的机会，确保对内改革和自强之基。三是国内互通，推广贸易以发展资本主义商品经济。朝鲜要努力发展商品生产，扩大贸易，加强关税管理，既利民生，又稍补国用，"苟使不食洋药，不用洋货，则通商皆有利无害""朝鲜地产金银、产稻麦，产牛皮，物产固未尝不饶""苟使善为经营，稍稍拓充，于百姓似可得利，而关税所入，又可稍补国用，此又自强之基础也"。四是采西学，学习西方科技，广开利源，发展民族资本主义工商业，"苟使从事于西学，尽力于务财，尽力于训农，尽力于惠工，所有者广植之，所无者移种之，将来亦可为富国"。五是致力于学习西法，训练新军，加强国防建设以抵御外敌入侵。他强调在当前的资本主义国家侵略扩张的殖民背景下，列强依靠暴力和强权，"列强日要挟我，日侮慢我"，"使两军有事，彼有而我无，彼精而我粗，不及交绥，而胜负利钝之势既判焉"，因此，"既知甲胄、戈矛之不可恃，帆樯、桨橹之无可用"，则知"讲修武备，考求新法，可以固疆圉、壮屏藩"，有了新式军队和国防现代化，国计民生可立，亦为自强之基。

　　统观黄遵宪解决朝鲜时弊的主要策略，概况而言，他就是希望朝鲜对外实行开放，主动与泰西诸国订约通商，最大化保有自主权；对内力举改革，倡行西学，发展民族经济，加强国防，最终实现自立自强。为了使朝鲜君臣早决计谋，在《朝鲜策略》末尾，黄遵宪非常严肃地告诫朝鲜政府对所提之策拟应"急起而图之"，接受建议改变政策，缔约通商，是为上策，"举吾策所谓亲中国、结日本、联美国，实力行之，策之上者也"；维持现状，不得已稍作变通是下策，"第求不激变，第求不生衅，策之下者也"；如果闭关守旧，则是无策，"丸泥封关，深闭固拒，斥为蛮夷，不屑为伍，迨乎事变之来，乃始卑屈以求全，仓皇之失措，则可谓无策矣"。最后，黄遵宪非常谦虚而又十分恳切地呼吁朝鲜君民勠力将以上之策实行之，他说："夫忠言逆耳利于行，良药苦口利于病；岂故为危悚之言，以耸人听哉。吾借箸而筹此策，非吾心所忍，顾以时势之所逼，不得不出于此。若夫吾策既行，济之以智勇，持之以忠信，随时而变通，随事而因应，下孚其群黎，内修其庶政，斯又环海圣灵之庆，非此策之所能尽者也""决计在国主，辅谋在枢府；讲求时务，无立异同在廷臣；力破积习，开导浅识在士夫；发奋兴起，同心合力在国民。得其道则强，失其道则亡，一转移间。而朝鲜之宗社系焉。亚细亚之大局系焉。"①

1880年7月，朝鲜礼曹参议兼修信使金弘集率团访日本期间，与清廷驻日使团自然有所接洽和交流。为了推动《朝鲜策略》中的"三策"的落实，七月十五日，黄遵宪首先走访和慰问了刚抵达日本的金弘集使团。次日，金弘集回访，会见何如璋和黄遵宪。其后中朝双方多次互访和笔谈，在国际形势、朝鲜外交和朝日贸易关税等方面交换意见或达成一致。其间，何如璋授意黄遵宪撰写《朝鲜策略》一册，就在八月初二日修信使团即将返回朝鲜之时，黄遵宪把该书亲交金弘集，并勉励金弘集，希望通过他正告朝鲜政府："今日尚欲闭关，可谓不达时务之甚！仆策中既详及之，请归而与当局有力者力主持之。扶危正倾，是在吾子！"②金弘集一俟回到国内后，就即刻将《朝鲜策略》和出访期间写成的《修信使日录》一并呈报朝鲜国王高宗李熙，随后君臣多次进行有关朝鲜自强、外交等重要事务的讨论，逐渐对黄遵宪《朝鲜策略》给予肯定，"清人册子中论说若是备尽，于他国则深有所见而然也，其中可信者信之，而可以采用。"③正是在黄遵宪《朝鲜策略》的激励下，朝鲜君臣一致同意要与美国谈判签约，同时开始改革官僚政体和军队，建立了一个类似于总理衙门的对外交涉的新机构——统理机务衙门。1881年，朝鲜政府派遣金允植等代表前来天津，参加由李鸿章与美国代表薛斐尔之间进行的朝美缔约谈判。1882年5月22日，朝鲜和美国在仁川签订了《朝美修好通商条约》。此后又相继与英、德等国缔约。从此，朝鲜实行了主动对外开放，与近代化相接轨，从本质上离不开与黄遵宪在《朝鲜策略》中所阐释的"三策"的思想联系，正如朝鲜的近代史学家所承认的那样，"黄遵宪的小册子导致了这场改

---

① 以上引文皆出自黄遵宪：《朝鲜策略》，载吴振清等编《黄遵宪集》，天津人民出版社2003年版，第393—404页。

② 《金弘集与驻日清国外交官的笔谈》，转引自同上，第96页。

③ 吴晗：《朝鲜李朝实录中的中国史料》（下编），北京：中华书局1980年版，第17页。

革，并起了决定性的作用。"①

从根本上来说，黄遵宪是在尊重朝鲜主权的前提下写作《朝鲜策略》的，更多地蕴含了黄遵宪自己的外交见解，其对时局的清醒认识、对国际形势的深入分析、对重大问题的透彻说理、对主要观点的详尽阐释，都说明了它是一份富有见地和极具政治说服力的外交文书，是晚清新型的外交理念和务实精神的集中体现。《朝鲜策略》也反映了清政府外交政策的基本精神，"《朝鲜策略》所主张'亲中国、结日本、联美国'以图自强的路线是对清政府内李鸿章、丁日昌与张之洞见解的综合。"②在近代中外关系史上占据重要的地位，对于指导当前围绕东亚秩序问题的中、日、朝、韩、美、俄等国的关系发展有历史借鉴和现实意义。

二、中日联盟的外交可能

19世纪以来，中国和周边邻国均遭受列强的侵略，危机重重。在闭关无以自恃的无奈下，中国开始走向世界，一批年轻的士人纷纷踏海而驻他国，成为锁国许久始睁眼的清政府的眼睛。恰逢其时，黄遵宪自弃仕途而奉命担任驻日使馆首任参赞。1877年赴日之初，中俄两国关系紧张、中日因琉球问题纠葛不断，黄遵宪无疑肩负着"相机妥筹办理琉球案"的一项外交任务。年轻有为、善于思辨的黄遵宪深得驻日公使何如璋、副公使张斯桂二人赏识，专门负责替公使草拟上书，陈请总理衙门和北洋大臣李鸿章奏折，即"公使的许多外交策略和主张，实质上大部分出自黄遵宪或经黄参划。"③"先生则每事必观其深而有定见，故使馆中事，多待决于先

---

① Noriko Kamachi, *Reform in China: Huang Tsun-hsien and the Japanese Model*. (Cambridge: Harvard University Press, 2005), p.116.

② 曹中屏：《朝鲜近代史：1863—1919》，北京：东方出版社1993年版，第64—65页。

③ 吴天任：《黄公度（遵宪）先生传稿》，香港中文大学出版社1972年版，第74页。

生。"①显然，作为参赞官的黄遵宪在中日交流中扮演着重要的角色。由于其亲身了解日本国情，在协助公使处理中日交涉事务、与日本人笔谈交流的过程中，逐渐产生了中日联合以对抗俄国南下的外交考虑。驻日期间，在琉球交涉、朝鲜问题和组织兴亚会等外交活动中，黄遵宪不断彰显出他的国际均势观和中日联盟思想。

赴日之初，清朝外交官首先遭遇的是如何对待清朝传统的藩属国问题。根据所掌握的国际知识和外交情报，黄遵宪极力反对日本侵略琉球，主张清政府保护藩属国。虽然，黄遵宪对日本明治维新伊始就取得的变革成效予以褒扬，并作《日本杂事诗》《日本国志》以警醒国人效仿以自强，"其最可贵者，以外史氏之名义，或于志前，或于志后，论其得失，旁及中外古今，美刺互见，旨在通变借鉴，励我自强。""日本取法欧洲而致强盛，因主我国亦宜就近取法日本。"②同时，他高度警惕着日本的侵略，"其后日本明治维新，国势骤强，然犹未知可畏；迨先生随使东渡后，著《日本杂事诗》及《日本国志》成，且断言'日本维新之效成则且霸，而首当先冲者为吾中国'。"③在黄遵宪看来，由于明治维新本身的不彻底性，存在严重的军事封建性的日本资本主义势力会刺激其军国主义势力的迅速抬头，必然会加紧对外侵略扩张。对此，他警谏清廷当局，"（时）为各国纵横之局，必先审势而后可以言理。""今日时势纵横，安内攘外之方，舍实力整顿海陆军外别无奇策，必敢言兵而后可用兵。"④意在提醒总理衙门和李鸿章不要对日本和西方列强存有幻想，在列强虎视鹰瞵之际，没有强大的国防力量作为后盾，无论内政外交，都难有安全的

---

① 钱仲联：《黄公度（遵宪）先生年谱》（光绪四年条），载钱仲联《人境庐诗草笺注》，上海古籍出版社1981年版，第1182页。

② 吴天任：《黄公度（遵宪）先生传稿》，香港中文大学出版社1972年版，第8页。

③ 同上，第291页。

④ 温廷敬：《茶阳三家文钞》卷二《与总署辩论琉球事书》，转引自郑海麟《黄遵宪传》，北京：中华书局2006年版，第26页。

保障。针对琉球危机，黄遵宪指出当时的日本，无论是在经济上还是军事上都不能与中国相比，因为日本乃区区小国，"鼎举而膑绝，地小而不足迥旋"，①尚不足以造成大危害，更不须说欲霸天下了。如果清政府能够坚持强硬立场，并采取果断措施，那么日本方面必然屈服。站在亚洲全局的战略角度，黄遵宪进一步指出："论亚细亚大局，日本与我，愿当联为一气，乃我让彼，彼益轻我，不特缓急不足恃，且将日长其侵略之心，不如乘其国势未固而持之，尚可折其谋，挫其气，以渐合同洲唇齿之交，而弥无穷之隐患。"在黄遵宪的心目中，蕞尔岛国日本无论如何都不会是中国的对手，因此他强烈主张应对日本的侵略或威胁采取强硬政策，"今日本国势未定，兵力未强，与日争衡，犹可克也"，如果"隐忍容之，养虎坐大，势将不可复制"。

正是警惕日本的狼子野心，黄遵宪考虑良久，综观前因后果，因此他在代驻日公使何如璋给总理衙门的上书中，明确而具体地提出了他的解决琉球悬案问题、对付日本的上中下三策，"为今之计，一面辩论，一面遣兵舶责问琉球，征其贡使，阴示日本以必争，则东人气慑，其事易成，此上策也。据理力争，止之不听，约琉人以必救，使抗东人，日若攻琉，我出偏师应之，内外夹攻，破日必矣，东人受创，和议自成，此中策也。言之不听，时复言之，或援公法，邀各使评之，日人自知理屈，球人侥幸图存，此下策也。"②深究这"三策"不难看到，黄遵宪是希望清政府能够采纳他的上、中两策，而必须对日本坚持强硬态度，不过在通过斗争而反击日本的同时，清廷也应不放弃和平手段，争取外交的主动权，及时阻止和粉碎日本的侵略琉球的计划。然而，琉球问题"三策"却在清政府的一味妥协下根本得不到实施，日本步步进逼，先吞并琉球，其次占领朝鲜，以致在1894年悍然发动了的甲午战争，中华民族危机日重，"光绪初年，因

---

① 黄遵宪：《日本国志·地理志一》，王宝平主编《日本国志》，上海古籍出版社2001年版，第105页。

② 温廷敬：《茶阳三家文钞》卷二《与总署辩论琉球事书》，转引自郑海麟《黄遵宪传》，北京：中华书局2006年版，第27页。

琉球之役，（黄遵宪）力主对日强硬，又自异焉。……而我则不知通变，故步自封于世界大局瞬息万变之。"①1880年10月，清廷与日本协议，终将琉球拱手让与日本。将琉球让与日本，也是清政府重俄国而轻日本的必然结果，"俄人恃日本为后路，宜速联络日本。所议商务，可允者早允，但得彼国两不相助，俄事自沮。"②并吞琉球是日本"脱亚入欧"而将西方列强强加于己的不平等条约绳索解下来，套到亚洲人民头上的开端，是实现它的"大陆政策"的对外扩张的第一步。琉球丧失，黄遵宪在无力回天之后，感觉痛心疾首，愤而作诗《琉球歌》，"刚闻守约比交邻，忽尔废藩九夷县。吁嗟君长槛车去，举族北辕谁控诉。"③

黄遵宪就琉球悬案所谏言的对日强硬主张，却不能掩饰他的另外的和平主张，即在着力维持中琉主藩关系的基础上拯救琉球，而且强调了不要激化或破坏中日邦交的希望，毕竟日本曾经差点成为西方的殖民地，同文同种的日本有可能成为东亚反击西方的重要据点。换言之，黄遵宪劝诫清廷，应该努力促成地缘相接的中日两国结成同盟，共同抵抗西方列强特别是沙俄南下入侵，争取实现东亚地区的长期和平与安全。这实际上就是黄遵宪国际关系均势观的首次在外交活动中的展现。根据均势理论，他提出了中日结盟的新构想。在清朝的诸多藩属国中，他认为与中国关系最密切的是朝鲜，从古至今中朝都是"休戚相关，忧乐与共，近来时势，泰西诸国，日见凌逼，我两国尤宜益加亲密。"④其实，这种超越宗藩关系的新国际或周边关系在黄遵宪心目中早已生成，保护藩属国琉球和朝鲜，目的不是要将藩属作为中国安全的屏障，不是保护传统的宗藩体制和朝贡制度，而是当作平等国家建立新的联盟，既要反对日本并吞曾经的藩属国，又要

---

① 吴天任：《黄公度（遵宪）先生传稿》，香港中文大学出版社1972年版，第128页。

② 赵尔巽：《清史稿》卷158，北京：中华书局1976年版，第4627页。

③ 黄遵宪：《琉球歌》，《人境庐诗草》卷三，载陈铮主编《黄遵宪全集》，北京：中华书局2005年版，第104页。

④ 黄遵宪：《黄遵宪与金弘集笔谈》（光绪六年七月十五日），同上，第781页。

团结东亚各国结成联盟以反击西方殖民主义者，这是双重的外交战略，"日本之处心积虑，欲灭球之矣。使者之事，非争贡也，意欲藉争贡以存人国也。"①为实现中日联盟、振兴亚洲，1880年3月，黄遵宪利用公务之便，联合日本人士共同发起成立了"兴亚会"。兴亚会是一个专门为中日两国友人相互学习语言和交流思想文化的学术机构，最初有会员153人，其中也有朝鲜人参加，首届会长为日本人长冈护美，具体负责组织活动的是前日本振亚社（1877年成立）发起人曾根俊虎。作为发起人之一，黄遵宪在兴亚会成立后，就努力宣传他的"中日联盟、共同抗俄"的外交策略和思想，其中他作了一首诗，如实表达了"兴亚"思想，"念余捧载书，相见藉玉帛。同在亚细亚，自昔邻封辑。譬若辅车衣，譬若犄角立。所恃各富强，乃能相辅弼。同类争奋兴，外侮日潜匿。解甲歌太平，传之千万亿。"②可见，黄遵宪此际的反侵略思想中是极其看重中日联盟的。他赞赏日本走上民族自强之路，也希望祖国变法自强，与日本形成相互尊重的兄弟联盟，而不是过去的那种不平等的藩属关系，以便共同维护亚洲的和平与繁荣。1882年，黄遵宪奉命离开日本，而转赴美国旧金山任职，就在临别之际，挥笔写下《留别日本诸君子》等五首七律诗篇，其中写道："远泛银河附使舟，眼看沧海正横流。欲行六国连衡策，来作三山汉漫游。唐宋以前原旧好，弟兄之政况同仇。如何瓯脱区区地，竟有违言为小球。"③即便到美国履旧金山总领事一职后，黄遵宪仍旧没有放弃中日联盟的主张，而且更加发展和深化。在致日本友人宫岛诚一郎的一封信中，黄遵宪表明难与"非我族类"的美国人相交谊，而思念友邦日本，以谋"兴亚"之机，"美为文明大国，向所歆羡，及足迹抵此，乃殊有所见不逮所闻之

① 黄遵宪：《致王紫诠书》，载陈铮主编《黄遵宪全集》，北京：中华书局2005年版，第434页。

② 黄遵宪：《陆军官学校开校礼成赋呈有栖川炽仁亲王》，载钱仲联笺注《人境庐诗草笺注》（全二册），上海古籍出版社1981年版，第247页。

③ 黄遵宪：《奉命为美国三富兰西士果总领事留别日本诸君子》，同上，第337页。

叹。碧眼红髯，非我族类，视我亚洲人比之自郐以下，不足复讯。此邦之人不可与处，是以读《黄鸟》之诗，不欲郁郁久居此地也。""诸事不足道，惟近闻我国创建铁道，若数年之间，南北东西，纵横万里，均有是道，则捷转运而利征调，可富可强，不复受外人欺侮，兴亚之机，莫要于此。……仆视日本，实有并州故乡之思，见贵邦人，如见吾乡人，拳拳之心，望因阁下达诸公为幸。"①后来日本侵略台湾与朝鲜、发动甲午战争，对中国危害极深，使得中日联盟失去了应有的前提，黄遵宪也对中日之间的关系表示痛心，有诗云："皇帝问东皇，两国非寇仇。元元一家子，所愿兵革休。"②但他仍对日本人民抱有友好感情，寄望于中日和好，即使是在"放归故里"的晚年，黄遵宪对中日联盟以兴亚的期待依旧，"列国纵横六七帝，斯文兴废五千年。黄人捧日撑空起，要放光明照大千。"③"赫赫红轮上大空，摇天海绿化为虹。从今要约黄人捧，此是扶桑海道东。"④由是可见，黄遵宪未来的理想世界，是包括日本在内的亚洲的崛起。面对西方殖民，黄遵宪体会到"弱供天下役，治则天下强"，⑤认识到日本免遭厄运，家国如故，在于能够临危知变，转弱为强，进而把日本"改从西法革故取新"之路看成是中国乃至整个亚洲的希望之所在，因此，中日联盟、抗御外侮也就顺理成章地成为黄遵宪外交理念的一个重要组成部分，"据考证，黄遵宪是中国近代史上第一个从亚洲全局角度提出中日朝三国联盟以拒俄主张的人士。"⑥

从言论和在日、美、英、新等国的外交活动来分析和思考，我们不

---

① 黄遵宪：《致官岛诚一郎函》，吴振清等编《黄遵宪集》，天津人民出版社2003年版，第426页。

② 黄遵宪：《题樵野丈运甓斋话别图》，载钱仲联笺注《人境庐诗草笺注》（全二册），上海古籍出版社1981年版，第739页。

③ 黄遵宪：《赠梁任父同年》，同上，第715页。

④ 黄遵宪：《己亥杂诗》，同上，第828页。

⑤ 黄遵宪：《锡兰岛卧佛》，同上，第503页。

⑥ 郑海麟：《黄遵宪传》，北京：中华书局2006年版，第56页。

难发现黄遵宪"中日联盟以兴亚"的外交理念有着比较切实而深刻的理由。一是资本主义世界弱肉强食的国际格局和东亚面临的错综复杂形势，迫切需要中日联盟；二是东亚的和平与安全需要所谓的均势外交，而中日联盟是推行东亚均势外交的中流砥柱；三是中日一衣带水的地理因素和唇亡齿寒的历史经历，使近代都遭受西方侵扰的中日两国之间有结盟的更大可能性；四是日本与中国长期的历史交往，以及所谓的同文同种的文化圈渊源，使得日本永远是中国的藩属国，不会成为中国和朝鲜的竞争者或侵略者，确保清政府在东亚的地区主导权。很显然，四条理由既有客观的需求，也有臆想的成分，是以共同拒俄作为东亚均势和中日联盟的实质内容的。说它有客观需求，就是日本虽已开始明治维新而且成效显著，但仍是西方列强觊觎而欲殖民的对象，治外法权的丧失和不平等条约的牵制，都使得日本在明治初年依然是危机重重，特别是学习西方资本主义对其而言也是逐渐熟悉的过程，失误在所难免。弹丸小国面临着政治、金融等方面的困难，对中国尚有一定的依赖性或以中国为外援的想法，这就强化了中日千年来的交往友谊，也使黄遵宪臆想中日结盟的可行性。在光绪初年中国士大夫中出洋游历者甚少的情况下，黄遵宪有此东渡日本的良机，在浏览异国风情的同时，他更多地将一衣带水的日本视为同文同种的邻邦，亲近之情和结盟之意自是溢于言表的。在所著的《日本国志·邻交志》中，黄遵宪用三卷"华夏"的篇幅较详细地陈述了日本与中国友好交往的历史过程，从"日本之遣使于我，盖以崇神时为始"起，一直记到晚清中国驻日使馆进驻东京，呈递国书，开启近代中日关系史时止。加上近代以来，中日之间第一个较为平等的条约《中日修好条规》的所谓国际法的法律调整和心理依托，愈加使黄遵宪看到中日悠久的友好关系，将成为当时中日联盟的重要基础，就增加了外交关系建设的臆想成分。因此，从辩证法的意义上来讲，黄遵宪的"联亚拒俄"均势外交，并未为总理衙门和李鸿章全盘接受，也是有一定道理的。

第二节

痛斥侵华行径与主张国家的权益

黄遵宪是务实而正直的外交官，所持事理和亲躬外事都能辩证而柔和渐进，力求政治理论与外交实践密切结合，既肯定外国的合法权利，更维护弱国的外交权力和民族利益。在近世西方压倒东方的强权格局中，黄遵宪秉持平等和平的中西文化观，求同存异，求大放小，以文化交流为主轴推动各民族间的文明融汇，以期实现世界各国间的和平相处与共存共荣。他把"西学源自墨学"作为中西一贯的文明契合论的基石，强调了侵略有罪和国家权益合法性的普适性原则，更对列强的殖民行径予以深刻抨击，张扬了强烈的爱国主义精神。

一、西学源自墨学的力证

无论是东西文化相同还是东西方文化迥异，都不过是那些无法身临其境或者长期生活在另外情境中的人对于陌生文化的一种理解，世界上没有一片相同的叶子。"西学中源"说是中西文化接触与交流过程中，中国人认识西方文化时出现的一种特殊文化现象，因为产生在鸦片战争后的中国国际地位下降的历史条件下，颇具文化自尊的回顾和挽救之意，该说的主旨就是，到了近代中国祖先创造出来的文化丢失了，而此前就被夷人学去甚至加以完善了，因此在救亡图存的民族危机中，学习西学只不过找回祖先所创、后来丢失的文化遗产而已。换言之，学习西学本质上等于是学中学，是继承祖先们遗产的一种特殊途径，如同《后汉书》谓"礼失求诸野"。①正因如此，学习西学就顺理成章，没有什么可耻，而那些保守士大夫们拒绝学习西学就应该受到抨击和指责。

从历史演变的文化脉络上讲，"西学中源"思想萌芽于明末清初，当时西方资本主义正在兴起，东西方交流较为频繁，中西文化冲突是中外交流的方向之一。晚年的康熙帝亲加提倡，在引进西洋天文算学的同时又应避免"用夷变夏"之嫌，他在南巡途中召见了历算大师梅文鼎，命其对"西学中源"说加以专门论证，这样梅氏此后就撰写《历学疑问补》一书呈上，从而使得"西学中源"说成为官方的一种学术观点。到了清代中叶，"西学中源"说被载入《四库全书总目》之中，又通过阮元等一大批知名学者的鼓吹和推广，更加深入人心，成为朝野上下几乎普遍性的对待西学的一种根本态度。理论是需要实践检验的，这种实践一旦以胜负而不是是非来决断的话，"西学中源"说就需要一种学习西学的强有力支持方可成立。鸦片战争失败后，中国被卷入近代世界资本主义体系中，西方科技再次大规模地输入中国，从而导致了中国文化与西方科学在长期断绝交流后面临着关系调适的问题。西学的骎骎东来势不可挡，中国人和中国文化必须对此做出合适的反应。作为接受西学的一种理由，这个由圣祖钦定的"西学中源"说很快被一些开眼看世界的先进中国人重拾起来，突出师夷长技以制夷的中西文化交流的时代要求。洋务派无不称道"西学中源"，维新派亦纷纷借助"西学中源"说鼓吹变法，以致"在资产阶级改良派手里，'西学中源'说的发展达到高潮"。②作为在洋务派鼎定大清朝纲之际而被派遣出使国外的清朝外交官，黄遵宪也未能摆脱一般中国人认识西方文化的"西学中源"的思维方式。他不仅认为西方科技来源于中国古代典籍，而且西方政治、宗教都能在中国古代找到源头或相似之处。无论如何，坚持这种思想，并非黄遵宪的独创而是一种集体意识，其中可谓

---

① 黄遵宪：《日本杂事诗》第155首小注，载陈铮编《黄遵宪全集》，北京：中华书局2005年版，第53页。

② 汤奇学：《中国近代思想文化史探索》，合肥：安徽大学出版社2005年版，第68页。

五味杂陈，不乏有中国文化"自大""自尊"与近代"自卫""自慰"的复杂心理，当以考究其积极因素而予以深入分析。

黄遵宪明确指出"泰西格致之学，莫能出吾书之范围"，甚至可以说这种观点在黄遵宪的文化观点中最为显著，体现出他关于西学中自然科学的本质的基本结论。实际上，中国传统科技文化相当发达而且流传很广，很容易把西方科技文化归属于中国文明，甚至误以为就是来源或模仿中国的。例如，明末清初的民主思想家之一的黄宗羲，曾著《西洋历法假如》《授时历法假如》等书，认为"勾股之术，乃周公、商高之遗，而后人失之，使西人得以窃其传。"①清初学者王锡阐在把中西方的天文数学一一进行对比后明确地说："西学原本中学，非臆撰也。"②这里所涉及的天文、历法、数学等方面的知识，即所谓的"格致之学"，构成了近代以前中国的"西学中源"的范围。而到了近代洋务运动期间，统治阶层和各层知识分子仍袭旧说，更加强调"格致之学"源出中国，例如同治初年的淮军统领、洋务大臣李鸿章就曾这样说过：西方算术中的"借根方"来源于中国古代算术中的"天元"，而西方的代数学则是脱胎于中国的"四元之学"，并据此断定，西方人"竭其智慧不出中国之范围"；只不过西方人精于制造，精于机巧，把这些从中国学去的东西发展得很新奇，以至于在这方面中国已经比不上西方，"无论中国制度，事事非海外人所能望见。即彼机器一事，亦以算术为主。而西术之借根，本于中术之天元。彼西士目为东来法，亦不能昧其所自来。尤异者，中术四元之学，阐明于道光十年（1830）前后，而西人代数之新法，近日译出于上海，显然脱胎于四元。竭其智慧不出中国之范围，已可概见。特其制造之巧，得于西方金行

---

① 凌扬藻：《蠡勺篇》卷31第7页（同治二年南海伍氏刻本），转引自龚书铎主编《中国近代文化概论》，北京：中华书局2002年版，第45页。

② 阮元：《畴人传·三十五卷》，上海：商务印书馆1955年版，第436页。

之性，又专精推算，发为新奇，遂几于不可及。"①恭亲王奕䜣更是直言不讳，他说道："查西术之借根实本于中术之天元，彼西士目为东来法，特其人性情缜密，善于运思，遂能推陈出新，擅名海外耳，其实法固中国之法也。天文、算学如此，其余亦无不如此。中国创其法，西人袭之。"②也就是说，奕䜣认为西学原本是中学，中西本是一家，西法就是中法，只是中国创其法，西人推陈出新罢了。驻欧四国公使的薛福成也认为"欧美各国的兴起不过是近百年中的事情，而中国早在上古的时候就制造出船只、车辆、弓箭、书籍等，比今天西方人的制作更为神奇。《尧典》定四时，《周髀算经》传算术，西方人的天文和数学就是从这里发展起来的。"③自1877年起被派遣赴日担任参赞后，黄遵宪对西方文明的认识仍局限在"西学中源"的思维之中，在肯定西方文明在器物层面上的发达与先进的同时，仍坚持中国早已有之，"百丈之船，万钧之炮，周环地球；顷刻呼吸之电音，腾山募涧，越林穿洞；日行数千里之火车，飞凌半空之气球，凡夫邹衍之谈天，章亥之测地，齐谐之志怪，极古人所谓怪怪奇奇者，莫不有之；极古人荒唐寓言之所不及者，又有之。"④然后在不断的对比求证后，言之凿凿呈予世人曰："削木能飞诩鹊灵，备梯坚守习羊坅。不知尽是东来法，欲废儒书读墨经"，"相土宜，辨人体，穷物性，西儒之绝学，然见于《大戴礼》《管子》《淮南子》《抱朴子》及史家方伎之传，子部艺术之类，且不胜引。至天文算法本《周髀》盖天之学，彼国谈几何

---

① 李鸿章：《同治四年四月八日奏总理各国事务衙门函》，载台北中央研究院近代史研究所编《海防档·机器局》（一），台北艺文印书馆民国四十六年（1957）版，第14页。

② 奕䜣：《同治五年十二月二十三日总理各国事务奕䜣等摺》，载中国史学会主编《洋务运动》（二），上海人民出版社2000年版，第24页。

③ 薛福成：《西法为公共之理说》，载丁凤麟、王欣之编《薛福成选集》，上海人民出版社1987年版，第298页。

④ 黄遵宪：《〈藏名山房集〉序》（1880年7月），载陈铮编《黄遵宪全集》，北京：中华书局2005年版，第250页。

者，译称借根方为东来法。火器之精，得于普鲁斯人，为元将部下卒，彼亦具述源流。"①在深入考究和给日本友人书刊作序时的自觉流露的基础上，黄遵宪形成了自己明确的"泰西格致之学源于中国"观点。他在《〈牛渚漫录〉序》中就曾写道："余尝以为泰西格致之学，莫能出吾书之范围。……余谓西学无不如此。特浅学者流，目不识古，以己未所闻，遂斥为乌有，可谓蚍蜉撼树，不自量之甚也。"②

黄遵宪明确表示：西方政、教亦出于中学。他不仅认为器物层面的西方科技来源于中国，还认为制度层面和文化层面的西方政、教亦源自中国，这实际上是他为倡导维新变法而提出的一种别具特色而又使人无法怀疑的西学观。黄遵宪还在某些特定场合下，把源出中国的西学范围不断扩大，几乎囊括了全部的西方文明。无论是在他所写的《日本杂事诗》《日本国志》等书中，还是在任职期间与日本友人的笔谈或者与其他人员的交流记录中，他经常直言不讳地表达这种西学观念。例如，他认为西方的法律、官僚制度、一些具体的治理国家的政治措施几乎都能在中国历史和典籍中找到原型，即便不完全相同也是八九不离十的。例如，他在《日本国志·学术志一》结尾"外史氏曰"中就写道："其用法类乎申韩，其设官类乎《周礼》，其行政类乎《管子》者，十盖七八。"③甲午战后，学习西学成为一种时尚或热潮，对于政治变革和社会进步意义重大，因此"西学中源"之说大有用武之地。在襄助湖南新政的过程中，黄遵宪确实尽力使这一观念得到了一定的贯彻，尤其在设立议院与行政合一功能的保卫局中体现出来，"遍历泰西，觇其国，观其政，求其富强之故，实则设官多本乎《周礼》，行政多类乎《管子》。考之《管子》，五家为轨，十轨为里，四里为连，十连为乡，故人与人相保，家与家相爱，居处相乐，行作

---

① 黄遵宪：《日本杂事诗》第54首，载吴振清等编《黄遵宪集》，天津人民出版社2003年版，第24-25页。

② 黄遵宪：《〈牛渚漫录〉序》，同上，第379-380页。

③ 黄遵宪《日本国志·学术志一》，王宝平主编《日本国志》，上海古籍出版社2001年版，第341-342页。

相和，其声相闻，足以无乱，其目相见，足以相识。此齐桓所以霸诸侯者也。而西人法之，邑有邑长，乡有乡长，合之而为府县会。考之《周礼》，有司救，有司市，有司虣，有禁暴氏，有野庐氏，有修闾氏，掌民之邪恶过失，市之治教刑政，而禁其斗嚣暴乱、矫诬犯禁者。此周公所以致太平者也。而西人法之，有工务局，有警察局，国无论大小，遍国中无不有巡捕者，故能官民一气，通力合作，相互保卫，事举令行。此中国旧法而西人施之于香港、上海之华人，亦无不视为乐郊，归之如流水，耳闻目见，其效如此。"①需要指出的是，在对西方政教源出中学的学理化阐释方面，黄遵宪显然远胜于同时代未跨出国门的知识分子，较之一般论述更具说服力。康有为于1895年在《上海强学会章程》中曾说："近年西征西学，日新不已，实则中国圣经、古（孔）子先发其端，即历代史书、百家著述，多有与之暗合者，但研求者寡，其流渐湮。"②很显然，黄遵宪早于其他维新人士提出西方政教出于中学的变革理论，实际上是对"西学中源"说的新的全面发展，对戊戌时期的变法宣传具有开启风气的引领作用。

从根本上讲，黄遵宪"西学中源"观有着独特的内涵和特征，其"中学"内涵单一，即"墨学"，正所谓"西学源自墨学"也。实际上，"西学源自墨学"也不是黄遵宪的首创，亦有历史的渊源。中国最早将近代西方科技文化与墨子学说相比附的是清道光年间的邹伯奇，他在《学计一得》卷下"论西法皆古所有"条云："梅勿菴言和仲宅西，畴人子弟散处西域，遂为西法之所本。伯奇则谓西人天学未必本之和仲，然尽其伎俩，犹不出墨子范围。墨子《经上》云：'圜一中同长也'。即几何言圜面惟一心，圜界距心皆等之意……至若泰西之奉上帝，佛氏之明因果。则尊天明鬼之旨，同源异源者耳。墨子《经上》云：'此书旁行，正无非'。西

① 黄遵宪：《杨先达等禀请速办保卫局批》（1898年3月9日），载陈铮编《黄遵宪全集》，北京：中华书局2005年版，第503页。

② 康有为：《上海强学会章程》，载汤志钧编《康有为政论集》，上海古籍出版社1981年版，第174页。

国书皆旁行，亦祖其遗法文故谓西学源出墨子可也"。这可以说是"西学源自墨子"说的首创。随后，张自牧在《瀛海论》中亦提出"西学源自墨子"说。履职驻日使馆的黄遵宪在1879年出版其《日本杂事诗》的"西学"篇里，就有这样的诗句："不知尽是东来法，欲废儒书读墨经"，在小注中明言"余考泰西之学，墨翟之学也"，并从宗教、科技方面作比较。《日本国志·学术志》所论当源于《日本杂事诗》。其后，又有王之春的《蠡测危言》（1885年）的"广学校"，薛福成的《出使英法意比四国日记》皆提出"西学源自墨子"说。不过在以上各书中，论述得最透彻的还是黄遵宪的《日本国志·学术志》。①

在《日本国志·学术志一》开篇"外史氏曰"里，黄遵宪非常明确地道出他的中西文化观，即"西学源自墨学"，"余考泰西之学，其源盖出于墨子"。具体论证有五点：一是西方资产阶级提倡的平等，即是墨子的尚同之说，"其谓人人有自主权利，则墨子之尚同也"。二是西方资产阶级提倡的博爱，即是墨子的兼爱之说，"其谓爱汝邻如己，则墨子之兼爱也"。三是西方尊崇的基督教，即是墨子的尊天明鬼之说，"其谓独尊上帝、保汝灵魂，则墨子之尊天明鬼也"。四是西方人擅长的技术器械，即是墨子的备攻备突、削鸢能飞的发挥与运用，"至于机器之精，攻守之能，则墨子备攻备突、削鸢能飞之绪余也"。五是西方的科学，来源于墨子的经说，"格致之学，无不引其端于《墨子·经上下篇》"。上述五点可分两大层面，前三点是指政治、宗教，后两点是谈技术、科学。而这些几乎就是西方文明或文化的全部。黄遵宪作这样的比附，充分洋溢着中华文化的优越感，"地球万国行墨之道者，十居其七"。因而在他看来，西方文化（或西学）自近代伊始的"骎骎东来"，不过是"二千余岁之前""蔓延于天下"的墨学"入于泰西，源流虽不可考，而泰西之贤智推衍其说，至于今日"的结果，并且入西之墨学在被西方化之后又回归到中

---

① 郑海麟：《黄遵宪与近代中国》，北京：三联书店1988年版，第317–318页。

国，这是"何其奇也"。①接着，黄遵宪几乎将近代西方的科学技术乃至人文思想、政教理论都与墨学作了全面而精简的比较或比附，既是在清末维新思想界和文教界里的比较典型和匠心独运的一次政论发抒，也是他把在日本、欧美等国考察所得的零碎记录进行系统化、学理化的一次学术整理。概括起来，黄遵宪认为西方科技和政教都是出自墨学，即墨学是西学之母。首先，黄遵宪强调了西方科技与墨学的关系，"仆向读《墨子》，以谓泰西术艺，尽出其中。"②与中学源远流长相比，西方之科技只是近些年来的成果，其进步符合进化论观，无足奇怪，"彼之学术技艺，极盛于近来数十年中，古不及今，其重今无足怪也。吾开国独早，学术技艺，数千年前已称极盛"，而西技出于"墨学"之古，必要重视中国古人，"吾之重古人，古人实有其可重者在也。"③进而，黄遵宪详加解释说："他如化徵易，若龟为鹑（动物之化）。五合。水土火。火离然。火铄金。金合之腐水。木离木（金石草木之化）。同，重体合类。异，二，不体，不合，不类。此化学之祖也（以百物体质之轻重相较，分别品类之异同。西人淡气、轻气、炭气、养气之说仿此）。均，发均县。轻重而发绝，不均也。均，其绝也，莫绝。此重学之祖也。一少于二，而多于五，说在建。非半弗斫。倍，二尺与尺，但去一。圜，一中同长。方，柱隅四欢。圜，规写支。方，矩见支。重其前，弦其前。法意规圆三。此算学之祖也。临鉴立。景，二光夹一光。足敝下光，故成景于上；首敝上光，故成景于下。鉴近中，则所鉴大；远中，则所鉴小。此光学之祖也。皆著《经》上、下篇。《墨子》又有《备攻》《备突》《备梯》诸篇，《韩非子》

---

① 黄遵宪：《日本国志·学术志一》，王宝平主编《日本国志》，上海古籍出版社2001年版，第332页。

② 黄遵宪：《复中村敬宇函》（1881年9月17日），载陈铮编《黄遵宪全集》，北京：中华书局2005年版，第332页。

③ 黄遵宪：《〈牛渚漫录〉序》，载吴振清等编《黄遵宪集》，天津人民出版社2003年版，第380页。

《吕氏春秋》备言墨翟之技，削鸢能飞，非机器攻战所自来乎？"①故在
《日本国志·学术志一》开篇"外史氏曰"中，他就有"机器之精，攻守
之能，则墨子备攻备突、削鸢能飞之绪余也。而格致之学，无不引其端于
《墨子·经上下篇》"的总结之语。其次，黄遵宪更加强调西方政教亦多
源自墨学。特别是他认为作为西方文化代表的基督教就源自墨子学说，并
指出之间有很多相同之处，"仆考耶苏之学，尽同于墨子"，因而不必再
反转施导其源之中国，"耶苏之教施之未经开化之国则可行，必欲施之于
东洋诸国圣贤早出之邦，抑又愚也。"②在《日本国志·学术志一》"西
学"项结尾"外史氏曰"中，他就有"余考泰西之学，其源盖出于墨子。
其谓'人人有自主权利'，则墨子之'尚同'也；其谓'爱汝邻如己'，
则墨子之'兼爱'也；其谓'独尊上帝，保汝灵魂'，则墨子之'尊天明
鬼'也"的总结之语。

从一位关心国运的外交官和一位致力于维新变法的政治活动家的人
生旨趣出发，我们不难看出黄遵宪提出"西学源自墨学"的良苦用心，其
中，最深刻的意义就在于他努力或希望利用西学的内涵来为晚清正在兴起
的近代化变革提供精神鼓舞和学理依据。从《日本国志》中郑重提出和系
统论证"西学源于墨学"，直至终老故里，黄遵宪始终坚信中学乃是西学
的渊源。采用这种理论形式，目的是为西学传播入华并且产生作用开辟道
路。这表现在两点：一是减少顽固守旧势力的阻挠，明言西学之优越自会
受到更大的排斥，而借"西学源自墨学"说就不容易产生排斥感。这样，
学习西方以求变法自强的潜移默化的社会效应就会越大。二是以"西学源
自墨学"说教育朝野，其中所隐喻的一种民族自豪感和自信力，即中国人
从古至今都聪明才智优于西方人，当前落后并不代表永远，只要中国能

---

① 黄遵宪：《日本杂事诗》第54首自注，载吴振清等编《黄遵宪集》，天津人
民出版社2003年版，第25页。也见黄遵宪《日本国志·学术志一》，王宝平主编《日本
国志》，上海古籍出版社2001年版，（小注）第342页。

② 黄遵宪：《与冈千仞等笔谈·光绪五年二月笔谈》（1879年3月），载陈铮编
《黄遵宪全集》，北京：中华书局2005年版，第794页。

"考求古制，参取新法"就能超越西方，"以中土之才智，迟之数年即当远驾其上，内则追三代之隆，外则居万国之上"，很容易为西学传播大开方便之门，以期达于变法维新而建立君主立宪政体的资本主义民族国家的目的。在包括黄遵宪在内的维新派看来，用"西学源于墨学"的论调有利于更深入地向中国先进知识分子，尤其维新派传达了另一种信息，即要适应世界近代化的历史潮流，儒学的传统完整性和适应性已经不能推动中国的发展和进步了，唯有进行维新变法，建立资产阶级民主政体和经济模式，才能在列强觊觎的世界格局下自保自强，而维新变法的最好思想依据就是西学。所以说，黄遵宪的"西学源于墨学"之说，是一种"以复古求西学"的理论形式，它与日后维新派巨擘康有为在政治改革方面提出的"托古改制"理论是相通的。[①]简言之，"西学源于墨学"是从资产阶级政治、经济利益出发，既对封建专制和儒家思想进行柔性批评的一种策略，更是为西学东渐大开方便之门的一种权宜之计，尽可能地减少变法过程中的人为阻力。必须要指出的是，黄遵宪在"西学源自墨学"中还有一个隐喻，即对西学"择善而学"的问题，应该学习与墨学相谐的西学内容，排除阻挠变法的包括腐朽儒学在内的中国落后文化。在他看来，西学是个庞大的文化体系，鱼龙杂陈、善恶并存，"凡托居地球，无论何国，其政教风俗，皆有善有不善。"[②]也就自然生出一个"择善而学"的问题，"学他人之法，不择其善者，而茫茫昧昧，竭日夜之力以求其似，不求其善，天下之事，无一可也，岂独文章也哉！"[③]因此，必须把"西学源自墨学"和"择善而学"紧密结合在一起来理解黄遵宪为推动变法维新而做出的理论探索。他很委婉地突出君主立宪政体是西学中政治的最善部分，希望加以学习贯彻，在中国渐进实行君主立宪政体。

简言之，黄遵宪信奉和证实"西学源自墨学"，有助于说明学习西学

---

① 郑海麟：《黄遵宪与近代中国》，北京：三联书店1988年版，第319页。

② 黄遵宪：《皇朝金鉴序》，载吴振清等编《黄遵宪集》下卷，天津人民出版社2003年版，第372页。

③ 黄遵宪：《日本文章轨范序》，同上，第376页。

是很自然而然的事情，进而为在中国创建君主立宪政体的政治变革服务，具有感人肺腑的深刻用意。同时也具有蔑视列强粗鄙的历史底蕴和强调不同文明相互学习的文化交流作用。在他看来。泰西诸国以互相师法而臻于日盛，而明治维新以来的日本脱亚入欧，成就斐然，都说明了西方各国和日本能够强大都是相互学习的结果，既然如此，泱泱中国就应该学习西方和日本的长处。更何况这不是"民吏羞（事）"，现在的西方科学技术只是已失传而被西方化后又"复古"回到中国的我国"掌故"而已，"抑亦数典而忘古人之实学，本朝之掌故也已"。①因此，在黄遵宪的眼中，正是因为"西学源自中学"，中国人学回自己的知识和文化，就能在相互学习中达到让各国平等相处和推动中国借鉴西政以变革的政治目标。

二、收回列强特权的强调

在华夏怀柔天下的悠久历史过程中，唯有近代以降的百年屈辱堪称文明的停滞阶段，以致丧权不断，直至陷入半殖民地的深渊。而这种劫难源自列强的最无人性的鸦片毒害。鸦片之毒如同削命之刀，险使人将不人了。时人李光昭曾作《阿芙蓉歌》，用吟咏笔调逼真再现嗜食鸦片的丑态："熏天毒雾白昼黑，鹄面鸠形奔络绎。长生无术乞神仙，速死有方求鬼国。鬼国淫凶鬼技多，海程万里难窥测。忽闻鬼舰到羊城，道有金丹堪服食。此丹别号阿芙蓉，能起精神委愈夕。黑甜乡远睡魔降，昼夜狂喜无不得，百粤愚民好肆淫，黄金白镪争交易。势豪横据十三行，法网森森佯未识。荼毒先深五岭人，遍传亦不分疆域。楼阁沈沈日暮寒，牙床锦幔龙须席。一灯中置透微光，二客同来称莫逆。手挈筎筒尺五长，灯前自借吹嘘力。口中忽忽吐青烟，各有清风通两腋。今夕分携明夕来，今年未甚明年逼。裙屐翩翩王谢郎，轻肥转眼成寒瘵。屠沽博得千金资，迩来也有餐霞癖。渐传秽德到书窗，更送腥风入巾帼。名士吟余乌帽欹，美人绣倦金

---

① 黄遵宪：《日本国志·工艺志》，王宝平主编《日本国志》，上海古籍出版社2001年版，第342—343页。

钗侧。伏枕才将仙气吹，一时神爽登仙籍。神仙杳杳隔仙山，鬼影幢幢来破宅。故鬼常携新鬼行，后车不鉴前车迹。"①可见，鸦片"洋害"腐蚀中国社会，成千上万人嗜毒而汇成天下巨害是前所未有的民族灾难，以至于自古以来中国萧墙之内的天灾人祸都是小巫见大巫了。

晚清正值西方资本主义对外殖民时期，列强的侵略引起了中国自身的变革和现代化。随着对海外资本市场、资源和商品销售地的需求扩张，资本主义建立起以西方为中心的世界秩序，对华的直接影响便是从1840年鸦片战争开始的。清政府在西方列强一连串的船坚炮利的威逼下，不仅损失了大量金钱和土地，也使国家主权和民族尊严逐步丧失。1843年7月22日（道光二十三年六月二十五日），中英签订的《五口通商章程》规定：英人与华民"倘遇有交涉词诉……其英人如何科罪，由英国议定章程、法律发给管事官照办"，②标志着西方式的治外法权确立。随后列强又通过一系列不平等条约强迫清政府承认了领事裁判权和会审公廨制度，使中国完全丧失了治外法权。治外法权的逐渐丧失，是中国法制领域和政治权益的重大损失，"夫国家者，主权所在也，法权所在，即主权所在……治外法权不能收回，恐治内法权亦不可得而自保矣。"③显然，领事裁判权的确立成为中国主权受损的显著标志，而其在华半个世纪的存在和滥用所造成的恶劣社会影响遍及整个晚清，直至中华人民共和国成立之前。

领事裁判权是一种治外法权，清朝在鸦片战争中败北，使领事裁判权成为以英国为首的西方列强的特权。随着外国势力的渗透，西方列强以所谓"利益均沾"原则，中美《望厦条约》再次规定了领事裁判权。援引此项条款，列强各国在华管辖的案件和地域都有很大的拓宽，为随后的观审制度的形成奠定了基础，其中，"根据这些不平等条约而在上海租界设有

①　李光昭：《阿芙蓉歌》，载张应昌《清诗铎》（下册），北京：中华书局1960年版，第1004-1005页。

②　王铁崖：《中外旧约章汇编》第1册，北京：三联书店1957年版，第42页。

③　故宫博物院明清档案部编：《清末筹备立宪档案史料》（下册），北京：中华书局1979年版，第823页。

领事法庭的就有英、美、德、法、俄、比、意、西、葡、日、秘、巴、墨等二十国。"①西方列强非法攫取的领事裁判权不仅庇护不法商人，还包容别有用心的传教士。传教士到中国，确实为中国的近代化带来一定程度上的思想启蒙，也影响了中国政治和社会的运作形态，"由于领事裁判权的确立，传教士是不受大清法律约束的，不法之徒就很容易被教会的保护伞所吸引。在这种情况下，教民与土匪的界限越来越模糊，教案遂不可避免了。"②

黄遵宪对西方列强在中国非法建立的领事裁判和租界会审公廨制度是深恶痛绝的。他在《日本国志》中猛烈抨击过这种有损国格和中国人民利益的制度。在《日本国志·邻交志下一》（泰西）结尾的"外史氏曰"中，黄遵宪用近1500字来阐述自己对治外法权的鲜明立场。首先，他对治外法权的历史溯源有着深刻的认识，是他通过该书第一次向国内引入了"治外法权"这一法律名词。随后，他就揭露了在这个制度下"同罪异罚""同事异处"的不公平现象，"同罪异罚，何谓公平？假又华商、英商同设一银场，负债甚钜，闭店歇业。彼英商者以一纸书告其领事曰'家产尽绝'，彼即置身事外，而华商则监狱追捕，或且逮其妻孥及其兄弟矣。同事异处，又何谓公平？既已许之不由地方官管辖，刑罚固有彼轻此重之分，禁令又有彼无此有之异，利益又有彼得此失之殊，彼外人者盖便利极矣。而我之不肖奸民冒禁贪利，图脱刑纲，辄往往依附影射，假借外人以遂其欲，彼南洋诸岛寄寓之华人不曰英籍，则曰兰籍，更何异于为丛驱爵乎？此诚我之大不便者也"。针对"同罪异罚""同事异处"所带来的严重危害，黄遵宪不仅从民生福祉，还从国本尊严的高度来审视，"不公不平之事积日愈多，则吾民之怨愤日深。通商以来三十余年，耦俱相依，猜嫌不泯，而士大夫细民论外事，辄张目裂眦，若争欲割刃于外人之

---

①　郭卫东：《不平等条约与近代中国》，北京：高等教育出版社1993年版，第90—91页。

②　［美］柯文：《历史三调：作为事件、经历和神话的义和团》，杜继东译，南京：江苏人民出版社2000年版，第17页。

腹而后快心者，虽由教士之横，烟毒之深，亦未始非'治外法权'有以招之也。此亦似非外国之利也，虽然明知其不便，今欲改而更张之，彼外人者习于便利，狃于故常，必有所不愿"，他站在国家平等和主权独立的正义立场上，严肃正告"夫天下万国，无论强弱，无论大小，苟为自主，则践我之土，即守我之令。"可见，在黄遵宪看来，废止治外法权，是作为主权国家的中国正当的权益和正确的使命。最为可贵的是，黄遵宪并非仅仅对之愤慨，而是深思熟虑地为消除这种"流毒"提出了基本策略，以便逐步收回治外法权。"举各国通行之律译采其书，别设一词讼交涉之条，凡彼以是施，我以是报……行之一二年，彼必嚣然以为不便，然后与之共商。……若待吾国势既强，则仿泰西通行之例，援南京初立之约，悉使商民归地方官管辖，又不待言矣。……莫急之务，尤亟当告之公使，达之外部，扫除而更张之。"这样的收回司法主权的基本策略和具体步骤，黄遵宪在1894年底从新加坡总领事卸任归国后的对外交涉中得到初步的施用，一定程度上做到了不辱使命。甲午战后，他以"苏杭为腹地，非江海口岸比"为由，"刻意收回治外法权"①。此举"保我固有之权，不蹈各处租界流弊。以议约大臣指为万做不到之事"②，着实体现了黄遵宪的法治原则和爱国精神。

黄遵宪力主收回包括领事裁判权在内的治外法权的呼吁和实践，在通过湖南新政和戊戌变法的思想洗礼后，逐渐被越来越多的中国人所熟知和接受。在这个过程中，至少还有两大因素促进了中国自上而下的对收回治外法权的外交斗争的高度重视。一是，黄遵宪在《日本国志》中提到的明治维新以后日本就在国力稍强时便开始了收回治外法权的外交努力，和历时三十余年不间断的内政改革和外交和谈交互作用下成功收回治外法权的历史事实。黄遵宪在《日本国志·邻交志下二》（泰西）中，较详细记述了日本与西方交涉修约以期收回治外法权的外交活动，"其全国君臣上

① 梁启超：《饮冰室诗话》，北京：人民文学出版社1959年版，第105页。
② 陈铮：《黄遵宪全集》上册，北京：中华书局2005年版，第370页。

下所最注意者，在改正条约。维新之初，虽照行幕府旧约，已渐知领事管辖外人、税则不能自主之非。明治四年（1871），特命右大臣岩仓具视为全权大使，参议木户孝允及大久保利通、伊藤博文为副使，专议改约，兼察各国政事、法律、商法、教养、兵制等事。先至米国，议不合。……及大使归朝，益锐意改革。值西南变乱，待事定乃与各国公使协议，意欲增加输入，凡内港贸易。……不许他国船侵占。旋与米国议改。……至十二年，又将关税改正稿出示各使。……（明治）十三年（1880），再将《条约》改正稿分致各使，请转呈各政府委权于东京各使，以便协议，今犹未定。"①虽屡遭拒绝，但日本政府和外交使臣锲而不舍。到1899年，日本成功收回领事裁判权。邻邦日本的这项外交成功，给了清廷和中国维新派以极大鼓励，"夫东洋日本为小国耳。自明治维新后，痛革积气，变更刑章，仿行西例，近年与西人立约，首去其领事治西旅人之权，竟得与公法而列为平等。乃中国不如焉，可耻孰甚"，"综而论之，其最要害、最致命之病源非他，曰：他国得行其治外法权也。即最扼要、最效验之方药非他，曰：收回治外法权也。"②与治外法权的丧失一样，当时中国丧失的国家主权还包括关税与海关人事权、路权、矿权等，其中对协定关税的批判和力主关税自主权的讨论，声势仅次于治外法权。晚清讨论关税权及商业利益者，以郑观应为最多且最强烈，颇为朝野所重，"方今天下洋务日兴，不乏深明税则畅晓条规之人。苟使任关道者留心人才，时与税务司考究，选择干员而荐举之，以为税务司之副。责其学习，数年有效，则渐裁外人而使代之。我华人皆知奋勉，次第迭更，不十年而各关皆无外族也。然税务司乃总税务司所辖也，不先去其总，则必多方挠阻，而关道终无事权，各税务司必存私心，此议卒不能行。彼日本小国耳，昔海关权税亦用外人，今则悉举而代之以本国官矣。呜呼，何以堂堂中国曾不倭若，以天

---

① 黄遵宪：《日本国志·邻交志下二》，王北平主编《日本国志》，上海古籍出版社2001年版，第98—99页。

② 王尔敏：《晚清政治思想史论》，桂林：广西师范大学出版社2005年版，第175—176页。

下利权授之外人之手，而使坐长奸利，以笑中国之无才哉。"①当然，自鸦片战争以后丧失的主权，在无实力收回的窘境下仅有痛心的呐喊或主张，是难有积极意义的，但所蕴含的积极意义在于争取国家地位的平等，是中国人民族尊严和国家意识的觉醒，为日后兴起的废除不平等条约运动奠定了坚实的思想基础。与此同时，中国在历次反对侵华战争中多以战败告终的痛苦经历和对外国世情与国际法的深入了解，使站在外交最前沿的中国人和当权者能够认识到废止治外法权、维护国家主权独立是国家的根本利益之所在。

黄遵宪在《日本国志》中详细陈述了明治维新后日本努力废除西方列强强加的领事裁判权。明治元年，天皇诏令全国："旧幕府所缔结条约之中，有弊害之件，其利害得失，应于公议之上改革之"。明治二年，照会各国提出修约要求，并把领事裁判权放在首要地位，"即使分寸亦必设法收回"。②各届政府经过30年的努力，终于达到目的。日本在废约之初，因不懂国际法和外交规则而走不少弯路，而在被叩关签约时也是不谙外情和国际法则而遭遇日后修约废约的艰辛与挫折。这在黄遵宪《日本国志·邻交志下一》（泰西）结尾的"外史氏曰"中也有提到，"当日本立约时，幕府官吏未谙外情，任其鼓弄，而美国公使为定约稿，犹谆谆告之曰：'此"治外法权"，两国皆有所不便，而今日不能尔，愿贵国数年后急改之'。其后岩仓、大久保出使，深知其弊，亟亟议改，而他国皆谓日本法律不可治外人，迁延以至于今。"可见，对世界局势和国际法等外交规则的了解，是收回治外法权和废除不平等条约的国际法运用的直接基础。

中国人对世界局势的认识，始自鸦片战争前后的时局之变，也是中国人具备世界眼光和国家主权意识之始，而时局之变和对此的正确认识则是构成近代外交观念的起点。李鸿章曾于同治十一年（1872）向清政府提出

---

① 郑观应：《盛世危言正续编》卷三，光绪丙申（1896年）孟夏上海书局石印，第4页。

② ［日］信夫清三郎编：《日本外交史》（上册），天津社会科学院日本问题研究所译，北京：商务印书馆1980年版，第214页。

了近代变局的不可逆性，"窃维欧洲诸国，百十年来，由印度而南洋，由南洋而东北，闯入中国边界腹地，凡史前之所未载，亘古之所未通，无不款关而求互市。我皇上如天之度，概与立约通商，以牢笼之。合地球东西南朔九万里之遥，胥聚于中国，此三千余年一大变局也。"①变局之实，引起了晚清官绅对世界的观察，使两千余年来对域外各国的隔绝与不屑得到改变，逐渐放下"天朝上国"的架子，中外并处于一球中，而且西方列强处于世界中心，中国处于边缘。故而，清政府朝野的先进人士遂对国际公法产生浓厚的兴趣。1858年，美国北长老会传教士丁韪良（William Alexander Parsons Martin，1827.4.10—1916.12.17）作为美国公使列为廉的翻译参加了《天津条约》的谈判，双方就外交礼仪发生冲突。耆英说：您得下跪受书。列为廉回答：不行，我只在上帝面前下跪，耆英说：皇上就是上帝！②恭亲王奕䜣在1864年8月30日的奏折中写道："窃查中国语言文字，外国人无不留心学习，其中之尤为狡黠者，更于中国书籍，潜心探索，往往辩论事件，援据中国典制律例相难。臣等每欲借彼国事例以破其说，无如外国条例，俱系洋字，苦不能识，而同文馆学生，通晓尚须时日。臣等因于各该国互相非毁之际，乘间探访，知有《万国律例》一书，然欲径向索取，并托翻译，又恐秘而不宣。"③在获得总理衙门和海关总税务司赫德的支持下，时任同文馆总教习的丁韪良以较高的汉学水平着手翻译了《国际法原理》一书。1863年5月完成翻译后，取名为《万国公法》，是第一部翻译成中文的国际法著作，总理衙门拨银五百两在1864年初刊行。《万国公法》通常被认为标志着中国在世界外交史上的对外关系翻开新的一章，标志着中国政府与外部世界的交往出现了一个转折点。清政

---

① 李鸿章：《李文忠公全集·奏稿》卷十九，台北：文海出版社1980年版，第44-45页。

② ［美］丁韪良：《花甲记忆》，沈弘等译，桂林：广西师范大学出版社2002年版，第116页。

③ 宝鋆等编：《筹办洋务始末》（同治朝）卷27，北京：中华书局1979年版，第25-26页。

府和总理衙门据此可以了解一些国际法的名词。实际上，西方资本主义国家绝不是按照国际法而是按照丛林法则来侵略中国，但清政府利用国际法来维护主权完整，从各个国家间的对等利害关系出发倡导逐期改约废约，是极为稳妥从容的外交之举，正如维新派领袖之一的谭嗣同所言："凡利必兴，凡害必除，如此十年，少可自立，不须保护，人自不敢轻视矣。每逢换约之年，渐改订约年中之大有损害。援《万国公法》，止许海口及边口通商，不得阑入腹地。今无论东西大小各国皆如此，独中国任人入腹地耳。如不见许，即我通商于彼国之轮船，亦当阑入彼之腹地，此出洋贸易之船，所以万不可少。所谓'即以其人之道，还治其人之身'也。例各国之例，加重洋货进口之税，如不见许，即我从彼国之进口税亦当视他国而独轻矣。……但使一国能改约，余皆可议改，如此又十年，始可由富而强，始可名之曰国。"①

最后一点，不可否认的事实是，直到清朝灭亡，中国尚未成功地收回治外法权，这是清王朝的腐朽所致，也留给后来中国人更大更强的民族责任感。哪里有压迫哪里就有反抗，列强对华无休止的侵略和践踏中国主权、人权的客观现实面前，中华民族到了最危急的时刻，中国人此时就会集体性地采取捍卫民族国家神圣主权的生死斗争行动，产生不朽的政治觉醒，并会在自觉的社会变革中谋求真正的民族解放和民族富强之路。中国永远屹立于世界民族之林，就是最好的中国精神，具有与时俱进的时代意义。

---

① 谭嗣同：《谭嗣同全集》，北京：三联书店1954年版，第412—413页。

第三节

联东与抗西外交实践的历史局限

无论是出于维护国家主权尊严和政治变革的需要，还是站在人类和平共处和文化交流的世界角度，黄遵宪的联东与抗西的外交理念和实践都有一定的积极意义，但也存在局限性，既包括对世界潮流的真切体悟和外交制衡斡旋的政治走势，但对某些国际关系的判断则陷入了见木不见林的臆测或权宜之计。当然，这些是近代中国外交的可贵的摸索和思想演进的过程，值得我们思考。

一、中日联盟的历史误区

在均势外交理念的指导下，晚清官员曾提出过联日、联美、联俄、联英等主张，如黄遵宪的联日、李鸿章的联俄，只是形式不同、视阈不同和效度不同。历史已经证明，近代的资本主义扩张时期，盛行丛林法则弱肉强食。弱国一厢情愿地与强国结盟何异于与虎谋皮。黄遵宪的中日联盟主张走向失败就在情理之中了。在《朝鲜策略》中，黄遵宪的"结日本、联美国"本身就是一个典型的误判。例如，他说美国"愿东洋各保其国，安居其事"，"疏欧亲亚，恶侵人国"；他说日本"外强中干，朝野乖隔，府帑空虚，自谋之不暇"，都是低估了美国和日本对外侵略的野心与实力。朝鲜亲日派力量的增长，1882年壬午政变和1884年甲申政变，使中日朝三国关系更加复杂，特别是甲申政变，"是日本策划的一次不成功的政变"，是亲日派诛杀"心服中国者"的政变。①中日两国在朝鲜较量的结果，使日本在朝势力更加强大，壬午政变后签订的《济物浦条约》使日本在朝鲜取得驻兵权，甲午政变后签订的《中日天津会议专条》，又使日本取得了同中国同等的在朝鲜的驻兵权。可见，《朝鲜策略》具有一定的消极因素，日本在朝鲜势力的扩张与黄遵宪"结日本"的建议有一定关系。②对日本对外侵略严重性的认识不足，从另一个角度上看，是黄遵宪过于看重北拒沙俄的中日结盟作用，与晚清主持外交的李鸿章的洋务派"以夷制夷"外交策略似有小巫大巫之别，深究其内，却是一种必然，即明治维新后的日本已经不是大清朝廷和外交官员眼中的传统日本了。

首先，中日两国在近代地缘政治上，虽存在着战略利益的重合部分，但尚不足以促使两国采取共同的战略策略。19世纪70年代中国面临着严重的边疆危机，尤其是俄国不断南下，通过《中俄瑷珲条约》《中俄勘分西北界约记》等不平等条约，侵占了中国东北、西北合计百余万平方公里的土地，而几乎同时，明治维新不久的日本在沙俄威逼下，被迫签订了《日俄通好条约》，从而使日本在国际法上承认了沙俄在千岛群岛的殖民扩张，由此日本的门户被打开。沙俄还利用《库页岛千岛交换条约》，获取了库页岛。于是，沙俄利用夺取的土地作为其远东扩张的基地，继续威胁中日国家安全。在这种情况下，中日在对俄战略上确实存在一种共同的战略利益，即防止沙俄的继续扩张南下。然而，"复杂的世界地缘政治格局，本质上存在着连续与变化的对立，对变化的局势反映敏锐的新地缘政治组织形式的发展，遭到了强烈的反对，以阻止变化和维持现状。"③明治维新以来的日本就是"新地缘政治"的新生代表，它的战略是由开始的

① 陈旭麓：《近代中国社会的新陈代谢》，上海人民出版社1992年版，第151页。

② 魏明枢：《论黄遵宪驻日时期对日外交思想》，《湖北社会科学》2003年第7期，第81页。

③ ［美］杰弗里·帕克：《地缘政治学：过去、现在和未来》，刘从德译，北京：新华出版社2003年版，第99页。

军事攘夷，转而趋向策略攘夷，即由排外保国，转向学外富国，并力图改变当时的东亚秩序。而清政府不仅逐渐屈服于西方列强，也渐渐屈服于东方崛起的日本。从一定意义上来说，日本自明治维新起已然开始"脱亚入欧"，与华夏文明分道扬镳了。

其次，弹丸之国日本并不认为与中国联盟能实现它的野心，相反是要侵略和征服中国方可实现目标。而外强中干的大清意欲与日本结盟的目的是要维护作为东亚地区大国的华夷秩序的中心地位，显然与日本要改变现状的战略严重冲突，从而使中日两国之间联盟的意愿越来越小，中日两国之间根本就不会结成联盟。若中国仅借沙俄有威胁中日国家安全一事说道，而与日本再连千年之好，确实是一厢情愿的悲剧。对于日本的赤裸裸的侵华野心，清政府依然懵懂无知，根本看不到中国已经成为日本侵略的目标。实际上，日本侵华野心早有显露。在日方坚决请求下，中日于1871年签订《中日修好条规》，就确定了日本与大清的国家关系，不再是宗主国和藩属国的地缘政治关系。更有甚者，1878年日本成立了参谋本部，把中国作为其主要扩张目标，"《对清作战策》，这是近代日本制定的第一份'征清方案'"。①自从1874年侵犯台湾开始到1945年战败投降，日本对华扩张的战略意图是完全地昭然于天下的。

最后，有必要从外交视阈中深入审视这段中日联盟时期，以期获得启迪。其一，中日联盟的主张是由日本发起的，李鸿章予以回应，力排众议，与日本签订通商条约，逐渐在清廷内部产生了联日思想。位高权重的李鸿章对当时尚未中举的黄遵宪"许以霸才"，以致黄遵宪终生视为知遇之恩。②黄遵宪以外交官身份相继处理琉球、朝鲜问题，自然不违李鸿章联日主张，并进一步具体化了联日制俄、中日结盟的地缘政治外交策略。然而，这种僵化而不应时变的中日联盟，自然会给中华民族带来潜在的危

---

① 焦润明：《历史事实不容否定——评黄文雄著〈从日清战争到太平洋战争：被捏造的日本史〉》，《抗日战争研究》2003年第2期。

② 黄升任：《黄遵宪评传》，南京大学出版社2006年版，第71页。

险。自鸦片战争以来，清王朝已处于衰退不可逆的国势下，大清帝国仍然闭目塞听，仍想在世界近代化的格局下维持悠久而稳定的东方旧秩序，犹如痴人说梦，更严重的是中日结盟思想中尚存有传统的宗藩观念，使得其在欧洲强权政治体系的冲击下步步败退。而且，日本在反击西方侵略的同时学习西方而成为东亚第一个近代化国家，对落后的大清帝国仍在固守的华夷秩序造成巨大的冲击。因此，清廷所持的中日联盟策略不仅已丧失了现实土壤，而且对崛起的日本的侵华图谋视而不见，一味沿用传统的处世之道，指导近代国际外交，如同隔靴搔痒。其二，中日两国之间有地缘相近之便，且日本曾大量地吸收中华文化，显示了日本民族的学习能力和进取精神。明治维新又是一次学习人类文明的实践，在外交领域里的交流更为频繁。黄遵宪在《日本国志·邻交志》"泰西"两卷中，比较详细地记述了明治维新以来日本与西方各国交往的历史，如明治初年几大攘夷事件与各国武力要挟、外国在开放口岸驻兵与撤离、派遣海外留学生、聘用外国人、驻外使馆设置、外国人在日犯罪的审判、桦太边界交涉和秘鲁船卖奴事件的外交解决、明治四年岩仓使节团出使欧美、驻外公使与驻在国的改约交涉、关税修改等。这些外交活动都使日本的内外政策发生适应世界近代化的变化。在明治维新取得一定成效后，日本国内开始鄙视亚洲邻国，排斥中国文明之风飙起，正如美国学者埃德温·奥·赖肖尔所说："当日本人将外来的东西转化为自己的文明时，就开始瞧不起以前的良师益友，蔑视比它落后的国家，优越感的极度膨胀，使日本人跨入可悲的危险境地。"[①]昔日邦交之邻国清帝国在列强冲击下的颓势与自己学习西方文明而强大的直接对比，刺激并形成了日本要冲破传统的朝贡体系，取代清帝国成为亚洲秩序主导者的念头，对华侵略箭在弦上了。显然，日本主流意识形态已远离东方文化，在自我中心主义的基础上，地缘相近成为它对外扩张的便利条件。这也让日本成为爱好和平的亚洲人民乃至世界人民

---

① 高兰：《双面影人·日本对中国外交的思想与实践》，上海：学林出版社2003年版，第12页。

声讨和反抗的人侵者，至今怨愤难息。因此，反对侵略，维护和平，加快发展是人民幸福和文明进步的根本基础，"自古迄今有一个地缘政治的规律：地缘相近的两个国家，如果互相友好，则带来的利益比相距较远的国家会倍增；相反，如果两国互相敌对，则带来的灾难也会倍增。"①其三，从更深入的概念和思想来观察，黄遵宪的中日联盟也只是一种策略，并不包含中日关系的全部内容，也非中日关系的主要内容。他的中日联盟与他的反对日本侵略并不矛盾，但总会产生矛盾，或者说这是他所无法克服的认识水平和外交误区。明治维新后的日本正处在日新月异的变化之中，这都令还在熟悉近代国际政治与外交新事物的年轻外交人员感到有些手足无措。初涉外交事务，加上不谙驻在国语言、风俗等因素，黄遵宪在短暂几年时间里认清日本，不会是一件很容易的事情，因此，两者很简单的联系，"同文同种"被他视为中日联盟的外交前提。这种传统外交观毕竟是大大落伍了，显得处处被动。"轻视日本实际拥有的国家实力，但还要借助日本的力量对抗俄国，于是导致了对日外交理论和现实的严重脱节。"②不过，黄遵宪以务实的风格和积极的努力，为救亡图存的对外政策提出建议，堪称尽职尽责的爱国外交官。尽管他的中日联盟思想存在着不切实际的诸多幻想，但其中的拒俄建议的远见卓识是值得肯定的。鉴于中国封建社会的长期封闭而造成的对近邻日本的陌生的客观原因，我们不宜责难或苛求故人，而是要从近代中日联盟的这个事与愿违的历史结局里，吸取教训，清楚地看到近代以来的国际关系的根本底牌是利益关系，而非所谓的"同文同种"的文化所归，亦即本质与现象的辩证关系。

二、弱国外交的权宜之境

黄遵宪是列强欺凌下的弱国外交官，且职衔不过区区领事，虽历经日

---

① 叶自成：《地缘政治与中国外交》，北京大学出版社1998年版，第402页。

② 赵国辉：《从地缘政治学视角看黄遵宪中日联盟外交策略》，载中国史学会等编《黄遵宪研究新论》，北京：社会科学文献出版社2007年版，第346页。

本、美国、英国、新加坡等地的外交事务，却无法改变弱国外交的被动局面。纵观晚清的近代外交过程，不难发现其外交参与的形式与本质反差甚大，实质上是在列强的夹缝中挣扎，故晚清外交官的艰辛努力并没有改变清朝屈居下风的外交窘境，对维护国家主权和收回民族权益而言，这一目标显然难以实现，只是权宜而延缓了列强的深入减少了侵害。黄遵宪参与的甲午战后的苏州谈判的功亏一篑，就是最明显的外交悲剧，是晚清主权悲剧的一个缩影。

甲午战争爆发后，接任两江总督的张之洞以"筹防需人"为由奏调黄遵宪回国。1894年12月，黄遵宪结束了为期三年的新加坡总领事生涯，回到上海，从而结束了长达十二年半的海外游历与外交生涯，成为他的政治、外交生涯中的一大转折点，进而开始活跃于国内的外交、政治舞台上，直到1905年离世。

正当黄遵宪奔走江南各地办理教案之际，中日甲午战争的硝烟散尽后的《马关条约》再次转换了他的外交方向与内容，从单纯的民教冲突转移到复杂的民族矛盾，不仅考验着他的心理承受力，也向他提供一个展现外交才能的舞台。甲午战争中，中国一路败北。1895年4月，中日签订了《马关条约》，举国震惊而愤慨，一时舆论大哗。黄遵宪虽然早在驻日期间就对日本称霸东亚乃至世界的野心有所察觉并警诫过国人，并试图以中日联盟来约束中日之间的可能冲突，但他同样无法接受《马关条约》，犹如晴天霹雳，"新约既定，天旋地转。东南诸省所恃以联络二百余年所收为藩篱者，竟拱手而让之他人；而且敲骨吸髓，输此巨款，设机造货，夺我生业。……时势至此，一腔热血，无地可洒，行且被发入空山，不忍见此干净土化为腥膻也。"[1]面对山河破碎、国家沉沦的颓相，黄遵宪一度陷入极其沉闷的时期。待逐渐平静下来后，他将"无地可洒"的"一腔热血"，朝向康梁发起的维新变法运动。同时，更用手中之笔，写下不朽诗篇，例

---

① 黄遵宪：《致建侯函》（光绪二十一年四月后，1895年5月后），载陈铮编《黄遵宪全集》（上），北京：中华书局2005年版，第350-351页。

如《悲平壤》《东沟行》《哀旅顺》《哭威海》《马关纪事》等就是真实
的历史记录，如今读来令人无限感慨，激人奋进。特别是稍后的台湾割弃
之讯，更令诗人极度愤慨，以致在戊戌变法失败后被放归故里的黄遵宪
依然挥毫补作传世名诗《台湾行》，"倭人竟割台湾去，当初版图入天
府。……人人效死誓死拒，万众一心谁敢侮？"①该诗从历史上说明了台湾
是我国不可分割的神圣领土，歌颂了台湾人民英勇抗击日本侵略的事迹，
借此唤起中国人不忘国耻和敢于斗争的民族精神。

　　痛苦归痛苦，悲愤归悲愤，而国人要做的不仅是亡羊补牢，更得据
理力争以利国权与民生。鲁迅先生曾在《纪念刘和珍君》一文中有言"不
在沉默中爆发，就在沉默中灭亡"。黄遵宪选择了前者，毅然要在屈辱和
艰难中前行。用"年过半百洲游四"的域外视角，扫视国内政局和社会百
态时，他以三国时代刘备三顾茅庐请诸葛亮出山所言"先生不出，如苍生
何"自勉，鼓起"遵宪不出，如苍生何"的豪情，时刻准备着为国家贡献
自己的力量。根据《马关条约》第六款开放四处通商口岸以及开辟租界的
惯例，日本侵略势力即将深入中国内地。为了尽量减少开埠带来的巨大损
害，1895年7月，光绪帝谕令四川、湖北、江苏、浙江四省总督预筹善策，
又令李鸿章、王文韶二人为议约全权大臣，研究补救之法。张之洞向下属
及幕僚征询意见，黄遵宪向张之洞提出《酌拟苏州通商场与日本国会订章
程》十条，深合张之洞之意，又积极关心此事，张后来才命黄遵宪主持苏
州开埠交涉。②这就确定了与日本驻沪领事就苏杭等四口开埠谈判的指导思
想。1895年9月，中日苏州开埠交涉正式开始。是年年底，黄遵宪赴苏州接
手谈判，以不媚不卑之态、高超斡旋之术，"一以遵守约章，检查证据，
应予则予，应斥则斥，如庖丁解牛，迎刃而解"，不仅不辱使命地解决了
江南五省数十年悬而未结之教案，而且使"领事感其神速，主教服其公

---

　　① 黄遵宪：《台湾行》，载钱仲联《人境庐诗草笺注》，上海古籍出版社1981
年版，第687—689页。

　　② 杨天石：《黄遵宪与苏州开埠交涉》，载中国史学会等编《黄遵宪研究新
论》，北京：社会科学文献出版社2007年版，第264页。

平"，"法总领事犹以私人交谊，赠之以拿破伦铜像，以作纪念。"①

根据清政府总理衙门就中日开议的超"宁波模式"和"内地通商"的指示精神，在谈判之初，黄遵宪根据自拟的《酌拟苏州通商场与日本国会订章程》（光绪二十二年正月二十八日，1896年3月11日），坚持宁波模式，以"苏杭为腹地，非江海口岸比"为由，坚决否认日方企图将苏州辟为专管租界的无理要求。黄遵宪在苏州开埠谈判中极力维护国家权益和司法主权，谈判至三月初，黄遵宪向日方代表提出了六条新章程，即《商埠议案》六条（目前尚未发现完整的这"六条"），主旨在于收回治外法权，正如梁启超所言，"先生（遵宪）时持苏杭为内地，与畴昔沿江沿海之口岸有别，乃草新约，刻意收回治外法权，珍田竟莫能难。草约已画押，议达日政府。"②《商埠议案》显然是比先前自拟的《酌拟苏州通商场与日本国会订章程》更具策略性的对日交涉的新章程。两份章程是身处"弱国无外交"背景下的爱国外交官黄遵宪力图维国权保民益的斡旋之策，既是外交应付的无可奈何的权宜之计，又是黄遵宪娴熟于西方近代外交惯例的一种方式手段，借助自己后来总结的与对手谈判的外交策略，如"挪展之法""渐摩之法""抵制之法"等，赢得了主动权，被时任北洋大臣的王文韶称赞为"委曲从权，仍操纵在我。"③黄遵宪的六条新章程打击和遏制了日本在苏州设立专界的企图，使主持苏杭一局的谈判卓有成效，"日领事终为之窘，许以禀候政府训令。其保护主权而伸国法者，实为各口租界之所未有。故凡条约所已许者，能挽回而补救之；条约所未许者，亦未尝授人以隙，妄增一字。"④很显然，日本政府不会接受黄遵宪的

---

① 黄遵楷：《先兄公度先生事实述略》，载吴振清等编《黄遵宪集》，天津人民出版社2003年版，第809页。

② 梁启超：《饮冰室诗话》，北京：人民文学出版社1959年版，第105页。

③ 黄遵宪：《致梁鼎芬函》（光绪二十二年四月二十二日，1896年6月3日），载陈铮编《黄遵宪全集》，北京：中华书局2005年版，第370页。

④ 黄遵楷：《先兄公度先生事实述略》，载吴振清等编《黄遵宪集》，天津人民出版社2003年版，第810页。

提议的，将主持谈判的珍田舍己以"有辱国命"召回，并要求清政府将苏杭开埠交涉移至北京再续进行。据蒲地典子的考证，遵照指令，珍田舍己分别于1896年7月2日和7月4日重新与黄遵宪谈判，黄遵宪送了一份备忘录给珍田舍己，坚持提出《马关条约》没有规定在新港口日本人有租界专管权，中国政府也绝不同意日本人在苏州具有租界专管权，谈判立即破裂。黄遵宪离开苏州，珍田舍己将黄遵宪的备忘录上报，建议本国外交大臣对中国作出让步，以便有利于商业的发展。黄遵宪显然是压制了珍田舍己，他现在也同意了黄遵宪的意见，并试图说服他的政府接受黄遵宪的意见。然而，日本政府解雇了珍田舍己，并将谈判移至北京。①随后日本驻华公使林董前往总理衙门，指责清廷没有认真履行《马关条约》，九日，总理衙门致电北洋大车王文韶，饬调黄遵宪进京商量，黄遵宪定于十二日进京。②却在十一日，林董照会总理衙门，措辞更为严厉，要求清政府"以明日正子时为定"。奕䜣等大臣于十三日向光绪帝上奏称："现各该口通商已久，别国本有租界，原难独拒日本，我虽全许，谅彼力亦尚不能同开。此次新约议定，日本武臣议士，以未得格外利益，颇多不满林董之词。林董来署，自言政府责其颟顸，撤调回国。刻当外部易人，意存反复，利害之间，不能不略权轻重，相应请旨，饬下南洋大臣、湖广总督、四川总督、山东、江苏、浙江各巡抚，遵照《马关条约》，饬属奉行，毋令启衅。"③奏上，光绪皇帝批示："依议，钦此。"不久，清政府与林董议定"照上海章程办理"。光绪二十三年（1897）二月，清政府苏州当局与珍田舍己议定《苏州日本租界》十四条，决定在苏州盘门外、相王庙对岸一带树立界石，作为日本租界，界内桥梁道路以及巡捕之权，由日本领事官管理。

日本取得苏州租界专管权，又一次严重地暴露了清政府在维国权保

---

① Noriko Kamachi, *Reform in China: Huang Tsun-hsien and the Japanese Model*. (Cambridge: Harvard University Press, 1981), p.201.

② 袁英光等整理：《王文韶日记》，北京：中华书局1989年版，第967页。

③ 《总理各国事务衙门奏日本催行马关新约请互立文凭并商订制造税抵换利益折》，北平故宫博物院编《光绪朝中日交涉史料》卷50，1932年北京铅印本，第4页。

民益方面的腐朽无能和外交窘相。对于黄遵宪精心筹划的新章程，曾委以重任于黄遵宪的湖广总督张之洞却反而对其予以尖锐的批评。张之洞曾致电总理衙门和江苏巡抚赵舒翘，虽肯定黄遵宪所拟章程"具见苦心力辩，先为其难"，但激烈批评其中的"道路公地，归为自筑"一条，认为此前上海租界的马路、捕房建筑费用，均采取收捐办法，无须中方出资，较黄遵宪的方案为优；对第五条亦是认为与历来主张相违背，因为"历次所争，原欲除专管之弊，今许日后可以商令专管，各国亦必援例，是与原意大殊""且马路、沟渠已费大功巨款，尽付他人，似乎无此情理"。对于章程的第一、第三和第六各条，都有批评意见。同时，张之洞还致电黄遵宪，在说了一句"想见为难情形"之后，即批评他"未禀请督抚详酌，遽换照会，未免急率。"①除张之洞之外，浙江巡抚廖寿丰也持反对意见，认为"日人狡展，毋受其欺。许以将来，即遗后患"。②有人甚至散布谣言，诬蔑黄遵宪接受日本人的贿赂，为日本人求方便，"殆画诺矣，适有以蜚语相中者，谓先生受外贿，为它人计便安。"③以致最后在日本方面的压力下，清政府废弃了黄遵宪的全盘议案，使苏州等四口新开通商口岸沦为日本的专管商埠。对日本嚣张而无理嘴脸的愤怒和对张之洞等局外人的"不考本末，横生议论"④，黄遵宪感到万分无奈，曾多次致函同僚和友人直抒感慨。就在得知日本政府明确拒绝自己的六条新章程而将谈判移至北京的消息之后，黄遵宪极其痛心地致函陈宝箴，函云："惟苏州开埠一事，经与领事订定，缮换照会，而彼国政府尽行翻弃，横肆要求，不审何日乃得就范也？前议六条，施政之权在华官，管业之权在华民。爰帅称为保我

①　《致总署》《致苏州黄道台公度》，载《张文襄公全集》卷151，北京：中国书店出版社1990年版，第8—9页。

②　黄遵楷：《先兄公度先生事实述略》，载吴振清等编《黄遵宪集》，天津人民出版社2003年版，第810页。

③　梁启超：《嘉应黄先生墓志铭》，载钱仲联《人境庐诗草笺注》，上海古籍出版社1981年版，第1163页。

④　黄遵宪：《致梁鼎芬函》（光绪二十二年四月二十二日，1896年6月3日），载陈铮编《黄遵宪全集》，北京：中华书局2005年版，第370页。

固有之权，不蹈租界流弊。遵宪区区之愚，亦窃幸得保政权。而外间议者未悉其命意所在，反挑剔字句，横加口语，诚使国家受其利而一身被谤，亦复何害。何意彼族狡谲，坚执约中照向开口岸一体办结之言，虽欲依样葫芦，自划一界，归彼专管也。"①在致函陈宝箴之子陈三立时称"奔走半年，举呕尽心血之六条善章，彼族概行翻案，实可痛惜。"②可以想见，黄遵宪一度非常苦闷和灰心，曾致函参与苏州谈判的同僚朱之榛说道："时事实不可为，观于苏议，亦灰心短气，当摈弃万事，从事于空文耳。"这封饱含愤激之词的一时之丧气语，这是泄愤的一种途径，上述致陈宝箴函信中所载"诚使国家受其利而一身被谤，亦复何害"之言，才是黄遵宪思想感情的真实反映。这与林则徐在鸦片战争初期坚决抵抗英国侵略者，战后却被清廷加以"办理殊未妥善"的罪名遣戍伊犁，登程时赋诗明志："苟利国家生死以，岂因祸福避趋之"的精神是完全一致的。③

苏州谈判的失败，使后人无法体悟到黄遵宪在半年多时间里匠心独运的外交智慧和功败垂成的时运不济。他在苏州开埠谈判中尽了最大努力，但最终还是无法达到预期的目的，而其功绩亦鲜为人知。汪大燮在《致汪康年函》中有云："公度办商约，可佩之至，此间无人说起，可怪可怪。"④这或许也是黄遵宪个人的不幸。在海外外交舞台上游刃有余的黄遵宪，在国内官场中却并不如意。归国后一年多的官场奔走间，他虽在办理教案和对外谈判中都称得上兢兢业业，忍辱负重，值得称誉，然而，熟悉海外情况和针砭时弊的自负傲才，然为人嫉恨，正所谓"木秀于林，风必

---

① 黄遵宪：《致陈宝箴函》（光绪二十二年七月三日，1896年8月11日），载陈铮编《黄遵宪全集》，北京：中华书局2005年版，第383页。

② 黄遵宪：《致陈三立函》（光绪二十二年七月二十五日，1896年9月2日），同上，第388页。

③ 杨天石：《黄遵宪与苏州开埠交涉》，载中国史学会等编《黄遵宪研究新论》，北京：社会科学文献出版社2007年版，第272页。

④ 上海图书馆编：《汪康年师友书札》（一），上海古籍出版社1986年版，第741页。

摧之"，当时"江南官场多不满之"。①对此官场遭遇，黄遵宪早有心理准备，中举后踏向外交舞台就是规避晚清曲学阿世、蝇营狗苟的腐朽官场的一个举动，如今归国后还得游走官场，受排挤遭冷遇实属必然，抑郁之情在诗歌中时有流露，如《玄武湖歌和龙松岑继栋》有言："天风浩浩三万里，吹我犯斗星槎回。河山不异风景好，今者不乐何为哉？"②然而，种种外交时蹇和官场际遇，反倒促使了黄遵宪进一步认识到清朝统治者腐朽无能与卖国求和的软弱本质，从而逐渐放弃了外交救国的富强之道。正值北洋大臣王文韶要调黄遵宪去天津海关任职，遂萌去志。但是，苏州谈判只是移至北京却未终结，黄遵宪仍系"奏留"办理埠务人员，难以销差离职，不能发给咨文，只得以"请假"代替"销差"离开苏州。光绪二十二年八月十六日（1896年9月22日），黄遵宪抵达天津，向王文韶报到履职，进而开启了他的维新宣传的国内政治新征程。

①　翁同龢：《翁文恭日记》（光绪二十二年九月二十一日），转引自金梁辑录《近世人物志》，台北：文海出版社1979年版，第356页。

②　黄遵宪：《玄武湖歌和龙松岑继栋》，载钱仲联《人境庐诗草笺注》，上海古籍出版社1981年版，第707—708页。

第四章

黄遵宪外交活动与思想的原则特色：自主与公益

如果说黄遵宪放弃科举仕途晋升而转向外交救国，是对开放思想和"交邻果有大益"精神的执着追求，那么，"伸自主之权，保公众之益"就是他在外交过程中的所顿悟到的真知灼见，也是他恪守的外交官职责信条。事实也是如此，在十余年的驻外工作中，以及归国后与强国驻华使领斡旋以捍卫民族权益的外交活动中，黄遵宪始终围绕着国家主权和华人利益来指导自己的各项外交事务，并做出了巨大的成绩，是一位既有世界意识又有民族精神的近代外交家。1882年卸任驻日使馆文化参赞后，黄遵宪远涉重洋赴美，就任旧金山总领事。莅美之初，他显然感受到不同的文化氛围，也感受到弱国外交的不利境地，特别是旅美华侨的商务活动以及美国不断掀起的排华浪潮，都刺激了他必须重新审视自己外交使命。是年12月，黄遵宪就中美商务问题上书当时驻美公使郑藻如（1881—1885年），是为黄遵宪步入外交领域以来的公牍第31号。在这篇公牍中，黄遵宪提出了他的"伸自主之权，保公众之益"的外交原则，"中国本有自主之权，即谓以机器制土货在本地销售，不许外人为之，亦（国际）公法不能议也。总之，要之今日通商专尚势力，势均力敌，则口舌易于收效。然势力即有所不逮，事关于伸自主之权，保公众之益，即令彼辈合而谋我，吾终竟坚持不许，彼亦无如我何。（按：重点号是作者黄遵宪自己加的）"①伸张"自主之权"和保护"公众之益"无疑成了黄遵宪外交指导思想，因此，深入考察黄遵宪在琉球事件、朝鲜策略和苏州谈判等外事斡旋中的所作作为，对探究他的"伸自主之权，保公众之益"的外交原则具有重要意义。

---

① 黄遵宪：《上郑钦使（郑藻如）禀文》（公牍第31号，1882年12月30日），载吴振清等编《黄遵宪集》，天津古籍出版社2003年版，第549页。

第一节

国权自主的伸张与各国主权平等

晚清以降，国权逐步沦丧，这是延绵几千年不绝的中华文明史上最尴尬和屈辱的阶段，成为中国人心头挥之不去的心理阴影，却也激发先进中国人不屈的民族信仰和前赴后继地伸张国家主权的勇气和动力。如果把半殖民地灾难与像埃及、印度那样的殖民地灾难相比，可以窥见中国人在反殖民、反侵略道路上所取得的政治成果，因此，不能忘怀那些曾经为维护国家主权与领土完整而鞠躬尽瘁、死而后已之先贤能士，黄遵宪作为弱国外交官而挥臂斡旋于列强之间，其"伸自主之权"的思想和实践就值得铭记，其在中国近代政治、外交史上也占据着一席之地。

一、国权蒙难与外交救国

黄遵宪是近代中国的著名外交家、卓有成就的诗人、资产阶级启蒙思想家、维新运动时期杰出的政治活动家。这样的历史地位与他少年时代就已树立的远大抱负有着密切的关系，"自吾少时，绝无求富贵之心，而颇有树勋名之念。"[①] "树勋名"是封建科举时代文人墨客的晋身之阶，即沿着科举之路一直攀升，而最终会具备经世才略成为国家栋梁。不过，要成功地走上去并且能够在仕途上一帆风顺，绝非易事。黄遵宪自小深受传统文化的磨砺，作为"神童"的他从青少年时期就有了"天下犹为小，何论

---

① 黄遵宪：《致梁启超书》，载吴振清等编《黄遵宪集》，天津人民出版社2003年版，第498页。

眼底山"的胸襟抱负，成年后就"时时发狂疾，痛洒忧天泪"，疾呼"到此法不变，终难兴英贤"的适时变革。①换言之，近朱者赤，出身书香门第的黄遵宪在20岁时就已考中秀才，似乎顺利踏上了一般读书人的科举仕宦与利禄的正途，然而，在广州乡试中接连的三试三败，使他感到愤懑，促使他对于社会的看法有了转变。1870年，黄遵宪在第二次乡试失败后游览了香港，从此与香港结下不解之缘，其后又曾四次来到香港，使他更加清楚地看到了中国社会的变迁。鸦片战争后香港就陷入英国的殖民统治之下，在几十年的发展中已从孤岛渔村发展成为繁华大都会。对于香港的变化他心中产生了失落与崛起交织的思绪，故而奋笔疾书而成《香港感怀十首》。该组诗追述了香港沦丧的屈辱历史，也从今非昔比的香港地位中切身体验到域外的异质文明，对他后来的人生道路的选择产生了重大的影响。乡试失败和同年发生的"天津教案"促使了黄遵宪的考察重点和知识学习转向时务，他开始关注外事和中国的变化，"他开始阅读介绍域外新知识的各类报刊书籍，其中包括《万国公报》的前身《中国教会新报》以及江南制造局印行的各种译书，正式接触西学，这成为他后来思想发生转变的重要起点。"②1873年秋，黄遵宪在第三次乡试中又告失败后，他几乎对科举仕途失去信心，次年春，前往北京，探望在户部就任的父亲，在沿途结识了一些高官大吏。或许哀兵必胜或苦尽甘来的使然，1876年，黄遵宪在京参加乡试，这是其第四次乡试，有幸考中了顺天府（北京）乡试第141名举人，实现了传统士子科举登堂之愿。然而，29岁的黄遵宪却在至亲故旧额手庆贺他的时候，却一反常态地宣布了放弃仕途的决定，在对时事考察和思考之后选择了不为国人看好的外交道路，成为首任驻日使馆参赞的重要成员。

黄遵宪有志于外交的选择，并非得到乡族的看好，当时出使异邦被

---

① 黄遵宪：《述怀再呈霭人樵野丈》一诗，载钱仲联《人境庐诗草笺注》，上海古籍出版社1981年版，第186、178页。

② 黄升任：《黄遵宪评传》，南京大学出版社2006年版，第67页。

顽固守旧势力视为离经叛道，"出乎其类，拔乎其萃，不容于尧舜之世；未能事人，焉能事鬼，何必去父母之邦"，而公度（黄遵宪）随使日本，"时先生之亲旧师长，皆不以先生之出洋为然。盖望其登进士，入翰林，为玉堂金马人物也。"[①]对此，黄遵宪早已摒弃"坐而论道"的政治观，坚信自己的正确选择。当然，他走上外交救国的道路，显然与近代以降的国运衰退密切相关，而逐渐衰退的国运是与清王朝长期以来的闭关自守政策密切相关。入主中原的清王朝在民族冲突方面不是采取灵活的融合政策，而是从"非我族类，其心必异"的思路出发，以强力压制的手段制造紧张政治气氛，而在康乾盛世之后的对外关系上实行长期的闭关锁国政策。弱小的闭关和盛世的锁国，未必就是一种最安全的策略，在君王及其民众的心态背后，是延绵几千年的自然经济和小农生产意识的内卷和内斗，因为这种自给自足的经济基础和上层建筑的本身是很难滋生向外发展的生产关系国际化，因而也就不会通过自身的资本主义元素的增长而自觉进入超越封建专制的资本主义国家形态。正因如此，到鸦片战争之前的两百年间，中国在面对外界变化时常是被动一方，常由被动而抵制，由抵制而闭关。如此循环而最终在麻木的自尊和自我保护下，闭关锁国政策比较有效地阻止夷人来华和窥其堂奥，某种程度上实现了国防安全，但是这种闭关带来的灾难是滞后而且巨大的。长期停滞的经济、军事、文化，越来越使得中国人对外部世界的缺乏了解，生活在"天朝上国"的幻想里，如同木乃伊。1842年大清王朝在鸦片战争中的最后失败已经证明，闭关成了中国在近代落伍于西方世界的主要根源之一。面对近代殖民主义的亡我之心不死的险恶环境，维护民族尊严和维持国家主权独立就成为先进中国人亟待解决的首要问题。随着"师夷长技以制夷"的洋务运动的兴起以及"同治中兴"的出现，在被动与主动地展开与西洋文明"交邻"有益的国际接触的浪潮中，一批年轻有为的外交官离开祖国，走向世界，亲身感受西学，从

[①]　钱仲联：《黄公度（遵宪）先生年谱》（光绪二年条），载钱仲联《人境庐诗草笺注》，上海古籍出版社1981年版，第1181页。

而使中国人对世界的认识上扬到政治制度和观念形态上，开启了对国内政治经济、文化教育等方面进行破立的维新改革，并在1898年以康梁维新派促成的戊戌变法而达于顶峰。在被动的对外开放、自觉谋求富国强兵的中西磨合的近代化进程中，黄遵宪走向中国近代外交的舞台，先后在驻日使馆、美国旧金山领事馆、驻英使馆和新加坡使馆履行外交官职务，尽力做到"持理不屈，无辱国权"。①这在国势式微的晚清是难能可贵的。

黄遵宪反对闭关的政治意识和涉足外交的汇通思想，在随后赴日使馆担任参赞职务期间在对日本德川幕府闭关锁国政策的批判中也表达出来。在《日本国志·地理志一》开篇的"外史氏曰"中，他在指出日本岛国闭关自守和外部世界开放之间的差距和担忧，"欧洲诸国鹰瞵鹗视，强弱相并，阅一争战则国步日进。……日本闭门自守，无见无闻，矇然未之知也。直至坚船巨炮环伺于门，乃始如梦之方觉，醉之甫醒。虽曰锁港逐客，国体如此，亦未始非地势使之然也。嗟夫！事变之极，开辟未闻。以日本四面濒海，古称天险二千余载，绝无外患。而自轮船铁路纵横于世，极五大洲之地若不过弹丸黑子之大，各国恃其船炮又可以无所不达。昔林子平有言：'日本桥头之水直与英之伦敦、法之巴里相接'。古所恃以为藩篱者，今则出入若庭户矣。言念及此，地险足恃乎？"很显然，在黄遵宪看来，日本的锁国政策无疑是与世界发展潮流背道而驰的。赴日之初，目睹明治维新方兴未艾。在幕府末期，由于欧美列强的武力叩关，实行闭关锁国政策的幕藩体制面临着内忧外患的统治危机，"尊王攘夷"成为倾覆幕府和构建反对侵略的思想武器，"前此之攘夷，意不在攘夷，在倾幕府也；后此之尊王，意不在尊王，在覆幕府也。"②幕府统治被推翻，是世界潮流的必然结果，也是近代外交发展的客观信号，正如《日本国志·邻交志上一》"外史氏曰"中所言，"其内国之盛衰，亦与外交相维系"。

---

① 魏明枢：《论黄遵宪的外交活动》，《嘉应大学学报》1994年第4期。

② 黄遵宪：《日本国志·国统志三》，王宝平主编《日本国志》，上海古籍出版社2001年版，第49页。

正是看到了西方侵华和日本险遭殖民的事实，黄遵宪理解了国家盛衰与外交的密切关系，很清醒地认识到当今世界交往日益频繁，泥丸塞关的时代已一去不复返，因此要避免被殖民和亡国灭种的危机，而与以西方为中心的世界大势相顺应，就必须结束闭关自守的落后政策，而步向与西方列国结交和贸易往来之途。"余闻之西人，欧洲之兴也，正以诸国鼎峙，各不相让，艺术以相摩而善，武备以相竞而强，物产以有无相通，得以尽地利而夺人巧。合纵连横，邻交日盛，而国势日强。其意盖谓交邻之有大益也。"在欧美列强东扩而将整个世界卷入资本主义发展体系的潮流中，亚洲诸国逐渐沦为殖民地或半殖民地，而唯独日本，在外侮面前发起了明治维新，积极推行殖产兴业、富国强兵、文明开化的近代化政策，自立于世界民族之林。"幕末维新时期的最大政治课题有二：一是作为国际社会的一员推进近代化；另一个是避免来自欧美各国的殖民地化，保持国家、民族的独立，建立统一的国家。"①可以说，明治维新对日本可谓功在当代，利在千秋。黄遵宪先后在日本、美国和英国履职，考察东西洋的文化、外交和政治变革，能够以全球视野来进行国富民强的科学比较，通过撰写《日本国志》来为清帝国的变法借鉴，希望当政者和国人务必认清世界大势，"知所驻国之形势变迁，由于世界各国之形势变迁相逼而成，则本国之从违，当求合于世界各国之形势以为断。"②在历史大变局之下，黄遵宪认为发展外交是最重要的事务之一，且可参考明治维新之初的岩仓具视使团的外交之举，它通过和平的方式逐渐与欧美达成了修订不平等条约的建交目标。"近世贤豪，志高意广，竞事外交，骎骎乎进开明之域，与诸大争衡。向使闭关谢绝，至今仍一洪荒草昧未开之国耳。则信乎交邻之果

①　［日］依田熹家：《近代日本的历史问题》，雷慧英等译、卞立强校，上海远东出版社2004年版，第37页。

②　黄遵楷：《人境庐诗草·辛亥初印本跋》，载钱仲联《人境庐诗草笺注》，上海古籍出版社1981年版，第1091页。

有大益也。"①通过上述的简要阐释，我们看到黄遵宪及其他的《日本国志》，已然透出他的外交有益的世界意识，是其编撰《日本国志》的思想基础，反过来《日本国志》更彰显了他的开放观念和"伸自主之权"的外交原则，成为黄遵宪"无辱国权"的外交实践活动的蓝本。

总之，黄遵宪坚守开放的时代潮流，无悔地职守在弱国外交的阵地上，源自对国家衰弱与西方势力扩张的国际形势的客观而准确的理性判断："诚知今日大势，在外患不在内忧也。今五大洲之环而伺我者，协而攻我者，不独日本，日夜伺吾隙，以缴吾利。"②面对东西列强"弱肉强食"的资本主义将一统天下的大势，黄遵宪不但反对国人的一味深闭固拒的错误观念和做法，而且在坚持"交邻有益"的对外开放思想的基础上，主张通过和平外交方式来积极构建近代国际交流的新体系，为灾难深重的祖国谋取外交救亡的新途径。

二、伸张自主与主权平等

康乾盛世以来的晚清落伍于世界，并在以鸦片战争为起始的历次反侵略战争中接连失败，中国逐渐沦为半殖民地社会。国门洞开，边塞和海疆危机日重，民族尊严和国家主权逐渐丧落，"国将不国""人将不人"，中华民族危险至极。就在这种万难困境里，如何能够伸张自主和实现主权平等，是奔赴在列强之间的晚清外交官员的任重而道远的一项使命。作为其中的一位佼佼者，黄遵宪始终不屈不挠，愈战愈勇，谱写了内护主权、外争国权的曲曲凯歌。纵观黄遵宪的外交历程，"伸自主之权"外交理念是他的外交活动的核心原则。

首先，黄遵宪主张坚决抵抗帝国主义侵略，维护民族独立与国家主权

---

① 黄遵宪：《日本国志·邻交志上一》，王宝平主编《日本国志》，上海古籍出版社2001年版，第51页。

② 黄遵宪：《致梁启超书》（1902年12月），载吴振清等编《黄遵宪集》，天津人民出版社2003年版，第510页。

统一。日本在1874年春发兵侵略台湾，强迫清政府签订了《北京专条》，给了日本正式兼并大清藩属琉球以新的口实。东渡日本不久，黄遵宪就敏锐地注意到日本的霸图，"日本维新之效成则且霸，而首当先冲者为吾中国"，①因此，他在给总理衙门的关于反对日本在琉球、朝鲜的非法行为的上疏，可惜未被清政府所采纳。针对清廷投降倾向，黄遵宪极力鞭笞，并且热情讴歌抗敌的民族英雄，例如，他歌颂过镇南关大捷时的冯子材，"得如将军十数人，制梃能挞虎狼秦"②和甲午战争中抗日英雄左宝贵以及"万众一心谁敢侮"③的台湾人民。1900年八国联军侵占京津，清廷一纸《辛丑条约》卖国求荣，黄遵宪呼吁国人起来雪国耻报国仇，发出了"战！战！战！"④的战斗号令。此外，黄遵宪非常重视军队的建设，分别在《日本国志》之《兵志一》和《兵志六》的"外史氏曰"中就有明确的观念，首先他提出了"非练兵无以弥兵，非备战无以止战"的战略思想，呼吁国防建设，以抵御日益严重的外来侵略，其中，最急务就是建立海军和加强海防。同时，在国家兵役制度、常备军、寓兵于警等有关军备方面的建议，对于维护国家主权和安全都是极具时代特征的战略价值。

　　黄遵宪以"兵战"而"伸自主之权"的御侮自卫的外交原则，在他所著《人境庐诗草》中表露无遗，其中歌咏战争中那些英勇抗击外敌入侵的爱国志士的诗篇，最能让人读后震撼而激扬起卫国之志，如《冯将军歌》《五月十三夜江行望月》《聂将军歌》等。在所有以"兵战"御敌的爱国诗篇中，尤以《出军歌》《军中歌》《旋军歌》三首组诗（各8章，共

---

　　① 梁启超：《嘉应黄先生墓志铭》，载钱仲联《人境庐诗草笺注》（全二册）下，上海古籍出版社1981年版，第1164页。

　　② 黄遵宪：《冯将军歌》一诗，载钟培贤等《黄遵宪诗选》，广东人民出版社1985年版，第66页。

　　③ 黄遵宪：《台湾行》一诗，同上，第107页。

　　④ 黄遵宪：《出军歌》一诗，同上，第147页。

24首）最为动人心魄，诗格诗意俱佳。①这篇组诗，是寡居乡梓的黄遵宪以"布袋和尚"为笔名在晚年谱写的最具激昂情怀的诗篇，自称"鼓勇同行之歌"，曾赠同样落魄的维新人士梁启超以增益而倡行。光绪二十八年（1902）十一月朔日，黄遵宪寄稿给远在日本避难的梁启超，并附信说："鼓勇同行之歌，公以为妙。今将二十四篇概以钞呈。如上篇之敢战，中篇之死战，下篇之旋张我权，吾亦自谓绝妙也。……愿公等之拓充之、光大之也。诗由军国民篇来，转以示奋翮生。"②全录如下，以察黄遵宪拳拳爱国之心。

《出军歌》

四千余岁古国古，是我完全土。二十世纪谁为主？是我神明胄。君看黄龙万旗舞，鼓鼓鼓！

一轮红日东方涌，约我黄人捧。感生帝降天神种，今有亿万众。地球蹴踏六种动，勇勇勇！

南蛮北狄复西戎，泱泱大国风。蜿蜒海水环其东，拱护中央中。称天可汗万国雄，同同同！

绵绵翼翼万里城，中有五岳撑。黄河浩浩流水声，能令海若惊。东西禹步横庚庚，行行行！

怒搅海翻喜山撼，万鬼同一胆。弱肉磨牙争欲啖，四邻虎眈眈。今日死生求出险，敢敢敢！

剖我心肝挖我眼，勒我供贡献。计口缗钱四万万，民实何仇怨！国势衰微人种贱，战战战！

国轨海王权尽失，无地画禹迹。病夫睡汉不成国，却要供奴役。雪耻报仇在今日，必必必！

---

① 黄遵宪：《出军歌》等，载吴振清等编《黄遵宪集》，天津人民出版社2003年版，第348—352页。

② 黄遵宪：《致梁启超书》，同上，第499页。

一战再战曳兵遁，三战无余烬。八国旗飓笳鼓竞，张拳空冒刃。打破天荒决人胜，胜胜胜！

《军中歌》

堂堂堂堂好男子，最好沙场死。艾灸眉头瓜喷鼻，谁实能逃死？死只一回毋浪死，死死死！

阿娘牵裾密缝线，语我毋恋恋。我妻拥髻代盘辫，濒行手指面：败归何颜再相见，战战战！

戟门乍开雷鼓响，杀贼神先王。前敌鸣笳呼斩将，擒王手更痒。千人万人吾直往，向向向！

探穴直探虎穴先，何物是险艰！攻城直攻金城坚，谁能漫俄延！马磨马耳人磨肩，前前前！

弹丸激雨刃旋风，血溅征衣红。敌军昨屯千黑熊，今日空营空。黄旗一色盘黄龙，纵纵纵！

层台高筑受降城，诸将咸膝行。降奴脱剑鞠躬迎，单于颈系缨。四围鼓吹锐歌声，横横横！

秃发万头缠黑索，多少戎奴缚。绯红十字张油幕，处处夷伤药。军令如山禁残虐，莫莫莫！

不喜封侯虎头相，铸作功臣像。不喜燕然碑百丈，表示某家将。所喜军威莫敢抗，抗抗抗！

《旋军歌》

金瓯既缺完复完，全收掌管权。胭脂失色还复还，一扫势力圈。海又东环天右旋，旋旋旋！

辇金如山铜作池，债台高巍巍。青蚨子母今来归，偿我民膏脂。民膏民脂天鉴兹，师师师！

玺书谢罪载书更，城下盟重订。今日之羊我为政，一切权平等。白马拜天天作证，定定定！

鸷翼横骞鹰眼恶，变作旄头落。盖海艨艟炮声作，和我凯旋乐。更谁敢背和亲约，约约约！

秦肥越瘠同一乡，并作长城长。岛夷索虏同一堂，并作强军强。全球看我黄种黄，张张张！

五洲大同一统大，于今时未可。黑鬼红蕃遭白堕，白也忧黄祸。黄祸者谁亚洲我，我我我！

黑山绿林赤眉赤，乱民不算贼。镌羌破胡复灭狄，虽勇亦小敌。当敌要当诸大国，国国国！

诸王诸帝会涂山，我执牛耳先。何洲何地争触蛮，看余马首旋。万邦和战奉我权，权权权！

上述三首近千言的组诗，寓意深刻，振聋发聩。在《饮冰室诗话》中，梁启超对此组诗予以极高赞许："吾中国向无军歌，其有一二，若杜工部之前、后出塞，盖不多见。……顷复见其全文，乃知共二十四首，凡出军、军中、旋军各八章。其章末一字，义取相属，以'鼓勇同行，敢战必胜。死战向前，纵横莫抗。旋师定约，张我国权'二十四字殿焉。其精神之雄壮活泼、沈浑深远不必论，即文藻亦二千年所未有也。诗界革命之能事，至斯而极矣。吾为一言以蔽之曰：'读此诗而不起舞者，必非男子'。"[1]

其次，黄遵宪认为，要外争国权、捍卫民族尊严，就必须收回治外法权和关税自主权。自《南京条约》签订以后，中国不断丧失主权，其中包括领事裁判权和会审公廨制度，治外法权为列强所控制，完全破坏了中国的司法主权。黄遵宪深恶痛绝领事裁判权和租界会审公廨这两种有损中

---

① 梁启超：《饮冰室诗话》，钱仲联《人境庐诗草笺注》附录三，上海古籍出版社1981年版，第1261-1262页。

国国格的不合理制度。在巨著《日本国志》卷七《邻交志下一》的"外史氏曰"中，黄遵宪严厉抨击了西方殖民主义者明明"皆知治外法权为天下不均、不平之政"，但仍恃强推行于中国，致使"今日治外法权之毒，乃遍及于亚细亚"。他历数了列强的种种破坏中国主权的卑劣行径后指出："既而许之，不由地方官管辖"，则"彼外人者，盖利极矣，而我之不肖奸民，冒禁贪利，图脱刑纲，辄往往依附影射，假供便者也"。面对列强的侵略行径和对祖国主权受损的惋惜，黄遵宪谴责治外法权的理由是很充分的，他写道："同罪异罚，何谓公平？""同事异处，又何谓公平？"结果只能是"不公不平之事积日愈多，则吾民之怨愤日深"，因此，他力主废除不平等条约和治外法权，甚至还结合中外的司法主权现状，提出了废除治外法权的前提和步骤。前提是"今日之势不能强彼以就我，先当移我以就彼"，三大步骤有"举各国通行之律译采其书，别设一词讼交涉之条，凡彼以是施，我以是报，我采彼法以治吾民，彼虽横恣，何容置喙"、待上述法律"行之一二年，彼必嚣然以为不便，然后与之共商。略仿理藩院蒙古各盟案件，以圈禁罚赎代徒流笞杖，定一公例，彼此照办，或庶几其有成乎"、"待吾国势既强，则仿泰西通行之例，援南京初立之约，悉使商民归地方官管辖，又不待言矣"。①在保护民族经济和贸易权益方面，黄遵宪也提出了自己的观点，《日本国志·食货志》也关注保护关税自主的政治问题。早在赴日不久，在深入考察明治政府有关经济政策之后，黄遵宪看到了日本经济得以迅速繁荣的根本原因，即采取了保护关税自主和扶植工商业的措施。在熟知有关关税及其来龙去脉的知识后，他肯定了西方资本主义国家的保护关税政策的实质在于保护本国民族工商业，因而特别是记述了日本在关税方面的进步做法，"日本于外交利弊考求颇熟，于明治四年即派使周历各国，欲免输出税而加输入税，所有收税之

---

① 黄遵宪：《日本国志·邻交志下一》，王宝平主编《日本国志》，上海古籍出版社2001年版，第88—89页。

权，改归日本自主。"①黄遵宪虽然没有明确地向清政府提出关税自主和保护民族经济的外交建议，但他的有关经济思想和像日本一样积极谋求关税自主的努力，应是不言自明地维护国家主权的一项重要内容。

更重要的是，在实际的外务活动中，黄遵宪将"伸自主之权"当作教案办理和开埠谈判的基础原则，有理有节地维护主权。1894年，他主持办理江南五省堆积的教案，"遵守约章，检查证据，应予则予，应斥则斥"，在办理教案中"挽回甚多"，成绩斐然。1895年甲午战后，黄遵宪又与日本就新开苏、杭两地通商口岸问题举行谈判，他以"苏杭为腹地，非江南口岸比"为由，坚持苏杭归中国的地方官管辖，还草拟了《商埠议案》，集中体现了黄遵宪旨在取消治外法权的良苦用心，"凡所以暗破专界、撇开向章、补救《新约》之所穷，挽回自主之权利者，无孔不钻，无微不至"，"用意微妙，深合机宜。"②以致日本政府解雇了当时日本第一流外交家珍田舍已，并将谈判移至北京。③然而很不幸，腐朽赢弱的清政府屈服于日本的武力威胁，在1896年与日本驻华公使林董议定"照上海章程办理"，导致了黄遵宪历时半年多的努力付之东流，苏杭的治外法权没有收回。在敌强我弱的近代外交境遇里，尽管黄遵宪在开埠谈判中据理力争，但仍敌不过列强的武力胁迫和清政府的腐朽堕落，国家主权丧失仍是难以避免的。对此，惋惜之余，钦佩黄遵宪据理力争的勇气和智慧，他是中国较早要求收回治外法权，并最早提出具体措施的政治家，在近代中国的外交史和政治文化史上是进行爱国主义思想教育的生动例子。

简言之，黄遵宪终身职守的开放理念、"伸自主之权"的外交原则和蕴含在君主立宪政体变革中的强国思想，既是近代中国人追求国家主权平等和民族尊严的普世性概念，也是近代中国走向君主立宪或民主共和的

---

① 黄遵宪：《日本国志·食货志二》，王宝平主编《日本国志》，上海古籍出版社2001年版，第188页。

② 同上，第810页。

③ Noriko Kamachi, *Reform in China: Huang Tsun-hsien and the Japanese Model*. (Cambridge: Harvard University Press, 1981), p.201.

资本主义政治经济文化道路中的重要因素。近代以降，东西方的相互开放就是一种平等，而"自主之权"更是一种国家平等的基础原则，而伸张弱国的自主权，则是国际新秩序所内蕴的精神法则。鸦片战争前，闭关政策和"华夷之辨"或许含有一种不平等，在鸦片战争后，西方列强又用另一种不平等对待中国，这显示出弱肉强食的殖民行径。黄遵宪的开放理念、"伸自主之权"的外交原则和言行，本质上是争取开放和主权平等，具有超前的世界眼光和坚定的爱国主义情怀，也对当前全球化之下的世界各国主权平等和多元文化交流具有很强烈的现实意义。

▌ 第二节

▌ 国民公益的保护与人类利益共存

黄遵宪"伸自主之权"外交原则,是对"今天下万国,鹰瞵鹗视,率其兵甲,皆可横行"[①]的复杂而严峻的世界局势进行冷静思考下的必然产物,是对中华民族的国家主权的正确认识和捍卫思想的集中表达。自古以来,国家无主权,岂论该国之民的人权和利益?这是最普通不过的真理。1989年10月,邓小平就明确提出了"国权重于人权"的重要思想:"人们支持人权,但不要忘记还有一个国权。谈到人格,但不要忘记还有一个国格。"[②]由此推之,黄遵宪的"保公众之益"的外交言行是他的一个很重要的外交实践特色,这不仅有利于维护弱国状态下的中国的经济振兴和政治革新,而且有利于保护华侨利益,有利于中外文化交流,有利于人类和平与发展,因而具有相当积极的时代价值和未来意义。

一、维护侨益与办理教案

光绪八年(1882)春,黄遵宪奉命调往美国旧金山任总领事,由日本乘轮横渡太平洋至美国。在旧金山履职的三年余时间,是黄遵宪的外交事业和变革思想的关键时期,特别是西方文化与东方文化的歧异、美国排华政策与暴行的重大刺激,使他对这个大洋彼岸的年轻的资产阶级共和国的

---

① 黄遵宪:《日本国志·兵志一》,王宝平主编《日本国志》,上海古籍出版社2001年版,第243页。

② 邓小平:《邓小平文选》(第3卷),北京:人民出版社1993年版,第331页。

政治制度和学术文化兴趣不大，而是进一步坚定了在驻日使馆时期中所树立的经济、政治与文化变革思想。带着进化论的民族主义世界观和对中国主权和人民利益的关切，黄遵宪祈请期满返国。1885年9月，任期结束的黄遵宪，乘海轮横渡太平洋，准备取道日本而驶向香港。在船上，他写了《八月十五夜太平洋舟中望月作歌》等诗作，表达了一个走向世界的外交官的诗人情怀："水是尧时日夏时，衣冠又是汉官仪。登楼四望真吾土，不见黄龙上大旗。"①无论如何，海外履职的经历是宝贵的，他自1877年离开家乡随使日本，漂泊异邦近八载，如今即将踏上祖国土地，自是感慨良多。不久他就由香港抵达广州，途径肇庆，前往广西梧州，正值中法战争之际，他父亲黄鸿藻正在梧州办理厘务。②在探望离别多年的父亲之时，他再也不能见到母亲，其母吴太夫人已于1883年初在梧州去世，遂成终生之憾。就是在梧州的停留期间，黄遵宪重印了《日本杂事诗》。随后从梧州返回故乡嘉应，黄遵宪受到了乡邻的欢迎，并且友朋前来看望，令他颇具游子回乡之慰："欢迎海客远游归，各认容颜半是非。六合外从何处说？十年来渐故人稀！糟床争送墙头酒，针线愁牵身上衣。旧识新交遍天下，可如亲戚话依依。"③在家乡小聚期间，他暂时抛开外交的荣辱得失，尽享天伦之乐，还相继抒写了《拜曾祖母李太夫人墓》《春夜招乡人饮》《小女》等感人诗篇。更重要的是，他做了使他名震一时的工作，就是"重事编纂"《日本国志》，逻辑而系统地"借端伸论"自己的资产阶级维新变法思想："既居东（指日本）二年，稍稍习其文，读其书，与其士大夫交游，遂发凡起例，创为《日本国志》一书"，但在离日赴美前，虽"朝夕编辑"，也仅"甫创稿本"，而在旧金山总领事任内，却因政务繁忙而

① 黄遵宪：《到香港》，载钱仲联《人境庐诗草笺注》，上海古籍出版社1981年版，第401页。

② 黄遵宪：《先考思恩公述略》，载陈铮主编《黄遵宪全集》（上），北京：中华书局2005年版，第277页。

③ 黄遵宪：《乡人以余远归争来询问赋此志感》，载钱仲联《人境庐诗草笺注》，上海古籍出版社1981年版，第408页。

"几乎中辍矣"。此际他静心打磨《日本国志》，"念是书弃置可惜"，"乃闭门发箧，重事编纂"，历时两年的多遍修改、编撰审定之后，《日本国志》终于1887年6月完稿，"凡为类十二，为卷四十。"①值得一提的是，在修订《日本国志》期间，黄遵宪先谢绝了张荫桓欲邀其继续任美国旧金山总领事之请，后又辞却两广总督张之洞欲以其巡察南洋诸岛之命，这种不为外交或国内官务缠身而潜心学习西方思想文化的做法，体现了一个谨慎而进步的外交官的责任感和务实性，很显然，黄遵宪在《日本国志》里一定新增了他在美国所接触到的新思想、新观念，而且与在日本所体验到的政治观点相比较，至少确信了中国相比美日的落后性和改革图强的必然性。1888年11月，携带刚完成的《日本国志》，黄遵宪途经广州和上海而赴京，目标是结识高官。当他抵达北京时，却与第一次上书光绪帝的康有为擦肩而过，康有为正巧离京返粤。在京师赋闲一年多，黄遵宪交游广阔，结识了文廷式、袁昶、陈炽、沈曾植、于式牧、唐景崇、丘逢甲、黄绍箕等人。尽管总理衙门章京袁昶赞称《日本国志》"翔实有体"的学术之功，并举荐他随使英伦三岛外，但黄遵宪这趟进京之行并未称意，颇费心力而成的《日本国志》被总理衙门束之高阁，直待甲午战争败北后才为朝官"惊呼"。如此窘境，对已过不惑之年的黄遵宪而言，这次几乎无果的北京之行，加剧了怀才不遇的命运之"感"，"又指天河问析津，东西南北转蓬身。行行遂越三万里，碌碌仍随十九人。久客暂归增别苦，同舟虽敌亦情亲。龙旗猎猎张旆去，徒倚阑干独怆神。"②带着惆怅失落的心情，黄遵宪自故乡嘉应抵达香港，于1890年2月5日会合出使英法意比四国大臣薛福成一行，登舟远赴欧洲，出任驻英二等参赞，再度开始随使生涯。

随使英伦三岛，成就了黄遵宪从早期维新思想向资产阶级维新思想的

---

① 黄遵宪：《日本国志·自序》，载王宝平主编《日本国志》，上海古籍出版社2001年版，第2页。

② 黄遵宪：《自香港登舟感怀》，钱仲联《人境庐诗草笺注》，上海古籍出版社1981年版，第447页。

实质性转变，使他顿悟到《日本国志》中的日本效仿西法的根源就在英国的君主立宪，以致成为他在完全卸外交职务回国后积极投身湖南新政和参加戊戌变法的精神动力。1891年，驻英公使薛福成奏请将黄遵宪调任新加坡总领事。9月，黄遵宪离开雾都伦敦，至11月1日抵达新加坡，正式走马上任。刚上任不久，因其父在次年1月26日在家去世而乞假回籍治丧，至5月假满，才重回新加坡视事。①在新加坡总领事任内，黄遵宪在护侨、赈灾、文教等领域里做出了积极的贡献。纵观在驻日、驻美、驻英、驻新履职期间的外交活动，不难发现黄遵宪坚持"伸自主之权，保公众之益"的立场，为保护海外华侨权益、维护国家主权、促进中外文化交流都做出了杰出贡献，而且他在处理外交事务中所表现出强烈的使命感、爱国主义精神和世界意识，都反映出他的现实主义的精神境界。夏衍先生高度评价了黄遵宪及其外交业绩，认为"黄遵宪出使日本、欧美，正值清廷内外交困、日趋崩溃的前夕。作为一个弱国的外交官，他的处境是十分困难的。但是他一方面以不卑不亢的精神，为保卫国家主权、保护海外侨胞做出了显著的成就；另一方面，他又以豁达的态度、平易的作风，和驻在国朝野人士（上至王公，下及庶民）进行了广泛的接触。日本历史学家称誉他是有清一代最有风度、最有教养的外交家；美国侨胞对他的保卫侨胞权益——特别是他任劳任怨地劝阻华侨械斗这一件事——至今惦记不忘。"②其中，保护华侨利益是黄遵宪的外交活动中很重要的内容，占有很重要的地位，也是华侨史上值得称颂的重要事件。其实在鸦片战争前后，清政府对华侨的管理并不法制化和常态化，自愿出国和在西方人诱骗下被招募去开发南洋和美洲的华工越来越多。由于弱国出来的华侨实际上受到了西方殖民主义者和所居住地国家人的很多歧视，工作劳累，收入微薄，故而华侨的民族归属感越来越强烈。尽管大量外出的华侨对祖国的贡献越来越

①　吴天任：《清黄公度先生遵宪年谱》，台湾：商务印书馆1985年版，第73-74页。

②　夏衍：《从〈忠臣藏〉想起黄遵宪》，北京市中日文化交流史研究会编《中日文化交流史论文集》，北京：人民文学出版社1982年版，第221页。

大，华侨募捐是清政府财政收入的重要组成部分，而华侨的海外遭遇却难以得到清政府的关注。在任旧金山、新加坡总领事时，黄遵宪经常与华侨打交道，体会到他们的艰辛和贡献，因而给予了高度关注和关怀，在他的思想中，所谓弱国的总领事就应该是华侨的"父母官"，理应要为全体华侨，特别是身处危难中的华侨谋取正当的最大利益。

第一，他反对清政府对华侨的歧视政策，敦促建立各种保护华侨的政府部门，使侨民投诉有处，归国有门。生于侨乡嘉应州的黄遵宪，自小就深恤侨胞的苦难，对他们的爱乡之情有着超越一般人的理解，在他的心目中，华侨"虽身居外洋已百余年，正朔服色，仍守华风，婚丧宾祭，亦沿旧俗；近年各省筹赈筹防，多捐巨款，竞邀封衔翎顶，以志荣幸。观其拳拳本国之心，知圣泽之浃洽者深矣。"①因此，在新加坡总领事任内，黄遵宪多次奏请清廷应该开海禁和严禁虐待归侨，所幸的是，清政府在1893年9月13日谕准华侨归国，严禁唆扰勒索华侨。正是自此开始，华侨的生命财产安全有了明确的法律保护，黄遵宪因之得到了很高的美誉，所奏请之举被誉为"中国保护华侨之首倡""公度先生在总领事内最值得纪念之政绩。"②在法律保护的基础上，黄遵宪还在任内创立了南洋护照制度，增补侨务政策的一项空白，有利于完善清廷保护华侨政策，"凡良善商民，无论在洋久暂婚娶生息，一概准由出使大臣或领事官，给予护照，任其回国治生置业，与内地人民一律看待，并听其随时经商出洋，毋得仍前借端讹索，违者按律惩治。"③此外，他还以总领事身份，奏请清廷颁布新规，要求国内沿海地方与驻外领使馆互相联络，共同打击伤害华侨的国内外不法分子，以便切实地维护侨民的合法利益。

---

① 薛福成：《出使英法意比四国大臣记》，郭舜平主编《晚清海外笔记选》，北京：海洋出版社1983年版，第35-36页。

② 高维廉：《黄公度先生就任新加坡总领事考》，载朱传誉主编《黄遵宪传记资料》（四），台北：天一出版社1979年版，第40页。

③ 彭梅娇：《黄遵宪是一位维护华侨的杰出外交官》，《广州师范学院学报》（社科版）1994年第3期。

　　第二，黄遵宪勇敢而有理有据地同驻在国对华侨的歧视性立法和对华侨的迫害行径做坚决斗争，积极维护华侨的正当权益。在旧金山，由于美国出台一系列排华法案，不允许华人假道美国或者来美务工，黄遵宪对此严正指责，认为它是"背条约，妨国例，且有违公法"的美国对华歧视的结果，表示一定要"与之力争"，"争之亦终必收效"。①在行动上，他聘请律师对美国《排华法案》进行诉讼，最后促使"新例虽行，乃变逐客之令为防御新客之举"②，为离开国门而赴美的华侨争得了基本的生存权，这无疑是一个巨大的成功，在维护在美和即将赴美的华侨利益上值得大书特书的。在新加坡的总领事任内，黄遵宪也争取到大小白蜡、石兰峨等地华人聚居而英国未设官的地区用《大清律例》管辖华人的权利。此外，他还敦促驻在国当局采取措施，有义务保护华侨的生命财产安全。例如，在赴任新加坡总领事伊始，黄遵宪便照会新加坡英国当局，声称"凡驶小艇者，须有商号担保，以一千元为质"，这样就使恶劣的劫杀华侨之风逐渐消失，华侨赴新加坡的生存权得到保证，而且更令黄遵宪感到欣慰的是，一旦华侨的处境改善后，华侨的历史贡献是巨大的，"辑和地方，团结自治，防止盗窃，均有重大贡献，因而地方开发，华侨人数日增，为英人地方人士所礼重"。③

　　第三，黄遵宪非常强调侨胞团结，积极推动华侨社团组织的管理和整顿，以使这些组织能够在保护华侨利益方面产生促进作用。在黄遵宪奏请开海禁和保护华侨之前，在海外他国的华侨由于得不到祖国的庇护，为了维护自身利益，他们会在外国居住地按照家乡地域关系而组织很多的同乡会馆，这些会馆是依靠集资而逐渐建成，内设董事、通事若干人，来负责

---

　　①　黄遵宪：《上郑钦使第二十八号》，载吴振清等编《黄遵宪集》，天津人民出版社2003年版，第538页。

　　②　钱仲联：《黄公度（遵宪）先生年谱》，载钱仲联《人境庐诗草笺注》（全二册）下，上海古籍出版社1981年版，第1191页。

　　③　彭梅娇：《黄遵宪是一位维护华侨的杰出外交官》，《广州师范学院学报》（社科版）1994年第3期。

主持各种涉及华侨的事务。作为华侨间的互助性的福利组织,会馆一度起到很好的作用,但由于各级会馆章程差异很大,执行也不是很严格,尤其是各馆负责人的良莠不齐导致渔利者层出,甚至会馆之间的冲突械斗事件不断发生,严重影响了华侨的切身利益。此外,美国当局还因华侨内讧而乘机攻击,以便取消会馆。到任旧金山总领事后不久,黄遵宪就开始深入调查华侨现状和会馆情况,认为这样的华侨团体必须保留,因而与会馆董事一起商定新的章程,并报美国地方当局进行备案,最终使会馆取得了合法地位。更重要的是,黄遵宪对于会馆领导者的教育和鼓励的作用是巨大的,他不断地劝诫各馆董事应该多办善事,提高会馆声誉,解决会馆之间的矛盾,例如他最终说服了在旧金山的中华会馆与总会馆的合并,有力地团结了在旧金山的华侨,因而在保护华侨利益、增强与美国当局交涉力量等方面具有很重要的意义。

第四,在不反对华侨在接受西方文化和所在国文化的同时,黄遵宪努力在华侨中推广华文教育,振兴华侨会馆自身的文化,培养侨民的爱国爱乡意识。履职之初,黄遵宪即以提倡学术为己任,认为发展当地的华文教育是促进清政府与侨民之间良好关系的主要渠道。他将前任领事左秉隆设立的文社"会贤社"易名为"图南社",目的是要促使南洋一带华侨的学术文化昌盛起来。黄遵宪亲任督学,长达三年,即在新加坡履职的三年(1891—1894年)。在主持图南社期间,他不仅亲拟该社学规,还按月课题,亲自出题课士,奖励学人,曾自捐银十元作优秀获奖者之赏银。图南社所出课题可分两类内容,一为中国问题,一为南洋问题。黄遵宪亲自批阅诸生文稿,决定等级,对于促进南洋诸生努力了解时事政治、学习中国文化、研究地方礼俗、关心民事民瘼等方面起到了极大的影响,也有利于与当地士人保持密切的联系,对增进华侨与母国的血脉感情发挥一定的作用。①

由上可知,维护华侨的合法而正当的权益是黄遵宪在新加坡总领事任

---

① 郑海麟:《黄遵宪传》,北京:中华书局2006年版,第350—352页。

内最值得称道的爱国主义行动，并且确实做了很多的工作，事无巨细，成绩斐然，不愧是维护华侨利益的杰出外交官，正如梁启超所评价的那样，"先生既尽所能以捍卫侨胞，在任内数年中，度必有不少显著的勋绩，足以我华侨留无穷之去思者。"①

与维护海外华侨"公益"举措相对应的是，黄遵宪奉调归国后的教案办理，持理公允地既保护合法教士权益又维护了国民"公益"，使中外文化交流在合法合情的和平共处中得到有序进行。办理教案是近代以降中国官僚阶层面对的一项相当棘手的外交事务，不是一般官员所能胜任的工作。黄遵宪因海外履职卓越而在外交界颇露头角，甚为自负也自然为同行或熟人嫌怨，最终成了处理教案的"合适"人选。且不说黄遵宪在外交过程中树立的坚定信仰，为弱国外交做出的巨大贡献，就是在出国门之前所具备的胸怀天下的志向，逐渐形成了自负而自信的个性，就足以使他对教案中的破坏中国主权的事项深恶痛疾。曾在沪任《时务报》主笔的梁启超也证实黄遵宪的自负性格，"公度之为人，与彼谭论，皆听受时多，发论时少。"②而维新巨擘康有为在为《人境庐诗草集》作序时，更毫不掩饰黄遵宪的自强个性和自信自负的缘由："及久游英、美，以其自有中国之学，采欧、美人之长，荟萃熔铸而自得之，尤倜傥自负，横览举国，自以无比。……公度长身鹤立，傲睨自喜，……公度昂首加足于膝，纵谈天下事。"③这种自负和个性，不免爱恨溢于言表，往往在不经易间得罪权贵或钻营奸佞小人。从英国领事任职期满而归国不久，在往南京拜谒张之洞时，既非唯唯诺诺，也无阿谀奉承，而同样以才识自负，目无权贵："闻公度以属员见总督张之洞，亦复昂首足加膝，摇头而大语。吾言张督近于

---

① 彭梅娇：《黄遵宪是一位维护华侨的杰出外交官》，《广州师范学院学报》（社科版）1994年第3期。

② 上海图书馆编：《汪康年师友书札》（二），上海古籍出版社1986年版，第1856页。

③ 康有为：《人境庐诗草·康序》，钱仲联《人境庐诗草笺注》，上海古籍出版社1981年版，第1页。

某事亦通，公度则言吾自教告之。其以才识自负而目中无权贵若此。岂惟不媚哉，公度安能作庸人。"①很显然，因为"得罪"总督张之洞，起初他并未得到重用，只被遣任江宁洋务局总办而负责办理江南五省教案。

其实早在鸦片战争之前，西方传教士就跟随赴华商人进入中国，蜗居广州城外的外国商馆里。鸦片战争之后，传教士在不平等条约和西方列强炮舰余威的掩护下，不断地涌入中国五口和沿海开放地区。第二次鸦片战争后中国与列强在签订的《天津条约》和《北京条约》中明确了传教合法化，传教士开始公开而大批地进入中国，深入口岸内地和纵深腹地。来华传教士的历史作用也是一把双刃剑，他们会在中国办医院、办学校、办报纸，在宣传基督教思想和西方文化的同时，也配合西方列强的文化侵略，至少会为武装侵华提供情报，"与其说是宗教原因，毋宁说是由于政治之原因。"②更严重的是，绝大多数传教士依仗他们享有的各种在华特权和帝国主义势力的支持，甚至达到了无恶不作的地步，而清政府采取"保教抑民"政策，公愤和民变时常发生，使得愈演愈烈的教案数量逐渐增多。据有关资料统计，从鸦片战争后一直到义和团运动期间，由于民教相争而酿成的大小教案共达四百余起，大部分集中在19世纪最后三十年，使中国人民的生命财产遭受巨大损失。③义和团运动一定程度上遏制了传教士和西方列强的侵华气焰，捍卫了民族尊严和国家主权。在总体上讲，由于清政府一味妥协，特别是"天津教案"的倒行逆施，使教案已成为十分严重的社会问题，而办理教案也是极为棘手的外交事务。

在未入仕之前，黄遵宪已对教案有所留意。早在天津教案发生后，他便"取《万国公报》及制造局所出之书尽读之，先生之究心时务自此

---

① 康有为：《人境庐诗草·康序》，钱仲联《人境庐诗草笺注》，上海古籍出版社1981年版，第1-2页。

② 李侃：《中国近代史》，北京：中华书局1977年版，第248页。

③ 顾长声：《传教士与近代中国》，上海人民出版社2004年版，第130页。

始"。①随后奉派外交岗位十余年，对国际法和相关外交条例越来越谙熟于心，在外交领域也越来越应付自如。1895年春，黄遵宪与法国驻华公使施柯兰就江苏省的教案问题展开谈判，坚持以法律手段来解决问题，"一以遵守约章，检查证据"，对对方的无理讹诈"应斥则斥"，对其合理要求"应予则予"，"批隙导窾，势如破竹，数日之间既定三案。"②由于黄遵宪进退有据，据理力争，以致到了1896年夏秋，他就使得江南地区堆积多年的很多教案，"无赔款，无谢罪，无牵涉正绅，无波及平民，一律清结。"③如此迅速而决断解决悬案的影响力，得到了办理洋务的高手之誉，例如北洋大臣王文韶称赞黄遵宪曰："五省教案，四省通商，实交涉大关目，得台端一手议结，亦所深慰。"④就连起初对黄遵宪冷遇的张之洞后来也在保荐人才的奏折中称颂黄遵宪"学识赅通，心思沉细，洋务素能精心考求。近日委办五省教案，先办江南各案，皆系积年胶葛之件，与法领事精思力辨，批却导窾，该领事颇就范围，挽回甚多。"⑤在履职湖南按察使的湖南新政期间，黄遵宪一度办理过教案，成效明显。从《耒阳县报曾庆鉴服毒身死教士干讼一案》中，可见黄遵宪在处理教案上的一般原则，"教士系华人，应归中国管辖，如犯中国律令，地方官仍应拘拿惩办；何况教民？何况唆讼之痞徒？教士干预公事，在州县不过视同地方绅士说事托情，其听与不听，准与不准之权，乃操自官。总之，是非曲直，全凭案中实情，不必以其从教之故，妄生分别，斯不激不随，衅端可弭矣。切切

① 钱仲联：《黄公度先生年谱》（同治九年条），载钱仲联《人境庐诗草笺注》，上海古籍出版社1981年6月第1版，第1174页。只是黄遵宪所读的不是《万国公报》，而是它的前身《教会新报》，参见顾长声《传教士与近代中国》，上海人民出版社2004年版，第152页。

② 黄遵宪：《致梁鼎芬函》（光绪二十一年十月十一日，1895年11月27日），载陈铮编《黄遵宪全集》，北京：中华书局2005年版，第357页。

③ 黄遵楷：《先兄公度先生事实述略》，同上，第1578页。

④ 黄遵宪：《致陈宝箴函》（光绪二十二年七月三日，1896年8月11日），同上，第383页。

⑤ 蒋英豪：《黄遵宪师友记》，上海书店出版社2002年版，第256页。

此缴！"①也就是说，黄遵宪教案处理的一个前提，就是将在中国境内的教士教民视作一般平民，只要违犯中国法律，无论是谁，地方官都有权依法拘拿惩办，从而把教士教民的种种特权废除了。与此同时，对教士干预公事，不须高估其派出国干涉案，而视作教士申诉，有理则听之，无理一律拒绝，根据案中实情依法裁决。这实际是废除治外法权之一的领事裁判权的直接体现，有利于维护祖国主权，值得赞许。

黄遵宪海外伸张主权、维护华侨权益，归国后又在教案办理中崭露其卓越的外交才能，引起了各方注目，成为甲午战后的时局新变化中对日交涉的核心人选，特别是戊戌变法进程中的起用出使，就是对黄遵宪的外交斡旋才干的典型褒扬，更是对其"伸自主之权，保公众之益"的外交原则的一种肯定。从1877年奉派出国外交到1897年襄助湖南新政，黄遵宪终于找到了最大化的"伸自主之权，保公众之益"的道路，即推行渐进式的君主立宪改革。纵观黄遵宪在外交任上和回国办理教案上，他都始终反对列强侵略以自卫，而且主张学习西方以自强，积极寻求民富国强之道。在他的心目中，改革是中国的唯一出路，因为"弱供万国役，治则天下强"，②只有变法，才能摆脱贫困落后而走向富强之途，确保国民切身利益；而要变法，就必须学习西方的富国强兵之法。在1877年随使日本任参赞官以来的十余年外交活动中，黄遵宪亲身考察日、美、英等东西列强的强盛之道，因而在历史观、政治观上都发生了飞跃，不仅接受了资产阶级的社会进化论，而且得出了西方国家由"变法"而图强的结论。通过比较，黄遵宪指出，鸦片战争以来的国土之沦丧，同胞之遭欺凌，原因不在别的，全在于政府的无能，而政府之无能，又是由于清王朝墨守陈规，不思变法所致。因此在爱国主义精神的激励下，他历时八九年而潜心著就《日本国志》40卷，劝诫清朝统治阶级应该仿效日本变法图强。在这部史著中，黄

---

① 《湘报》九十一号，载陈铮编《黄遵宪全集》，北京：中华书局2005年版，第544页。

② 黄遵宪：《锡兰岛卧佛》，钱仲联笺注《人境庐诗草笺注》，上海古籍出版社1981年版，第503页。

遵宪勾勒了他的君主立宪制为核心的改良坚持蓝图，这显然是他在较长的外交生涯中最重大的政治收获，也是他所坚持的"伸自主之权，保公众之益"的外交官责任的最大最重要的政治体现。在《日本国志·学术志一》开篇的"外史氏曰"中，黄遵宪写道："乃以为政体当法英，而其著手次第，则又取租税、讼狱、警察之权，分之于四方百姓；欲取学校、武备、交通（谓电信、铁道、邮递之类）之权，归之于中央政府，尽废今之督抚藩臬等官，以分巡道为地方大吏，其职在行政而不许议政。上自朝廷，下至府县，咸议民选议院为出治之所（初仿日本，后仿英国），而又将二十一行省划为五大部，各设总督，其体制如澳洲、加拿大总督。中央政府权如英主，共统辖本国五大部，如德意志之统率日耳曼全部，如合众国统领之统辖美利坚联邦，如此则内安民生，外联与国，或亦足以自立乎。"①这些改良主义的变革主张，后来都被黄遵宪自1897年起就在湖南新政中最大化地予以实践，并对随后的戊戌变法产生了直接影响，黄遵宪无疑是中国资产阶级维新派的重要领袖之一，对中华民族的救亡图存做出了积极的贡献。

二、人类共存与文明共享

人类是地球上的灵长，不同种族构成了五彩斑斓的奇妙的人类文化，并在征服地球、拓展文明的历史进程中创造了越来越多的物质财富和精神财富，丰富了国家的政治、经济、文化诸方面的交流。但是，人类与天地之间的矛盾与斗争，也转化为人类内部的纷争甚或无休止的征伐与战争，充满血与火的恐怖的战争是人类文明史上最堕落而残酷人性的集中体现，为人类自身的生存和文明共享埋下了难以控制的灾难隐患，是需要时刻警醒的。

担任驻日使馆文化参赞的黄遵宪，在公使指示下完成的首份外交报告

---

① 黄遵宪：《致梁启超书》（光绪二十八年五月），载吴振清等编《黄遵宪集》，天津人民出版社2003年版，第491页。

《朝鲜策略》，其中就彰显了对人类共存的忧患意识。这种忧患意识首先体现在世界开放与封闭之间的抉择，开放是文明发展的现实需要，无可规避。针对属国朝鲜的闭关政策，《朝鲜策略》是一份较为系统对朝鲜当局的劝谏之策，是黄遵宪"开放"意识和"邻交有益"思想，以及"伸自主之权，保公众之益"的外交原则在朝鲜问题上的一次具体再现，主要包含着他可贵的"开放、均势、自强"的策论。其中，朝鲜必须开放的观点，也是以李鸿章为首的一批洋务官员的外交主导思想，黄遵宪的《朝鲜策略》在其中发挥了直接而决定性的作用。当时，中国开始被卷入西方资本主义世界体系，而僻在一隅的朝鲜暂时成为"隐士之国"，但到19世纪60年代以后，因其战略地位的重要性而遭到日俄等列强的觊觎，朝鲜面临着被侵略的危机。正在日本履职的首任驻日公使何如璋曾多次致函北洋大臣李鸿章，主张朝鲜主动开放，争取签订较为平等的条约，"朝鲜终不能闭关自守也明矣，既不能闭关，则不如倾心结好，可不陷安南之覆辙。而无事立约，熟思妥议，有异修降之表，即可稍立自主之权"，"中国何不劝高丽与各国通商？既不能闭关，即多与一二国结好，亦有益无损，否则将为俄人所吞噬。"①清廷采纳了上述建议，饬令李鸿章参条办理，并转致朝鲜。可惜，朝鲜并未听从主动开国的善意，使李鸿章的以私人和政府名义的劝说都归于失败，同时，1878年美国政府派出海军准将薛斐尔特使赴朝鲜谋求建交和通商，但也被拒绝，转求日本政府代呈国书，一样徒劳而归，以致美国人"顿疑日本又从中捣鬼之嫌"。②面对日、俄、美、英等国对朝鲜的觊觎之心不死，要保全清朝对朝鲜的绝对宗主国地位，驻日公使何如璋和参赞黄遵宪对此一直予以高度关注，力主朝鲜主动开放，建议清廷以积极态度促成朝美缔约，"使此事成于日人之手以固其东西之交，

---

① 台湾"中央研究院"近代史研究所：《清季中日韩关系史料》，台北：精华印书馆1972年版，第332页。

② ［美］马士、宓亨利：《远东国际关系史》，姚曾廙译，北京：商务印书馆1975年版，第370—371页。

万不如我自为之，犹得揽其权而收其利。"①在这种思想指导下，驻日使馆最终成功地打通了直达朝鲜政府最高决策层的渠道，促使朝鲜最终走向开放。光绪六年（1880）七月十五日，黄遵宪首先走访慰问了初抵日本的朝鲜使团，次日，金弘集回访会见何如璋和黄遵宪。正是双方在就国际形势、朝鲜外交和朝日贸易关税等问题广泛交换意见的基础上，朝鲜使臣基本接受了黄遵宪的劝勉朝鲜主动开国的建议，"今日尚欲闭关，可谓不达时务之甚！仆策中既详及之，请归而与当局有力者力主持之。扶危正倾，是在吾子！"②金弘集回到朝鲜后，即刻将黄遵宪的《朝鲜策略》和他出访写成的《修信使日录》一并呈现国王高宗李熙，随后君臣多次进行有关朝鲜自强、外交等重要事务的讨论，逐渐对黄遵宪《朝鲜策略》给予肯定，"清人册子中论说若是备尽，于他国则深有所见而然也，其中可信者信之，而可以采用。"③1882年5月22日，朝鲜和美国在仁川签订了《朝美修好通商条约》，此后又相继与英德等国缔约，朝鲜主动对外开放，向近代化迈出了重要的历史步伐。

与"开放""自强"思想相适应地贯穿在《朝鲜策略》中的另一种外交理念，就是黄遵宪的"均势"外交策论，这是新崛起的一种务实性的外交理念，与洋务派的"以夷制夷"外交观是不同的。"以夷制夷"外交在历次东西纠纷中屡试屡败，已丧失了实际的作用，如同两次鸦片战争期间的外交羁縻策略一样而归于历史陈迹了。黄遵宪是中国首批在国际外交大舞台上饱经历练、富有见识的外交人员之一，他眼界开阔，知识丰富，思想深刻，熟悉国际外交惯例，斡旋或斗争水平较高，已然与蜗居国内不谙外务的洋务人士不可同日而语，中国的外交界正由"夹生"向着"成熟"转变。黄遵宪的国际关系均势观，从本质上说就是他的"伸自主之权"思

---

① 何如璋：《再上李伯相论朝鲜之通商书》，转引自张静、吴振清：《黄遵宪〈朝鲜策略〉与近代朝鲜的开放》，《南开学报》（哲社科版）2007年第2期。

② 《金弘集与驻日清国外交官的笔谈》，转引自同上，第96页。

③ 吴晗：《朝鲜李朝实录中的中国史料》（下编），北京：中华书局1980年版，第17页。

想的外部延伸，因为任何一种文明都有人类文明的共性，而个性差异绝非不同种族相互仇杀或无限侵略的必要条件。正是因为个性的存在，地球整体文明才有了百花齐放的丰富性和推陈出新的创新性。每种文明都会从其他文明中获得新的异质的文化营养，共同为人类的最大利益福祉做出有价值的贡献。中华文明几千年来泽被他国人民，并没有血与火的侵略或战争，赢得了世界人民对中国的美好赞许和真切的文明期待。维护均势的军事对比、努力创造符合民生幸福的、人类文明史上值得称道伟大创想。以柔克刚和刚柔相济，永远是人性最美的底蕴。

做文明使者，是黄遵宪"伸自主之权，保公众之益"的最深刻诠释，这不仅是走出心灵蛮荒时代的最可敬事业，也是人类文明共享的最基础交往的神圣使命。我们在承认黄遵宪的外交才干的同时，必须注意到他在外交领域中寻找富国强兵的变法之道时，更是尽力保护华侨权益上，并且成为促进和发展中外文化交流的使者，特别是在中日文化交流中做出显著成绩。针对日本脱亚入欧后的盲目崇拜西学的现象，"鄙夷汉学、唱废汉学之风说日炽"，①黄遵宪予以了直接而尖锐的批评。在《日本国志·学术志一》"汉学"的"外史氏曰"中，他就警告说："且即以日本汉学论，亦未尝无用也。今朝野上下通行之文，何一非汉字？其平假名、片假名，何一不自汉文来？传之千余年，行之通国，既如布帛菽粟之不可一日离，即使深恶痛绝，固万万无废理"，"尊王攘夷之论起，天下之士，一倡百和，卒以成明治中兴之功，则已明明收汉学之效矣，安在其无用也耶？"。《日本杂事诗》和《日本国志》是他研究日本历史和风俗世情的重要著作，也是他向国人介绍日本文化的杰作，可见，黄遵宪在活跃中日文化交流的同时，也堪称是中日文化交流的先驱者之一。

文明共享的现实存在和伟大瞻望，在黄遵宪的《日本国志》"外史氏曰"里有着详细而严谨的表达，是他最有底气呐喊的文明之果，只不过

---

① 钱仲联：《黄公度（遵宪）先生年谱》，载钱仲联《人境庐诗草笺注》（全二册）下，上海古籍出版社1981年版，第1183页。

人类进化的漫长性决定了这种文明共享是那样的艰难曲折。在《日本国志·学术志一》开篇"外史氏曰"里，黄遵宪明确指出："余考泰西之学，其源盖出于墨子"，涉及政治、宗教、技术、科学等范畴，几乎就是当前的西方文明或文化的全部。[①]他进而又予以肯定，西学已经产生了史无前例的巨大功绩，"余闻东西之人，盛称泰西者，莫不曰其国大政事、大征伐，皆举国会议，询谋佥同而后行。其荐贤授能，拜爵叙官，皆以公选。其君臣上下，无疾苦不达之隐，无壅遏不宣之情。……其器用也，务以巧便胜；其学问也，实事求是，日进而不已。其君子小人，皆敬上帝，怵祸福。其法律详而必行，其武备修而不轻言战"，"余初不知其操何术致此，今而知为用墨之效也。"既然西学是源于中国墨学的，西学之功与中学之功自当同日而语。所以，黄遵宪批判了"恶西法者"的顽固守旧思想。很明显，黄遵宪如此构建"西学源自墨学"的深层次用意，就在于阐明中西通情的客观规律，即人类文明共享，古已有之，此后更应张扬，使人类文明不仅共存于地球之上，更使不同文明的交流成为常态，达于创造新文明的基础。

正是站在人类文明共存、共享的"大同"境界上，黄遵宪特别反对恃强凌弱的霸权言行。开放国门，变革图强，自然要向西方学习，而这种互相学习是正确和常态化的文明之举。在历史上，一是西方诸国之间的相互学习，二是日本自明治维新以来的脱亚入欧之举，成就斐然。因此，中国学习西学，不过是学习自己失传的科技文化而已，"谓格致之学，非我所固有，尚当降心以相从，况古人之说，明明具在，不耻术之失其传，他人之能发明吾术者反恶而拒之，指为他人之学，以效之法之为可耻，既不达事变之甚，抑亦数典而忘古人之实学，本朝之掌故也已。"[②]只要认可"西学源自中学"，而西人将中学向前推进，实际上是东西方人民创造

---

① 黄遵宪：《日本国志·学术志一》，王宝平主编《日本国志》，上海古籍出版社2001年版，第332页。

② 同上，第342—343页。

了共性更多而个性越来越少的共同文明，这样，文明共存和文明共享就是题中应有之义了。在相互学习的过程中，黄遵宪还提出了一个对西学"择善而学"的问题，"凡托居地球，无论何国，其政教风俗，皆有善有不善。"① "学他人之法，不择其善者，而茫茫昧昧，竭日夜之力以求其似，不求其善，天下之事，无一可也，岂独文章也哉！"②这种"择善而学"的文化交流思想确实有的放矢，思想启蒙意义重大。

若从人生思想进步的轨迹上论，黄遵宪的中西文化交流并不局限于"西学源自墨学"的理论形式，或许只是一种推进西学在华传播的文化策略，却在更大的范围内促使越来越多的中国人了解不同文化、学习和接受西方的政治思想，进而参与和支持立宪体制建设。黄遵宪非常清楚，中学与西学交流是多层次性、相互的和逐步演进的，不存在静止的、单向的流动。简而言之，黄遵宪开放思想、公众之益和文明共享，是相互杂糅而自成一体，具有学理化的逻辑论证，既有助于西学在华的传播和被接纳，也有利于中华文明向世界传播，任何文化都有去粗取精、去伪存真和推陈出新的进化过程。统观而论，所有黄遵宪所著的文化作品，例如诗集《日本杂事诗》和史著《日本国志·学术志》等，显然都是不同文明交流和共享过程中的历史性产物，展现出各民族平等和文化交流的现实价值，更揭示出中学、西学的文明底蕴在于为人类幸福服务，为未来服务的海纳百川、有容乃大的气量。

---

① 黄遵宪：《皇朝金鉴序》，载吴振清等编《黄遵宪集》下卷，天津人民出版社2003年版，第372页。

② 黄遵宪：《日本文章轨范序》，同上，第376页。

第三节

黄遵宪外交方法遒劲挪展与评价

在十余年的外交活动中，黄遵宪确实没有可以独当一面的外交实权。从1877年底赴日开始，他先后出任过驻日使馆首任参赞、美国旧金山第一任总领事、新加坡第一任总领事和英国使馆二等参赞等职，都是从事服从于外交主体的服务事项性工作，却绝非简单的外交工作，薛福成使节就非常倚重他。光绪十七年（1891）七月，时驻欧四国公使的薛福成推荐黄遵宪任新加坡总领事，以代替原驻新领事左秉隆。薛福成认为黄、左二人"历练有识，持己谨严，接物和平，允堪胜任。"①这的确是对黄遵宪的外交工作的最为公正而贴切的评价。黄遵宪在1894年回国后，就被清政府多次遣派参与处理涉外事件，在教案处理上颇有手段，挽回不少主权和国民权益，在外交领域中展示他的爱国热情和智慧。作为中国近代的一位杰出的爱国外交官，黄遵宪坚持"伸自主之权，保公众之益"的外交原则和特色，在维护国家主权和发展中外文化交流等方面做出了不朽的功绩。通过19年的驻外生涯的外交历练，他早已是一个成熟老练的外交家，曾被外国人誉为"有清一代最有风度、最有教养的外交家"。②因此，研究他的外交原则思想和外交方法，能够明白他在中国近代得到海外华侨崇敬的缘由，也会感慨他在外交事业上能够做出伟大贡献的原则和策略的合理内核。

---

①　《薛福成日记》第四卷（光绪十六年十月二十日），转引自任松《黄遵宪的政治改革思想初探》，《北方论丛》1995年第1期。

②　王晓秋：《黄遵宪研究与近代中日文化交流》，载中国史学会等编《黄遵宪研究新论》，北京：社会科学文献出版社2007年版，第214页。

一、纵横交织的外交方法

作为晚清的一名举子，黄遵宪却带着"非留心外交，恐难安内"的忧国忧民之情怀，毅然决然地踏入外交界。自东渡日本起，他便力担中华民族复兴之大任，斡旋于东西列强之间，"持理不屈，无辱国权"①，努力实现自己的"伸自主之权，保公众之益"外交原则和目标。在长达十余年的外交活动中，黄遵宪以"历练有识，允堪胜任"的外交家的政治胆识和世界视野，时时处处地体现出他的外交报国的政治情怀。作为国势式微的清朝外交官之一，黄遵宪在十余年的外交活动中，做到了以强烈的爱国心和责任感"持理不屈"，以渊博的外交知识和灵活的斗争手段"无辱国权"，着实不容易。更重要的是，黄遵宪有着自己的外交信仰，就是"伸自主之权，保公众之益"。这种有理有节的独立自主外交原则，足以体现他的外交才干和民族气节。如果用原则的坚定性和策略的灵活性来评价黄遵宪的外交能力是不过分的。他确实在长期的外交实践中锻炼和积累了极其丰富的外交经验和斡旋方法，正如他自己后来所总结的那样："外交家之能尽力办事者，大抵有挪展之法，如一事期效八成，则先以九成十成出之，以期退步。如一物需价百钱，先预以百二十百三十以待其驳减是也"，"有渐摩之法，如既切而复磋，既琢而复磨，以求精到，如得寸则一寸，得尺则一尺，以期渐进是也"，"有抵制之法，如此事不便于我，则兼及他事不便于彼者藉以牵制，如甲事有益于彼，则别寻乙事有益于我者以索其酬报是也。而所以行此法者，一以优游巽顺出之。于固执己见，则诿以彼国未明我意；于争执己权，则托于我国愿同协办；于要求己利，则谬谓两国均有利益。不斥彼之说为无理，而指为难行；不以我之说为必行，而请其酌度；不以彼不悦不怿，而阻而不行；言语有时而互驳，而词气终不愤激；词色有时而受拒，而请竭终惮烦；议论有时而改易，而主意终不游移。将之以诚恳，济之以坚贞，争之以含忍。幸而获济，则吾民受

---

① 魏明枢：《论黄遵宪的外交活动》，《嘉应大学学报》1994年第4期。

护商之益；不幸而不济，彼国亦必服其谋国之忠。"①此即黄遵宪在《上某星使论外交家尽职书》一书里将其十余年来的外交经验归结为"三条法则"，即"挪展之法""渐摩之法"和"抵制之法"，虽是一种逐渐退缩的外交模式，却极其丰富地总结了近代以降弱国外交的重要斡旋之法。

很显然，"挪展之法""渐摩之法"很难在恃强凌弱的列强那里得到实际的效果，而"抵制之法"就成为像晚清这样弱国的一种最重要的斡旋法则。自从鸦片战争后的陷入半殖民地的泥沼，清王朝事实上越来越处于东西列强的围堵之中，特别是被帝国主义强加的系列不平等条约，将中国卷入近代条约外交的强制之中，其中的祸害只有当时深受其害的中国人民能感受到，因此，"弱国无外交"几乎已成为一种国际性惯例。在近代世界的"弱肉强食"的竞争原则之下，要想从与虎谋皮的外交斗争中多挽回些利权，以保国计民生，就不能不讲究斗争的艺术性。如应用"抵制之法"，就必须极尽言语之功，在以退为进或以进为退的灵活中谋求最大利益和最小损失，即要努力把所有冲突的势头压到最小化，以和平或缓和态度与强势的对方外交官进行磨合，温和地谈话远比怒目相向要好得多。谈判是外交官的最主要事务和挽回利权之技巧，是非曲直都在唇枪舌剑的过程中愈辩愈明，而且国家利权也在持理不屈的口笔交涉下得到维护，所以，黄遵宪看重谈判会议的每一分钟，那里关乎着弱国挽回已丧失之利权和避免再度丧失利权的关键，对列强的无理和强权的外交，定要讲究斗争的艺术性。如果用现代语言来讲的话，就是强调在谈判中绝不可感情用事，不要把事情弄僵而贻误全局；巧妙把握谈判分寸，不要使对方下不了台和交不了差，在此起彼伏的舍得中达到自己的目的。冷静和善辩的外交谈判艺术，是很多外交官难以做到但总在追求的，古今中外概莫能外。黄遵宪在多次谈判中的积极表现，都充分体现了他高超的交涉手段和谈判艺术，也体现了他旨在维护国家主权和保护民族工商业发展的爱国主义精

---

① 黄遵宪：《上某星使论外交书》（光绪二十二年，1896年），载吴振清等编《黄遵宪集》，天津人民出版社2003年版，第451页。

神。从这个意义上来看，黄遵宪所撰的《上某星使论外交家尽职书》，就是一篇极其难得的外交理论文书，为清朝出使人员提供了参考。黄遵宪由此可称得上是清末唯一能将处理外交事务的经验上升为理论的一位外交家。①

黄遵宪是一位务实而勤勉的外交工作人员，他的外交理念和外交方法来源于他的外交实践，并在深刻反思过程中不断得到检验。显然，上述被黄遵宪在具体外交实践活动中施行的弱国外交方法，带有鲜明的个人色彩，成功地指导了他的外交活动，并取得了一定的外交成效。统观之，黄遵宪在具体外交方法的挪展应用，是坚持有理有利有节的国际外交通则，并将国家主权至上、均势原则进行了直接或潜在的张扬，在维护国家主权和民族尊严等方面做出了很大的贡献。其中值得提到的是，黄遵宪在使用"挪展之法""渐摩之法"和"抵制之法"时隐含着将传统"以夷制夷"观进行近代化的实际应用。由于康乾盛世后的闭关锁国和朝贡体系的不断建构成熟，"天朝上国"的自傲与目空一切应运而生，"以夏变夷"观念愈加根深蒂固，在中国式的宗藩体制之下，"以诚待人""以理服人""以德怀柔远人"是中国处理宗藩、周边、乃至海外国家之间的对外关系的基本准则和指导思想。宗藩体制的长期存在，是大清综合国力远远超越周边诸国的情势使然。而对欧美诸国，大清不仅没有关注，也没有继续提升国力的动力，沉睡在大国迷梦中的坐吃山空，最终错失与西方文明相竞而强的历史机遇。不在沉默中爆发，就在沉默中灭亡，反之亦然。与中国传统德治的外交政策相反，肇始于西欧的近代资本主义国家的对外关系则是以"利"为最高的价值取向，西方列强在坚船利炮的强力后盾的基础上，奉行霸权主义和强权政治，以军事侵略、经济渗透、政治控制等手段来实现资本主义控制世界的罪恶目标。掠夺是资本主义的本性，无限的对外扩张的资本主义本性使得国家利益至上成为近代外交的最高准绳。中国式的不平等，造成了最先进入资本主义社会的英国两次遣使通商的不成

———————————

① 郑海麟：《黄遵宪传》，北京：中华书局2006年版，第360页。

功，引发了老大封建帝国与新兴资本主义国家的不可调和的民族矛盾，最终以肮脏可耻的鸦片战争为契机，构建了近代中西的新的不平等关系。

中西不平等的主角改变，导致国家主权和利权的新调整，传统中国"以夷制夷"模式必然要向近代外交模式转变。鸦片战争后，随着林则徐、魏源的"睁眼看世界"和"师夷长技以制夷"思想提出，以及源自西方的国际法等近代外交法则的大量译介来华，特别是洋务运动期间所谓"中外合作"镇压太平天国运动的实践，遭遇列强打击三四十年的清王朝开始意识到，与列强打交道远非像与藩属国那样游刃有余，这样会处处被动乃至不断丧权辱国，于是亦步亦趋地进入西方式的近代外交轨道，将国家平等、国家主权、国际外交糅合相随，以总理衙门为中枢展开了极具传奇色彩的弱国外交，逐渐瓦解了传统的"万邦宗主""万国来朝"的虚幻观念，将"夷夏之防"转换成主权平等下的近代外交，这是历史的巨大进步。

诚然，弱国外交确实是巨大挑战，绝非一两位杰出外交家就能斡旋制衡于国际格局而达于民族利权收回的成功。"以夷制夷"出现了新的时代要求和本质变化，黄遵宪在外交实践中努力施展他独特的"挪展之法""渐摩之法"和"抵制之法"，实际上已然具备了新的"以夷制夷"方法。"以夷制夷"来源于春秋战国时期苏秦、张仪倡导的"合纵""连横"，即是集团对抗的起源，即便是到了近代，所谓"以夷制夷"也不过是一种择交联盟，都是利用他国矛盾的言论和实践来增大自身的力量和联盟力量，以保证自己的安全和维护自己的利益。其中，黄遵宪的"联日抗俄"就是最生动的一例。他指出，中日两国"同在亚细亚，自昔邻封辑，譬若辅车依，譬若掎角立。所恃各富强，乃能相辅弼。同类争奋兴，外侮自潜匿。解甲歌太平，传之千万亿"，[①]一幅多么美好的国家联盟的前景，而事实是"脱亚入欧"的日本走上了侵华道路，致使黄遵宪"联日抗俄"

---

① 黄遵宪：《陆军官学校开校礼成呈有栖川炽仁亲王》，载陈铮主编《黄遵宪全集》（上），北京：中华书局2005年版，第95—96页。

外交理想的破产，但黄遵宪驻日期间和离日之后依然对日本人民充满真诚与友善的文化交流、怀有振兴亚洲的良好愿望。正是站在"以夷制夷"的外交立场上，黄遵宪一直主张的联日兴亚，是在中日各自独立的平等基础上的联合，而不是要中国向日本妥协，归附日本。因此，他在处理中日两国交涉事务时，力主用强硬的手段来解决中日争端，全力维护民族权益，而绝不向日本示弱，以免助长日本的侵华野心，"论亚细亚大局，日本与我当联为一气，乃我让彼，彼益轻我，不特缓急不足恃，且将长其侵夺之心，不如乘其国势未图而持之，尚可折其谋，挫其气，以断合同洲齿唇之交，而甄无穷之隐患"。①历史已经证明，"联日"是一种彻底失败的外交策略，甚或说抱起石头砸了自己脚，尤其是在甲午战后《马关条约》签订后，黄遵宪满心悲痛，"新约既定，天旋地转。东南诸省所恃以联络二百余年所收为藩篱者，竟拱手而让之他人；而且敲骨吸髓，输此巨款，设机造货，夺我生业。"②尽管如此，但"联日""抗俄"只是黄遵宪"兴亚"思想的"以夷制夷"的一种外交方法，而"联亚"则是更大的"以夷制夷"，是想通过内政改革和外交联合达于亚洲共兴的思想。《朝鲜策略》就是将中日朝三国联合起来，甚至要朝鲜与美国建交，以达于遏制欧洲的全球扩张趋势。然而，理论再完善都抵不住客观实践的变化无常性，或者说黄遵宪并未深刻地看穿日本资本主义的掠夺本性，明治维新后的日本已经走上了与西方列强一样的强权政治道路，完全不再是寻求民族自身解放的和平主义国家，它推行以邻为壑的扩张政策，企图侵略朝鲜和中国，致使中日联盟和朝日联盟无法构成，遑论中日朝合纵连横的"联亚"御侮局面的形成。可见，黄遵宪设想的中日朝联盟"兴亚"战略没有实现，东亚和平环境也就无从营造，但却不能否定这位杰出的外交家的"兴亚"以拒欧洲犯亚的外交理念的正确性。同样，需要指出的是，黄遵宪的"以夷制夷"外交方法，并非以朝贡体系的建构作为外交基础的，而是站在民族国

---

① 王承仁：《中国近代八十年史》，武汉大学出版社1985年版，第71页。
② 陈铮主编：《黄遵宪全集》（上），北京：中华书局2005年版，第350页。

家平等和文化交流趋向上来推行弱国的外交事业，本身就具有强烈的自信心和爱国主义情愫，而且更具有世界视阈和文明使者的崇高思想境界。

二、黄遵宪外交方式评价

黄遵宪没有走上一般的中举人仕之路，而是义无反顾地踏上近代外交之途，绝非冲动而是对于鸦片战争后的中国逐渐沦为半殖民地深渊的残酷现实的深刻体会。他对清廷和李鸿章的"一意主和"的投降外交政策极为反感，认为"以海禁大开，外人足迹如履户庭，非留心外交，恐难安内。"①"今日大势，在外患而不在内忧。"②在随后的出使东西洋的外交活动中，黄遵宪痛感鸦片战争以来中国外交存在着重大失误，以致屡次丧权辱国："通商以来，既三十年，无事之日，失每在柔；有事之日，失每在刚。"③正是在认识到开放和外交之于国家权益的重要性，把外交与内政相结合，巧妙地运用外交手段以维护中华民族的主权和国际地位，就成为黄遵宪致力于挪展外交方法的政治动力。

外交方法习得是长期的外交实践活动下的产物，自1877年东渡日本出任首任驻日使馆参赞时起，到1897年襄助湖南新政为止，黄遵宪的最大外交实践当属甲午战后苏州开埠的谈判，却功败垂成。统而观之，黄遵宪尽管在外交斡旋或唇枪舌剑的谈判中稳操胜券，但最终都以朝廷或当权官员的息事宁人而告失败，不仅挽回利权很小或无望，而且导致其他权益的丧失，黄遵宪的外交实绩可以说微不足道。但这不是他的过错和不尽心力，而是教案办理和对日开埠谈判等外交活动，都是在承认东西列强通过武力取胜而强迫清朝签订的不平等条约的客观背景下进行的，从而更多地反映

---

① 钱仲联：《黄公度（遵宪）先生年谱》，载钱仲联《人境庐诗草笺注》（全二册）下，上海古籍出版社1981年版，第1180页。

② 黄遵宪：《致梁启超书》，载吴振清等编《黄遵宪集》，天津人民出版社2003年版，第510页。

③ 黄遵宪：《致王紫诠书》，同上，第438页。

了 "资本一来到世上，每个毛孔都滴着血和肮脏的东西" 的固有本质。在国势相衡、民族平等、文明共享的美好世界到来之前，弱国的外交要么是强国的陪衬，要么是弱国的自欺欺人。然而，敢于外交、尽力外交与外交实绩相比，则多了一种政治胆识和外交实力，特别是那些着实有效的外交方法，不仅是民族文化的一份宝贵财富，更是反抗强权、追求主权平等的精神体现。作为我国较早主张收回治外法权的外交官，黄遵宪还是最早提出了具体措施的政治活动家，这对后世还是有很大的影响的。虽然所拟的两份章程终究没有成为谈判的最后议定指南，但却具有比同时代外交官员更深更远的斡旋之策，是他施展外交斗争策略和手段的具体表现。苏杭谈判以最终清廷屈服于日本而宣告失败，致使黄遵宪对晚清外交失去应有的伸自主权和保国民益之责而深感失望，遂即应诺北洋大臣王文韶邀调他赴天津海关任职，标志着他结束了历时十四五年的外交活动生涯。

黄遵宪作为近代杰出的外交家而荣载史册，成为后世敬仰之人，他的外交理念和弱国外交方法至今仍是中国人民正确看待世界格局和人类文明的一份宝贵遗产。在尚未步入外交界前，黄遵宪就说过 "非留心外交，恐难安内"，显然已经认识到了外交对于内政和国家兴亡的重要性，更对西方列强侵华危机有了深刻的认识，他已经将中国当成世界的一部分了，因而脱离了 "以夏变夷" 的传统朝贡体例的外交范式。在经历了近二十年的弱国外交的国际游走，黄遵宪成熟地成了当时蜚声中外的一位外交官，虽肩负着孱弱而腐败的清廷的外交使命，却自觉地转变成了一位典型的资产阶级维新人物，肩负着改变国际外交环境的世界使命和复兴中华民族政治文明的重大改革重任，湖南新政的发轫和些许影响历史进程的成效，都是黄遵宪在近代外交舞台上获得的最震人心魄的晚清颇具全局意义的改革。尽管戊戌变法因封建顽固保守派阻挠而失败，却无法阻止中国走向近代化的滚滚大势，黄遵宪因之成为站在时代潮头的外交家、改革家和各国平等与文化交流的倡导者。

黄遵宪在《上某星使论外交家尽职书》中所归结的 "挪展之法" "渐摩之法" 和 "抵制之法"，实际上只是他在弱国外交过程中的主要之法，它们与黄遵宪的国家利益至上原则、均势原则、民族平等原则和文明交流共享原则等都有着紧密联系，而且将传统"以夷制夷"思想进行近代化转型，从本质上看，黄遵宪的"以夷制夷"是一种均势外交，是一种积极的防御政策，倾向于联合弱小的民族国家以对抗强大的殖民侵略者，以弱敌强甚至是以弱胜强。虽然这里面有着从外交的口枪舌战上升到武力冲突的暴力倾向，却是近代国际"弱肉强食"大背景下的必然思想，皮之不存毛将焉附，只要民族国家的生存权益受到了外敌侵害，任何意义上的暴力御侮都是必要的，所谓雄才大略下的暴力是对战争或暴力带来的人民生命财产丧失和文明危害深重的最小化而已。当然，黄遵宪的世界视阈和开放邻交的外交理念，在具体的外交之法中，也显露出他的亚洲目光的应急性和狭义感。他将祖国的危难，与邻国的危难进行类比或重叠，认为只要将受难的种族或国家联合起来就能战胜强者，这里有一种臆想成分，却也具有择机而动的外交适应性。他把"抗俄"归为中国和日本，甚至是朝鲜的共同御侮使命，却忽视了各国文化背景和政策价值取向，而将目光放在东亚，也就忽视了东南亚、南亚、非洲等地的殖民地人民的国难深重，从而丧失了弱国外交的全球联合，致使"脱亚入欧"的日本在甲午战争中给了中国致命一击，引发了帝国主义全面瓜分中国的狂潮，使中华民族处在危在旦夕的严峻时刻。因此，《朝鲜策略》中的中、日、朝、美四国联合以御俄，并非全局性的战略决策，而是战略性的权宜之计。对美国存在认识误区，是因为他对美国不了解，后来黄遵宪赴美就任旧金山总领事的几年外交实践中有所感悟，进而放弃了美国式的民主共和之政治模式，是一种思想认识上的进步，而拒俄产生的欧亚效应则是俄国在东亚入侵受阻而转向欧洲，以致半世纪内以英、法、俄为代表的协约国和德、意、奥同盟国之间爆发的一战，极大削弱了帝国主义势力，为包括亚洲在内的民族解放运动创造了基础性的国际背景。从这样的国际格局变迁的意义上看，以弱胜强并非需要无限的武力对抗，外交斡旋的潜在之力不容忽视，而且天作孽不可恕，欧洲殖民者最终要为自己的罪行付出惨痛代价，近代中国在艰难的外交周旋中，努力保持对东西列强的均势外交，并在努力增强综合国力的背景下，虽然陷入了半殖民地的深渊，却没有像印度、埃及等文明古国那样沦为殖民地，"中国本身拥有力量"再次发生了重要的历史作用。从这个意义上讲，包括黄遵宪在内的中国先贤们的历史功绩不容磨灭，黄遵宪的外交理念和外交方法的历史功绩即便是微弱的，也是汇集在诸多救国救民的正义潮流中而合力作用于挽救民族危亡的大使命中而不可分离。

对于黄遵宪外交理念和外交方法的深入探究，依然是学术探索的课题之一，更是以史为鉴的当代外交的经验参考。综合而言，黄遵宪的民族立场坚定性和策略灵活性的外交理论和宝贵而丰富的外交经验，不仅曾有效地维护了晚清中国的民族权益，对中国的近代化事业做出了伟大的贡献，而且更是黄遵宪留给后世中国人的一份不可多得的遗产，对我国外交史的研究和今天改革开放的大环境下开展外交活动都具有较好的史实价值和积极的借鉴意义。由此而观之，较为详尽地阐述黄遵宪在近代外交舞台上的历史活动，不仅能勾勒他开放与邻交、伸自主之权、保公众之益等外交原则的清晰轮廓，更能有效而深入地领会他在近代外交斡旋活动中的积极主张和原则坚定性与策略灵活性相结合的外交挪展之术。如今，中国已然脱离了弱国外交的藩篱，进入大国崛起的外交新征程，不再需要艰难地争取平等的国权，只需要在综合国力相竞而强的国际格局下，利用好外交的有理有利有节的斡旋功效，为中华民族和平崛起争取到和平与发展的国际环境，谱写中国文明外交史和世界外交史的新篇章。

第五章

黄遵宪外交活动与思想的内在回归：维新与遵宪

黄遵宪是坚定的君主立宪改革家，并以湖南新政而达于他政治生涯的巅峰，而奉派出使日本中途被召回，既是中国改良主义错失的一次机会，也是他终生难以施展抱负的一场悲剧。"维新"的资产阶级属性和"遵宪"的法治理性，构建了黄遵宪作为近代外交家、政治维新派、"诗界革命"先锋者的二元统一。从人类进化史长河而论，资产阶级立宪的失败，是包括黄遵宪在内的中国民族资产阶级软弱性的集中表现。有学者指出，自知中国痼疾已深的黄遵宪，在晚年所闻日俄战争中清政府的无耻中立，对清廷失望之至，似乎觉得非革命不可了，但他仍然反对人民群众起来进行斗争，主张"当逃其名而行其实"，企图用"潜移""缓进""蚕食"等方法运动和控制清朝政府官吏，使改良派逐渐掌握政权。害怕人民，鄙视人民，这是黄遵宪终身是一个改良主义者的根本原因。[1]正如马克思所说："他们知道，革命中的老百姓是莽撞的和过火的，因此，资产阶级先生们千方百计总想不经过革命而用和平方式把专制君主国改造成资产阶级君主国。"[2]以和平变革的方式进入新社会，在人类走入大同世界之前是不折不扣的理想主义，但是，人活着也许正还要有一点这样的精神，或许正是有这点理想主义精神，黄遵宪才在中国历史乃至世界文明史上占据一席之地，因为他的全部外交活动和经验都归于中国图强的立宪政体改革。

---

[1] 杨天石：《黄遵宪》，上海人民出版社1979年版，第128页。
[2] 马克思：《道德化的批判和批判的道德》，《马克思恩格斯选集》第1卷，北京：人民出版社1972年版，第186页。

第一节

黄遵宪立宪思想与实践的中国化

　　黄遵宪所撰的《日本国志》是中国近代第一部系统而深入地研究日本的应时史论作品，其中对宪政制度改革现状的评介，为近代中国输入了全新的宪政文化。更重要的是，这种亲身考察或自觉思考吸纳而得的君主立宪思想，被黄遵宪进行学理化的研究，使之具有明显中国化的政体思想，并成为其政治改革思想的最高峰，成为他鼎力参与湖南新政和声援康梁戊戌变法的重要指导思想。探究黄遵宪君主立宪思想和实践的中国化特色与原因，有助于理解他外交务实和实事求是的政治变革精神。

一、君主立宪思想中国化

　　19世纪40至60年代是东西方文明相互激荡的冲突时期，也是东亚诸国学习西方资本主义文明的重要历史时期。1840年，中英爆发了鸦片战争，清政府失败而致中国开始陷入半殖民地社会。十三年后，美国海军不远千里而到日本叩关，打破了日本德川幕府奉行两余年的锁国政策。鸦片战争和美国叩关都是一股强劲的外来冲击波，使中日两国国门洞开，被迫放弃闭关锁国政策，戴着不平等条约的枷锁，步履蹒跚地被卷入西方世界资本主义殖民体系。在这种民族危难关头，激起中日两国先进人士强烈的民族主义精神，睁眼看世界，向西方学习，开始摄取西方资本主义文明的优秀成果，并激荡起国内效仿西方的变革运动。然而，中日两国在学习和效仿西方的历史进程上，无论是在内容、速度，抑或是深度、广度上都有很大的差异，出现一败一成的结局。美籍华裔学者徐中约在《中国之加入国际社会》一书中，对中日两国"开国"的异同有过精辟分析，"如果说，使日本走上开国道路的是'黑船'的威力，那么使中国开国的则是鸦片战争和亚罗战争（第二次鸦片战争）这样实际的战争。如果说，日本是通过《亲善条约》和《通商条约》这两个划时代的条约而实现开国的，那么中国则是由结束鸦片战争而签订的《南京条约》而一举开国，并由结束亚罗战争而签订的《天津条约》使这一开国更为充分和完善。"①

中日开国方式的不同，导致了两国在摄取西方资本主义文明方面也极为不同。19世纪60年代起的短短三十余年，是中日两国近代化的历史时期，其决定性的意义在于，中日两国近代史演进的结果大相径庭。在中国，洋务派发起了以学习吸收西方"器物"文明为主要内容的洋务运动。而在日本，则发生了亚洲近代史上意义最为深远的明治维新。洋务运动和明治维新这两个运动不是孤立的，而是相互关联的，在某种意义上就是一场"现代化竞赛"。到19世纪90年代，通过甲午战争，日本打败了其素所敬畏的中华帝国，赢得了这场"竞赛"的胜利。"竞赛"结局的历史影响是世纪性的，它决定了20世纪上半叶中日关系的基本格局和中国现代化曲折坎坷的命运，"把1937年之后'九·一八'的炮声看作黄海海面炮声的历史回响并不为过"。②甲午战争之后，以陈宝箴、黄遵宪为首的开明官绅在湖南开展新政，是全国性维新运动的先声，到1898年以康梁为首的资产阶级维新派为挽救民族危亡，试图以君主立宪方案推行百日维新，但最后戊戌变法和维新派的血泊一起成为了悲壮的历史。所谓"中国通"的中国海关总税务司、英国人赫德对这段维新历史曾有过分析，"恐怕中国今日离真正的政治改革还很远。这个硕大无朋的巨人，有时忽然跳起，呵欠伸腰，我们以为他醒了，准备着他作一番伟大事业，但是过了一阵，却看见

---

① ［日］信夫清三郎：《日本政治史》第1卷，周启乾译，上海译文出版社1982年版，（序）第3页。

② 于桂芬：《西风东渐：中日摄取西方文化的比较研究》，北京：商务印书馆2001年版，第204-205页。

他又坐了下来，喝一口茶，燃起烟袋，打个哈欠，又朦胧地睡着了！"①或许赫德只是形象地说明了一点，即拥有数千年封建专制历史的中国引入西学西政的时机和条件尚未成熟。清末新政的结果，也不过是一场骗局，尤其是在光绪帝和慈禧太后死后的执行宪政进程中，垂死的清廷将立宪骗局推向极致，却也最后在自己创建的新军的颠覆下而终结了大清的封建统治。而同期的《大日本帝国宪法》，同样也是钦定宪法，共计7章76条，它首先赋予天皇以至高无上的地位，又规定了帝国议会的构成及权限，以及日本国民有居住、迁徙、通信、言论、出版、集会和结社的自由。近代日本式或说东方式的立宪政体，是明治维新以来日本学习西方文化有所成效后，而主动引入"西政"的，致使日本资产阶级运动成为近代以降的资产阶级世界的组成部分。

自1877年赴任驻日使馆文化参赞以来至甲午战后，黄遵宪亲睹了发生在日本的自由民权运动和立宪筹备等活动，对日本吸收学习西方文明的做法充满了欣赏和支持，并在修订的《日本国志》中向国人全面而深刻地阐介日本的近代化改革，并决意推动国内的君主立宪政治改革运动。以外交成就卓著而荣归国内的黄遵宪，在甲午战后就迅速投入到维新运动的宣传活动中，并以倡办指导《时务报》以启民智外，还积极参与湖南新政，并成为中流砥柱的人物，"他在湖南参与新政，热心于提倡教育，如参加时务学堂及南学会讲学之类，他特别注重地方自治，如倡设保卫局而以地方人士为主体之类；他又把改革司法看得十分重要，如改进裁判，整顿监狱，删除淫刑之类，这些都可看作他比康、梁切实而且抓住要点。"②美国汉学家费正清也对黄遵宪与湖南新政的关系予以很高的评价，"他对于外部世界的第一手知识，特别是他对明治维新时期日本兴起的理解，是1895

---

① 中国近代经济史资料丛刊编辑委员会主编：《中国海关与中日战争》，北京：中华书局1983年版，第82页。

② 左舜生：《中国近代史四讲》，人大复印资料《中国近代史》1998年第1期。

年以后在湖南开始制度革新的灵感和思想的主要源泉之一。"①可见，黄遵宪在学习和引用西方文明成果上，与明治维新中的日本开明藩士一样，既热情积极又深刻准确，既吸取精华又贴合本国实际，将建立在资本主义经济、法治、文教、军事近代化基础上的西学有步骤、有鉴别地推介到国内，而渐进地使中国步入资本主义立宪政体的国家制度的轨道，以期实现富国强兵和文明开化的近代化目标。然而，作为中国资产阶级维新派，黄遵宪通过实地考察接触了较全面而准确的立宪政体思想，又不可避免地具有中国化的民族特色。这种中国化的君主立宪思想，既是他的忧时忧国、立宪强国和高出保守派的文化境界所决定的，又是中国先进知识分子的内在特质所决定的，具有显著的时代性和先进性。

最能反映黄遵宪的诗情才意和政治变革主张的文化载体就是《日本国志》，在该书中他全面深刻地记录了日本迈向资本主义的变革进程，而且他致力于要把日本资产阶级立宪政体的经验全面介绍到国内来。更重要的是，他在比较日本、英国的政体变迁后，摒弃了资产阶级共和政体而醉心于希望中国能够实行英、日的立宪政体。相对于同时代的中国维新派人物而言，黄遵宪的君主立宪思想具有不可比拟的认识深度和实用操作价值。不过需要指出的是黄遵宪所理解的和希望实施的君主立宪政体模式是不完全等同于英国与日本的立宪体制的，或许只是一种有策略地抄袭或模仿，是其政治倾向上的主观性的烙印，实际上深受当时的社会历史条件的影响。

首先，人非完人，黄遵宪个人成长经历和认知能力等自身条件局限，使得他对英、日等国君主立宪政体的政治考察并非很全面，具体细节上也会不彻底，这就决定了其所撰的《日本国志》对于西方君主立宪的客观性和理论性应该不会是完整而深入的论述，挂一漏万或者错位现象难免。而他也算不上真正的政治评论家，《日本国志》实际上也只能算是他工作之

---

① ［美］费正清、刘广京编：《剑桥中国晚清史》，中国社会科学院历史研究所编译室译，北京：中国社会科学出版社1985年版，第352页。

余的副产品，因为驻英使馆的外交公事的所限，使得其的视野不会周全，闲暇无事而观察这些不是很熟悉的政治规则，实际上有点班门弄斧，"碌碌成何事，有船吾欲东。百忧增况瘁，独坐屡书空。"①尽管如此，耗费苦心而著成的史书《日本国志》，实际上凝聚着黄遵宪的心血和作为一位改革思想家的政治抱负。该书刊行后，他携书赴京交游，确实得到一些开明的京官士大夫们如文廷式、袁昶、丘逢甲、陈炽、许景澄等人的赏识，1898年光绪帝召见黄遵宪就是他的同道思想的提携的结果。

其次，无论是英、日立宪政体建立的时代背景，还是西方资产阶级政体的主要内涵，即便黄遵宪的君主立宪思想的完整性和实践可操作性都很好，也不能否认，他的这个资产阶级政体思想在实践上都不会具有英、日那种出于本能的应用特征。可以这样说，他的君主立宪实践在一定程度上是对当时英、日立宪体制的"移植"，具有剪辑式或改编式的匠心独运，或许还有一些复杂化的创新，然而终究不能完整地重演和一模一样。从文化异质的本源上看，英国就是英国，日本就是日本，中国就是中国。国情不同，认识有别，而且行为有差距。落后的中国，对中国人的视野有了限制，因而晚清国人考察或设想的君主立宪就绝不会完全等同于英、日的君主立宪。何况英、日的立宪政体也非完全一致，而是各有千秋，两者同样是资产阶级与封建地主阶级分享政治权力、相互妥协的时代产物。黄遵宪虽然在日本、英国履职多年，但归根结底是不可能完全可以追根究底地"剪辑"英日政体及其繁杂的内因，要使立宪政体能在中国重演，在本质上是一种美好的愿望。除了国情不同和不断变化的国际情状，黄遵宪在国外考察的立足点和紧迫感都是不利的影响因素，使得他所考察和传播的官制改革、君主保留、议会开设和法治化等立宪思想的内容和方法，可能与英、日立宪政体具有形式相同而实质上有所差别或差距的不可避免性，也就是说在中国缺少实现的可能性，或者说实现这种政体的希望极小。

---

① 黄遵宪：《重雾》一诗，载钱仲联《人境庐诗草笺注》，上海古籍出版社1981年版，第508页。

最后，由于国情不同和考察的不足性，既衍生也伴随着君主立宪政体的实践方略或途径上的不满意性。我们不否认黄遵宪的渐进性改良而推进立宪政体建设的方案，这是基本符合中国国情的稳妥设想，但却又不是一个安全而高效的实现进程。黄遵宪的立宪思想中的对外开放、发展资本主义经济、整肃吏治"开官智"、实行"地方自治"等主张，已经表明他确实洞察到了维新变法的物质条件、智力条件和经验的重要性，但忽略了一个重大的、致命的、决定性的、不可缺的条件，就是确保可以摧毁专制的革命性武力或暴力的作用。这种忽略无论是出于无意还是出于自觉，都足以显示了黄遵宪作为资产阶级软弱和落后保守的一面。出身于封建地主家庭，尽管走出国门见识世界，但在内心深处，他是不敢与晚清封建主义彻底决裂，所以只希望在无暴力推翻清政府的前提下，通过渐进改良的方式来实现其君主立宪理想，进而达到使中国富强的政治目的。历史已经证明，靠一个完全没有实权的皇帝去完成一件历史性的变法大业，这种改良是一种超脱的政治幻想。百余天的戊戌变法顷刻瓦解，宣告了包括黄遵宪在内的君主立宪派的维新变法不过是有气无力的西方立宪政体模式的"嫁接"，一个必然的失败就成了事实。

简而言之，黄遵宪的君主立宪思想在近代中国背景下，具有历史的辩证性质，它既有着其保守而落后的一面，也有开放与进步的一面，而历史会记住它的重要或主要的一面，就像黄遵宪位列近代先进人士的行列一样。列宁曾经教导我们"（我们）判断历史的功绩，不是根据历史活动家有没有提供现代所要求的东西，而是根据他们比他们的前辈提供了多少新的东西。"①这种"新的东西"，我们可以说是黄遵宪的君主立宪政体观具有显著的中国化特色。黄遵宪超越了"中体西用"洋务观，强调中西学必须紧密结合和会通，才能用于提高民智和促进变法维新，这与梁启超的观点基本一致，"要之，舍西学而言中学者，其中学必为无用；舍中学而言

---

① 列宁：《评经济浪漫主义》，《列宁全集》（第二卷）（1895–1897），北京：人民出版社1984年版，第154页。

西学者，其西学必为无本。无用无本，皆不足以治天下。"①换句话说，黄遵宪的君主立宪思想的伟大实践之处，就是他希望将中西政治体制在融会贯通后的有利部分展现到变法进程中，这是中国资产阶级要求参与政权而致力发展资本主义的一种策略，明显具有中国特色。

二、官制改革与议会制度

从总体而言，黄遵宪所著的《日本国志》实际上就是一部明治维新史："草完明治维新史，吟到中华以外天。"②黄遵宪是第一个系统而切实地研究明治维新的中国人，并据此向清王朝提出了及时而有益的改革建议："一国之事，即中西五部洲近况，皆如指掌。窃不自揆，创为《日本国志》一书，凡为类十二，为卷四十，都五十余万言，其中若《职官》《食货》《兵》《刑》各志，胪举新政，借端伸论，又六万余言。"③可见，他的终极政治目标就是要在中国实行君主立宪政体，而且是一种需要渐进实现的政治理想。黄遵宪在《日本国志·国统志三》中明确指出，由进化论和民约论出发而确立的西方议会制度就是伸民权，分官权，"谓仿泰西制立议院，撰（选）地方民人之贤者，俾议政事，以分官权。"④通过"分官权"，就能改变封建时代的官吏专制之治，以逐渐瓦解封建专制的基石，实现新兴资产阶级参与政权的政治目标。站在"主权在民"的民约论立场上，黄遵宪认为伸民权以推行官制改革、开设国会以建立立宪政体是历史进步的不可抗拒的潮流。从这个意义上来说，黄遵宪政治改革思想

---

① 梁启超：《西学书目表·后序》，《饮冰室合集》（文集一），北京：中华书局1989年版，第129页。

② 黄遵宪：《奉命为美国三富兰西士果总领事留别日本诸君子》一诗，载钱仲联《人境庐诗草笺注》，上海古籍出版社1981年版，第40页。

③ 张之洞：《日本国志·咨文》，载黄遵宪《日本国志》之附录，王宝平主编《日本国志》，上海古籍出版社2001年版，第434页。

④ 黄遵宪：《日本国志·国统志三》，王宝平主编《日本国志》，上海古籍出版社2001年版，第45页。

的首要一环就是改革晚清腐朽的官僚体制，而这种官制改革又正是黄遵宪倡导君主立宪政体思想和实践的根本点和出发点。

黄遵宪初抵日本，正值明治维新勃兴之时，"民权之说极盛"。日本民权运动者站在"主权在民"的立场，以资产阶级"天赋人权说"为武器，要求设立民选议院，实质上是要求让中小地主资产阶级参与政权。黄遵宪起初对日本方兴未艾的自由民权运动不是很理解，"时值明治维新之始，百度草创，规模尚未大定。……余所交多旧学家，微言刺讥，咨嗟太息，充溢于吾耳。"①在平静后便开始接触正在日本传播甚炽的西方资产阶级学说。当时日本流行的有关西方资产阶级思想理论的著作，主要有明治四年（1871）中村敬宇译《自由之理》、明治八年（1875）永蜂秀树译《代议政休》、明治十年（1877）服部德译卢梭的《民约论》、明治十一年（1878）铃木义宗译《斯边撒氏议政体论》（斯宾塞思想开始在日本传播）、明治十四年（1881）松岛刚译《社会平权论》。这些著作对日本思想界影响很大。②黄遵宪是认真地研读过上述理论或学说的，他在《日本国志》《日本杂事诗》中的一些思想认识明显表现出受到了日本当时盛行的斯宾塞的进化哲学和卢梭派的天赋人权论的影响。③在不断学习和思考的过程中，黄遵宪越来越深信西方政治学说的时代价值，认为日本大张其势，是符合社会发展的进步趋势，将会收效无穷，"乃信其改从西法，革故取新，卓然能自树立。"④日本通过明治维新而立宪和民权盛的结果，使日本成为东亚首屈一指的民族国家，也是媲美于西方的资本主义强国之一，1895年在甲午战争中打败封建的清政府就明证了这一点。

---

① 黄遵宪：《日本杂事诗·自序》，载吴振清等编《黄遵宪集》，天津人民出版社2003年版，第6页。

② ［日］近代日本思想史研究会：《近代日本思想史》，马采译，北京：商务印书馆1983年版，第82-85页。

③ 郑海麟：《黄遵宪传》，北京：中华书局2006年版，第214页。

④ 黄遵宪：《日本杂事诗·自序》，载吴振清等编《黄遵宪集》，天津人民出版社2003年版，第6页。

黄遵宪肯定和赞赏了日本社会的自由民权运动，这是他摆脱洋务派"中体西用"羁绊的一次思想飞跃。在清末的四五十年间，乃至"五四运动"之前，在中国思想界和社会上盛行的西方资产阶级思想或学说中，影响较大的有进化论和民约论。进化论以生存竞争的理论适应了救亡图存、反对帝国主义的需要；民约论以天赋人权的观念适应了要求平等、反对封建专制主义的需要，而黄遵宪是近代中国人中最早接受上述两论的先进人物之一。据熊月之考证，中国人最早使用"民权"一词的是郭嵩焘，在其光绪四年（1878）四月十八日的日记中有载，其次是黄遵宪；继黄遵宪之后是薛福成（光绪十六年的日记），但薛书中的"民权"一词，是沿袭了黄遵宪《日本国志》的用语。[①]《日本国志》正是以进化论和民约论为思想武器，解释了日本自由民权运动的合理性，论证了资本主义取代封建主义的历史必然性，因而向国人介绍了进化论和民约论的思想观点。尽管黄遵宪的介绍是零碎的，不像后来的严复所译名著那样有系统地介绍，但《日本国志》毕竟比严译译著要早整整十年。如果说戊戌变法期间西方的进化论和民约论像迎面冲来的滔天巨浪撞击着古老的天朝帝国，那么黄遵宪可以说是首先听到潮音而发出呼喊的先驱者。[②]在介绍"民权"概念的同时，黄遵宪还首次将"自由"概念介绍到国内来。作为政治学概念的"自由"一词，起源于法国启蒙思想家卢梭的《社会契约论》和穆勒的《论自由》等书，是日本民权运动期间最为流行的思想之一，恰为奉命随使日本出任参赞官的黄遵宪所领略，并在稍后撰著的《日本国志·礼俗志》的"社会"条中予以精到的阐释："自由者，不为人所拘束之义也。其意谓人各有身，身各自由。为上者不能压抑之，束缚之也。"[③]用现代白话文来讲，大致意思是人生下来是自由的；自由就是使人成为自身的主人，具有明显

---

① 　熊月之：《中国近代民主思想史》，上海人民出版社1986年版，第11–12页。

② 　郑海麟：《黄遵宪传》，北京：中华书局2006年版，第216–217页。

③ 　黄遵宪：《日本国志·礼俗志四》，王宝平主编《日本国志》，上海古籍出版社2001年版，第393页。

的反专制和民权自由的政治意图，"心志为之一变，以为太平世必在民主。"①，黄遵宪凭借海外游历十余年的见识与理想参与湖南新政和支持维新运动，以期中国实现资产阶级立宪政体的政治热情和行动坚定性，也就在情理之中和彰显题中之义了。

黄遵宪在《日本国志》两卷《职官志》中使用了大量篇幅记叙了日本自明治维新以来的官制改革。在《职官志二》就非常详细地列举各级各类的新式机构和对应官职的情况，"（明治）维新以来，设官分职废置纷纭，若各官省所隶之局，因革损益随时变更，尤不可胜载。今专就明治十四年冬现有之官分条胪举，其仿照西法、为旧制所无者特加详焉。"②明治八年（1875）四月，废三院，更立元老院为专门的议政机关，以定立法；大审院以主司法；参事院以定职制章程；会计检查院以掌岁出岁入之科目、预算决算之报告。又在中央分设内务省、大藏省、海陆军省、文部省、农商务省、工部省、司法省等，分掌各部门事务。③日本在短短的10年间内，就在中央机构初步建立起"三权分立"的官制体系，为确立资产阶级君主立宪政体奠定了基础。在《职官志一》中，黄遵宪关注到明治政权对新政官员的选拔与管理方式。他指出，明治维新前的日本"官人之法尽由荐举"，其中"海、陆军武官多出于兵学校，学生既卒业，试而得选，有叙佐、尉官者，盖兼用考试之法。其他学校虽选择其优，给以理学、法学士之名，夸为得第，于官人无与也"。但是"自封建废而世禄亦废。维新之始，诏征各藩贡士于京，多邀显擢""若奏任诸官，则由各省卿长举其所知上之太政官，太政官擢而用之"；"明治七年诏令：院、省使及地方官，凡擢用奏任官，须将其人之性行、履历、事业详细记于别纸，申之太政官，察核而后用焉""明治九年，始定官吏惩戒例。其法除私罪外，

---

① 黄遵宪：《东海公来简》（《新民丛报》第十三号），载陈铮编《黄遵宪全集》，北京：中华书局2005年版，第429页。

② 黄遵宪：《日本国志·职官志二》，王宝平主编《日本国志》，上海古籍出版社2001年版，第161页。

③ 黄遵宪：《日本国志·职官志二》，同上，第161-178页。

凡官吏有误事渎职者，本属长官得行惩戒之法。惩戒之法三：一曰谴责，长官指斥其事，给予谴责书。二曰罚俸，少则半月，多则三月，凡罚俸之法每月限领月俸之半，以其余数送还大藏省。三曰免职"。凡此种种选官用官管官之措施，以致"今当路诸公皆维新功臣，非旧京华族即巨藩要人""今之参议等官，多通西语。盖幕府末造，各藩争选英俊，厚给资装，俾受业于泰西，归值维新，崇尚西法，遂各据要津。"[1]显然，黄遵宪是借此希望清政府当政者也能像日本那样，废除封建的世禄制，大胆提拔勇于改革的中下级官员，以充实资产阶级维新派的队伍。最后，黄遵宪从研究和介绍日本明治政府的官制改革入手，认识到中国必须走明治维新之路的紧迫性和可行性。改革官制的首要目标是要建立三权分立的资产阶级议会制度，而议会制度又必须以地方议会（府县议会）为基础，而最终目的是逐渐通向资产阶级立宪之途。在这个逐步推进的政治改革的过程中，黄遵宪非常明确地指出，改革官制和建立立宪政体实质上是"法治"社会的内在要求，"立宪政体，盖谓仿泰西制，设立国法，使官民上下分权立限，同受治于法律中也。"[2]这就是黄遵宪"以法治国"思想在国家政权体制层面上的一种普遍性表现，也是官制改革和为官执政者必须在法律规约下履行职责的最基本规范，具有资产阶级民主观和法制观的近代特色，在当时有一定的历史进步性。

黄遵宪对日本官制改革的重视，与他遭遇科举选官之苦和闻识中国官场世故繁杂有密切关系。1877年，黄遵宪中举后放弃仕途毅然随使东西洋，对海外强国的政体和官制有更新的认识，并在深入考察中对之不吝赞许。在他看来，日本维新的成功，得力于一系列的官制改革措施，为变法选拔了大批新进官僚，使新政获得了一大批强有力的奉行之人，以致日本维新而强且巨，成为东方资本主义大国。而任用旧人以行新法，是无法将

① 黄遵宪：《日本国志·职官志一》，王宝平主编《日本国志》，上海古籍出版社2001年版，第160页。

② 黄遵宪：《日本国志·国统志三》，王宝平主编《日本国志》，上海古籍出版社2001年版，第46页。

改革进行下去的，因为任何一场进步的改革都会对保守的利益既得者造成致命的伤害，无法得到顽固派的任何认同。可见，面临着列强觊觎的民族危机日重的情况下，中国不仅应该主动变法，而且要变法就必须首先学习日本，并且应从官制改革着手。

近代中外差距和晚清的政治困境，已表明改革封建官制是大势所趋。在封建专制下，国家成为私有制和阶级压迫的工具，"国家一直是从社会中分化出来的一种机构，一直是由一批专门从事管理、几乎专门从事管理或主要从事管理的人组成的。人分为被管理者和专门的管理者，后者属于社会之上，称为统治者，称为国家代表。"①封建皇帝和各级官吏把持着权力，构成一个积重难返和尾大不掉的庞大体制，阻碍着民主、开放和进步的时代步伐，在官本位和权力本位的长期浸染下，晚清死而不僵，"权力是社会体制中职位的标志，而不是某个人的标志。当人们在社会机构中占据权势地位和支配地位时，他们就有了权力。一旦他们占据这种地位，不管他们有所作为还是无所作为，都会使人感到权力的存在。他们有所作为或无所作为时，都对其他人的行为有着很大的影响。"②与权力相结合的中国君主专制延续两千年后，已经流弊日深，"一切有权力的人们使用权力一直到遇到界限的地方才休止"。③官制腐败一直是世界各国人民最为深恶痛绝的丑恶政治，斗争或改革之声不断，"日本变法，即大变官制""盖一切事皆待官而办，苟官制不改，以数千年积弊之衙门，只能舞弊，而必不能兴利……日本变法所以能有成者，以其变官制也。"④1896年，梁启超在《时务报》上发表《变法通议》一文，高度肯定了封建官制改革对于

① 列宁：《列宁选集》第4卷，北京：人民出版社1960年版，第47页。

② ［美］托马斯·戴伊：《谁掌管美国：里根时代》，张维等译，世界知识出版社1985年版，第10-11页。

③ ［法］孟德斯鸠：《论法的精神》（上册），张雁深译，北京：商务印书馆1961年版，第154页。

④ 康有为：《日本变政考》卷三、卷二按语，故宫博物院藏本，转见宋德华《岭南维新思想述论》，北京：中华书局2002年版，第487、478页。

变法的重大意义，"变法之本，在育人才；人才之兴，在开学校；学校之立，在变科举；而一切要其大成，在变官制。"[①]事实上，黄遵宪非常重视官制及其良性运作，甚至把它视为国家兴亡的晴雨表。他比康有为、梁启超更早一点就明确主张官制改革，在《日本国志·职官志一》开篇的"外史氏曰"里，就强调了欲做到"举一国之财，治一国之事，仍散之一国之民"，以致"上无壅财，国无废政，而民亦无游手"的"平治之国"，就必须大力改革官制。在他看来，官制改革是立宪政体改革的根本内容和否定封建专制政体的突破口，对整个社会制度的正常运转起着不可替代的支柱奠基作用。

在黄遵宪的立宪改良思想中，非常看重适合维新事业的官制模式，他提出了"奉王权以开民智，分官权以保民生，及其成功则君权民权两得其平"[②]的官制改革主张。在他看来，"三权分立"是改革封建官制的最有力手段，"近泰西政论，皆言三权，有议政之官，有行政之官，有司法之官，三权立，然后政体备。"[③]显然，这是日本"三职制"在中国的尝试，旨在反映出他们要求权力和试图用立宪政体取代专制制度的政治要求。也就是说，黄遵宪认为在敌强我弱的国际背景下，要维护国家独立和民族富强，就必须实践立宪政体，"乃以为（我国）政体，必当法英，而其着手次第，则又取租税、讼狱、警察之权，分之于四方百姓；欲取学校、武备、交通（谓电信、铁路、邮递之类）之权，归之于中央政府，尽废今之督抚藩臬等官，以分巡道为地方大吏，其职在行政而不许议政。上自朝廷，下至府县，咸设民选议院为出政之所（初仿日本，后仿英国），而又将二十一行省分画为五大部，各设总督，其体制如澳洲、加拿大总督。中

---

① 梁启超：《论变法不知本原之害》，见李华兴、吴嘉勋编《梁启超选集》，上海人民出版社1984年版，第13页。

② 黄遵宪：《致梁启超书》，载吴振清等编《黄遵宪集》，天津人民出版社2003年版，第491页。

③ 康有为：《上清帝第六书》，载汤志均编《康有为政论集》上册，北京：中华书局1981年版，第214页。

央政府权如英主，共统辖本国五大部，如德意志之统率日耳曼全部，如合
众国统领之统辖美利坚联邦。如此则内安民生，外联与国，或亦足以自立
乎"。①认真阅读这段政治主旨，很容易看出，这个立宪改良方案实际上就
是黄遵宪主张官制改革的政治宣言，自上而下的官制改革涉及范围很广，
显然与英、日资产阶级官制的内容和发展情形相似。

官制改革是一项艰难而需要循序渐进的政治改革，与它密切推进的
当属立宪政体的核心内容议会制度的创设，移植英、日的君主立宪制成了
黄遵宪终身追求的政治目标。众所周知，洋务运动开启了"中外合作"和
近代外交的国家范式，洋务运动既是一场商战运作的近代商业发展的自改
革，也是一场催生各种商会组织的时代变革，这使清政府认识到："东西
诸国交通互市，殆莫不以商战角胜驯至富强……实皆得利于商会。商会者
所以通商情、保商利，有联络而无倾轧，有信义而无诈虞。……则近日
当务之急，非设立商会不为功。"②1904年，清政府颁布了《商会简明章
程》，命令在全国广泛设立商会。商会势力的日渐壮大，对社会整合作用
越来越强，对政治生活的介入也越来越多而深入。1910年，商会响应了立
宪派的号召，派代表参加了国会请愿的运动，向清廷递交了数份请愿书，
恳请速开国会，施行宪政。而相对于商会的以经济活动为主、兼而介入国
家政治领域，近现代意义的政党团体则明明白白体现了中国政治运作发生
了颠覆性的变革。③政党是世界近现代政治生活中的特有景观，特别是在近
现代代议制的政治生活中，政党扮演着非常重要的角色。由于封建专制政
权的禁锢，政治性的团体一直处于社会边缘甚至被迫害的状态下。在甲午
战败的救亡图存的浪潮中，宪政救国成为热点，社团政党的观念逐渐引起

---

① 黄遵宪：《致梁启超书》，载吴振清等编《黄遵宪集》，天津人民出版社
2003年版，第491页。

② 《大清法规大全·实业部》第7卷《商会》，高雄：考证出版社1972年版，第
2991页。

③ 夏邦：《黄旗下的悲歌：晚清法制变革的历史考察》，合肥工业大学出版社
2009年版，第53页。

关注。1895年，康有为发起成立的强学会是甲午战后倡导维新运动的舆论发源地和欲图参与政治活动的主要团体，这是"兼学校与政党而一之"①团体组织。②湖南新政中，黄遵宪领衔在湖南倡办的南学会，性质兼及学会与地方议会两个方面，成为政治参与的一个重要窗口，"合南部诸省志士联为一气，相与讲爱国之理，求救亡之法。"③南学会的影响巨大，有力地推动湖南新政和全国维新舆论呼声的高涨。觉醒的先进中国人政治参与热情高涨，加速了学会乃至政党的发展，政党的纷纷成立与发展，反过来又促进了政治参与的深入和政党建立的合法性。在20世纪初开始的清末新政前后，预备立宪公会就积极与上海商会等团体联络，敦促清政府早日颁行商法和立宪，"近代中国政党的发轫实始自清末立宪运动"。④近代中国不断出现的一些合法的政党，为政党成员和相关民众参与政治活动提供了途径，"如果各主要群体都由一个专门或主要代表其利益的政党来充当自己在政治上的发言人，政治参与也会增加。"⑤清末新政中的政党社团组织在晚清的以速开国会为核心的立宪请愿运动中发挥了重要作用，对中国近代民主思想启蒙贡献巨大，意义深远。

黄遵宪亲睹东西强国的社团和政党组织，并通过《日本国志》把西方资产阶级政党的所有情形首次介绍到国内。例如，在《日本国志·礼俗志四》"社会"条中，他介绍了日本经过自由民权运动后的各政治团体向资产阶级政党转化的情况。其中，有"曰共和党、曰立宪党、曰改进党，皆主改革政体为君民共主者。曰渐进党，意亦主改革政体，但以渐进为义""例有开会仪，每月或间月必招集会友互相谈宴，每岁则汇叙所事，

① 梁启超：《莅北京大学校欢迎会演说辞》，载丁文江编《梁任公先生年谱长编初稿》，台北：中华书局1962年版，第26页。
② 张玉法：《清季的立宪团体》，台北：精华书馆1971年版，第206页。
③ 梁启超：《戊戌政变记》，台北：中华书局1965年版，第107页。
④ 杨幼炯：《中国政党史》，上海书店1984年版，第2页。
⑤ ［美］塞缪尔·亨廷顿、琼·纳尔逊：《难以抉择：发展中国家的政治参与》，汪晓寿等译，北京：华夏出版社1989年版，第99页。

会计所费，刊告于众。"①黄遵宪也在书中介绍了美国的主要两党即合众党和民主党相互竞选总统的情况，但指出了美国党派竞争的种种流弊。应该说，黄遵宪对美国党派竞选流弊的介绍是采取有分析有批判的态度，而这正是他坚定中国只适宜走日本立宪政体之路而不宜仿效美国共和制的思想基础，"及游美洲，见其官吏之贪诈，政治之秽浊，工党之横肆，每举总统，则两党力争，大几酿乱，小则行刺，则又爽然自失。"②尽管美国政党竞选流弊多多，但他也承认政党团体组织在日本和欧美社会中所起的进步作用不容抹杀，"联合力如炽炭然，散之数处或数十处，一童子得蹴灭之；若萃于一炉，则其势炎炎不可向迩矣。如束箸然，物小而材弱，然束数十百枝而为一束，虽壮夫拔剑而斫之亦不能遽断。……其所以联合之故，有礼以区别之，有法以整齐之，有情以联络之，故能维持众人之力而不涣散，其横行世界莫之能抗者恃此术也"。黄遵宪对团体组织"联合力"的异常关注，源于他对明治维新的深切而独到的考察，认为日本政治改革成功的秘诀在于民族内聚力，明治政府在政党和团体组织的支持下，全面推进近代化改革，成为"脱亚入欧"的东方后起之秀。在湖南新政时期的南学会演讲中，黄遵宪提出了"合群"理论和地方自治思想，特别是"合群之道"，在戊戌变法失败而被放归故里之后，变成了黄遵宪难以释怀和深入反思的主要内容之一，"合群之道，始以独立，继以自治，又继以群治，其中有公德，有实力，有善法"，"吾民脑筋必为之一变，人人能独立，能自治，能群治，导之使行，效可计日待矣。即曰未能，人人知独立，知自治，知群治，授之以权而能受，授之以政而能达，亦庶几可以有为。"③

---

① 黄遵宪：《日本国志·礼俗志四》，王宝平主编《日本国志》，上海古籍出版社2001年版，第393页。

② 黄遵宪：《致梁启超书》，载吴振清等编《黄遵宪集》，天津人民出版社2003年版，第491页。

③ 黄遵宪：《致梁启超书》，载吴振清等编《黄遵宪集》，天津人民出版社2003年版，第506—507页。

进一步而论，改革成功需要得到包括政党和团体组织在内的广大人民群众的支持，而获得民众支持的最有效途径就是建立一种长效的合理化的制度，即在"以法治国"下的议会制度。从建立议会制度进而颁行宪法，以建立立宪政体，使国家利益和公民权益都得到法律保障，渐变"人治"为"法治"的近代国家。黄遵宪也是清末最早将西方资产阶级议会制度介绍给国人的渐进变法者之一，他的《日本国志》在具体介绍日本的议会制度的同时，也明确表达了自己的资产阶级议会观。

首先，黄遵宪不惜笔墨地对明治维新后日本议会的创设缘起及内部组织结构进行详细的记述。明治维新肇始于迁都："明治元年，大久保利通疏称：'西京本一山城，形势不便，请迁都大坂'，既而改江户称京，至是遂定都焉"，"维新以后废旧仪，改新法，一切政教大旨皆基于此。"① 就在明治元年（1868）3月14日，明治天皇在京都紫宸殿以宣誓形式发表的维新政权的"五条誓约"。虽然只是一种变法维新的总动员令，但誓约第一条"广兴会议，万机决于公论"就隐含有开议会、伸民权的政治议题。在《职官志二》中，黄遵宪阐述了元老院（即议会）在日本筹建的概况。明治元年正月，"倒幕派"发动政变，以天皇名义发布"王政复古大号令"，废除幕府体制，确立"三职制"（总裁、议定、参与之职），建立起以天皇为首的新政权。同时，根据三权分立、权力制衡原则将太政官的权力分为立法、行政、司法三权，明确三权运作的具体规则；太政官下设七官，其中，议政官"主立政"，行政官"主行政"。不久以后集议院亦被废闭而并之于太政官。后以"太政官之权特重"为由，而要求政府"仿西法，开议院，以分其权"。②副岛、板垣等八人联名上奏明治政府揭批太政官制之弊的建议书，在日本引起了很强烈的反响，导致了广泛的要求开国会的自由民权运动。明治八年（1875）一月，大久保利通、伊藤

---

① 黄遵宪：《日本国志·国统志三》，王宝平主编《日本国志》，上海古籍出版社2001年版，第44页。

② 郑海麟：《黄遵宪传》，北京：中华书局2006年版，第210页。

博文、木户孝允、板垣退助、井上馨等聚会大阪，讨论了建立民选议院问题和将来的施政方针。在政论纷扰和舆论压力之下，明治天皇接受了大阪会议诸维新领袖的意见，于明治八年（1875）二月发布立宪诏书："朕即位之初，会群臣，以五事誓神明，定国是。赖祖宗之灵，群臣之力，致今日小康。顾中兴日浅，未臻上理，朕乃扩充誓文之意，更设元老院，以定立法之源。置大审院，以巩立法之权。又召集地方官以通民情，图公益，渐建立宪政体。欲与汝众庶俱赖其庆，汝众庶其毋泥旧习，毋蹈轻进，以翼赞朕旨"。根据诏书，日本撤销左院、右院，设立元老院，以此作为立法机构，大审院作为司法机构，答应先开地方议会，逐步树立国家立宪之政体。很快，元老院就在日本设立。元老院就是一种通向国会的过渡性机构，具有英国的上议院的性质，"凡人民于立法创制有所建白，本院得受其书而理之"。[①]总的来说，日本元老院具有一定的民族色彩，为民选议院的创建提供了一种借鉴。

其次，黄遵宪对日本府县议会进行了较深入的论述，突出了它在立宪政体建立过程中的历史作用。如果说元老院的建立意味着向国家议会的过渡，那么府县议会的建立则为国会的开设奠定了基础。日本中央权力配置在宪政改革中，由于元老院的设置，使立法权脱离专制体制，特别是有一支精明强干的元老院维新人士的参与，对行政、立法和议政三权分立的议会制度建设起着至关重要的思想和组织作用，而地方权力的配置也将应时而变。就在元老院建立后的几个月内，府县议会便开始设立。明治八年（1875）六月，日本召开第一次府县地方官议会，以参议木户孝允为议长，议员即地方官员，会议期间准许官吏和平民旁听。明治十一年（1878）七月，日本召开了第二次府县地方官议会，通过了《府县会议规则》，确定凡府、县会每年以三月开议，有通常会，有临时会。根据这个规定，在随后三四年（1879—1881年）的时间内，日本全部府县都设立了

---

① 黄遵宪：《日本国志·职官志二》，王宝平主编《日本国志》，上海古籍出版社2001年版，第161—163页。

府县议会。① "是制之建，人人皆谓政出于民，于地方情弊宜莫不洞悉。坐而言，起而行，必有大可观者" "府、县会议之制，仿于泰西，以公国是而伸民权，意甚美也"。正是通过议会筹款，才使官民两安："议会者，设法之至巧者也，民可使由，不可使知。圣人以私济公而国大治，霸者以公济私而国亦治，议会者其霸者之道乎？"②黄遵宪对日本府县议会制度的介绍，完全本着客观的审慎原则，并非给予全盘肯定，而是汲取精华而为国人参考。显然，黄遵宪对议会制度褒大于贬，体现了他要求资产阶级参政权和逐渐消弭封建残余势力的一种手段，也是他致力于建立资产阶级君主立宪政体的必要策略。作为一种历史发展的必然，黄遵宪坚信资产阶级君主立宪制代替封建制度的必然性。与东方千年来的封建专制相比，无论是英国式还是日本式的君主立宪下的元老院或府县议会，在黄遵宪看来都是更先进的政治体制，特别是他把日本的府县议会看作是建立近代中国君主立宪政体的基础性内容，就体现出他向西方学习的意愿。

黄遵宪的君主立宪思想和实践活动过程，不乏他对于君主和议会的相依互动关系的不断升华，因为在官制改革、倡立议院的政治改革过程中，君主的位置和影响是至关重要的，对整个议会制度的合理完善和立宪政体的高效运作具有积极的制动与促进作用。所以，保留君主、确保君主在立宪政体中的地位以及发挥君主带头维新以实现近代化中的作用，既是黄遵宪考察日本建立君主立宪政体进程中政治改革的一个重要方面，也是指导他积极参与国内维新变法的一种思想原则。当西方列强将中国卷入资本主义市场体系的过程中，大清面临着救亡图存的时代使命，特别是到甲午战后，主张仿效英、日实行君主立宪以求自强的变法呼声，将中国带入维新的政治轨道，而黄遵宪适逢其间，将这种时代呐喊变为一种自觉的行动，贯穿到其精心打造的史学巨著《日本国志》中，并成为自己政治生涯的一

---

① ［日］远山茂树：《日本近现代史》第一卷，邹有恒译，北京：商务印书馆1983年版，第25页。

② 黄遵宪：《日本国志·职官志二》，王宝平主编《日本国志》，上海古籍出版社2001年版，第178页。

条主线。黄遵宪在《国统志三》即将结篇时的小字体注解中，突出了在尊王攘夷的倒幕运动中兴起的维新派人物的忠勇和功绩，与此同时，他更强调天皇在明治维新过程中的巨大作用。在《日本国志·国统志三》中，他记述了明治天皇的作为，例如，他继颁布《王政复古大号令》后，又于明治元年（1868）三月十四日大誓群臣，颁布"五条誓约"，诏令维新。天皇既是旗帜，也是变法的首推，作用之大无可限量，"诚欲合全国君臣上下为一心，必自天子降尊始。自今以往，请尽去拜跪俯仰之仪，一切简易质实为主，国有大事与众同议，我天皇必亲临太政官而取决焉。"①针对明治天皇能够纡尊降贵和"万机决于公论"的日本立宪进程，黄遵宪尤其寄希望于最高统治者，以最高权力颁布诏令而实行自上而下的改良，作为一个策略，在于潜在地将封建君主转变为资产阶级的立宪君主，防止矛盾激化，避免出现暴力冲突或流血事件，从渐进立宪过渡到资本主义社会。反过来纵观戊戌变法，光绪帝确实带头昭告天下，做到了纡尊降贵，但问题是光绪帝并没有实权，实权操纵在慈禧等顽固派之手，百日维新夭折也就在情理之中了。尽管如此，戊戌变法的历史启蒙在于为中国宪政孕育生机。

　　总之，从君主纡尊降贵励志变法，到官制改革的稳步推进，再到政党组建和中央及府县议会的相继设立与完善，是黄遵宪政治改革思想的基本脉络，最终目的是要建立三权分立的资产阶级立宪政体。而建立新政体的渐进的变革方式就是不可规避的最关键因素。在黄遵宪看来，首先是东西列强的贪婪和资本主义的席卷世界，让中国面临着维护民族独立的艰难重任，"中国之进步，必先以民族主义，继以立宪政体，可断言也。"②然而，要根绝专制政体决非轻而易举的事，这就导致了资产阶级立宪政体在中国推行的任重道远。所以，黄遵宪批评了一些爱国之士"唱民权必废

---

　　① 黄遵宪：《日本国志·职官志二》，王宝平主编《日本国志》，上海古籍出版社2001年版，第44页。

　　② 黄遵宪：《致梁启超书》，载吴振清等编《黄遵宪集》，天津人民出版社2003年版，第507页。

君主，唱民权必改民主”的错误认识，正是因为帝国主义亡我之心不死、专制主义不会自动或彻底消失、侵略与起义造成生灵涂炭等等，都使得资产阶级君主立宪政体难以或不可能一步到位。所以，黄遵宪坚持以和平方式来建立立宪政体。这样的坚守至死不渝，即便在放归故里而重病缠身的晚年，黄遵宪依然不忘立宪理想，曾于光绪二十八年（1902）十一月致信并鼓励梁启超等同道者为之不懈奋斗，“嗟夫！我公努力努力，本爱国之心，绞爱国之脑，滴爱国之泪，洒爱国之血，掉爱国之舌，举西东文明大国国权、民权之说输入于中国，以为新民倡，以为中国光，此列祖列宗之所阴助，四万万人之所托命也。”①

---

① 黄遵宪：《致梁启超书》，载吴振清等编《黄遵宪集》，天津人民出版社2003年版，第512页。

┃ 第二节

黄遵宪法制思想与近代良秩之望

　　黄遵宪关注"法治"问题与其所处的时代有密切而直接的关系。十余年外交经历和亲身实地考察，使黄遵宪的《日本国志》中有关源自西方至日本的近代"法治"思想更加缜密和富有逻辑，成为晚清中国法制变革最重要的参考对象和决策的直接路径。"以法治国"思想由来已久，却在处于长期的封建社会的中国并未有切实的贯彻执行，总体上是纸上谈兵权宜之策。时逮清末，值黄遵宪东往日本西赴欧美之期，才潜心考察日本明治维新以来的资本主义法制实践和比较研究欧美资本主义国家的政治法律制度，提出了崭新的"以法治国"论，正式引进"法治"观念，在中国法律思想史上具有划时代的进步意义，并在中国法律制度近代化建设中具有特殊的理论价值和实践意义。

一、以法治国思想的传与创

　　作为人类文明的重要组成部分，法治思想自古有之，中外有之。中西之间的法制原则与内容，有着某些相似之处，除强弱之分和长短之别外，它们有更多实质上的歧异性。随着资本主义的席卷全球，中国封建法制的近代化进程也被迫启动，是一种历史性的进步。作为近代中国的史学家和维新派，黄遵宪也是中国乃至世界法制变革史上的一位重要的法律思想家，是"法治"思想的历史传承者和创新者之一。

　　首先，中国有源远流长的法律理论与法制制度的传统。西周初年即有刑法，分"轻典""中典""重典"，合称"三典"，用以镇压劳动人民。到西周中期，阶级矛盾尖锐，周王室为巩固统治地位而制定了一部重要法典，称之为《吕刑》。《吕刑》是西周的法典，有墨、劓、刖、宫、大辟五刑，共3000条。但这些刑罚主要还是用来镇压劳动人民的。《礼记·曲礼》（上）曾有言"礼不下庶人，刑不上大夫"，说明古代的"礼"与"刑"都是有阶级性的。《吕刑》除在《尚书》中遗存一篇外，《史记》卷四"周本纪第四"中亦有记载，称之为《甫记》。共3章22项的西周《吕刑》是我国现存的一部最早的法律文献，开创了我国文明社会里具有法律约束力的成文法之先河，而且它对西周刑罚的基本原则、刑罚制度做了概括阐述，提出了"明德慎罚"和"罪行法定"的主张，更是中国"以德治国"的成文法典，"敬德"思想成为中国社会民俗和法律制度的主流思潮。①

与"敬德"思想相得或相悖的"法治"观念和成文法典，同样很早并连续在中国产生。在治国方略上，中国古代法家就创造了一套"法治"理论。管仲（约公元前730年—前640年）是最早提出"以法治国"论的改革家，他认为"凡国无法则众不知所为，无度则事无仪""以法治国，则举措而已"。②其后，商鞅是法家"法治"理论的实践者，韩非是法家的集大成者，他认为君主治国之术应"以法为本"。法家的"法治"理论的最主要观点是坚持君主"以法治国"，反对"德治"与"礼治"。法家的"法治"是当时一种新的中国治国模式的探索，曾一度成为战国时期秦国的立法指导思想。然而，随着第一个封建王朝秦朝的建立和骤亡，法家思想开始由盛而衰，到西汉王朝鼎盛的汉武帝时期，由于"独尊儒术"后，董仲舒的"德主刑辅"论成为中国两千年封建社会的正统法律思想。

在"德主刑辅"的封建社会里，各王朝统治阶级亦不失时机地推出条理化的成文法律，如战国时期魏国改革家李悝编撰的《法经》、唐朝在

---

① 茅彭年：《吕刑今释》，群众出版社1984年版，（前言）第2页。

② 田晓娜主编：《四库全书精编》（子部），北京：国际文化出版公司1996年版，第297、299页。

隋朝《开皇律》基础上修成的《唐律疏义》、明代的《明法典》和清朝的《大清律例》等成文法律文本。在"德主刑辅"的中国封建社会里，中国古代法律制度的主要特点：（1）法律出于皇权，维护皇权；（2）"礼""法"结合，以儒家思想为理论基础；（3）官僚、贵族享有法定特权；（4）诸法合体、并用，司法隶属于行政，无独立审判权。简言之，皇帝是最高统治者，直接控制司法大权；地方的审判权完全归属行政机关，中央虽设有专门审判机关，但其活动为皇帝所左右，监察、行政机关也可审理案件，审判机关往往不能独立行使审判权，审判机关只是皇帝及受皇帝控制的行政机关的附庸。这种皇帝制下的中国封建法律，具有特定的立法、司法形态，既从根本上区别于西方社会的法律体系，又加剧了近代伊始中西方政治休制与意识形态间的直接而严重的冲突，促使了包括黄遵宪在内的中国资产阶级维新派的严正抨击和法制变革运动。

其次，中西"法治"思想的同异性。"法治"思想，中西均自古有之，既有相同或相似之处，更有大不相同之处。正如黄遵宪在《日本国志·刑法志一》开篇的"外史氏曰"里所言，"（中外）上古之刑法简，后世之刑法繁。上古以刑法辅道德故简，后世以刑法为道德故繁。中国士夫好谈古治，见古人画象示禁、刑措不用则睾然高望，慨慕黄、农、虞、夏之盛，欲挽末俗而趋古风。盖所重在道德，遂以刑法为卑卑无足道也。而泰西论者专重刑法，谓民智日开，各思所以保其权利，则讼狱不得不滋，法令不得不密。其崇尚刑法以为治国保家之具，尊之乃若圣经贤传。然同一法律，而中、西立论相背驰至于如此者，一穷其本，一究其用故也"。黄遵宪之言，重在阐明中国人是以法辅德的，而西方人是以德辅法的，从而实质上做到"以法治国"。造成这样的"相背驰"，需要从中西法律的相似点出发来"一穷其本，一究其用故"地发现西方社会的"法治"本质。中西"法治"更多地表现为歧异性，重要而显著的差异有两点，即实质上不脱"人治"的中国法治和成为近代民主之体制基石的西方法治之间的差异、中国古无宪法和西方自上古即有多姿多彩关于宪法的理论与实际之间的差异。第一个差异在于法治与民主二者之间本有着密切关系，但有法治而无民主和有民主而无法治的现象在中国封建社会很普遍，因此与资产阶级民主思想是背道而驰的。第二个差异在于中国自古以迄于晚清与西方思想接触之前，一直没有一部国家的宪法。近代受西方思想影响之后，始渐有"立宪"呼声，但到清亡之时，中国仍无立宪之实。1936年国民政府草拟《中华民国宪法草案》开始，历经研议会商，才在1946年12月25日由制宪国民大会制颁《中华民国宪法》。而西方自上古即有宪法的理论与实施，古希腊的城邦，各有其宪法。作为国家根本大法的宪法，在西方已有深厚的基础，再益之以多年历代不断的研议发扬，乃终有近代盛行的宪政体制之产生的。①

再次，近代中国法制变革的西方化倾向日渐明显。历史的车轮是不可阻挡的，席卷全球的西方资本主义浪潮越来越广且深地将中国卷入它的市场体系之中。西方法律体系自然是这场大规模输入的重要组成部分，越来越掌控着中国古老而软弱的"德主刑辅"的"德政"命运。历史证明，中国历史上最后一部封建成文法典《大清律例》，是我国两千多年封建社会中的法制精神与力量的最高成就的代表。《大清律例》的制定工作，开始于乾隆元年，经过顺治、康熙和雍正三朝君臣的努力，到乾隆皇帝即位时，命三泰为律令总裁官，重修大清律例，再经过御览鉴定后，正式"刊布中外，永远遵行"，成为大清王朝的基本法典。《大清律例》与《大明律》基本相同，其中《律目》《诸图》《服制》各一卷，《律例》正文36卷，律文436条。自乾隆五年（1740）颁律以后律文部分基本定型，极少修订，后世各朝只是不断增修律文之后的"附例"。1877年，清政府在洋务运动期间，重新刊版新的《大清律例》，使之更为完备，但是1840年鸦片战争后，《大清律例》不能适应中国社会性质和革命重心的转变，而变成几乎被全面否定了的历史陈迹。黄遵宪在《日本国志·刑法志一》开篇"外史氏曰"里所言，"西人所谓民智益开则国法益详，要非无理欤？余

---

① 张翰书：《比较中西政治思想》，长春：吉林出版集团有限责任公司2009年版，第105—126页。

读历代史，《西域》《北狄》诸传每称其刑简令行，上下一心。妄意今之泰西诸国亦当如是，既而居日本，见其学习西法如此之详；既而居美国，见其用法施政乃至特设议律一官，朝令夕改以时颁布，其详更加十百倍焉。乃始叹向日所见之浅也！"因此，自19世纪以来的世界充满复杂的矛盾与冲突，中国法律进程和治理效应完全落后于西方和近代化的世界潮流，要实现中国封建法制的近代变革，就必须把学习和借鉴外国法律当作首选和当时最好选择。"西法东渐"由是产生，从而将中国封建法律体系进行近代化的磨砺打造，逐渐脱离传统的范畴，成为世界近代法律史的一部分了。这既是中国法律的一次悲哀和一种失落，但同样也是它的新生和发展，为以后中国走向世界奠定了一种法律基础，故而应是一种历史的进步。

最后，在多年海外的外交经历和不断孕育成的法治思想，是黄遵宪以法治国理念形成的自身背景，因之也成就了他在立宪改革潮流里的弄潮者和先锋人物形象。在东西多国的十余年外交活动过程中，黄遵宪目睹了资本主义国家的发展，感受了祖国的衰落，在痛定思痛的思考和考察中，他变成了一位资产阶级维新志士，坚定了"万国强由变法通"[①]的君主立宪改良思想。要最终实现君主立宪政体的理想，除发展对应的资本主义经济外，确定"以法治国"的法制原则是至关重要的。面对国门洞开以来的中外摩擦不断、法律冲突激烈的现实，他利用赴东西洋外交活动的余暇，深入考察了日本、英美等国现时的法律制度，并仔细地研究了拿破仑法典和西方资产阶级思想家有关的法律著作，逐渐发现东西法律制度之间的巨大差异。西方列强还以中国法律野蛮落后为名，用治外法权强迫中国做出让步，出现了破坏中国的司法主权等不平等现象。在黄遵宪看来，要改变中国近代以来的主权受辱、外交软弱被动的不利局面，关注西方法律体系和改革中国封建法律制度就成为当务之急。首先，他肯定中西之法律

---

① 黄遵宪：《己亥杂诗》，载钱仲联《人境庐诗草笺注》，上海古籍出版社1981年版，第838页。

文本和实践都是由简到繁的逐步完善过程，"上古之刑法简，后世之刑法繁。……余尝考中国之律，魏晋密于汉，唐又密于魏晋，明又密于唐，至于我大清律例又密于明。积世愈多即立法愈密，事变所趋中有不得不然之势，虽圣君贤相不能不因时而增益"，而西方社会更是"数百年来观摩、研究、讨论、修改，（使法律文本）精密至此，（故）能以之治国"，这种结果"固（中国）古先哲王之所不及料，抑亦后世法家之所不能知者矣"。其次，针对西方"以法治国"的良好结果，黄遵宪拟以日本自强为例，批驳中国士大夫的不谙时务，"中国士大夫，好谈古义，足以自封，于外事不屑措意。无论泰西，即日本与我，仅隔一衣带水，击柝相闻，朝发可以夕至，亦视之海外三神山，可望而不可即，若邹衍之谈九州，一似六合之外荒诞不足论议也者，可不谓狭隘欤？"①为了尽快把明治维新以来的"颇悉穷变通久之理，乃信其改从西法，革故取新，卓然能自树立"②的日本变法经验传递到祖国，黄遵宪以"外史氏曰"之责自勉，克服"考古难""采辑难""编纂难""校雠难"等困难，著成《日本国志》"以期适用"。在该著中，黄遵宪对西方"法治"思想做了经典的总结，他对泰西人好论的"权限"二字，进行反复推阐，从而将西方立法精神归结为"权""限"两字。所谓"权"，即人权，"人无论尊卑，事无论大小，悉予之权，以使之无抑"，所谓"限"，即人人必须克己以奉法，只有人人守法，才有可能使人人受到法律保护，"复立之限，以使之无纵"，这样"全国上下同受治于法律之中，举所谓正名定分，息争弭患，一以法行之"。很显然，黄遵宪认为欧美各国无论何种政体，其立法精神基本一致的，"余观欧美大小诸国，无论君主、君民共主，一言以蔽之，曰：以法

---

①　黄遵宪：《日本国志·自序》，转引自陈铮编《黄遵宪全集》（下），北京：中华书局2005年版，第819页。

②　黄遵宪：《日本杂事诗自序》，载陈铮编《黄遵宪全集》（上），北京：中华书局2005年版，第6页。

治国而已矣！"①有鉴于此，他最后指出，中国社会重道德而轻法律，道德的规范比法律的条文更为有效，实即是用"人治"去否定"法治"，这是社会落后的表现。而欧美各国正好相反，他们把法律当作治国保家的工具，尊之如圣经贤传。黄遵宪力劝中国当政者必须学习日本、欧美，建立近代法律制度，由政府主持立法，使制度合理化。这样的"法治"思想，表现出黄遵宪要求用西方资产阶级的国家立法制度来改革传统封建的"祖宗之法"的愿望，目的就是要实现将中国变成一个"以法治国"的真正的立宪政体的资产阶级国家。

二、晚清公序良秩的望与萌

与传统"人治"社会相比，黄遵宪力倡的"法治"社会是近代化公序良俗的理论基础和法制变革的实践产物。从"因民之所欲而为之"的立法思想出发，黄遵宪否定了中国传统的专制制度和等级制度，为促进中国由封建法制转向资本主义民主法治做出了积极而具有时代意义的舆论准备。为了构建"以法治国"的近代国家体制和公序良俗的近代社会，黄遵宪卸职赴湘，与湖南巡抚陈宝箴等一批资产阶级先进分子一起，开创了戊戌变法运动的前奏——湖南新政，一时"民智骤开，士气大昌"，有力地推动了近代中国的地方性法治社会的创建，为其他省份乃至全国性的公序良俗化建设提供了法治实践的榜样。

湖南新政期间的移风易俗，堪称黄遵宪"以法治国"对于公序良秩的社会形态的寄望与最大程度的实践活动。在湖南新政中，黄遵宪的贡献至关重要。首先，他舆论准备充足，除与康梁鼓吹变法外，他先期完成的巨著《日本国志》在公车上书之前就得到驻法公使薛福成赐序，并被称为"奇书"，随后出版就风靡一时，成为维新派强有力的思想武器；二是他的身体力行。作为戊戌变法在基层的呼应，全国仅有湖南一省搞得风生水

---

① 黄遵宪：《日本国志·刑法志一》，王宝平主编《日本国志》，上海古籍出版社2001年版，第279页。

起，新政迭出，走在了前列，成为戊戌变法的先声，光绪帝亦多寄厚望。如果说巡抚陈宝箴是湖南新政的主将，那么时任湖南按察使的黄遵宪则是湖南新政的灵魂，时维新巨擘之一的梁启超已有言论，"凡湖南一切新政，皆赖其力"①。"更为重要的是若干制度方面的变革，它们大部分是在黄遵宪指导下进行的。"②最后，因湖南新政有声有色，黄遵宪先得翰林院侍读学士徐致靖保荐，戊戌年得蒙皇宠而被召命为三品京堂出使日本，惜赴京奉旨时染病滞留上海，后遭太后缉查险被杀害，因各国使馆干预才"放归"但永不叙用。

　　与同时代的改良主义者，如郑观应、王韬、陈炽等相比，黄遵宪不仅在自己的著作中提到涉及有政体、立法制度、司法程序和治外法权等"法治"观念，而且更注重"法治"理论在社会现实生活中的实践与应用。这不仅是他更深刻了解西方资本主义制度的地方，也是他在湘赞襄"新政"的一大特点。黄遵宪在湖南新政中关乎到法治社会下移风易俗的变革细节，主要包括：（一）创设课吏馆，目的是要以法治精神来规范吏治秩序，以法治学识来造就执法人才。这是实现近代公序良俗的法治社会的最重要一环，也是湖南新政中较早执行的一项政治举措。黄遵宪指出"查政治赖乎人才，人才成于学问"，此时设立课吏馆，就可以选贤任能，法律秩序规范化。他还亲自制定了《湖南改定课吏馆章程》，开办六项之课，前三项与启蒙有关，以开导官僚们；而刑名、缉捕与随后督办的保卫局同旨，至于交涉，则为外交之法范畴。课吏馆有培训、监督等功能，更具吏治整顿的要旨，目的就是"使政府官员能在省内的维新运动中起到带头作

　　① 梁启超：《戊戌政变记·政变正记》，中国史学会主编《戊戌变法》第一册，上海：神州国光社1953年版，第283页。

　　② ［美］张灏：《思想的变化和维新运动，1890-1898年》，见［美］费正清、刘广京编《剑桥中国晚清史：1800-1911年》（下），中国社会科学院历史研究所编译室译，北京：中国社会科学出版社1993年版，第354页。

用"①。在整顿吏治的同时，为培养执法的后继人才，以黄遵宪为首的湖南省署官员和诸绅于1897年9月在长沙创办了时务学堂，引进和推行西方政法教育，其目的是开民智、育人才，同样具有移风易俗的近代教育革新意义。（二）组织南学会，以开启绅智和合大群，更在南学会带动下组建更多学会，以加速社会的移风易俗。南学会正式成立于1898年2月，并发布有《南学会大概章程》。最初建议应将南学会办成具有地方议会性质的就是黄遵宪，颇具勇气。南学会从本质上属于政体改革的实践。南学会在开启绅智方面成果卓著，对法制社会下的近代公序形成有积极意义。南学会之下还设有各种专门学会，是维新派用于思想启蒙的一种重要的组织手段，也是作为组织群众和扩大自己力量的手段。其中，最体现移风易俗的当属不缠足会。戊戌变法前夕，黄遵宪多次发布告示和批文，明令禁止缠足，并誓将缠足之风"早除一日，即早脱一日之厄；多救一人，即多得一人之用。以存天理，以敦人伦，以保人权，以全生命，以厚风俗，以葆种族"，否则"四万万人半成无用之物"，必将使民族衰弱。黄遵宪严禁缠足的告示，"反复千余言，词旨朗然可诵"，表达了他对妇女遭受痛苦和耻辱的同情，从某种意义上说，黄遵宪也是中国妇女解放运动的一位热心的倡导者。②（三）创办保卫局，推行官民共理天下的警察制度，致力实现法治社会的公序良俗，最终为成功改革封建政体服务。在游历日本与欧美的过程中，黄遵宪看到了这些国家安定的公共秩序，认为这与它们的警察制度关系密切，"地方有阙失，风俗有败坏，则警察吏指摘其失，匡救其恶而整理之。盖宣上德意以下行，察民过失以上闻，皆警察吏之是赖"，"然则有国家者，欲治国安人，其必自警察始矣"，"凡警察职务，在保护人民。一去害，二卫生，三检非违，四索罪犯。"③由此，黄遵宪形成

① ［美］费正清、刘广京编：《剑桥中国晚清史》（下），中国社会科学院历史研究所编译室译，北京：中国社会科学出版社1993年版，第354页。

② 郑海麟：《黄遵宪传》，北京：中华书局2006年版，第376-377页。

③ 黄遵宪：《日本国志·职官志二》，王宝平主编《日本国志》，上海古籍出版社2001年版，第175-176页。

了一套自己的警政思想，努力将这些制度移植到中国，湖南新政期间的保卫局，就是中国近代史上第一个警察组织。湖南保卫局，具有司法部门兼行政部门的作用，是践行立宪政体的渐进性的政治举措，又具备地方自治和军事保障的意义，是对外交往和抵御列强侵华的理论探索与实践尝试。创办保卫局，对黄遵宪而言，绝非一时冲动，也不是照搬照抄，而是他在长期观察、积累和磨炼的情况下，将其警政思想付诸实践的一种自信体现，体现了他的务实求稳、孜孜于政的政治革新家的气量和风范。（四）设立迁善所，规范刑罚制度，完善司法程序。迁善所对于改造犯人，稳定社会治安秩序起到一定的作用，是作为保卫局的一种组织补充。针对当时湖南"狱讼之繁，人犯之多，积弊重之，久滋诟病"的不正常现象，他亲自下狱观察，目睹许多狱吏滥施酷刑，致使"十囚五死，若遇天灾，更不堪问"，"有滥控之犯，如借故陷害，一纸牵诬多至数十人者"，"有暂羁候审，久而忘其所以者"时极感愤慨，要求严肃整顿。[①]黄遵宪亲自写就《通饬各州县慎重刑狱札》，提出了十五条裁判刑狱改革方案，责令严厉执行。其中就有对"难遽释放者，由官设立公所，教以工艺，期有恒业，化莠为良"。这些改革和司法工作的法治精神和理论成效，在其亲定的《湖南迁善所章程》中就有显示。迁善所的惩治和感化犯人的任务，体现了一定的人道主义精神，有利于净化社会风气。综上所述，作为湖南新政中的主要支持者和领导者，黄遵宪关乎法制化社会的公序良俗举措，是其"自治其身，自治其乡"，从而达于"官民上下，同心同德，以联合之力，收群谋之益"[②]的公序良俗之望的一种实践，尽管时间较短、绩效一时难以显现，但不能否认他是湖南维新派中唯一对资产阶级政治制度有切身体验的人。这些大胆尝试，已经表明以黄遵宪为主要代表的湖南维新派对西方资本主义政治制度和法律文化的理解已然突破了观念层面而进入理论

---

① 黄遵宪：《湖南署臬司黄通饬各州县慎重刑狱札文》，《湘报》第73号。

② 黄遵宪：《南学会第一、二次讲义》，载吴振清等编《黄遵宪集》，天津人民出版社2003年版，第406-407页。

与实践相结合的改革层面，对中国法治建设和思想启蒙都具有极其重要的社会效应。

无论如何，湖南新政和黄遵宪"以法治国"下的公序良秩举措推行，对于晚清乃至近代社会秩序萌生的启蒙意义是巨大的，正如"地上本没有路，走的人多了便成了路"。众所周知，闭关而自大的天朝是"被大炮轰出中世纪"，"可怜裹尸无马革，巨炮一震成烟尘"。①鸦片战争的肇启和败北注定了这个东方大国的所谓强盛最终都化为过眼云烟，清政府的愚昧和颟顸耽误了国家，也消弭了它的统治。但是，中国近代社会的转型并非随着清王朝的覆灭而中断或终结，相反，这种转型至今远远未能结束，不断改革的历史传承会可持续发展下去，"中国社会是一个未曾割断而一直存在的有机体，所以任何以研究'木乃伊'的方式来看待中国近代的转型问题都是不合适的；就中国这一社会来看，我们活在历史中。"②既然不能把晚清近代化转型视作一潭死水或木乃伊，那么中国在晚清六七十年岁月中必然充满着无奈的同时，也有着精彩的过程或瞬间，只是绝大多数人看到屈辱血泪史而很难发现包括满族在内的中国人在痛定思痛后学习西方以自强的奋斗史，"近代中国的历史，即人们现在认为在那里已经发生过的事情，是充满了争论的。一些重大的事件已被人们所了解，但对于它们的意义却存在着争议。同时，许多较次要的事件仍然未被人知或者被忽略。"③这里所谓的"未被人知或者被忽略"的事件，自然包括近代中国公序良秩的萌生以及它对晚清及此后中国社会的潜移默化的影响。

近代以前因地理环境的影响与阻隔，东西方文明是独立发展而缺乏互动的，只是到了19世纪初，西方主动东来，以农业生产为主的晚清社会开始受到了西方资本主义生产方式的逐步影响，特别是鸦片战争后逐渐增开

---

① 张应昌编选：《清诗铎》，北京：中华书局1960年版，第676页。

② 夏邦：《黄旗下的悲歌：晚清法制变革的历史考察》，合肥工业大学出版社2009年版，第16页。

③ ［美］费正清、刘广京编：《剑桥中国晚清史，1800-1911》（上卷），中国社会科学院历史研究所编译室译，北京：中国社会科学出版社1993年版，第1页。

的条约商埠，中国实际上开始被卷入了资本主义世界市场，包括法制在内的诸多中国社会制度的演变由此而缓缓发生。正是在资本主义经济的渗透过程中，中国原有的封建社会秩序受到了重创，也萌生了逐步而微弱的类似西方资本主义的公序良秩，就像星星之火，使中国萌发了生机和希望。

（一）列强侵略的炮火催生了中国民族主义的觉醒，近代民族国家的政治思想意识也在萌动和兴起之中。自古恪守"家天下"观念的中国，民族主义很难变成国家主义，只是在西方资本主义东扩的前提下几乎是被迫地应时而生的，"这一时期的民族主义一般具有革命性和进步性"[1]，面临着西方大举入侵而造成的民族危机，面对着与我们截然不同的西方文化模式，一批先进中国人在认识到必须要保全独立主权，近代民族国家理念很快产生，"自上古以迄清代中叶，所表现的民族思想，重点在于族类之异与文化之优越感。两者比较则文化意识特别深强，族类的分别，反居次要。"[2]为了摆脱外侮，中国先进的知识分子振臂疾呼要树立明确的国家主权观念。维新派巨擘康有为也宣称要列世界民族国家之列，当今中国"当以列国并列之势治天下，不当以一统垂裳之势治天下"[3]。在民族国家的思潮里，追求富强成为晚清时代的主旋律，洋务运动、戊戌变法都推动了国家主权意识的全民觉醒，为20世纪初的民族民主革命奠定了理论基础。民族国家和国民意识的兴起，极大地促进了中国近代社会的演化，而晚清的新政，在谋求民族国家的独立和建设新国民的实践中，为孙中山为代表的中国资产阶级革命派领导的辛亥革命创造了社会前提，从而最终建立了中华民国这样的民族国家，以堪与西方国家并驱于世界民族之林。

（二）西方资本主义经济的东渐，引发了中国传统城乡统一模式的

---

① 《中国大百科全书·政治学》，北京：中国大百科全书出版社1992年版，第258页。

② 王尔敏：《中国近代思想史论》，北京：社会科学文献出版社2003年版，第31页。

③ 康有为：《上清帝第二书》，载汤志钧编《康有为政论集》上册，北京：中华书局1981年版，第122页。

松动，新添了近代资本主义的生活之素，使社会风俗越发西洋化，同时，伴随资本主义经济而来的西学又使西方民主、自由、平等的近代资产阶级意识形态不断渗入中国，提升了中国人权观，加速了民主法制下的公序良俗社会的形成，"溯自海禁大开，欧风美雨之浸淫我东亚大陆者，盖有日矣。"①在"欧风美雨"中的具有资本主义性质的工商业在通商口岸城市出现，继续向内地推进，近代工商业的发展使中国民众的日常生活变得丰富起来，尤其是城市市民的生活方式发生了巨大变化。其中，上海最为显著，"介四通八达之交，海禁大开，轮轨辐辏，竟成中国第一繁盛商埠。……更阅数十年，人心风俗之变幻必且倍甚于今日。"②在价值观上，市民对正统儒家的"重义轻利"观点进行尖锐的批评，质疑专制国家的公权力，在传统义利观的基础上追求近代国家的私人权利，"为今日而言，则家不妨私其家，乡不妨私其乡，即国亦不妨私其国，人亦不妨私其人……于是各得其私，而天下亦治矣。"③社会生活方式的西方化也对传统婚姻家庭观起到了重大冲击，反封建勇士甚至是一些女性开始突破传统礼教的束缚，放弃缠足，父母之命媒妁之言越来越受到指责，而构建以婚姻自由为基础的一夫一妻及其子女为成员构成的新式家庭成为主流。一些中国人的谋生途径脱离土地依附，而逐渐卷入到商品化的市场经济洪流，平等、人权等实用主义观念代替了保守的儒家义理，从而推进了近代中国法制化的进程，对构建新的社会文化和良俗秩序有积极的引领作用。

（三）中国人法制认识的水平和法律文化的实践，加速了近代中国公序良俗的建设，并在社会生活方面突出法律调整和法治天下的实际作用，使中华法系的礼治原则向近代法治精神转型。鸦片战争以来，传统的中华法系和社会现实需要越来越脱节，加上中外法制的不对接、治外法权在不

①　《报关业公所落成记碑》，上海博物馆图书资料室编《上海碑刻资料选辑》，上海人民出版社1980年版，第413页。

②　陈旭麓：《近代中国社会的新陈代谢》，上海人民出版社1992年版，第216页。

③　何启、胡礼垣：《新政真诠》（五编）之《劝学篇书后·正权篇辩》，沈阳：辽宁人民出版社1994年版，第124页。

平等条约下逐步丧失，传统法制的对内弊端也是矛盾百出，积重难返，法律观念落后，不符合近代民族国家的要求，"中国人历来（虽然可能是无意识的）将法律看作是对由于个人行为违反道德规范或宗教仪式，以及由于暴力行为而引起社会秩序紊乱的补救手段。"①黄遵宪在《日本国志·刑法志一》中明确强调了中国必须走"法治"道路，而不应再是"人治"惯例。因此，要实现传统法制的近代化变革，首先需要立法。但现实情况是中国立法水平低，司法混乱而弊端丛生，妨碍了法制近代化的社会进程。中华法系的特征是"诸法合体，民刑不分"，并在"祖宗之法不可变"虚训下，而委以增订附例，导致律例并行。到同治九年（1870），《大清律例》附例已达1782条，已跟不上近代千变万化的社会变化，加上君主在实际上掌握着最高的立法权，统治集团中执法与行政不分的司法运作，都使修律变得难于上青天。对于旧法制的弊端，中国人民不间断地予以抨击甚或起义反抗，而其中的地主阶级改革派、早期改良派、维新派以及资产阶级革命派等对封建法制的猛烈批判，代表了改革旧法制的历史最强音，推动中国近代法制的萌生和社会公序的法治保障。而曾经绞杀资产阶级维新派立宪变法的以慈禧为首的顽固派，却在清政府苟延残喘的几年中开始实行新政，似乎有雪洗庚子事变之辱的发愤图强之意，其中修律成为重中之重。1908年《钦定宪法大纲》则是参照《日本帝国宪法》制定的。期间，选派留学生，公派和自费生多流向日本。从本质意义上来讲，清末修律是受《日本国志》中"日本模式"启迪和戊戌变法被剿灭后的一种回归，但它开启了中国法制的近代化之路，传统的中华法系开始解体，中国开始加入大陆法系，自此"中国法律的发展摆脱了孤立的状态，而与世界法律的发展有了衔接。"②然而，清末修律和预备立宪虽然是一个骗局，但它所激扬而起的法律文化观念既奠定了中国近现代化法制的基础，也依然成为20

---

①　［美］D.布迪，C.莫里斯：《中华帝国的法律》，朱勇译，南京：江苏人民出版社1993年版，第31页。

②　张晋藩：《中国法律的传统与近代转型》，北京：法律出版社2005年版，第405页。

世纪后中国法制近现代化的努力方向。尽管有学者指出"清末的新政，是一次失控的现代化"，但它弘扬了法律文化的进步意义和时代精神，并在某种程度上极大地增强了近代中国人的法律意识、立法能力，为法治原则下的公序良俗社会的建立做出了重要的贡献。

（四）晚清中国近代化的法制社会建设的最高体现，是中国资产阶级维新派推行自上而下的以确立君主立宪的近代国家政体为归宿的戊戌变法，它揭橥的宪政变革大旗和一系列法制举措，极大地加强了近代中国公序良俗的社会规范作用。其后，遭受亡命西逃之耻的清廷回到京师后，在国内外矛盾尖锐的形势下被迫实行新政，开始预备立宪，又一次将近代中国的政治变革推向前进。尽管两次立宪以失败收场，但这个过程中蔓延全国的地方自治和合群意识的兴起，进一步推动了法治化的社会良秩的形成。黄遵宪在湖南新政期间，创设南学会和保卫局，就是地方自治思想的集中体现。地方自治是宪政民主制度的基础性结构，也是政治发展的重要标志，是18世纪六七十年代欧美资产阶级为反对封建专制、要求参与国家政权而提出来的。百日维新前后，中国民族资产阶级维新派代表人物康有为、黄遵宪、梁启超等努力将地方自治理论变成社会实践，谋求奠定立宪的政治基础以挽救国家危亡。戊戌变法失败后，在内外交困和日俄战争的影响下，强弩之末的清王朝不得不临阵磨枪地开展了以收回治外法权和预备立宪为宗旨的修律运动。以地方自治为立宪之根基，更在于自治能形成合群之力，而合群之力不仅有助于法治一地一国之事，而且又御敌于国门之外的卫国之威。黄遵宪晚年寄居人境庐，更加深入探究地方自治、合群之道的历史价值和现实可行性，依然相信中国的最大公序乃是立宪，"合群之道，始以独立，继以自治，又继以群治，其中有公德，有实力，有善法"，"民智渐开，民气渐昌，民力渐壮，以吾君之明，得贤相良佐为之辅弼，因势而利导之，分民以权，授民以事，以养成地方自治之精神。"①

---

① 黄遵宪：《黄遵宪致梁启超书》，吴振清等编《黄遵宪集》，天津人民出版社2003年版，第506—507页。

前推到湖南新政中黄遵宪的作为，我们发现地方自治和合群意识在湖南兴起后对今后中国历史所产生的影响，"湖南新政虽只这短短一年，在湖南历史上却是当用如椽之笔写下的。对于湖南在日后的辛亥革命、土地革命的影响，可谓深远。……湖南在20世纪出了那么多政治、军事、文教的卓然而立的命世之才，也同样托庇于新政年间（地方自治与立宪等）思想的活跃。"[①]因此，无论是法制变革和立宪政治，还是围绕民族国家前途的各项自强图存，包括黄遵宪在内的近代外交官们对于国内公序良秩的努力都是功不可没的，为中华民族的文明保存和对其他文化主体的精华容纳无疑具有世界性、时代性和前瞻性的历史举措，当为后人铭记与研究。

---

① 谭元亨：《黄遵宪与湖南新政》，《华南理工大学学报》（社科版）2009年第3期。

第三节

近代立宪政体的悲剧与必然失败

黄遵宪拥有丰富的阅历、敏锐的见识，不仅关心国家的前途，倡导变法与改革，而且关心民事民情，具有独到而先进的近代化思想，他的最重要和最终极的政治目标是要在中国建立君主立宪政体，这成为他投身于晚清政治近代化改革的指导思想和动力源泉。在《日本国志》和湖南新政中，他揭露批判封建专制制度，推介西方政治理论学说，大力实践法治和地方自治，推动了中国近代民主潮流的向前发展。黄遵宪不仅是维新变法运动的启蒙者，也是戊戌变法的精神领袖人物之一，可惜戊戌变法的失败，不仅是他个人政治生活的悲剧，也是整个中国近代化对历史机遇的错失，这种必然性正是对包括黄遵宪在内的资产阶级维新派软弱性的无声证明，更是对违背世界潮流而日趋保守腐朽的清王朝的无情鞭挞。然而，无论是从中国近代思想的启蒙上，还是从中国民权宪政的发展上来看，黄遵宪都起到了承上启下的重要作用。

一、戊戌变法失败的悲剧

"日本维新之效成则且霸"的客观事实，便在甲午战争中得以向世界展露无遗，而且被力谏清朝仿效日本维新的黄遵宪及其《日本国志》主旨不幸言中。在《日本国志·地理志一》开篇的"外史氏曰"中，黄遵宪就曾指出明治维新以来的日本是"以英之三岛为比，其汲汲力图自强；虽曰自守，亦颇有以小生巨、遂霸天下之志"，而囿于蕞尔岛国之限，"试展五部洲舆图而观之，吾诚恐其鼎举而膑绝，地小而不足回旋"，也极有可能仿效同为岛国的英国那样向外扩张。故黄遵宪曾满怀忧患地预言。"日本维新之效成则且霸，而首受其冲者为吾中国。"①《马关条约》的签订，尽验了黄遵宪的先见之明，也激发了他义无反顾地投身到救亡图存的维新运动之中。1895年4月22日，康有为、梁启超写成18000千字的"上今上皇帝书"，18省举人响应，1200多人连署。5月2日，由康、梁二人带领十八省在京会试的举人1300多人于松筠庵集会，联名上书光绪帝，反对丧权辱国的《马关条约》，提出"拒和、迁都、练兵、变法"等主张，史称"公车上书"。"公车上书"虽被清政府拒绝，但在社会上产生了巨大影响，它被认为是资产阶级改良思潮发展为政治运动的起点，是中国群众性政治运动的开端，也是中国资产阶级维新派登上历史舞台的标志，因而在中国近代史上有着重要的地位。

继"公车上书"不达之后，康梁等维新派在北京成立了倡导变法的政治团体，即强学会，又称译书局，或强学书局。先后有康有为、梁启超、沈曾植、文廷式、陈炽、孟麦华、丁立钧、杨锐等数十人加入，也得到了李鸿藻、翁同龢等人的大力支持，因而这个政治团体具有资产阶级改良派和帝党相结合的历史特征。学会每十日集会一次，每次都有人发表演说，讲演"中国自强之学"，其中康有为所作维新变法的第一篇宣言《强学会叙》，强烈呼吁迫在眉睫的变法维新，"俄北瞰，英西睒，法南瞬，日东眈，处四强邻之中而为中国，岌岌哉！"②以此号召广大的知识分子和爱国官吏团结起来共同挽救民族危亡。强学会还于是年12月16日出版《中外纪闻》，双日刊，有阁抄、新闻及译印诸栏，其中，译印后有附论，但专论不多。初期印刷不过千份，后来需求量增大而增印至3000份，分送朝廷和在京一些官员，一时对朝野的舆论界产生了很大的影响。强学会甫有成效，康有为又南下南京游说两江总督张之洞，成立了上海强学会，并在

①　梁启超：《嘉应黄先生墓志铭》，钱仲联《人境庐诗草笺注》，上海古籍出版社1981年版，第1164页。
②　中国史学会主编：《戊戌变法》第四册，上海人民出版社2000年版，第384页。

1896年1月12日刊发《强学报》，它是以孔子纪年，寓意着"托古以改今制"的维新变法，进而提出了开议院的政治主张。时值黄遵宪于去年底结束为期3年的新加坡总领事职务回到祖国，在张之洞委派的江宁洋务局任职。1895年秋，黄遵宪由南京往上海，在上海强学会与康有为谋面，两人"纵谈天下事……自是朝夕过从，无所不语。"①受之影响，黄遵宪列名参加了上海强学会。据他的《人境庐诗草》卷九《己亥杂诗》"怜君胆小累君惊"的自注，可知当时列名上海强学会还有康有为、梁鼎芬、黄体芳、汪康年、陈三立、张謇、邹代钧等人，由于洋务派大员张之洞的经济支持，这个具有资产阶级改良派与清政府地主阶级洋务派相结合特色的政治团体，很快成为在南方讲求中国自强之学的有影响力的团体。维新派的声势日炽引起了清廷顽固派的惊慌与猜忌，导致后党御史杨崇伊在1896年1月20日上疏弹劾强学会，北京强学会很快被封，上海强学会也随之解散。

上海强学会遭遣散后，黄遵宪即以救亡图存为己任出资创办《时务报》，是其亲身进入维新境地的变革尝试。《时务报》的张扬，是对强学会被封的反弹而起，面对讳言新政的万马齐暗局面，他为筹办《时务报》颇竭心力，"数月之中，报馆一切事，公度无不与闻，其捐款之独多也如彼，其开办之出力也如此。"②1896年8月9日，在他的主持和筹划下，《时务报》在上海正式刊行，汪康年（字穰卿）为总经理，梁启超为主笔。《时务报》为旬刊，年出33册，每册约20余页，分为论说、谕折、京外近事、域外报译等栏。《时务报》大力宣传西方政治学和维新变法的理论，实际上是维新派的主要喉舌，"一时风靡海内，数月之间销行至万余份，

---

① 康有为：《人境庐诗草·康序》，钱仲联《人境庐诗草笺注》，上海古籍出版社1981年版，第1页。

② 梁启超：《创办时务报源委》，载《戊戌变法》第四册，上海人民出版社2000年版，第524—528页。

为中国有报以来所未有，举国趋之，如饮狂泉。"①回顾《时务报》初刊之时的舆论成效与推动变法的思想影响，我们不能否认是一种综合力的产物，这不仅与当时爱国主义维新下的救亡图存运动这个大气候有关，也与黄遵宪在筹办《时务报》的办刊宗旨和报馆的运作机制关系密切。在谋划《时务报》的过程中，黄遵宪着眼于要将西方资产阶级立宪原则和三权分立思想运用于办报机制中，在报馆中实行法制化的管理。在开办之初，黄遵宪确立了《时务报》的宗旨，应是重在论政，着力于思想启蒙，大力在开民智、开绅智、开官智等方面有所贡献或成效。而在报馆管理上，黄遵宪特别强调法治的重要性，"《时务报》既为公众所鸠之资，既为公众所设之馆。非有尽一定章程不足以垂久远，昭耳目，故馆中章程为最要矣。此馆章程即是法律，西人所谓立宪政体，谓上下同受治于法律之中也。章程不善，可以酌改，断不可视章程为若有若无之物。……宪纵观东西洋各国，谓政体之善，在乎立法、行政，歧分为二，窃意此馆当师其意。"②，"此馆既为公众所设，当如合众国政体，将议政（于馆中为董事）、行政（于馆中为理事）分为二事，方可持久。"③正是在这种法治观念的指导下，梁启超着手拟定了《同志公启》三十余条，黄遵宪亲手大加改定而成制，使之成为报馆的章程。其中，章程的第九条规定："本报除住馆办事各人外，另举董事四人，所有办事规条，应由总董议定，交馆中照行。"④黄遵宪在上海创办《时务报》的两个月时间里，始终以董事制来分管议政、行政的报务，人人按照法律办事，规避了一人独揽大权，明确体现了资产阶级国家的立宪原则和法治观念，并且还有所创新与发展。根据《时

---

① 丁文江、赵丰田编：《梁启超年谱长编》，上海人民出版社1983年版，第68页。

② 黄遵宪：《致汪穰卿书》（丁酉二月十日），转引自郑海麟《黄遵宪与近代中国》，北京：三联书店1988年版，第389页。

③ 黄遵宪：《致汪穰卿书》（丁酉四月十一日），同上，第388页。

④ 梁启超：《创办时务报源委》，载《戊戌变法》第四册，上海人民出版社2000年版，第528页。

务报》所传播出来的变法思想和社会启蒙内容，首先对那些参与办报的维新人士和从该报中获取西方立宪制情况的一般民众，都是一种思想解放的亲身体验，意义是巨大而深远的。在《时务报》创办两个月后，黄遵宪就离沪北上，准备奉旨入湘，但他自视创办《时务报》为自己从事变法事业的开始，"于筹款、用人、刊式、发行等罔不涉及"①，在一定程度上成为黄遵宪的"志在变法、在民权"与"借报纸以启发以拯救（民众）"②的政治理想的变法实践。

《时务报》创办和运作，也是黄遵宪在《日本国志》中所阐释的有关民权思想与官制改革、政党组织与议会体制的一场实践，虽然很短暂却是影响深刻的，成为他在湖南新政的全心力开拓准备了心理体验和经验积累。肇始于1897年而遽然鼎盛的湖南新政发生在"公车上书"之后，又影响并推动了1898年在京师爆发的民族资产阶级维新派掀起的"百日维新"浪潮。湖南新政在历史上产生了三方面的意义，"首先具有承前启后的意义；其次具有实践意义；最后具有唤醒制度改革之'现代性'意识的意义；这些不仅冲击了秦汉以来几千年的中国封建官僚制度体系，而且刷新了人的观念和意识，在停滞已久的老大帝国做了一次形式上的突破。正是从这个意义上，使维新派领衔人物康有为也不得不承认：中国变法，自行省之湖南起。"③这种意义的产生与黄遵宪的殚精竭虑和亲力亲为关系密切。黄遵宪参与了湖南新政，而且是主要策划者和中坚人物，这是历史的定论。

黄遵宪在湖南新政中的作为，诸多史书皆有记载，只是侧重点有所差异。据钱仲联所撰的《黄遵宪年谱》，湖南新政是一个具有历史传承的思

---

① 汤志钧：《戊戌变法人物传稿》（增订本）"黄遵宪"条，北京：中华书局1982年版，第417页。

② 黄遵宪：《致梁启超书》，载吴振清等编《黄遵宪集》，天津人民出版社2003年版，第498-499页。

③ 李珺平：《从"加富尔"到"马志尼"：黄遵宪政治理想之定位及价值》，《湛江师范学院学报》2005年第5期。

想解放运动。湖南巡抚陈宝箴在1895年闰七月上任后，顺应维新思潮，在11月就上书奏请设立矿务总局，开发矿业。不过，新政的真正而大规模的开展则是黄遵宪到达湖南以后的事情。他是在1897年5月被任命为湖南长宝盐法道，次月抵达长沙，同时兼任湖南按察使一职，随后又被陈宝箴委任为总办。巡抚对黄遵宪的器重，从新政的所有委托中可以看出。黄遵宪不仅督办铁路、矿山、轮船等业，而且全权处理政治、文教等改革要务，实乃可谓"（陈宝箴）行新政。相与助其成者，先生也。"[①]黄遵宪之孙正先（即黄延瓒）也在《黄公度——戊戌维新运动的领袖》（《逸经》1936年第10期）中说过：黄遵宪实际上成为"陈右铭（宝箴）中丞之灵魂"[②]。在封建势力最顽固的湖南，在空前的民族危机感的刺激下，一大批新派人物齐集湖南，例如黄遵宪、徐仁铸、梁启超、谭嗣同、唐才常、欧榘甲等人，群策群力地掀起一场有声有色的地方性改良运动，很快就使湖南成为维新变法思想最活跃的省份。湖南新政涉及经济、政治、文教等方面："湖南省会，既大张新学，有若南学会，有若校经学会，有若时务学堂，有若武备学堂，有若方言学堂，有若课吏馆，有若保卫局，有若机器制造公司，有若旬报馆，有若日报馆，有若各书院之改课，骎骎乎文化日辟矣。"[③]红红火火的湖南新政中的诸多变革事体，都是需要领袖和兄弟般的相互扶持和共进退，而黄遵宪在其中的作为和作用更为突出。王仲厚在《黄公度诗草外遗著佚文》一文中，肯定了黄遵宪一行维新人士的作为和努力，从而阐释了湖南新政的历史意义，"不数月而湘中风气丕变，骎骎乎驾凌京、津、沪、汉之上，而煌煌谕旨，且令各省督抚，效法仿行，谓

---

①　钱仲联：《黄公度先生年谱》，钱仲联《人境庐诗草笺注》，上海古籍出版社1981年版，第1223页。

②　郑海麟：《陈宝箴、黄遵宪的交谊与湖南新政（一）》，《文史知识》2008年第6期。

③　谭嗣同：《谭嗣同全集》（增订本）下册，北京：中华书局1981年版，第430页。

非清末维新史上之可大书特书者乎！"①郑海麟先生在《黄遵宪与近代中国》一书中也认为"湖南新政中最有成效的是教育、警察、裁判三项，而警察、裁判二项为黄遵宪亲自主持，教育改革如创立时务学堂他亦积极参与。"②还有学者对黄遵宪本人的思想主张予以很高的评价，"黄遵宪在维新派里面占极重要的地位……他的思想见解和主张，以及给维新派的赞助和鼓舞，在当时都起了重要作用。在赞助鼓舞和规正先生和他的事业上实与梁（启超）颇多共通之处，有很大的力量和功绩。"③凡此各种赞誉，都较为切实地道出了黄遵宪在湖南新政中的枢纽作用。不可否认，在湖南的这批维新人士当中，有多年海外外交履职经历的黄遵宪是唯一对资产阶级政治制度和思想文化有切身体验的人，并在深入考察和反复思考的过程中较为系统地接受了西方政治民主和君主立宪政体思想，是当时不可多得的了解多元文化的显要人物，理应可能成为"新政"的领军人物或领袖级的引导者。此外，黄遵宪以世界视野和史学著才而撰写的《日本国志》《日本杂事诗》《人境庐诗草》等文化作品在维新派和不少民众中广为传阅，对当时社会的思想解放与政治觉悟提高都潜在地起到了极大的教化作用。如果以"能者多劳"为视角，我们会顺水推舟地认为黄遵宪定会在湖南新政中成为无可争辩且不可替代的领袖人选，"黄遵宪在（湖南）新政诸人中，所任实际工作最多。"④

在历时一年余的湖南新政中，黄遵宪将中国传统文化精华和西方民权思想及地方自治原则相结合，创造性地推行了一系列资产阶级性质的政

---

① 钱仲联：《黄公度先生年谱》，《人境庐诗草笺注》，上海古籍出版社1981年版，第1223-1224页。

② 郑海麟：《黄遵宪与近代中国》，北京：三联书店1988年版，第413-414页。

③ 丁文江、赵丰田：《梁启超年谱长编》，上海人民出版社1983年版，第348页。

④ 钟叔河：《黄遵宪及其日本研究》，载其主编《走向世界》，北京：中华书局1985年版，第399页。

治、经济、文化的基本变革。诚然，这种仍没有触及和推翻封建专制根基的西方思想与制度的移植实践，其破坏和重建的双重价值都是存在的，只不过各有不同的说法。因为湖南新政是一个逐步展开的变法整体，各种新式思想和新措施都是对传统的思想和体制或具体制度的巨大冲击，有些举措受到支持和欢迎，有些被冷淡或搁置，有些就会受到巨大的反对或者阻挠、破坏，不一而足。黄遵宪在新政中的全部举措或者思想启蒙并非都有效。根据深入的探究，若从思想观念的新颖性、政治规划与实践的经世致用性，以及新政的实际成效等诸多方面综合而论，黄遵宪在湖南新政中的最主要的贡献在于思想建设和体制塑造两大方面。"如果说在思想建设方面黄遵宪有意要去掉中国人的奴性心理，以确立自主意识，并积极传播了卢梭的自由、平等观念，那么在体制塑造方面，黄遵宪则处心积虑地想改革封建官僚制度，以确立民主、民选体制，并将孟德斯鸠三权分立的思想付诸实践。"①事实上，无论是思想建设还是体制塑造，都是建立在他的立宪变革观念的基础之上，而且还是单个化的、初级而零碎的，未能达到其设想的政治境界，这是刚刚登上历史舞台的民族资产阶级的发育不良的必然结果。然而，即便有很多不尽人如意的地方，但我们不能抹杀黄遵宪在湖南新政中的思想建设和体制塑造之功。他在南学会、时务学堂、武备学堂主讲政教中所渗透的西方平等、民主观念，地方自治、以民权取代王权的政治诉求，以及所创办的保卫局、迁善所等机构，都潜藏着良苦用心，即要用西方三权分立思想开启中国的新时代。所有这些举措，确实促使湖南这个以守旧闻于天下的省份不断涌现出了一些站在时代前列的人才。换言之，湖南新政的尝试，就是一种开创，其经验教训都是应该受到重视的。

    站在政治变革的视角而论，湖南新政至少在湖南乃至全国为建立资产阶级立宪政体发挥了积极的思想启蒙和初步的实践楷模的作用。正因为在

---

    ① 李珺平：《从"加富尔"到"马志尼"：黄遵宪政治理想之定位及价值》，《湛江师范学院学报》2005年第5期。

这一过程中，黄遵宪以积极的作为赢得了很大名声，从而有机会得到光绪帝召见，进而委以赴日公使的重任。史书记载，当时与之一起共事的湖南学政徐致靖对黄遵宪予以盛誉，称他"于各国政治之本原，无不穷究。器识远大，办事精细，其所言必求可行，其所行必求其效。近在湖南办理时务学堂、课吏馆、保卫局等事，规模宏远，成效已著。"①并向光绪帝鼎力保荐，委以重任。除了徐致靖的举荐之外，黄遵宪确实还得到了其他政要的欣赏和推荐。根据胡思敬《戊戌履霜录》或黄遵宪《己亥杂诗》中"御屏丹笔记名新"句自注的有关陈述，黄遵宪曾被疆臣朝官举荐多达14次。这位早被李鸿章喻为"霸才"的一代外交官就在戊戌变法当中励志图强的光绪帝召见而受到重用。史料记载，光绪帝先是授命黄遵宪为出使日本大臣，很快又下三道诏令急令他进京而入军机赞襄变法，"有无论行抵何处，著张之洞、陈宝箴传令，攒程迅速来京。"②这对黄遵宪而言，可谓是幸运至极，他深受鼓舞而且对变法充满信心，"列国纵横六七帝，斯文兴废五千年；黄人捧日腾空起，要放光明照大千。"③，"寸寸河山寸寸金，瓜离分裂力谁任；杜鹃再拜忧天泪，精卫无穷填海心。"④1898年对于这位立志用杜鹃啼血、精卫填海的精神投身变法的外交官黄遵宪来说，无疑是个最值得纪念的好日子。他被历史性地推到了戊戌变法的前沿舞台，似乎可将这一年视为他的君主立宪政治思想的顶峰。可惜的是，戊戌变法最后失败，顷刻间变法志士尽陷罗网为变法献出生命，黄遵宪也难逃厄运，幸在只是被"放归"故里，"永不叙用"。就这样，这位志在变法和君主立宪的资产阶级政治家和先驱人物，从此退出晚清政坛，躲进他家乡的"人境庐"，不得不做起真正的诗人。这个历史性悲剧既是造化弄人，也是近代中国的复杂局势所致。

---

① 中国史学会主编：《戊戌变法》第二册，上海人民出版社1972年版，第336页。
② 黄遵宪：《己亥杂诗》"三诏严催倍道驰"自注，载钱仲联《人境庐诗草笺注》，上海古籍出版社1981年版，第839页。
③ 黄遵宪：《赠梁任父同年》，同上，第715页。
④ 同上，第717页。

仅仅百余天的戊戌变法失败了，但中国走向独立和强盛的维新运动不会停止，它在时代进步演化的潮流中不断发展。撇开君主论的传统论调，立宪意志下的宪政思想和实践将不会因为黄遵宪的谪居而休止。黄遵宪虽退出政坛，仍在鼓舞自己，"自是以来，愈益挫折，愈益艰危，而吾志乃益坚。盖蒿目时艰，横揽人才，有无佛称尊之想，盖有舍我其谁之叹。"[①]在生命的最后七八年时间里，他一刻不曾怀疑或放弃自己的君主立宪思想，"二十世纪之中国，必改而为立宪政体。"[②]这种坚持和激励后人不断实践的文化理念，在其晚年所写的诗歌里不断表现出来，例如，"沉沉酣睡我中华，哪知爱国即爱家；国民知醒今宜醒，莫待土分裂似瓜。"；"颈血模糊似未干，中藏耿耿寸心丹；琅函锦箧深韬袭，留付松阴后辈看。"；"蜡余忽梦大同时，酒醒衾寒自叹衰；与我周旋最亲我，关门带读自家诗。"[③]"滔滔海水日趋东，万法从新要大同，后二十年言定验，手书《心史》井函中。一夫奋臂万人呼，欲废称臣等废奴。民贵遂忘皇帝贵，莫将让国比唐虞。"[④]他时常回想到"六君子"血染菜市口、自立军起义流产和义和团运动失败以及八国联军攻破北京等一幕幕历史悲剧，开始在他的立宪思想中加入了一些新内容，"风会所趋，时势所激，其鼓荡推移之力，再历十数年、百余年，或且胥天下而变民主，或且天下而戴一共主，皆未可知。"[⑤]尽管晚年的黄遵宪并不否定日后中国实现民主立宪或共和的可能性，但他认为在目前条件下，和平的改良运动是可取的。他认为取法英、日实行君主立宪制，就必须先奉主权以开民智和分官权以保民

---

① 黄遵宪：《致梁启超书》第10号，《中国哲学》第八辑，北京：三联书店1982年版，第376页。

② 黄遵宪：《致梁启超书》第35号，同上，第388页。

③ 黄遵宪：《己亥杂诗》，载钱仲联《人境庐诗草笺注》，上海古籍出版社1981年版，第847页。

④ 同上，第826—827页。

⑤ 黄遵宪：《致梁启超书》第35号，《中国哲学》第八辑，北京：三联书店1982年版，第386页。

生，以致两者成功而达于君权、民权两得其平之后，中国就会与西方诸国平起平坐了。在他看来，在民智未开、救亡图存的历史条件下，倡导暴力革命，不仅难以推动立宪，而且对民族之国本也会造成损伤，故而应该以民族主义为先导，尊主权而导民权，无论是世袭君主还是"民选"君主，立宪都是晚清的必然的政治选择。"胥天下懵懵无知、碌碌无能之辈而已。以如此无权利思想、无政治思想、无国家思想之民，而率之以冒险进取，耸之以破坏主义，譬之八九岁幼童，授以利刃，其不至引刀自戕者几希。"[①]当然，必须指出的是，君主立宪和民主共和都是舶来的西方政治文化产品，都是中国民族资产阶级知识分子从西方学来的不同的救国方案，具有专制制度难以超越的优越性和进步性。近代中国历史的急速演变，使得立宪的优越性和进步性还未来得及显示，就被同期疾速而巨量的民主共和浪潮所冲垮，留下的余绪也不足以阻碍民主革命的迅速到来。

弥留之际，黄遵宪存世的最后一首诗歌，仍深含着他追求的君主立宪的政治理想，"呜呼专制国，今既四千岁。岂谓及余身，竟能见国会？以此名我名，苍苍果何意？人言廿世纪，无复容帝制。举世趋大同，度势有必至。怀刺久磨灭，惜哉吾老矣！日去不可追，河清究难俟。倘见德化成，愿缓须臾死。"[②]从这首既是挽歌又是前瞻的诗文里，我们可以看到一位落魄的诗人政治家的执着追求。他认为，当人类文明跨入20世纪，中国已经不容许帝制的存在了，只有立国会和颁宪法，"以此名我名"即"遵宪"，才可能使得人民得民主，社会得安定，此所以国昌也。如今，回看黄遵宪的时代，在悼念一代先贤的同时，我们也清醒地认识到唯有进入新民主主义时代后，中华民族救亡图存的胜利才能实现。历史不可割裂，伟大的历史人物总是在传颂中让后人得到新的启迪，黄遵宪的政治理想、外交才干和参与变法的成绩，以及留世的《人境庐诗草》《日本国志》等诗

---

① 黄遵宪：《致梁启超书》第35号，《中国哲学》第八辑，北京：三联书店1982年版，第387页。

② 黄遵宪：《病中纪梦述寄梁任父》，载钱仲联《人境庐诗草笺注》，上海古籍出版社1981年版，第1075页。

文著作，无论是从近代思想启蒙还是从中国近代化的角度，都是前人留下的宝贵的精神与文化遗产。"人类的生活是生活在时间的深度上的。现在的行动的发生，不仅在预示未来，而且也根据了过去。假如你随意忽视过去，不去思考或损伤过去，那么你就会妨碍自己采取有明智的行动。"①总之，无论从何种角度或立场研究黄遵宪，都必须要去研究他的建立宪政、改革图强、振兴中华的思想与实践经验，这些对于当前的中国现代化建设都是很有帮助的历史借鉴。

二、立宪政体在华的失败

中国近代史时期是中国社会变革最剧烈的时代，也是社会思潮最为活跃的时代。在六七十年的反侵略斗争中，晚清大都以专制制度落后和经济军事力量衰弱而兵败如山倒，被迫签订一个个不平等条约，而逐渐沦为半殖民地社会。民族屈辱和随之而起的救亡图存运动，杂糅着东西方文化的激烈交锋，几代先进的中国人开始重新思考过去和未来，不断探索救国救民的真理，于是各种思潮迭起，如洋务思潮、维新思潮、立宪思潮、实业救国思潮、教育救国思潮、民主革命思潮、社会主义思潮、无政府主义思潮等社会思潮在中国大地上盛行起伏，对社会变革产生了重大影响，也推进了中国历史的进程。具有承上启下作用的立宪思潮具有十分积极的作用和研究价值，它推动了中国政治制度的近代化，促进了民众的思想觉悟，激发了人民的爱国热情，并在一定程度上促进了民主革命形势的成熟。②

晚清立宪思潮有一个兴衰的过程。适逢西方资本主义东侵和西学东渐，古老的东方中国日益成为西方文化浸染的对象，也日益面临着生死

① 田汝康等选编：《现代西方史学流派文选》，上海人民出版社1982年版，第142页。或见严建强等著《西方历史哲学》，浙江人民出版社1997年版，第40页。

② 卞修全：《立宪思潮与清末法制改革》，北京：中国社会科学出版社2003年版，第1—2、210—212页。

存亡的危机。1842年，魏源受林则徐的嘱托，在《四洲志》基础上编成了《海国图志》一书，初步详细地介绍了英、法、美、俄等资本主义国家的政治制度。与林则徐、魏源几乎同时期的另一位爱国官僚徐继畲撰述了《瀛寰志略》，介绍了泰西各国史地文化、宗教、军事和政治制度等情状，显然比前者要详细和准确得多。近代中国人开始认识中西方政治制度的异同是在第二次鸦片战争后的十余年间，是从清政府洋务派中分化出来的早期资产阶级改良派所推动的进步思想，改良派的主要代表人物有冯桂芬、郑观应和王韬等人。冯桂芬所著《校邠庐抗议》对中国封建君主专制制度进行了大胆抨击，提出在中国实行君主立宪政治的要求。他指出中国政治制度虽落后于西方，但要解决也不难，"道在反求，惟皇上振刷纪纲，一转移间耳！"，只要通过学习西方，"公黜陟""汰冗官""省则例""改科举""停武试"等就能成功。① 郑观应在其著作《盛世危言》中，也着重强调了西方议院的性质和作用，"议院者，公议政事之院也，集众思，广众益，用人执政，一秉至公，法诚良，意诚美矣"，"欲行公法，莫要于张国势；欲张国势，莫要于得民心，莫要于通下情；欲通下情，莫要于设议院"。甲午战败后，他呼吁以日本明治维新为榜样，中国必须"毅然改图，一切更始，于治军、经武、行政、理财、通商、惠工诸大政破除陈见，舍旧谋新，设议院以通上下之情。"② 而较冯桂芬、郑观应对中西政治制度认识更深刻的当属早期资产阶级改良思想家王韬，他曾赴香港生活很久，期间游历欧洲和日本，1868年返回香港并于1874年创办《循环日报》，著文宣传变法的图强主张。在对西方的君主、君民共主、民主三种政治制度做比较后，他认为君民共主政治制度最好，更特别推崇英国的君主立宪政体，认为它最适宜中国，"惟君民共治，上下相通，民隐得以上达，君惠亦得下逮。"③ 王韬对洋务派的求强活动不以为然，强调

---

① 中国史学会主编：《戊戌变法》第一册，上海人民出版社1957年版，第30页。

② 夏东元编：《郑观应集》（上），上海人民出版社1982年版，第422页。

③ 王韬：《弢园文录外编》，北京：中华书局1959年版，第24页。

必须改革封建用人行政制度和教育法律制度。可以说，王韬的包括立宪在内的仿效西方改革的政治主张为其后的康梁变法和黄遵宪的湖南新政的君主立宪实践开了先河，具有承上启下的文化传承价值。

在主张学习西方政治制度的浪潮中，有一批先进中国人肩负着更大的历史使命，便是自19世纪70年代起纷纷走出国门观察了解世界的驻外使臣。1875年马嘉理事件后，清政府遣使外国，开始了真正意义上的近代外交。其中，出使日本的何如璋、黄遵宪一行对日本明治维新的考察为中国维新运动做出了积极的模板效应。何如璋在出使日记中肯定了日本的政治改革，而参赞黄遵宪更是博采广闻，撰述了《日本国志》《日本杂事诗》，对明治维新全方位的记录，实际上提出应向日本学习的主张，继而他到美国旧金山履行新职，比较日本和美国政体之别，得出仿效日本君主立宪制度是中国变革的最佳选择，1890年后随使英国后，在考察英国政体与日本无大异后，坚信英国"民选议院，为出治之所"的君主立宪政体最适宜中国，为后来投身湖南新政和支持康梁的"百日维新"奠定了思想基础。当然，黄遵宪陪使英国的驻欧四国（英、法、意、比）公使薛福成，是出使大臣中鼓吹学习西方议会民主政治最活跃的人，其所撰成《出使英法意比四国日记》叙述了各国的社会制度，认为"君民共主无君主、无民主偏重之弊，最为斟酌得中""中西政俗要集其所长而去其所短"，主张在中国实行君民共主的政体。[1]薛福成也是具有资产阶级立宪思想倾向的封建官僚，对黄遵宪的影响也很大，《日本国志》书成之后，黄遵宪万里寄稿拜请时驻巴黎的薛氏赐序，薛氏在序言中称赞该书为"奇作也！数百年来鲜有为之者"[2]。

立宪思潮在历时三四十年的酝酿，终于在甲午战败后演变成维新变法的社会运动。面临着蕞尔岛国战胜泱泱大国的残酷事实，一大批先进中

---

① 王韬：《弢园文录外编》，北京：中华书局1959年版，第170页。
② 黄遵宪：《日本国志》，王宝平主编《日本国志》，上海古籍出版社2001年版，（薛序）第1页。

国人普遍感受到只有从"内治"入手，"伸民权"，设议院，维新变法，才能从根本上解决问题，于是"士夫渐知泰西之强由于学术，于是言变法者乃纷纷。"①正是在这样空前的民族危机中，中国政治舞台上出现了两股重大的变革势力，资产阶级改良派（维新派）和革命派。直到清朝灭亡，近代中国就是在改良和革命的两大股势力的不断变革中曲折前进的。革命和改良之于社会，如燕雀之有双翼，舟车之有两轮，"它们既是相互依存的，又是矛盾对立的，二者交叉地出现，或缓或急地促进社会的新陈代谢。"②我们知道，北洋舰队在甲午海战中的全军覆没，宣告了清朝洋务派三十余年"自强"运动的破产，而酝酿已久的维新变法思潮便形成了一股富有朝气的政治力量出而领航了，以"公车上书"和强学会创立为标志，中国资产阶级改良派旨在"变政改制"的政治思潮被推向到政治运动的前台。从1895年5月康有为发动"公车上书"到1898年9月戊戌政变的几年间，改良派被时人看作"新党"，其变法活动以北京、天津、上海、长沙、广州等地为枢纽，有风靡全国之势，确曾给人以开创局面、迎接富强的希望。而以兴中会为发轫的资产阶级革命派在19世纪末仍只是局限于海外华侨聚居地和港粤一带活动，且被清政府和士大夫阶层视为"乱党"，加上只在广东的闪电式的孤军冒险，并无全局性和巨大影响，相对于改良派是居于次要地位的，或者说革命派不是改良派的对立面，而是某种程度上的合作者。湖南新政是近代维新运动史上的一个重要组成部分，对稍后的康梁在京主导的"百日维新"运动起了很大的影响和推动作用。1898年6月11日，光绪帝颁诏"明定国是"，戊戌变法由是开始。然而，效仿西方立宪政体的改革，遭到了封建顽固派的镇压，1898年9月21日戊戌政变发生，除了7月开办的京师大学堂（今北京大学）外，新政措施全部都被废止。尽管这次变法只坚持了103天，但被认为是中国近代史上第一次思

① 中国史学会主编：《戊戌变法》第二册，上海古籍出版社2001年版，第18页。
② 陈旭麓：《近代中国社会的新陈代谢》，上海人民出版社1992年7月第1版，第277页。

想解放运动，对中华民族的觉醒和近代中国社会的变革产生了十分深远的影响。

戊戌变法的失败，主要归咎于中国资产阶级维新派的软弱性和妥协性，加上中外反动势力共同绞杀，以及脱离民众的偏重改良。然而，戊戌变法失败并不能否定这一历史阶段的立宪思潮的进步性和合理性。马克思说过"一切发展，不管其内容如何，都可以看作一系列不同发展阶段。它们以一个否定另一个的方式联系着，比方说，人民在自己的发展中从君主专制过渡到君主立宪，就是否定自己从前的存在。"①同样，任何类型政体的更替有着不同的道路和方式。一般说来，大多数资本主义国家的政体是资产阶级革命的产物，是在资产阶级夺取政权后逐步确立的，但也不否认有和平转型的可能，它是由开明君主的自我调整与变革，逐步过渡到君主立宪的政体模式。从这种历史转型的意义上讲，1898年戊戌变法的失败意味着一个历史时期的结束。这个时代的结束，也意味着清朝立宪政体的败局，是中国近代化进程中的一次重大失败和延误。同时，也说明了自19世纪初以来中国仁人志士为之奔走呼求的"变制"运动不过是一场"君子梦"，一场历史的悲剧，戊戌变法就是这场悲剧的悲怆谢幕。对此，美国著名汉学家费正清先生评论："1898年事变的主要意义在于，这是激进派自上而下进行变革的一场试验，它仿照了日本明治维新的模式，但以失败而告终。慈禧太后政变之后的10年中尽管也进行了颇有节制的改革，但这恰恰表明任何真正的革命性变革都必然自下而上地进行，甚至还须借助暴力手段。由此看来，按部就班进行改革则成功之日遥遥无期，相比之下，倒是剧烈的革命也许更有成功的可能。"②

对于戊戌变法这次立宪的失败，不能否认客观条件的不足，而就主观条件上看也是不如人意的。在总结戊戌变法的成败得失时，可谓仁者见

---

① 《马克思恩格斯选集》第1卷，北京：人民出版社1972年版，第169页。

② ［美］费正清：《中国：传统与变迁》，张沛译，北京：世界知识出版社2002年版，第433—434页。

仁，智者见智，但有一点是共同的，即改良步伐的快慢是胜败的主要缘由之一。黄遵宪之孙正先（黄延瓒）在《黄公度——戊戌维新运动的领袖》中指出，"戊戌维新运动，在湖南成功，在北京失败。在湖南所以成功，因陈宝箴、黄公度等都是政治家，资望才学，为旧派所钦重。凡所措施，有条不紊，成效卓著。反对者虽叫嚣咒骂，而事实俱在，不容抹杀。在北京所以失败，因康有为、梁任公等，都是言论家，资望不足，口出大言，而无实际，轻举妄动，弱点毕现，一百日间，竟为光绪下变法特旨三四百道。"①这实际上说明了立宪的渐进法和激进法的成效区别，体现了一种如何理论联系实际的工作原则。笔者亦认为，既然维新运动继之洋务运动之后成为时代变革的中心，正是中国历史运动的自身逻辑使然，那么政体改良就需要一个明确策略和有效规划，渐进才是必要的方略。陈宝箴、黄遵宪等在湖南的新政具有地方自治的自下而上的变法路径，而康有为试图凭借君权而雷厉风行地实施自上而下的变法主张是一个急于求成的举措，"不仅威胁了朝廷的权力结构，而且激怒了大多数的中国士大夫精英分子"，最终"促成了他们（维新派）的倒台"。②事实证明，在庞大懒散的帝国里，内外矛盾迭生，清政府对大权独揽是誓死力维的，那么暴风骤雨般的"百日维新"将病入膏肓的清廷又揭批得体无完肤，尤其重光绪帝而不屑太后的"凭借君权"之弊，激化朝廷内部帝党和后党的利益既得之争，顽固势力强大下的血流成河自是名实相符的慈禧太后的起死回生之术。黄遵宪深知大清官场的潜规则，他只得奉旨入湘，全局变革之望已然成为历史之奢想，"地方自治"理论所蕴含的救国强国之志变成无法遏抑的湖南新政期间的崭露头角，尤其被他应用到保卫局的一项新政中。戊戌政变后寓居故里的黄遵宪曾致信梁启超，明确地方自治思想、保卫局和渐进变法策略，信中写道："苟欲张国力、伸国权，非民族之强，则皮之不

①　郑海麟：《陈宝箴、黄遵宪的交谊与湖南新政》（四），《文史知识》2008年第9期。

②　［美］吉尔伯特·罗兹曼：《中国的现代化》，陶骅译，南京：江苏人民出版社1995年版，第347页。

存毛将焉附？国何以自立？苟欲保民生、厚民气，非地方自治，则秦人视越人之肥瘠，漠不相关，民何由而强？……诚使官民合力，听民之筹款，许民之襄办，则地方自治之规模隐寓于其中，而民智从此而开，民权亦从此而伸。"①这实际上也就是黄遵宪在《日本国志》中期待渐进变法的思想精髓。

无独有偶，1901—1911年的清末新政自改革中的宪政变革，又一次使清朝立宪政体失之交臂。但是，这次错失归咎于垂死的清王朝所精心设置的立宪骗局。其实，这个骗局早被削职还家的黄遵宪所洞察。光绪二十八年（1902）11月，在致函梁启超的信中，黄遵宪写道："卒下决意变法、母子一心之诏。既而设政务处，改科举、兴学校，联翩下诏，私谓我辈目的，庶几可达乎。今回銮将一年，所用之人，所治之事，所搜括之款，所娱乐之具，所敷衍之策，比前又甚焉。展转迁延，卒归于绝望，然后乃知变法之诏，第为辟祸全生，徒之媚外人而骗吾民也。设有诘于我者，谓公之所志，尚能望政府死灰之复燃乎？抑将坐视国家舟流而不知所届乎？仆亦无辞可答也。茫茫后路，耿耿寸衷，忍泪吞声，郁郁谁语！"②这样的骗局虽然延续如此长的时间，却无法阻止立宪失败而断送统治前程的历史必然，"19世纪末20世纪初的可悲记录表明，旧的政治秩序受到严重的内伤。"③而促使清末新政的改革升级的重大因素是1904—1905年日俄战争及其结局。这场不义战争却发生在中国东北，而庞大的俄国在1905年9月5日凄然地与日本签订《朴茨茅斯条约》，标志着君主立宪制对封建专制制度的绝对性胜利，"非小国能战胜于大国，实立宪能战胜

① 黄遵宪：《致梁启超书》（光绪二十八年十一月），载吴振清等编《黄遵宪集》，天津人民出版社2003年版，第504-505页。

② 黄遵宪：《致梁启超书》，载吴振清等编《黄遵宪集》，天津人民出版社2003年版，第512页。

③ ［美］吉尔伯特·罗兹曼：《中国的现代化》，陶骅译，南京：江苏人民出版社1999年版，第259页。

于专制。"①，"（日本）以小克大，以亚挫欧，赫然违历史之公例，非
以立宪不立宪之义解释之，殆为无因之果。"②很快，戊戌时期只是少数
人士支持的立宪思想就成为中国社会的主导性舆论。1908年8月27日，清
政府正式颁布《钦定宪法大纲》《议院选举法要领》和《九年预备立宪逐
年推行筹备事宜清单》，其中，《钦定宪法大纲》分"君上大权"14条和
"附臣民权利与义务"9条，是以法律的形式肯定及实行三权分立的政治
制度。在《钦定宪法大纲》的原则指导下，地方议会的雏形"谘议局"和
议院的雏形"资政院"相继建立，有力地推动立法机构的建立健全。1908
年11月14日，光绪帝病逝，留下遗旨嘱文武百官恪守其生前谕旨，切实
办理9年预备立宪事宜。两天以后，慈禧也病死，死前立年仅3岁的溥仪为
帝，其父载沣监国。清廷的最高统治权落到了年仅25岁的载沣手中。载
沣是光绪帝的异母弟，年轻气盛，既想掌握实权，又想沽名钓誉。监国之
初，曾向国人宣告仍将立宪作为基本国策，重申本年8月谕令，并"仍以
宣统八年为限，理无反汗，期在必行。内外诸臣断不准观望迁徙，贻误事
机。"③从1909年12月至1911年1月间，以谘议局为中心，资产阶级立宪派
先后举行了四次大规模的国会请愿运动，迫使1910年11月14日清政府发布
上谕，把预备立宪的期限由9年缩短为5年，在国会召集之前，组织责任内
阁。1911年5月8日，清政府颁布《内阁官制》和《内阁办事暂行章程》，
裁撤旧之内阁、军机处、会议政务处，设立第一届责任内阁，但它是个
"皇族内阁"。不久武昌起义爆发，很快形成了南北对峙的政治局面。
1911年11月3日，摄政王载沣颁布《宪法重大信条十九条》，决定采用英
国君主立宪模式，实行责任内阁制。《宪法重大信条十九条》规定资政院

---

① 故宫博物院明清档案部编：《清末筹备立宪档案史料》（上册），北京：中
华书局1979年版，第29页。

② 《刊印宪政初纲缘起》，载中国史学会主编《辛亥革命》（四），上海人民
出版社2000年版，第10页。

③ 故宫博物院明清档案部编：《清末筹备立宪档案史料》（上册），北京：中
华书局1979年版，第69页。

代行国会权力，选出袁世凯为内阁总理大臣，组成新内阁代替"皇族内阁"，企图以此来挽救清朝的命运。但这种"迟到一步的宪政改革"已经"回天乏术，难收拨乱返治之效，此正专制政体之致命伤。"[1]在革命洪流的势不可挡之下，1912年2月12日，宣统帝被迫逊位，中国两千多年的封建专制制度也就寿终正寝了。

清末新政失败和宣统帝逊位，是统治中国已260多年大清进程的腐朽不堪极点的最后音符。在清末最后十年间，能够延续满族统治的政治道路只有两条，一是继续封建统治，但已经不可能了；二是立宪之路，或许有一线生机，但却被清政府自己扼杀在启蒙状态，最后葬送了全部的统治权。辛亥革命的胜利和对封建势力的扫荡，也直接地湮没了君主立宪政体实现的可能性。因此，除却清政府自身顽固保守而设立宪骗局之外，还应该有更深层次的中国特征决定了清末立宪政体的必然失败。

清末立宪是试图建立资产阶级政权模式之一的一种政治尝试，而资本主义制度本质上是法治体制，这与中国长期的封建社会是迥异的，可以说是一次脱胎换骨的法制化改革。从"以法治国"的角度看，要建立君主立宪政体，颁布宪法是根本举措，因为它是国家大法，正如黄遵宪所言"立宪政体，盖谓仿泰西制，设立国法，使官民上下分权立限，同受治于法律中也。"[2]可见，立宪政体在本质上已不再是封建君主式的"人治天下"，而是"法治天下"的新政体模式了。这样的约束君权的法治，完全是清政府不能接受，也是不需要的，这正是数千年来中国封建君主"无法无天"统治的政治惯性和人格惰性的使然，"数千年来的中国社会是农业社会、专制政治、道德世界。农业社会生活之特征是和平，而与人无争或不争。……20世纪中国的环境虽然围绕着近代的、现代的工商业社会，中国社会自身对内却还保留有浓厚的农业社会色彩，用不着把个人作单位、把

---

① 荆知仁：《中国立宪史》，台北：联经出版公司1984年版，第153页。

② 黄遵宪：《日本国志·国统志三》，王宝平主编《日本国志》，上海古籍出版社2001年版，第46页。

竞争作前提、把法治作理想的近代的现代的法律。换句话说：现实的中国社会并不十分需要现代中国所有的各种法律。"①可见，长期维持的中国封建主义农业社会和近代资产阶级统治的法治社会是格格不入的，晚清的法治变革就不可能是真正意义上的西方式资产阶级"以法治国"体制的移植或创建，立宪政体的失败显然是必然的一种结局。

更重要的是，清末新政的最重要变革是要在上层建筑上仿效日本、英国建立立宪政体，本质上只能是清朝统治阶级和真维新的资产阶级立宪派的主观理想而已，难免有海市蜃楼的臆想，在实践操作上更是空中楼阁。换句话说，这场新政缺乏实在的经济基础和实际的变法人才。晚清虽割让香港等地，但版图之大并且仍旧统一，却是个经济形态落后、经济实力不强而且时常面临经济崩溃窘境的国家。带有"法治"性质的清末新政，在半殖民地半封建社会的近代中国的社会历史条件下，这样多地复制或移植或效仿西方资产阶级的政体模式和法律原则与内容，在很大程度上难以切合中国复杂的社会实际情况，即便是学习得再进步再完备的立宪政体模式也是无法运行持久的，因为任何社会的变革都是一定的经济关系和社会关系的反映，正如马克思所说，"无论是政治的立法或市民的立法，都只表明和记载经济关系的要求而已。"②近代的中国，疆域广袤、人员众多、习惯各异，有无限多的各种差异性，使得经济基础和上层建筑的相互促进的期待无法在整体中畅行无阻，湖南和京师的气氛相差很大就是例证。更严重的是，自鸦片战争以来由于列强经济侵略，以致"天下之财，悉应赔款"，大清财政已到山穷水尽的地步，而且改革本身又需钱款，中央财政困难势必摊赋于民，"各直省自摊还赔款、举行新政以来，用如泥沙，取

---

① 蔡枢衡：《中国法理自觉地发展》，北京：清华大学出版社2005年版，第110页。

② 中共中央编译局编译：《马克思恩格斯全集》第4卷，北京：人民出版社1958年版，第121-122页。

尽锱铢，搜刮已不留余力，额外科派，民不堪命。"① "民不堪命"下的大
小"民变"在新政十年间，据不完全统计不下3000多起，推动了反清革命
的高涨。②中国人民的沉重负担"限制着农民与市场发生更多的联系"③，
无法形成统一的国内市场，资产阶级经济也就无从发展和兴盛起来，与同
时期的日本明治维新时期的经济的工商业化改革不可相提并论，后者的一
系列经济措施对"新政权的最后稳定"发挥了积极的作用。④因此，在这种
经济衰弱和政治启蒙薄弱的国情下，君主专制的中国传统的"人治"体系
还没有完全失去存在的根据，使得西方政治模式在华则缺少生存的土壤和
其他必须具备的各种条件，或者说比例极小而不至于撼动传统，所以纸面
上的改革当然比实际改革要多得多，当然也极少有实效的。由于没有先进
而强大的资本主义经济的支撑，相应地造成了中国统治阶级的闭目塞听和
新兴阶级或知识分子难以形成新的社会力量，这样使得主持改革的精英人
才缺乏和参与变革的人才整体素质偏低。因此在清末新政中，出现了这样
的人才被动：改革缺乏强有力的领导班子；地方督抚对改革态度冷淡且倍
加阻挠，使改革流于形式；众多中小官吏对新政缺乏足够的思想准备和认
识，甚至持反对态度。⑤所以，才有人说"新政非不善，实由官之办理不
善者有以酿之。"⑥这种人才缺乏和官智冥顽不化，导致了晚清政府运行

---

① 故宫博物院明清档案部编：《清末筹备立宪档案史料》（上册），北京：中
华书局1979年版，第277页。

② 谢俊美：《政治制度与近代中国》（增补本），上海人民出版社2000年12月
第2版，第327页。

③ 赵军：《折断了的杠杆：清末新政与明治维新比较研究》，长沙：湖南人民
出版社1992年版，第156页。

④ ［美］约翰·惠特尼·霍尔：《日本：从史前到现代》，邓懿等译，商务印
书馆1997年版，第213页。

⑤ 谢俊美：《政治制度与近代中国》（增补本），上海人民出版社2000年第2
版，第322-326页。

⑥ 故宫博物院明清档案部编《清末筹备立宪档案史料》（上册），北京：中华
书局1979年版，第450页。

的效率低下，与日本形成鲜明对比，"（日本）官僚统治，无论是在廉洁程度或效率方面，都不比西方差。"①严重的是，清廷的官吏腐败和效能低下，使中国社会精神状态长期萎靡不振，进步的新兴的社会力量在中国被"传统制度的规定和集中起来的传统性政治反对势力所挫败"②，加上以"异族"征服者面貌出现的清廷，为维护集权统治都在自觉或不自觉中毫不留情地扼杀与其不同的新思想、新主体和新势力，从而使专制体制的恶政得以延续，"专制之国，其民无可以用政治能力之余地。苟有用之者，则必为强者所蹂躏，使之归于劣败之数而不复得传其种于后者也。以故句者不得出，萌者不得达。此天赋本能，隐伏不出。积之既久，遂为第二之天性。"③

清王朝在戊戌变法和清末新政中，两次失掉了挽救自身统治的立宪良机，终于在资产阶级革命派的暴力革命下丧失政权合法性，连苟延残喘以求死灰复燃都不可能。可见，固守封建专制统治是没有出路的，即便袁世凯冒天下之大不韪而敢复辟帝制，也只是玩了七八十天的闹剧而已，正所谓"顺者昌、逆者亡"的历史规律使然也。回观这样的立宪历程乃至近代以来中国人民孜孜以求的各种救国强国思潮和实践活动，我们有理由相信，不识时务地与世界趋势背离的清王朝是无缘与几代先进中国人勠力引进的立宪政体联姻，而坐守君主专制，最终只能是自取灭亡而贻笑天下。

尽管君主立宪政体并未在晚清中国真正实现，但它具有时代的合理性，而且在政治运动的演变中推进了中国的近代化进程，特别是清末新政中的颁定宪法、官制改革、开放民权等内容，增添了中国法制社会和宪政

---

① ［美］埃德温·赖肖尔：《日本人》，孟胜德、刘文涛译，上海译文出版社1980年版，第86页。

② ［美］塞缪尔·亨廷顿等：《现代化：理论与历史经验的再探讨》，张景明译，上海译文出版社1993年版，第245页。

③ 梁启超：《新民说》第二十节《论政治能力》，转引自张翰书《比较中西政治思想》，长春：吉林出版集团有限责任公司2009年版，第50页。

制度的历史积淀，为日后国家制度建设提供了不可或缺的经验继承和历史借鉴。

第六章

黄遵宪外交活动与思想的当代启示：自强与和平

历史是最好的启迪，中华绵延不绝五千年文明证明了开放、交流、自强、和平是人类共通的人性需要，也是人类文明成为地球主宰文化的最基本原则。中国自古以来并非完全隔绝于世，华夷之别和闭关只是相对的，"竹丈来，同谈海禁。余意谓古无禁隔华夷之制，而中外相安。中行说教匈奴不通汉，强夷狄之术耳。夷之慕华，自古今同，然明人反其道，终受其祸。论者不悟，猥以不守祖法，咎谬矣。"①中国人虽重视夷夏之防，但更强调天下一家，"圣人以天下为一家，四海皆兄弟。故怀柔远人，礼宾外国，是王者之大度，旁咨风俗，广览地球，是智士之旷识。"②因此，回归最质朴的人性，开展最诚挚的多元文化交流，达于各民族自强，共建人类和平的秩序，正是世界开放理念和外交使命的深刻内涵和伟大追求。黄遵宪的外交理念和实践，或许就是对中国文化传统中"天下为一家"观念的回归、继承或创新，更是对资本主义发展与殖民全球以来人类对自由与和平的新诠释。人类文明在近代资本主义发展过程中有了很惨痛的血火教训，是人性的败笔，值得反省而重新开阔全球视野、关怀民生、推进民主，还原灵长之高洁境界。

---

① 王闿运：《湘绮楼日记》第四册，上海商务印书馆（民国十七年）排印本，第46页。

② 魏源：《海国图志》卷76，长沙：岳麓书社1998年版，第4页。

第一节

黄遵宪文明渐进论与弱国有外交

在近代千年未有之变局的大背景下，黄遵宪从一位举人变成一个与时俱进的民族资产阶级的维新思想家、外交家和史学家，思想上的自我改变和提升在其中扮演着极其重要而且不可言传的内助作用。通过外交生活的磨炼，他在经世致用思想和西方进化论、民权与法治思想的交互作用下，较早摆脱了历史循环论和今古殊异的简单发展观，逐渐成为屈指可数的近代先进中国人。作为一位学贯中西而具远见卓识的士大夫，黄遵宪在和平渐进的资产阶级君主立宪政体实践中是不可忽视的急先锋和中坚力量之一，其中他的文明渐进思想和坚守弱国有外交的自信，都贯穿在他的史著《日本国志》和他的外交成就中，为中国政治的近代文明和弱国外交事业发展做出了积极而深远的贡献。

一、文明在渐进的主旋律

黄遵宪在1877年国难深重时期东渡而出任首任驻日使馆文化参赞，似乎注定要与文明渐进的世界发展主旋律相契合，特别是亲睹日本明治维新以来的立宪政体和法治社会的逐渐兴盛、后又赴英担任驻英使馆二等参赞考察了立宪政体的发源国，比较英、日等立宪国家的文明发展态势，最终坚定了中国必然应走君主立宪之路的理念，并转变为资产阶级维新派，在维新潮流中坚守渐进稳妥的立宪政治变革。这是他久经外交磨难中得到的政治态度，是符合时代特征的一种内在改革步骤。所以，黄遵宪力主立宪的急先锋形象，并不具有同时代激进主义者那种"毕其功于一役"的冒险主义，他是在趋利抑弊的渐进基础上实现维护稳定大局的改革者。可见，从历史发展方式上看，他无疑是一个文明和社会进步的渐进论者，"仆以为由蛮野而文明，世界之进步必积渐而至，实不能躐等而进，一蹴而几也。"①湖南新政是黄遵宪推行立宪的局部尝试，正式采用了推陈出新的渐进方式，以致时人皆以日本明治维新时期的萨摩诸藩相并提。

诚然，黄遵宪在确定晚清是否适宜君主立宪制的政治考察中，是颇费心力的。光绪三年（1877）十月，黄遵宪随使日本，实际上为自己打开了人生的第一道观察世界的窗口。四年多的在日履职，促使他的思想发生了巨大转变，也可以说是痛苦转变，毕竟是接纳从中而西的世界观和维新思想的转变。根据切身感受，他在日期间就逐渐产生了"变从西法"的思想，"中国必变从西法，其变法也，或如日本之自强，或如埃及之被逼，或如印度之受辖，或如波兰之瓜分，则吾不敢知，要之必变。将此藏之石函，三十年后，其言必验。"②需要说明的是，此际黄遵宪对中国变革的方向尚不明确，只是强调"中国必变从西法"，某种程度上存在着对新制度的疑虑。黄遵宪在卸任驻美旧金山总领事归国后，居家修撰《日本国志》，此时其政体主张仍然是不确定的，正如他在《日本国志·国统志一》中写道："嗟夫！以二千五百余岁君主之国，自今以往，或变而为共主，或竟变为民主，时会所迫，莫知其然。虽有智者，非敢议矣。"③直到19世纪90年代被派驻英使馆二等参赞后，将英国与日、美的政体相比较后，开始叹服英人议会成就，认为尽善尽美的政治制度是英国的"君民共主"。换言之，黄遵宪最终信服了君主立宪政体，唤起了中国必须变法的思想。

① 黄遵宪：《致梁启超书》（1902年12月），载吴振清等编《黄遵宪集》，天津人民出版社2003年版，第511页。

② 黄遵宪：《己亥杂诗》，载钱仲联《人境庐诗草笺注》，上海古籍出版社1981年版，（自注）第826—827页。

③ 黄遵宪：《日本国志·国统志一》，王宝平主编《日本国志》，上海古籍出版社2001年版，第25页。

黄遵宪历时十余年对日本、欧美等国政体的深入考察，最后确定君主立宪政治理想，从某种层面上是一种历史而科学的时代进步。但要实现他的理想，绝非一蹴而就的历史过程。黄遵宪的立宪体制的变革如何进行，体现了中国民主进步的步伐和速度。纵观近代中国民主的全程，我们不难发现，黄遵宪主张渐进稳妥的立宪步骤，是符合当时中国半殖民地社会的性质和官智、民智低阶的现状，而且一直坚守终生，显然是一种高远的识见。光绪二十八年（1902）五月，晚年的黄遵宪在给梁启超的信中，曾言简意赅地陈述了立宪渐进的稳妥步骤。他写道："二十世纪中国之政体，其必法英之君民共主乎？胸中蓄此十数年，而未尝一对人言。……明治十二三年时，民权之说极盛，初闻颇惊怪，既而取卢梭、孟德斯鸠之说读之，心志为之一变，以谓太平世必在民主。然无一人可与言也。及游美洲，见其官吏之贪诈，政治之秽浊，工党之横肆，每举总统，则两党力争，大几酿乱，小亦行刺，则又爽然自失。以为文明大国尚如此，况民智未开者乎？又历三四年，复往英伦。乃以为政体当法英，……近年以来，民权自由之说遍海内外，其势长驱直进，不可遏止，而或唱革命，或称类族，或主分治，亦嚣嚣然盈于耳矣。而仆仍欲奉王权以开民智，分官权以保民生，及其成功则君权民权两得其平。仆终守此说不变，本知公之意以为然否？"，"以为政体当法英，而其著手次第，则又取租税、讼狱、警察之权，分之于四方百姓；欲取学校、武备、交通（谓电信、铁路、邮递之类）之权，归之于中央政府，尽废今之督抚藩臬等官，以分巡道为地方大吏，其职在行政而不许议政。上自朝廷，下至府县，咸设民选议院为出政之所（初仿日本，后仿英国），而又将二十一行省分画为五大部，各设总督，其体制如澳洲、加拿大总督。中央政府权如英主，共统辖本国五大部，如德意志之统率日耳曼全部，如合众国统领之统辖美利坚联邦。如此则内安民生，外联与国，或亦足以自立乎。"①细读这段文字，我们可以分

---

① 黄遵宪：《致梁启超书》，载吴振清等编《黄遵宪集》，天津人民出版社2003年版，第491页。

析出，"奉王权以开民智，分官权以保民生"就是黄遵宪理想中的君主立宪的核心内容，同时也隐含着实现它的渐进方法，因为"开民智"和"保民生"本身就是一个无法一步到位，而必须逐渐推进的历史过程。

黄遵宪在上述信中所说的立宪政体思想和实现步骤的渐进性，体现的是一种改良主张，而改良不同于暴力革命，自然是一种逐渐演进的发展进程。作为政体上的变革，立宪的全程都与官制改革密切相关，甚至可以说，黄遵宪的立宪改良方案也就是他的主张官制改革的政治宣言。他在湖南新政期间所进行的初步立宪尝试，绝大部分都是涉及官制改革的，例如，确立租税、警察、学校、武备、交通之权的地方与中央之限；尽废督抚等官，立地方大吏专职行政；立民选议院为出政之所等，基本上与当时英、日两国资产阶级官制相近，且较符合当时的中国国情。在黄遵宪眼中，逐步改革官制，培养有作为的官员队伍，这本身就是一项艰巨而且渐进的更新措施。我们可以想象一些内容，例如，不可能一次性撤除旧官员，又一次性更换成新的官员，而是必须要通过改造旧官员，逐步吸纳具有良好素质的新官员，才能确保既有的官员队伍的连续性和完整性，否则会造成社会紊乱或机构瘫痪，还有可能激化统治集团内部矛盾和阶级矛盾。正是在明确中外大势和国情差异之后，黄遵宪在理论思考和具体实践过程中，总是反对脱离现实或具体需求的急躁冒进，更反对暴力革命。早在驻日使馆期间，他就说过："吾国既古，土人气质多开明，易于倡祸。故须缓缓为之，使人人知此事当为，则易矣。吾国沿边诸地与外人交接，知其事者，百之一耳。故一时不能强不知者习也。"[①]所以，黄遵宪一度比较不赞成梁启超等人在戊戌政变后所提出的破坏主义等激进的主张，认为在当时中国立即实行革命还为时尚早。简而言之，先开民智、昌民气、壮民力，先教民、新民，然后赋之以民权，在完善民众自治力的情况下，才能逐步建立君主立宪政体，"天祚中国，或六五年，或四三年，民智渐

---

① 黄遵宪：《与官岛诚一郎等笔谈》（1879年10月11日），载陈铮编《黄遵宪全集》，北京：中华书局2005年版，第747页。

开，民气渐昌，民力渐壮，以吾君之明，得贤相良佐为之辅弼，因势而利导之，分民以权，授民以事，以养成地方自治之精神。"①

　　从历史比较的视角而论，黄遵宪所极力主张的稳妥渐进的立宪方式，与严复的政治观念有着相近之处。严复指出当时中国"民力已茶，民智已卑，民德已薄"②，认为"是以今日之要政，统于三端：一曰鼓民力，二曰开民智，三曰新民德。"③正是有了"思想启蒙优先于政治改革"的理念，严复一生都在致力于思想启蒙，译书撰文，很少参与具体的政治实践。而与此同时，维新巨匠康有为则倾向于通过一场包括政治、经济、文化、思想各方面的变革一蹴而就，"不变法日新不可，稍变而不尽变不可。"④虽然康有为的变法思想经历了一个从"托古改制"到"仿洋改制"的发展过程，⑤但这特别短暂，更多地包含着激进心理，因而在变法取向上，他是主张"大变""全变""骤变"的，主张以日为师，实行全面而彻底的改革，具有强烈的激进主义色彩。在实施策略上，康有为以"帝师"自居，要"以君权雷厉风行"，自上而下推行变法，"故挟独尊之权，诚如阖辟之术，则人才之乏不足患，风俗之失不足患，兵力之弱不足患，一二人谋之，天下率从之，以中国治强，犹反掌也。"⑥这种将变法希望寄托于一位没有实权的光绪帝，更充分暴露了他们变法思想的幼稚性和急功近利性，也就注定了变法的失败，"戊戌变法失败的原因在于徒赖君权，欲以一纸上谕清除中国的积弊是不可能的，要使改革的上谕发生作用，必须具备罢

---

　　①　黄遵宪：《致梁启超函》（1902年12月），载陈铮编《黄遵宪全集》，北京：中华书局2005年版，第446页。

　　②　严复：《原强》（修订稿），载王栻编《严复集》，北京：中华书局1986年版，第20页。

　　③　同上，第27页。

　　④　康有为：《〈日本书目志〉序》，姜义华编《康有为全集》第三集，上海古籍出版社1992年版，第585页。

　　⑤　王晓秋：《试论康有为的"仿洋改制"》，载《论戊戌维新运动及康有为、梁启超》，广州：广东人民出版社1985年版，第219页。

　　⑥　康有为：《康子内外篇》，载黄明同、吴熙钊主编《康有为早期遗稿述评》，广州：中山大学出版社1988年版，第15页。

免大官的权力，即以武力为后盾。中国改良之难，实较革命为甚。"①

湖南新政是黄遵宪立宪体制尝试的重要环节，他着意于地方自治，就是"由一府一县推之一省，由一省推之天下"的注重实效的渐进方案。戊戌变法失败的原因是多方面的，是历史合力的结果，而从思想史的角度看，"戊戌变法失败是有其思想因素的。"②陈寅恪对于戊戌变法和由其祖父陈宝箴主持的湖南新政曾评论说："当时之言变法者，盖有不同之二源，未可混一论之也。……至南海康先生治今文公羊之学，附会孔子改制以言变法。其与历验世务欲借镜西国以变神州旧法者，本自不同。故先祖先君见义乌朱鼎甫先生一新'无邪堂答问'驳斥南海公羊春秋之说，深以为然。据是可知余家之主变法，其思想源流之所在矣。"③20年后，陈寅恪先生又在《戊戌政变与先祖先君之关系》一文中写道："盖先祖以为中国之大，非一时能悉改变，故欲先以湘省为全国之楷模，至若全国改革，则必以中央政府为领导。当时中央政权实属于那拉后，如那拉后不欲变更旧制，光绪帝既无权力，更激起母子间之冲突，大局遂不可收拾矣。"④很显然，甲午战后的盛极一时的戊戌变法运动，本身存在着两种不同的方式：渐进和激进。因为京城的康梁变法的皇权在握，湖南新政的中心北移，使得历史记载的有关维新变法的主角忽视了某些先进人物。陈寅恪所言的变法宗旨即是戊戌年前陈宝箴、黄遵宪等人在湖南的新政，试图通过建立地方自治政权以推动全国的变法改革运动。而多取材于梁启超所撰《戊戌政变记》、康有为之《戊戌奏稿》而论及变法运动之时，往往以康、梁为要，而忽视陈宝箴、黄遵宪的领袖地位。

---

① 桑兵：《庚子勤王与晚晴政局》，北京大学出版社2004年版，第355页。

② 汪荣祖：《从传统中求变：晚晴思想史研究》，南昌：百花洲文艺出版社2002年版，第162—185页。

③ 陈寅恪：《读吴其昌撰梁启超传书后》，载《寒柳堂集》，上海古籍出版社1980年版，第149页。

④ 陈寅恪：《戊戌政变与先祖先君之关系》，《陈寅恪史学论文选集》，上海古籍出版社1992年版，第718页。

　　黄遵宪之孙正先曾著文《黄公度——戊戌维新运动的领袖》，也在历史思辨的基础上肯定了黄遵宪在戊戌变法运动中的崇高历史地位。著名史学家傅斯年的关于戊戌变法领袖的观点，与陈寅恪的观点颇为相近。他在1943年的《跋人境庐诗草》一文中写道："戊戌维新，盖两事合为一流，旋致骈戮朝士之大祸者也。其一为湘抚陈右铭伯严父子之办巡警学校诸政，视曾、左、李之徒能制造有过之矣，而亦卑之无甚高论者也。又其一为康有为之侈谈明治，彼得，欲一举而得政权，自保国会与夫离间人之母子下手者也。由今思之，康亦妄矣。而致他人之愤事。若二者之中有一脉之连，即黄公度也。公度为右铭所知赏，而与伯严先生交尤密，故湘政实佐之。更与梁卓如善，故介之入湘。然则公度所系于一时之变者，涉乎机发，遑论康之论日本维新实辗转得之于公度者乎。"①这段文字，实际上具有深层次地分析近代中国的立宪进程的是非成败的典型论证，傅先生在高度概括了变法运动的来龙去脉之后，实际上推论了两个精辟之论：其一，他认为戊戌维新运动实乃两事合为一流。两事者，一为陈宝箴父子在湘推行之新政，一为康有为在京试图凭借君权，效法日本明治实行之变法。这与陈寅恪的所谓变法之二源，具有内在的相似性。其二，黄遵宪在戊戌维新运动中的地位和作用是不能忽略的。他认为，黄遵宪从事多年外交，熟悉西方民主国家之政体及其演变或优劣，在当时戊戌变法过程中是唯一对西方政治有着切身体验的政治活动家，其政务才华和变法经验为陈宝箴所知赏也就不足为奇了。此外，黄遵宪对于立宪及其渐进性的理解，在理论上自成一家，他的《日本国志》对于康梁变法的借鉴作用是巨大的，可以想见对于自身的推动作用更是巨大，因此，"公度实乃戊戌维新运动中变法之二源之一脉相连的重要人物。"②如果不进行细化或者深入比较研究，我们可以笼统地把戊戌变法时期的所有活动家的思想主张和立宪步骤归为

---

　　①　傅斯年：《跋人境庐诗草》，载欧阳哲生主编《傅斯年全集》第5卷，长沙：湖南教育出版社2003年版，第507页。

　　②　郑海麟：《陈宝箴、黄遵宪的交谊与湖南新政（一）》，《文史知识》2008年第6期。

基本符合中国实际的资产阶级民主进步，但由于民族资产阶级的软弱性和发展不充分性，戊戌变法失败自是必然。所有参与戊戌变法的维新派和先进人物在倡导君主立宪政体变革上的历史贡献都是不能抹杀的，或许他们的思想还不成熟，改革步骤不完善，也缺乏力量支持，但无论是渐进的还是激进的立宪主张和实践在很大程度上都有助于冲击封建君主专制，有助于中国社会的进步和民主建设。

二、弱国有外交的最强音

恪守开放外交和渐进改革的爱国主义立场，主张和推动晚清君主立宪政体建立和完善，是黄遵宪在外交实践中收获最大的政治思想成就，堪称是"弱国有外交"的另类诠释。众所周知，鸦片战争战败，牵一发而动全身的灾难，彻底暴露了晚清的封建君主专制的根本弊端，从器物低劣、制度缺陷到思想错钝，无疑是中国落伍于西方列强的明证，晚清是当时世界格局里的弱国、战败国和"夜郎国"，必将成为殖民的对象。然而，泱泱大国有着起死回生的神奇魔力，也有几千年文明积淀而来的雄厚国力，只是像睡狮一样酣然不动而已，只有受到外界的刺激甚或致命性的打击方可醒来而自卫、自强和自重。因此，晚清在内驱力和外在压力的双重作用下，逐渐脱出朝贡外交体制的窠臼而走上了近代外交的道路，黄遵宪顺应这股外交潮流，首先迈向"脱亚入欧"的明治维新不过十年的日本，开启了他的"弱国有外交"的艰难的"伸自主之权，保公众之益"的外交征程，谱写了一曲曲可圈可点的民族自强音。

踏上"弱国外交"之路显然是一种严肃的政治考验，是民族自强心理的可贵体现。黄遵宪放弃传统科举入仕之路，毅然走上当时保守士大夫不齿或不敢的弱国外交之路，除了忧国忧民的爱国情怀之外，更多的是一种对华夏文明福泽世界的传统观念定会在近代张扬的信念使然。这是中华儿女最基本的精神心理和"面向世界"的政治出发点。《日本国志》不仅是一部中国人撰写的首部日本通志，更是阐释中国文明和外交胆识的民族宣言书，其中对"西学源自墨学"的西学中源说的新解说，就体现了民族自豪感和即便是弱国而无不能胜任近代外交的理想。他在《日本国志·学术志一》"外史氏曰"中阐释了源自墨学的西学在西方社会已产生了巨大成效，不仅科技发达、经济繁荣，而且政治制度合理、社会和谐，"余初不知其操何术致此，今而知为用墨之效也。"这种"用墨之效"，具体而言，又是与墨学的众多方面密切相关的，"其说之善者，容亦有合于吾儒，而独其立教之要旨，专在于尚同、兼爱，则大异。"但他又指出西方化后墨学而变为西学也不是尽善尽美的，尤其是平等博爱思想更是"流弊不可胜言"，其理由是"天下之不能无尊卑，无亲疏，无上下，天理之当然，人情之极则也"，"圣人者知其然而序以别之，所以已乱也。今必欲强不可同、不能兼者兼而同之，是启争召乱之道耳"，"今日泰西各国物力尚丰，民气尚朴，其人尚能自爱，又恃其法令之明，武备之修，犹足以维持不败"，而"浸假而物力稍绌，民气日嚣，彼以无统一无差等之民，各出其争权贪利之心，佐以斗狠好武之习，纷然其竞起，天之不畏，法之不修，义之不讲，卒之尚同而不能强同，兼爱而无所用爱，必推而至于极分裂、极残暴而后已"。[①]可见，黄遵宪不是一概否定平等博爱，特别是在西方弱肉强食的殖民灾难殃及全球的情况下更不可取，如此一来中国人只学失传到西方而被西方发扬的优秀传统理念和文明事项，而外交只是西学的重要组成部分，自然是学习和实践的事业之一。

坚定"弱国有外交"是需要坚实的爱国信仰和越来越成熟的外交才能。1880年10月，清政府与日本协议不成，清政府不作为的"延宕"策略使日本武力吞并了琉球。吞并琉球是日本"脱亚入欧"并将西方列强强加于己的不平等条约绳索解下来，套到亚洲人民头上的开端，是实现它的"大陆政策"对外扩张的第一步。将琉球让与日本，也是清政府重俄国而轻日本的必然结果，"俄人恃日本为后路，宜速联络日本。所议商务，可

---

① 黄遵宪：《日本国志·学术志一》，王宝平主编《日本国志》，上海古籍出版社2001年版，第332—333页。

允者早允，但得彼国两面三刀不相助，俄事自沮。"①同样如此，黄遵宪《朝鲜策略》也未能被清廷全盘接受，即便如此，这种源自一名政治家、外交家的远见卓识也对历史产生了深远的影响。黄遵宪深刻而准确地分析日本的现实和未来，堪称近代中国了解日本的第一人，"我国人知日本者莫若黄遵宪，而知黄遵宪者也莫若日本人。"②，"乃今知日本，乃今知日本之所以强，赖黄子也。……其言，十年以前之言也，其于今日之事若烛照而数计也。"③如果说琉球交涉、朝鲜策略、反对美国排华、海外护侨等外交活动，是黄遵宪"伸自主之权，保公众之益"的外交原则在国外的亲身实践，那么1894年底奉调归国后所进行的办理江南五省教案和主持苏杭两地谈判，就是他在国内"历练有识，持己谨严，接物和平"的外交才能的遒劲挪展。甲午战争爆发后，接任两江总督的张之洞以"筹防需人"为由奏调黄遵宪回国，结束了其长达十二年半的海外游历与外交生涯，成为他的政治、外交生涯中的一大转折点，进而开始活跃于国内的外交、政治舞台上，直到1905年离世。黄遵宪很遗憾自己没有实现出使英、德、日等国的外交锻炼机会，以致"其外交尽职之处，即为保全内政之处。惜未能独当一面，以展其怀抱。仅寄托于诗，而诗遂为世人所推重。"④戊戌变法后，他被放归故里永不叙官，使他的外交理念不能得到充分的发挥，也无从得到具体的实践，令人扼腕叹息，"以先生之明于识，练于事，忠于国，使稍得藉手，其所措施，岂可限量。……而事变忽起，所志不终遂，且乃忧谗畏讥，流离失职而死，此岂天之所为耶！"⑤可以这样说，以外交知名当世的黄遵宪不能"独当一面"的结局，不仅是黄遵宪的个人悲剧，

---

① 赵尔巽：《清史稿》卷158，北京：中华书局1976年版，第4627页。

② 韩小林：《论黄遵宪与日本》，载《黄遵宪研究新论》，北京：社会科学文献出版社2007年版，第304页。

③ 梁启超：《日本国志·后序》，载王宝平主编《日本国志》，上海古籍出版社2001年版，第433页。

④ 黄遵楷：《先兄公度先生事实述略》，同上，第816页。

⑤ 梁启超：《嘉应黄先生墓志铭》，同上，第800页。

而且是近代中国外交的悲剧。^①但无论如何，黄遵宪仍然是中国近代史上颇有建树的外交家。^②

历史已经证明，近代中国的"弱国有外交"不仅是客观事实，而且对中国文明的世界化和自身近代化建设都有极其重要的历史作用。这些由外交官和开明官绅引领的近代外交成就，主要表现在三大方面。

一是鸦片战争后各国公使联翩驻京，将近代外交体制带入中国，客观地将中国带进近代社会，觐见制度的确定就是其中重大的一项表现。1854年2月13日，英国借口修约之机，派遣驻华公使包令赴华，并指令包令"争取英国国王得有一位代表长久而光明正大地驻节在北京朝廷"。^③《北京条约》签订后，法、英、俄美四国公使馆也率先在北京建立，近代西方使馆制度开始在华形成。第五位到京的外国公使是德国的李福斯。不久之后还有比利时的驻华公使金德俄固斯德（1866年12月26日首任）、西班牙的驻华公使克维度（1868年5月21日首任）、意大利的驻华公使费三多（1869年首任，兼使日本）、葡萄牙的驻华公使阿穆恩（1864年5月首任）、奥地利的驻华公使嘉理治（1871年10月24日首任）、日本的驻华公使副岛种臣（1872年6月17日首任）、荷兰的驻华公使费果荪（1872年1月21日首任，暂住上海，1873年5月5日到京），等等。北京的东交民巷已经开始成为中国著名的外国使馆区，极大地便利了中国与世界诸国的各种交流。据统计，到清末共有19个国家在中国设立公使馆，29个国家在华设立有领事馆。其中，设领事馆最多的是英国，共有40处，其他主要国家有俄国25处，法国31处，德国28处，美国30处，日本35处。^④近代以来各国驻华公

---

① 杨惠兰、李群：《黄遵宪外交思想初探》，《湘潮》（下半月）2007年第7期。

② 郑海麟：《黄遵宪与近代中国》，北京：三联书店1988年版，第30页。

③ ［美］马士：《中华帝国对外关系史》第1卷，张汇文等译，上海书店出版社2006年版，第739页。

④ 故宫博物院明清档案部等编：《清季中外使领年表》之《各国驻华领事年表》之统计，北京：中华书局1985年版，第93—206页。

使馆和领事馆的次第建立，客观而直接地让中国人领略到近代国际外交的范式，促进了世界意识和开放思想在华的进一步渗透，也使清政府的外交模式逐渐贴近国际化，逐步化解了中外礼仪之争，并促使晚清觐见制度的最终确立，正如历史学家范文澜所言，咸丰帝"原想用拜跪使外国人畏惮'天朝'"，而外国人的"不跪拜"反使"天朝""畏惮外国人"。①1872年同治帝大婚，1873年2月23日开始亲政，使得清廷原来阻止觐见的理由不复存在了。1873年6月29日，列强诸国公使在紫光阁觐见了同治帝，以五鞠躬礼代替三跪九叩之礼。日本外务大臣副岛种臣单独觐见，俄、美、英、法、荷五国公使随后同时觐见，使团长俄国公使倭良嘎里向皇帝致颂词，递交国书。这次以国格形式的对等接见，形式上已经破坏了中国朝贡礼制，是中外礼仪之争的根本转折点，它标志着晚清外交礼仪迈出了由传统向近代化转型的重要一步。1889年初光绪大婚，3月4日举行归政大典，西方各国均未被邀参加，引起不满。就在光绪亲政后不久，觐见问题变成了清政府的主动交际。1891年3月5日，在紫光阁，光绪帝举行了即位以来第一次、历史上的第二次接见公使仪式。1894年11月12日，清政府将觐见地点改在文华殿，这是一座象征中国封建文化中心的宫殿，从形式上妥善解决了觐见问题，是外交礼仪平等的最高标志，"这次觐见本身标志着西方同中国关系史上的一个新纪元。这是破天荒第一遭让君主神圣不可接近和不可仰望的信条（直到那天为止，中国礼仪使它带上偶像崇拜的性质），被纯粹的外交仪式所代替。"②虽然规定每年正月定期接见，但事实并非如此，而是频繁得多，盖因清末时局日蹙之故。据马士《中华帝国对外关系史》和《光绪朝东华录》有关记载的不完全统计，晚清在1891—1894年间举行了5次觐见，而在1891—1911年的20年间清政府就举行觐见30多次。这实际上就已说明了定期觐见成为清政府外交事务中的一项常规制度，而觐

---

① 范文澜：《中国近代史》上册，北京：人民出版社1955年版，第182页。

② ［法］A·施阿兰：《使华记：1893-1897》，袁传璋等译，北京：商务印书馆1989年版，第36页。

见制度的完全确立，更为晚清中国驻外使节制度的形成提供了思想前提和实务保证。

二是中国近代第一个名副其实的外交机构——总理衙门的创建，是传统宗藩体制的解体到近代外交体制建立的重要标志性事件。鸦片战争以前，中国与外国没有近代意义的外交关系，也就没有近代意义的外交机构。沿袭下来的礼部和理藩院仍是处理大小国家间关系的主要机构，完全还是华夷有别的朝贡体制的延伸。鸦片战争结束以后，礼部和理藩院在处理中外关系方面开始捉襟见肘。1842年，清政府设立五口通商大臣，由驻扎广州的两广总督兼任，统一管理五口通商和夷务。设置五口通商大臣是近代中国建立外交机构的第一步。不过它在处理中西关系上仍是权责有限，也是西方船坚炮利打击下的清朝羁縻之策和朝贡外交传统的延伸。到1861年时，清朝还没有职业外交官。1860年《北京条约》签订后，英法联军如约撤出北京，退回天津。恭亲王奕訢等建议将传统"恩威兼施"的"驭夷之策"改为"信义笼络"的政策，"犹可以信义笼络，驯服其性，自图振兴。"[1]加上以美国公使蒲安臣为首极力鼓吹的中西合作，导致了1861年后的晚清政府诚信外交的开始施行，即要执行与西方列强签订的条约，而要使所签条约得到切实的执行，必须有一个强有力的专门机构来贯彻。同时，第二次鸦片战争后，刊印颁布条约、办理赔款、处理英法联军撤退事宜、公使驻京、新通商口岸的开辟、海关的建立、新税则的制定、传教士进入内地传教、华工出国等，都需要安排和处理，仅凭地方督抚的钦差和各口通商大臣已无法适应形势的变化，建立专门的外交机构被提到议事日程上来。1861年1月13日，奕訢、文祥、桂良奏请设立总理各国事务衙门来处理外交事务，并附《章程六条》。20日，咸丰帝同意了奕訢等人的奏请。3月11日，总理衙门（总理各国事务衙门，或称"总署""译署"）在北京宣告成立，标志着中国近代外交制度的开始。此际设立的总

---

① 贾桢等编：《筹办夷务始末》（咸丰朝）第71卷，北京：中华书局1979年版，第5740—5741页。

理衙门，实际上是清廷统治者高层人物奕䜣、曾国藩、李鸿章等洋务派朝官疆臣推行诚信外交的一项实质性的外交成果，具有开创性的历史意义，"皇上登基以来，外国强盛如故，惟赖守定和议，绝无改更，用能中外相安，十年无事，此已事之成效。"①作为中国第一个专门的外交常设机构，总理衙门存续40年，主要是依据近代主权国家平等交往的原则来处理与世界其他国家的关系，是中国外交史上的一场革命，也是晚清封建政治体制上的一次变革。1901年7月24日，清政府正式诏令设立外务部，"班列六部之首"，专责外交事宜。外务部的组织结构为七级，即管部制、主任制、承政官制、各司制、司务厅制、各股制和各差制，并附设储才馆，培养职业外交人才。领导机制有总理大臣、会办大臣、尚书、左侍郎和右侍郎5人，下有左右丞"掌机密文移"，左右参议"掌审议法令"，参事协助参议进行工作。②随着清末新政的深入，1906年清朝中央实行官制改革，分设学部、邮传部、农工商部等11部，分去了外务部的部分职权，才使外务部的职权更加专一。无论是总理衙门还是外务部，都是晚清中国在外交领域里的巨大成就，有力地推进了中国外交的近代化进程，是中国人从闭关锁国又盲目自大的天朝迷梦中逐渐觉醒，走向世界的里程碑，更是中国人自觉不自觉地借鉴他国先进文明成果的近代化壮举。

三是驻外使领馆制度的建立，标志着清朝走向世界的自主外交正式步入近代化的轨道。五口通商大臣的设置不过是晚清朝贡体制的变形，目的是不让外夷赴京威胁皇帝和朝廷的政治安全，而随后成立的总理衙门就并非一个新机构问题，而是体现了清政府对外体制的变化，意味着从最初的拒斥外国人，变为必须与洋人打交道。与总理衙门成立时间相近的是1862年成立的同文馆，它是中国第一所外语学校，完全是为了培养西方语言人才而采取的一个主动行为。这些对外机构的设立只是本国内部的运作，是

---

① 曾国藩：《曾文正公全集·奏议》第29卷，上海：世界书局1922年版，第49页。

② 赵尔巽主编：《清史稿》卷94，北京：中华书局1976年版，第3447页。

近代国际外交的一个方面，而另一方面是驻外使节的派遣与在驻在国的外交活动。中国很早就开始对外派遣使节，但是以朝贡制度为基础的遣使，不具备严格意义上的近代外交概念。直到19世纪70年代末，清廷驻外使馆的相继设立，标志着中国基本完成了从传统宗藩体制迈向近代外交体制的演变进程。各国公使及其他人员利用在京设立了驻华使馆的便利条件，积极劝说和力促清政府派出使节出洋常驻。1875年发生马嘉理事件后，遣使问题势在必行。8月28日，清政府任命候补侍郎郭嵩焘、候补道刘锡鸿为出使英国正副使。郭嵩焘一行于1876年12月2日从上海启航，次年1月21日抵达伦敦，2月8日觐见英国女王并呈递国书。1877年7月，郭嵩焘为驻英使臣，在伦敦建立了中国第一个驻外使馆，这就标志着中国正式确立了常驻外交代表制度。随后，总理衙门在1876年10月制定了《出使章程十二条》，结合西方外交惯例，进一步完善了中国遣使驻外使节的制度化和正规化。以此为指导，晚清又相继派驻了美、西、秘鲁、日、德、法、俄、意、荷、奥地利、比利时等国公使。总而言之，"弱国有外交"在晚清得以推行，是中国走向世界并欲融入西方主导的世界的一个渐进成熟的外交过程。从历史视角而言，晚清半个多世纪的艰难外交，在世界观认识、外交步骤、交往策略与手段、挽回自主利权和维护中华民族及海外华人权益等方面有一定的收获，但总体上这些自身权益的挽回，是不足以抵消自鸦片战争以来国家权利和民族利益的延绵不断的割让与丧失。因此，步履蹒跚是对晚清外交特征的最好诠释。

第二节

挽救国家危亡的外交与自强理念

洋务运动开启的封建王朝内部的所谓"自强"并非严格意义上的政治变革运动，而从洋务运动里衍生而壮大出来的中国资产阶级维新派则是近代化意义上自强救国的主体之一，由封建专制转型到君主立宪或民主共和是不可逆转的历史进步潮流，而这种外交领域习得的政治价值，带有一种极其艰难转变的心路历程。黄遵宪君主立宪政体观的确立与发展，与他长达十余年的外交生涯密切相关。简而言之，驻日期间是第一次转变，从"慧言经世"到"心志为之一变"，提出的外交策略和建议都具有一定的远见卓识，在其研究日本的两部书《日本杂事诗》《日本国志》中有明显的体现，意味着他向往西方的民主制度，逐步挣脱传统经世思想的藩篱，开始从一位封建士大夫向具有近代资产阶级维新思想家的转变。驻美期间是他的第二次转变，在考察美国式的民主制度后觉得万不可施行于"民智未开"的中国。这一时期成为他的外交事业、立宪思想发展的关键时期；尤其接受达尔文进化论后，世界观进一步深化，儒家传统思想开始发生动摇，因此从美归国后，再修《日本国志》，从此坚定中国的维新变法。驻英期间是他的第三次转变，在深入考察英国政治制度后，更加认为中国改革应以英国为模式，建立君主立宪制度，从而形成的改良主义政治理论，在归国后的维新运动中不断趋于成熟，付诸实施。这种仿效英、日的立宪思想，直到生命的最后都没有改变。"黄遵宪在中国近代史上，是个以革新著称的人，是少数要从国外找到拯救国家危局思想的士大夫中国的一个。"①很显然，从海外游历而产生的仿效英、日以立宪的政治思想，正是对延续到清朝晚期的专制体制的全盘否定。日本效法欧洲之维新而强的"进步之速，为古今万国所未有"，深深震撼了黄遵宪固有的传统天朝观，感受到中国封建专制制度的落后，指出"中国二千年来专制政体，素主帝天无可逃、神圣不可侵犯之法""秦汉以降，君尊而民远""竭天下以奉一人"。②因而激发起他强烈的愿望，呼吁中国仿效日本明治维新之路，变法图强。要推进维新变法运动和建立君主立宪的资产阶级政体，黄遵宪认为要用资产阶级的天赋人权论和三权分立作为思想武器，批评封建顽固派所谓"祖宗之法不可变"的保守思想，采取渐进的思想建设和体制塑造的改革策略，以期最终达成在中国建立君主立宪的政治制度。从这个意义上来讲，黄遵宪的政治改革思想既包括西方理论渊源、思想宣传和立宪内容整合，又包含推进的步骤和方式，是一个较为复杂而系统的改革进程。

一、国家兴衰与外交责任

随着鸦片战争爆发与败北后的国门渐次大开，大清王朝被迫走向世界，卷入到以欧洲为中心的近代文明体系之中。如果说鸦片战争前，清朝外交囿于儒家思想和朝贡体制，那么晚清因袭传统对外习惯就非全部，传统观念和历史习惯只是现成的重要参考，而更多地在接触、吸纳西方外交知识的同时，刺激了中国人外交理念的觉醒和转变。晚清外交本身也是一个充满磨难又充满希望的相互依从的民族融合过程。在六七十年的阵痛中，晚清完成了从传统的宗藩体制向近代外交体制的成功转型，中国从"天国"走入了"列国"，成为世界大家庭中的一个民族国家，尽管这个国家是那么衰弱，而且时刻面临着东西列强虎视眈眈的觊觎。晚清外交体

---

① 汪向荣：《日本教习》，北京：三联书店1988年版，第260页。

② 黄遵宪：《日本国志·食货志三》，王宝平主编《日本国志》，上海古籍出版社2001年版，第205页。

制的嬗替过程是痛苦而复杂的，是令人憋屈而又激人奋进的，是步履蹒跚而又渐次收效的。

鸦片战争前，中国传统外交观念与体制和西方近代外交模式的剧烈冲撞，是晚清外交体制终将嬗替的一种必然性的征兆。汉唐兴起至康雍乾盛世，中国文明教化的远播周边，使朝贡体系得以延续千年，而很多国家也受利益追求而假借朝贡名义赴华。中国传统对外观念一直具有浓厚的自我中心的色彩，夏夷之辨一直是中国封建王朝处理国际关系的基本原则。来到"天朝上国"朝贡之使节一概被称为"贡使"，必行三跪九叩之礼，实际上没有形成国家平等的外交理念和外交礼仪。即便到了康乾盛世之后，清政府仍本着传统的"普天之下，莫非王土；率土之滨，莫非王臣"之念，同样不承认近代国际公法中的国与国之间平等的原则。在清政府的眼中，所有国家都是"朝贡国"和"互市国"，一切赴华外国使臣均为贡使，西洋各国也不例外，只是由礼部和理藩院分别办理海道和陆路往来的各国事务，"在东方的政治经济学上只有两类国家——进贡国和收贡国。"①，"远方的国家如果也想和中国建立关系，也被列为遥远的朝贡国。他们都仍被认为是'藩'。"②而来华的外国船舶一律是"贡舟"，礼物是"贡品"，文书是"贡单"，人员是"贡使"。③从严格的国际法角度而论，朝贡体制不是严格意义上的外交模式，更谈不上具有国家性质的近代外交规范了。

与中国传统的朝贡体制相比，西方世界才在1648年威斯特伐利亚国际会议上签订的《威斯特伐利亚条约》中，首次以条约形式确立了常设外交使节制度和大使馆制度。这种包含平等的外交关系的国际法观念由是形成。1815年，打败拿破仑的反法同盟在维也纳会议上通过《关于外交人员等级的章程》，规定了大使、公使、代办各级的外交代表制度，也从此一

---

① 钟叔河：《从东方到西方》，长沙：岳麓书社2002年版，第41页。

② ［美］费正清等编：《剑桥中国晚清史》，北京：中国社会科学出版社1993年版，第35页。

③ 钱实甫：《清代外交机构》，北京：三联书店1959年版，第21页。

直沿用至今。遵循近代外交体制而与中国发生新的国际关系的尝试，最先来自英国。英国资本主义发展需要中国的市场。自1787年起，英国就派出使团赴华，希望"能在广阔的中华帝国为印度的土产和制造品找到一条出路"①。随后，1793年7月25日，马戛尔尼使团赴华，其目的是想利用给乾隆皇帝祝寿的机会和中国建立正式外交关系，但因三跪九叩的觐见中国皇帝之礼，对英国使臣来说是耻辱而不可接受，导致中英外交失败。时隔23年后，成为首屈一指的西方资本主义强国后的英国决定再次派出使节赴华。1816年7月28日，阿美士德使团来华后因使团明确拒绝行三跪九叩礼，被嘉庆帝谕令驱逐出境。连中国皇帝的面都未见到的阿美士德使团南下广州取道澳门的过程中，除领略了四个月中国风俗民情外，在政治、外交等方面均一无所获而归。两次使团访华的失败，彻底显示了晚清这个老大帝国的愚昧、麻木、贫穷、妄自尊大等闭关本质，"他们的偏见是如此根深蒂固以致只有用暴力才能消除"。②1840年，第一次鸦片战争爆发，英国打败了军备废弛、政治腐朽、经济衰退的晚清，通过中国历史上第一个不平等条约《南京条约》让中国开始沦为半殖民地半封建社会，也促使中国传统的宗藩朝贡体制走上了解体之路，"宗藩关系毕竟是封建的不平等的国际关系，最终还是在西方资本殖民主义冲击和近代国家主权思想的催化下瓦解了。"③

对中外文明差距的最终承认，客观地促成了中国人外交观念的更嬗和对西学的接受。但是，一个不容忽视的事实是，1842年国门被打开后，到1861年的近二十年的时间里，朝贡制度变成了清朝统治者对外宣扬国威和实现道德精神境界满足的一种手段，将割地赔款等损失视为"厚往薄来"的宣示大皇帝怀柔远人的恩德，"自古帝王待夷狄之道，叛则讨之，服则

① 戴逸：《简明清史》（下），北京：人民出版社2004年版，第539页。
② ［法］佩雷菲特：《停滞的帝国：两个世界的撞击》，王国卿等译，三联书店出版社1993年版，第171页。
③ 谢俊美：《政治制度与近代中国》，上海人民出版社1995年版，第201页。

抚之，不过恩威二柄而已。"①洋务运动开始之际，清政府对于列强的外交政策总是在"剿"与"抚"之间游移不定，"（清政府）既要维护天朝的利益，又要避免再起衅端，不懂得用近代国际法则去维护本国真正的利益，似乎只有一条路可走，即用天朝观念与英方交涉"。②

天朝观念的保守性与稳定性，以及对外政策的连续性，并没有因为晚清对近代国际法和国际惯例的茫然无知而得以延续下去。或许两次鸦片战争期间的朝贡留恋和剿抚手段，只是清朝统治者面对和以往迥然不同的国际环境所做出的寻求解决新问题的权宜之计，那么一种必然的传统观念的转变，却是在远比第一次鸦片战争更激烈、更残酷的第二次鸦片战争的武力征服下，再次堕入被动关系的清王朝如醍醐灌顶般地清醒过来，把天朝统治能否维护和民族尊严能否保全作为开展近代外交关系的基础和突破口了。武力叩关和随之涌入的西方先进的科技思想文化，首先刺激了一些朝野的开明知识分子，他们开始逐渐接受西方近代文明和转变对外观念，开始了从儒家理想主义态度向实用主义态度转变。所谓的实用主义态度，主要表现为以下三点。首先，他们认识到中国面临了前所未有的新局势，闭关锁国已是势所不能，而同西方的接触更无法避免，"泰西通商中土之局，将与地球相始终矣。至此时而犹作深闭固拒之计，是直妄人也而已。"③因此，面临着中西文明之间的差异和政治军事实力的巨大悬殊，包括李鸿章在内的朝官疆臣几乎一致地认为当时中国根本无法与之抗衡，"有贝之财，无贝之才，均未易与数强敌争较，只有隐忍徐图。"④其次，西方压迫中国的时局日蹙，引发了中国中心观的变化，使一批中国

---

① 《燕山君日记》（吴辑本），第763-764页。转引自黄枝连《朝鲜的儒化情境构造：朝鲜王朝与满清王朝的关系形态论》，北京：中国人民大学出版社1992年版，第30页。

② 茅海建：《天朝的崩溃》，北京：三联书店1995年版，第498页。

③ 王韬：《弢园文新编》，北京：三联书店1998年版，第42页。

④ 李鸿章：《李文忠公全集·朋僚函稿》，台北：文海出版社1980年版，（卷一）第26页、（卷十一）第7页。

人拓展了世界眼光，吸纳了西方的国家主权与国家平等的观念。当时欧洲列强已构成国际政治的实际中心，中国居于列强对峙之中，不但不足以言万邦宗主，而且不能与列强争持敌体，"人无弃才不如夷，地无遗利不如夷，君民不隔不如夷，名实必符不如夷，船坚炮利不如夷，有进无退不如夷。"①认识到中国是世界的一国，即为世界观念的初现，也是国家及其主权平等观念的基础，这也反过来促使沉沦到半殖民地的清朝开始追求国家主权平等。最后，从中国中心观改变而重新审读华夷观的偏颇，有利于接受和形成近代外交理念。近代外交理念最初表现在外交称谓的更变上，不说夷狄而提出应该向西方学习，1858年《天津条约》中已将"夷人"变为"洋人"，"夷务"变成了"洋务"，一度结成共同镇压太平天国运动的"合作政策"，"为了确保和平解决争端并使中国逐步近代化，以英国、美国、法国及俄国为一方同中国方面的合作。"②不过，从维护封建政权出发，与列强"平等"外交，实质上是晚清的一厢情愿。所谓的"合作政策"只不过为晚清政府在内外困境中维持政权而必须改变对外政策创造了思想条件，但它从根本上就是一个非常危险的认识误区，中法战争、甲午战争和八国联军侵华战争都证明了这个问题。

特别需要指出的是，晚清的腐败和衰弱是相对于富国强兵的东西列强而言，而相对于已沦为列强殖民地的印度和埃及而言并非那么不堪一击。长达半个多世纪的中外战争下，中国沦为半殖民地，很大程度上揭示了中国实力的弱小但不易击溃的事实。这是无法抹煞的前提，个中滋味自是仁者见仁，智者见智。易言之，不以成败论英雄或均势的某种存在，为中国近代外交的推行和利用外交收回丧失的利权提供了可能。"打人先学会挨打"，苦难兴邦是一种规律，外来屈辱也许是变革的一种强大动力，"中国百年来之现代化运动，实是一雪耻图强的运动。而此一雪耻图强运动，

---

① 冯桂芬：《校邠庐抗议》，上海书店出版社2002年版，第172页。

② ［美］芮玛丽：《同治中兴：中国保守主义的最后抵抗》，房德邻等译，北京：中国社会科学出版社2002年版，第26页。

分析到最后，则是一追求国家'权力'与'财富'的运动。"①自鸦片战争以来，领事裁判权等治外法权丧失就是其中的耻辱之一，也是虑远智勇的近代中国人力图雪耻的主要内容之一。鸦片战争后中英《五口通商章程》签订，清政府不得不拱手将领事裁判权送给西方列强。到1918年共约有20个国家在中国取得了领事裁判权，在各通商口岸的租界里，清政府管辖不到，形成了所谓的"国中之国"。这样的治外法权也是不符合国际法原则而弊端百出的。随着国内收回领事裁判权呼声的日炽，维新派挺身而出推动近代化意义的全面变法，从变革法制的高度为收回治外法权做出舆论和法律上的准备。虽然戊戌变法失败，但日本在经过30年不懈努力而于1899年成功收回领事裁判权，给了清政府很大刺激或鼓舞，清政府遂屡次希望列强将治外法权局限于通商口岸。直到1902年中英在《续议通商行船条约》第12款中，明言中国以西方模式为蓝本改革法制，则领事裁判权可以废除。在英、美、日、瑞典、葡萄牙等国的有条件承诺下，20世纪初的清末修律活动欣然展开，但它离不开收回治外法权，特别是为收回领事裁判权这一总目的及其于立宪筹备这一大背景，"臣等奉命修订法律，本以收回治外法权为宗旨。……将来颁布新律，可以推行无阻。"②尽管历经清末至其灭亡而无果，但收回治外法权的斗争过程显示出了中国人捍卫国家主权的伟大精神，更具有寻求主权独立、民族解放和国际平等的时代意义。

二、国际关系与自强模式

近代国际关系的重要特征是东弱西强、弱肉强食的社会达尔文主义泛滥，源自西方的资本主义一统天下的全球殖民与掠夺，将包括中国在内的世界其他国家或地区卷入到此起彼伏的军事流血冲突和无休止的经济文化

---

① 金耀基：《现代化与中国现代历史》，载张玉法主编《中国现代历史论集》第一辑，台北：联经出版事业公司1980年版，第126页。

② 朱寿朋编：《光绪朝东华录》（五），北京：中华书局1958年版，第5413—5414页。

纷争中，这是人类文明史上最惨烈的悲剧时期，也是值得反思的重大国际关系问题。在这种以战争流血为大背景的国际背景下，弱小国家甚或某些强国中弱势的民族国家都存在着救亡图存的大政治问题，特别是传承泱泱大国文化的清政权面临着存亡危机和传统东亚秩序崩溃的转型问题，各国不同的自强意识勃兴和救国行动的蓬勃发展，也成为近代国际关系的重要内容。正如晚年黄遵宪所说，"中国之进步，必先以民族主义，继以立宪政体，可断言也。"①在立宪之前，他提出"民族主义"作为实现宪政的前提条件，而这种"民族主义"与孙中山"三民主义"中的"民族主义"在本质上不同的，而是"尊主权以导民权"。黄遵宪认为，在外敌环伺的民族存亡之秋，必须在维护中央集权的前提下把全民族的力量团结起来，以求自立，然后步步开启民智，引导他们走上立宪政体的轨道，"吾辈处此物竞天择，至剧至烈之时，亟亟然图所以自存，所以自立者，固不在内患而在外攘，今日之时，今日之势，诚宜合君臣上下，华夷内外，联合大力，以抗拒外敌。即向来官民之界，种族之界，久存于吾人心目间者，尚当消畛域，泯成见，调和融合，以新民命而立国本。"②换言之，黄遵宪所持的"民族主义"在于外攘而求自存，不仅是国家存亡的关键，也是中国实现立宪政体的基本保证。

在出使东西的外交实践过程中，黄遵宪以弱国外交官身份游走在强国如林的外交舞台上，着实做到持理不屈，竭力捍卫国家主权和努力收回失去的民族利权，为中国自强画卷增添了一种虽败犹荣的重彩之笔。在《日本国志》里，他旗帜鲜明地揭批东西列强的恃强凌弱、泯灭人性的对华侵略行径，是不能仅与之大讲平等博爱之道的，这会"往往理反为之屈，我不能与之争雄"，而"终不能有簪笔雍容、坐而论道之日"。面对这样的"势所不敌"，唯一能做的就是及早采用西方科学技术发展生产，训练军

① 黄遵宪：《致梁启超书》（光绪二十八年十一月），载吴振清等编《黄遵宪集》，天津人民出版社2003年版，第507页。
② 同上，第510页。

队，才可强国保种。忧患意识和自信感发自肺腑，溢于言表，表达出作为资产阶级思想家的经世致用、包容开放和救国救民的民族精神。为了强调向西方学习的必要性和重要性，黄遵宪随后列举了两大实例予以说明，一是西方诸国之间的相互学习，"器用之物，原不必自为而后用之，泰西诸国以互相师法而臻于日盛"，二是日本自明治维新以来的脱亚入欧之举，成就斐然。既然西人和日本都是不耻而学，那我泱泱大国在国势日蹙之下，为何不能"低首下心、沁沁睨睨"来学习西人之长，而这并不是"民吏羞（事）"，原因很简单，就是现在所学的西方科学技术只是已失传而被西方化后又"复古"回到中国的我国"掌故"，"谓格致之学，非我所固有，尚当降心以相从，况古人之说，明明具在，不耻术之失其传，他人之能发明吾术者反恶而拒之，指为他人之学，以效之法之为可耻，既不达事变之甚，抑亦数典而忘古人之实学，本朝之掌故也已。"①可见，黄遵宪力主引进西学而练习之，根本或首要的目标是"师夷长技以制夷"的军事建设，此即他的兵战观的最典型的体现。在《日本国志》40卷中就有6卷篇幅，是用来论述兵事的，其中，在"兵志一（兵制）"开篇的"外史氏曰"里，他认为，在"弱肉强食"的西方侵略面前，西人武力至上的强权观念暴露无遗，"泰西之论兵，谓如人之有手足，无手足不可以为人，所谓兵不可一日不备也"，"弛备者必弱，忘战者必危"②。所以，黄遵宪敦促清政府要大力加强战备，"夫今天下万国，鹰瞵鹗视，率其兵甲，皆可横行。有国家者，不于此时讲求兵制，筹一长久之策，其可乎此？"③，"今日之事，苟欲禁暴、戢兵、保大、定功、安民、和众、丰财，非讲武不可矣，非讲武不可矣。"④除"兵志一（兵制）"里的"非讲武不可矣"之句外，还有"兵志六（海军）"里的"有国家者其念兹哉，其念兹

① 黄遵宪：《日本国志·学术志一》，王宝平主编《日本国志》，上海古籍出版社2001年版，第342—343页。

② 黄遵宪：《日本国志·兵志一》，同上，第233页。

③ 同上，第243页。

④ 同上，第233页。

哉！"之句。①此外，黄遵宪也很重视明治政府取法欧美而建立起来的近代警察制度，中国应该"寓兵于警"而守土抗敌，"余考日本警部，多以陆军武官兼任，一旦有事，授以兵器，编为军队，足以当一方面，盖亦常备军之一种也。"②可以说，最早注意警察制度的人，并且把西方警察制度移植到国内来的人，应该是黄遵宪。黄遵宪在湖南新政中创设的保卫局，开创了中国近代警察制度的先河，在民权政治和社会法治等方面都曾起过很好的启蒙作用。

在兵战对兵战的纯粹力量制胜的基础上，黄遵宪力主减少流血和残酷战争，因而主张合纵连横以求均势的国际关系。在《朝鲜策略》中，他就已对均势观有了明确而深刻的体悟，"列国星罗棋布，欲保无事，必先无甚弱、无甚强，互相维持而后可矣。"③正是从均势理论出发，黄遵宪主张在保全朝鲜的同时，朝鲜应当"亲中国、结日本、联美国，以图自强而已"，这就在历史上首次说出了"东亚"甚或"亚太地区"的地缘政治学说和外交观。而此时的朝鲜，在黄遵宪东亚均势的外交框架内，已经不再是原来中国传统意义上的藩属国，而是主权独立的民族国家，更是推动中日结盟的维护东亚或亚太地区稳定的一种力量，因而具有合理性和进步性。从这个意义上讲，《朝鲜策略》的最根本之义，就在于加强中日联盟，更期达于"兴亚"的外交目标。值得注意的是，黄遵宪从劝谏朝鲜与日本结交，到倡导中日朝三国结盟，再到中日联盟以兴亚，黄遵宪的"联亚拒俄"的外交理念更加成熟，并影响了国内一些知识分子，早期的改良派王韬在旅日期间显然是接受了黄遵宪的思想，并且还打算"翻译俄志，

---

① 黄遵宪：《日本国志·兵志六》，王宝平主编《日本国志》，上海古籍出版社2001年版，第278页。（还有在《日本国志·物产志》第395页有"欲以是争利，不亦难乎？不亦难乎！"之句）。

② 黄遵宪：《日本国志·职官志二》，同上，第176页。

③ 黄遵宪：《朝鲜策略》，载吴振清等编《黄遵宪集》，天津人民出版社2003年版，第397—398页。

以供中日两国防俄之需。"①黄遵宪是一位对俄国侵略野心认识较早且具有真知灼见的有识之士，他对沙俄强烈的领土扩张野心和疯狂的侵略本性，始终保持着清醒的认识和高度警惕，因为黄遵宪一贯认为，沙俄是中国和亚洲最危险的敌人。正如同后来列宁所指出的那样，对于列强瓜分中国，"俄国政府恐怕是最先伸出魔掌的"②。黄遵宪对俄国的野蛮性和侵略性不仅仅停留在认识层面上，而且更是积极地寻找防俄、拒俄的对策。首先，他反对清廷遣使与沙俄谈判签约，尤对1880年崇厚擅自赴俄签约义愤不已，"今日事既至此，苟使声明崇厚之罪，而不定案，告于天下，曰朝廷遣使，只命索还伊犁。乃崇厚所结条约，举属伊犁一地之外之事，实为违训越权，条约云云，实难曲从。则内以作敌忾同仇之气，外以示我直彼曲之义，然后急脉缓受，虚以为蛇，徐徐再议。俄人虽横，彼亦无辞，犹为计之得者，……天佑圣清，必无战事。"③更对以李鸿章为代表的朝廷亲俄派一味妥协进行口诛笔伐，"岂欲亲豺虎，联交约近攻。如何盟白马，无故卖卢龙？一着棋全败，连环结不穷。四邻墙有耳，言早泄诸戎。"④，"老来失计亲豺虎，却道支持二十年。"⑤历史已经证明，李鸿章与俄签订《中俄密约》不过是引狼入室，俄国是侵华的八国联军之一，还趁乱占领东三省，"正望鸡鸣天下白，又惊鹅击海东青。……斗室苍茫吾独立，万家酣睡几人醒？"⑥黄遵宪逝世（1905年）前后，在中国和亚洲蓬勃掀起了一场拒俄运动，就是黄遵宪一贯坚持的"联亚拒俄"思想主张变成现实的有力证据。

---

① 王韬：《扶桑游记》卷上，长沙：湖南人民出版社1982年版，第201页。

② 列宁：《中国的战争》，《列宁选集》第1卷，北京：人民出版社1972年版，第214页。

③ 黄遵宪：《致王紫诠书》，载吴振清等编《黄遵宪集》，天津人民出版社2003年版，第437-438页。

④ 黄遵宪：《书愤》，同上，第231页。

⑤ 黄遵宪：《李肃毅侯挽诗》，同上，第284页。

⑥ 黄遵宪：《夜起》，同上，第281页。

　　前已有述，黄遵宪在弱国外交的舞台上展示国家尊严和杰出外交才干，引起国内外同行的羡慕或嫉妒，致使他几次出使未果。这反过来说明了外交之于国家利权维护的实际或潜在的护持力量。所以，陈述黄遵宪出使未果的前因后果，足以说明他的"遏敌非外交不可"思想。甲午战前黄遵宪卸职新加坡总领事归国，后在上海创办《时务报》。1896年9月中旬，黄遵宪奉旨入京，次月受到光绪帝的特旨召见。慑于内忧外患而决意变法的光绪帝问黄遵宪："泰西政治，何以胜中国？"，他回答："泰西之强，率由变法。臣在伦敦，闻父老言，百年以前，尚不如中华。"①此语令光绪帝先是惊讶而后会意而笑。"时德人方图胶州，惮先生来折其机牙，乃设词以撼我政府，卒尼其行。"②光绪帝命派黄遵宪以道员带卿衔授为出使英国或德国大臣，不料却相继遭到对方拒绝。③黄遵宪使英、使德未果的原因，其弟黄遵楷的解说是"当世巨公亦颇知其外交之能，交章推荐，欲假以使英，筹商改约增税事，期为吾民受护商之益。无端以新加坡征收洋药税事，我客卿欲停止华船贸易，尽归洋船装运，误触其忤。总署亦误会此意，辄恐英人之不怿，于是奉派使德。德人亦误传英不愿接而亦拒之。迨英使证明，并无不愿接待之事实，德遂藉口三国抗日，交还辽东，德未酬报；能给一岛为屯煤地，使事无不可言。先兄乃亟恳收回成命，勿因微臣而受要胁。未几，改放湖南盐法长宝道。而德人之所欲者，不及一载，藉山东教案据有青岛矣。"④对出使未果，黄遵宪本人坦然处之，而同道者扼腕叹息"以公老之才，非南北洋即译署当家，方足展布，

---

　　① 黄遵宪：《己亥杂诗》"尧天到此日方中，万国强由变法通"一诗及自注，载钱仲联《人境庐诗草笺注》卷九，上海古籍出版社1981年版，第838页。

　　② 梁启超：《嘉应黄先生墓志铭》，载钱仲联《人境庐诗草笺注》，上海古籍出版社1981年版，第1163页。

　　③ 吴天任：《黄公度（遵宪）先生传稿》，香港中文大学出版社1972年版，第140-147页。

　　④ 黄遵楷：《先兄公度先生事实述略》，载吴振清等编《黄遵宪集》，天津人民出版社2003年版，第811-812页。

而国家未必尽知，尽知之亦未必能如此破格，反惹出如此风波，真正可恨可恨！"①直到1897年7月，受帝师翁同龢举荐，黄遵宪才被任命为湖南长宝盐法道。在拜访翁同龢的时候，黄遵宪畅谈时局及应对之策，认为当务之急有三事，"第一事开学堂；二事缓海军，急陆军；三事海军用守不用战。三大可虑：一教案，一流寇，一欧洲战事，有一于此，中国必有瓜分之势"。②正是因这些目前紧要的问题，黄遵宪当月就义无反顾地入湘，不仅以"变法""民权"为旗帜，更使湖南新政明显带有日本明治维新的色彩，使先前类似洋务器物的变革一改为政教科技之革新。湖南新政是中国资产阶级维新变法运动的重要组成部分，尤其是黄遵宪在教育、警察、裁判等方面的努力与成效，使湖南新政在中国近代史上占据重要的历史地位。黄遵宪本人也因此博得了维新派及朝野支持变法人士的高度评价，如倾向维新的礼部右侍郎、翰林侍读学士徐致靖（1826—1918）曾向光绪皇帝鼎力保荐，说黄遵宪"于各国政治之本原，无不穷究。器识远大，办事精细，其所言必求可行，其所行必求有效。近在湖南办理时务学堂、课吏馆、保卫局等事，规模宏远，成效已著。"③1898年当康梁等维新派在北京掀起轰轰烈烈的戊戌变法浪潮之际，光绪皇帝需要延请变法人才，黄遵宪就自然成为必要的人选。1898年伊始，光绪帝立志接纳维新派建议而推行戊戌变法之后，批阅了由阁臣上奏的黄遵宪的巨著《日本国志》，深受启发，认识到从前洋务派"徒练兵制械，不足以图强，治国之道，宜重根本。"④显然是初步接受了黄遵宪关于效仿日本的变法主张。当然，这也得力于维新人士的推崇和朝中大臣的保荐。据黄遵宪自己在《己亥杂诗》"御屏丹笔记名新，天语殷殷到小臣"一诗的自注中，明确记载了他曾被疆臣朝官举荐共计14次："数年来以人才保荐，疆臣则陈右铭中丞（湖南

---

① 汪康年：《汪康年师友书札》（一），上海古籍出版社1986年版，第751-752页。

② 陈义杰整理：《翁同龢日记》（六），北京：中华书局1998年版，第3015页。

③ 中国史学会主编：《戊戌变法》第二册，上海书店出版社2000年版，第336页。

④ 中国史学会主编：《戊戌变法》第一册，上海书店出版社2000年版，第464页。

巡抚陈宝箴）2次，张香涛督部（湖广总督张之洞）3次，刘岘庄督部（两
江总督刘坤一）、王夔石督部（直隶总督王文韶）、荣仲华督部（直隶总
督荣禄）、廖谷似中丞（浙江巡抚廖寿丰），朝官则李苾园尚书（礼部尚
书李端棻）、唐春卿侍郎（兵部、礼部侍郎唐景崇）、张秋野侍郎（礼部
侍郎张百熙）、徐子静侍郎（礼部侍郎徐致靖）各一次。而邓铁香鸿胪
（鸿胪寺卿邓承修）于光绪九年保奏使才，已有久困下僚之语。"①1898
年8月10日，光绪帝毅然谕旨黄遵宪为新任驻日公使。据说光绪帝任命黄
遵宪为驻日公使的目的在于提高其资格，兼使在外作外交上之联络，预计
留日本半载、所办之事已有头绪，即调之返京，"俾得总领中枢，实施新
政。"②可是，时至此际，资产阶级维新派拥戴光绪皇帝推行的变法运动
却正处于千钧一发、命悬一线的危急时刻。然而，由于变法形势的急转直
下，光绪帝打算召黄遵宪入军机处，连下三道诏令敦促。或许某种天定的
偶然性作祟，正当光绪帝求贤若渴地严催黄遵宪进京以肩变法重任之时，
黄遵宪却再一次时运不济，以致经世之才不能得用而令人深感惋惜。黄遵
宪被召之际却因病滞留上海，"余以久病，恨未能遽就道也"，"三诏严
催倍道驰，霸朝一集感恩知。病中泣读维新诏，深恨锋车就召迟。"③然
而，这种"未能遽就道"未必就不是件好事，"病久忍摩新髀肉，劫余惊
抚好头颅"④。1898年9月21日，戊戌政变而导致仅103天的"百日维新"宣

① 黄遵宪：《己亥杂诗》，载钱仲联《人境庐诗草笺注》，上海古籍出版社
1981年版，第837页。
② 正先：《黄公度——戊戌维新运动的领袖》，《逸经》第10期（1936年8
月），转引自嘉应学院黄遵宪研究所选编《黄遵宪研究资料选编》（上），香港天马图
书有限公司2002年版，第85—86页。
③ 黄遵宪：《己亥杂诗》"三诏严催倍道驰"自注，载钱仲联《人境庐诗草笺
注》，上海古籍出版社1981年版，第839—840页。亦见黄遵宪《致张之洞电》（光绪
二十四年八月一日，1898年9月16日），载陈铮编《黄遵宪全集》（上），北京：中华
书局2005年版，第419—420页。
④ 黄遵宪：《仰天》，载钱仲联《人境庐诗草笺注》，上海古籍出版社1981年
版，第797页。

告失败。滞留上海的黄遵宪同样遭到顽固派的参劾。正当黄遵宪在上海寓所被围时，伊藤博文前往探望黄遵宪，对于清廷的做法甚为震怒。清廷命李鸿章出面调停，三天后将黄遵宪革职放归故里。自此，黄遵宪被迫退出了政治舞台，隐居人境庐以至终老。对于戊戌变法失败和黄遵宪出使未果的不幸事实，我们后人也只能抱屈叹息，这位"百年过半洲游四"的著名外交家、政治家，从此退出政坛，一生"志在变法、在民权"资产阶级维新理想再也无法实现了。放归故里后，黄遵宪常感忧愤，以诗解幽，其中写于1899年的《己亥杂诗》数十首，诚为诗人一生历史的缩影，隐喻着他外交之于内政改革的绝望之情，"蜡余忽梦大同时，酒醒衾寒自叹衰。与我周旋最亲我，关门还读自家诗。"[1]尽管忧愤失望，但黄遵宪至死坚信立宪政体的政治理想，认为人类社会的最终目标是实现大同世界，"滔滔海水日趋东，万法从新要大同。"[2]

更重要的是，黄遵宪并非书生意气地兵战到底，他最看重的是国家富强以自然地立足世界，虽不会恃强凌弱，但至少能避免强敌入侵而丧权辱国。因此，国内改革以期实现同时代进步相衔接的立宪政体，则是当务之急，更是最根本的民族出路。为实现立宪，黄遵宪强调渐进式最为符合文明发展观，首要整肃吏治、推行地方自治，进而逐渐确立立宪政体，而达于国家自强之境。如此设想，是基于"民智未开"的客观国情，黄遵宪不喜欢流血革命下的民主共和制，而坚信渐进式的君主立宪制。当然，这里的"民"仅指士绅商等新兴资产阶级，并非指广大的劳动人民。戊戌变法的失败、清末的立宪新政骗局，都证明了中国资产阶级的"民智未开"或开智太浅，甚至随后的辛亥革命胜利果实和中华民国政权在几年后的被篡夺，再次证明了资产阶级不能担负起中国人民反帝反封建的历史责任。

宅居人境庐的黄遵宪晚年思想有了很大的变化。这位被日本历史学

---

① 黄遵宪：《己亥杂诗》，载钱仲联《人境庐诗草笺注》，上海古籍出版社1981年版，第847页。

② 黄遵宪：《己亥杂诗》，同上，第826页。

家称为"最具风度、最具教养的外交家"①越来越不喜动乱、兵刃和流血的暴力革命，无论是东西列强的武装侵略，还是国内的人民起义，都在他的反对之列，"吾不征往事，征之近日神拳之神，义民之义，火教堂、戮教民、攻使馆之愚，其肇祸也如此；顺民之旗，都统之伞，通事之讹索，士夫之献媚，京师破城之歌舞，联军撤退之挽留，共遭难也如彼；和议告成，赔款贻累。而直隶之广宗，湖南之辰州，四川之成都、夔州，又相继而起，且蔓延于一省，其怙恶也复如此。以如此之民，能用之行革命、类族、分治乎？"②可见，黄遵宪一直坚持君主立宪改良思想，通过渐进式的和平变革来推动中国的近代化。其中，整肃吏治和资产阶级官员执掌权力中枢，成为黄遵宪推动立宪政体建设的重要支柱和奠基性工程。官制改革是他的基础性的立宪原则。到戊戌变法前夕，晚清政权的冗官冗员现象非常严重，《剑桥晚清中国史》称，按照官制规定，当时全国约有2万名文官和7千名武官，加上候补官员，总数不下20万人。③因此，"养活这支庞大的官僚队伍，要加重人民多少沉重的负担"④。中国有5000年的文明历史，其中3000多年是封建制度。封建社会的"官本位"是皇权代替人权、集权代替民权，从而严重束缚了社会生产力的发展。这是中华民族近代科技落伍、经济落后的一个主要社会根源。孙中山先生100年前提出的"三民主义"，即民主、民权、民生，是对封建文化的挑战，是资本主义的思想萌芽，是孙中山先生共和思想体系中的核心文化理念。新中国成立后，尤其改革开放以来，中国人渐已淡漠了"官本位"，转向"商本位""能力本位"，是经济发达、政治清明、社会进步的一个主要标志。因此，黄遵宪

① 李扬帆：《晚清三十人》，北京：世界知识出版社2008年版，第162-163页。

② 黄遵宪：《致梁启超书》（光绪二十八年十一月），载吴振清等编《黄遵宪集》，天津人民出版社2003年版，第511-512页。

③ ［美］费正清、刘广京编：《剑桥晚清中国史》（上），北京：中国社会科学出版社1985年版，第17页。

④ 谢俊美：《政治制度与近代中国》（增订本），上海人民出版社2000年12月第2版，第241页。

对中国的立宪变革，就首先从分析传统的封建官僚机构入手，抽丝剥茧，指出了官民关系如寇仇的根源。他认为我国封建官僚制度本身的建构已是相当严密，"郡县之世，设官之治民，虑其不学也，于是有选法；虑其不法与不肖也，于是有处分之法，有大计之法。求官之治民，亦可谓至周至密至纤至悉矣"，"举一府一县数十万人之命，委之于二三官长之手，曰是则是，曰非则非，而此二三官长者，又委之幕友书吏家丁差役之手，而卧治焉，而画诺坐啸焉，国乌得而治？故郡县之世，其设官甚公，而政体则甚私也。"①"积日既久，官与民无一相信，浸假而相怨相疑相诽，遂使离心离德，壅蔽否塞，泛泛然若不系之舟，听民之自生自杀自养，官若不相与者，而不贤者复舞文以弄法，秉权以肆虐，以民为鱼肉，以己为刀砧"，"民反以官为扰，而乐于无官"。这样的吏治腐败，造成了官民关系不和谐，而封建官吏也只不过是"宴会之生客，逆旅之过客"②，他们必然故步自封，盲目自大，排斥和诋毁西学，已是与民不利，与国无益。这样的官制改革思想，后来成为湖南新政和戊戌变法的指导思想和重要内容之一，正所谓"变法必先变官制"。③

因为坚信立宪改革的渐进式，黄遵宪在湖南新政期间着手践行地方自治，逐渐推动政体立宪的建立。可惜的是，在晚清腐朽的政治体制下，中华大地无法孕育出主权在民的地方自治制度，"大陆主体长期处于绝对的中央集权制度下，地方自治甚至在公共话语中已经完全销声匿迹。"④而近代以降的不断成熟的地方自治制度则是宪政的重要内容之一，优越性很强，"在无从依赖私人企业提供某些服务的场合，从而亦即在需要采取某

---

① 黄遵宪：《南学会第一、二次讲义》，载郑海麟、张伟雄编校《黄遵宪文集》，日本株式会社中文出版社1991年版，第102页。

② 同上，第103页。

③ 康有为：《上清帝第三书》，中国史学会主编《戊戌变法》第二册，上海人民出版社2000年版，第96页。

④ 冯兴元等：《立宪的意涵：欧洲宪法研究》，北京大学出版社2005年版，第224-225页。

种集体行动的场合，人们有极充分的理由认为，地方政府的行动一般可以提供次优的解决方案，因为地方政府的行动具有着私人企业的许多优点，却较少中央政府强制性行动的危险。"①甲午战争失败以后，维新派人物都曾宣传这一思想，而黄遵宪更将之用到身体力行的湖南新政中，具有极强的时代性和中国化特征，"营一隅为天下倡，立富强根基，足备非常之变，亦使国家他日有所凭恃。"②不幸的是，百日维新的最终失败，湖南新政也成果未保，保卫局和地方自治思想无一幸免，"乃不幸而政变遂作，虽以成效大著，群情悦服之故，不能昧良心而废公论，此局岿然独存，然既已名存而实亡矣。"③这是一个历史悲剧，晚年黄遵宪非常悲伤。尽管通过地方自治而达于局部立宪乃至全国立宪政体的建立，在黄遵宪时代没有变成现实，但在中国宪政发展史上，他的创设保卫局和地方自治思想的历史价值和深远影响都是不可磨灭的，给苦难兴邦的近现代中国人以启迪。

---

① ［英］哈耶克：《自由秩序原理》（下册），邓正来译，北京：三联书店1997年版，第16页。

② 陈三立：《巡抚先府君行状》，转引自陈寅恪《寒柳堂集》，上海古籍出版社1980年版，第176页。

③ 黄遵宪：《致梁启超函》（光绪二十八年十一月），载陈铮编《黄遵宪全集》，北京：中华书局2005年版，第443页。

第三节

近世治乱的历史规律与世界和平

天朝上国在鸦片战争中败北和中英《南京条约》签订，可谓中华民族千年未有之变局，使清王朝地主阶级中的一批有识之士忧心忡忡，"迨英吉利互市开关，粗就条理，而米利坚、佛兰西各使踵至，均不免非分之干，其余各小国亦窃睨其旁，妄生觊觎，洵数百年来中外一大变动也。"[①]然而，在思想比较敏锐的部分官绅，如林则徐、魏源、徐继畲、姚莹等对现实进行理性思考外，夏夷之辨仍是根深蒂固，绝大多数官僚士大夫还是从华夷的传统观念来痛言鸦片战争之辱的，"（它使）国威自此损矣，国脉自此伤矣，乱民自此生心矣，边境自此生事矣。"[②]可见，面对已成的半殖民地现实和未来更可怕的败局，清朝统治者在总体上并未真正意识到危机深重，更对西学东渐以来的严峻国际形势还缺乏明确清醒的认识，喧嚣一时的忧患意识和战败屈辱很快随着和约订立而烟消云散，"和议之后，都门仍复恬嬉，大有雨过忘雷之意。……盖以其未有大志，惟在图利耳。"[③]换言之，在华夷观念和传统文化优越感的作用下，首次中西正面交锋带给中国士大夫们的还只是器物层面上的认识，并未使他们从迷梦中惊醒，依然迟钝而麻木。与之相反，日本对于鸦片战争的反应既强烈又持久，很多有识之士迅速认识到中英战争与日本命运息息相关，"唇亡齿

---

① 黄恩彤：《抚夷纪略序》，《丛刊·鸦片战争》第5册，上海：神州国光社1954年版，第409页。

② 郭廷以：《近代中国史》第2册，商务印书馆1947年版，第489页。

③ 同上，第529页。

寒，我国虽全盛，亦非晏然自侠之时。"①日本认识到唯有提高警惕、加强国防，才可避免蹈清朝惨败的覆辙。在对世界变化有所心理准备的前提下，幕末时期的日本虽在拒绝荷兰两次国书开关请求之后，在1854年以和平方式接受美国的开关请求，避免了一场军力悬殊的武装冲突，与清朝在炮火下的屈辱形成近距离的对比。此外，中日近代洋务自强和政治维新的一败一成，充分说明了近世治乱的历史规律，所谓顺者昌逆者亡，大清虽没有在随后历次中外战争中丧国，却在累伤而致死的过程中彻底地败于中国人民怒吼的辛亥革命浪潮中，中国走进了民主共和的时代，吹响了与列强平起平坐乃至并驾齐驱的崛起号角。一乱一治的历史规律在任何民族国家文明史上都是不可违的，而乱治的历史长度和强度则是不同国家或民族常行常新的探索进程，其间的是非得失构成了所有近世国家生死存亡的共性逻辑和个性特征。中西之间近世的跌宕起伏，再次印证了人类文明的盛衰和治乱逻辑，为人类最终找回原始与进化之巅相通的人性祈愿：永远和平、永远共存、永远文明！

一、治乱起伏的近世逻辑

人类走出中世纪而步向迄今仍在发展路上的资本主义，从根本上既带来了生产力的史无前例飞跃，也带来了人性最堕落的侵略战争和弱肉强食，是治乱相间的历史真相，而且颠覆了某些大而弱的专制帝国的治乱逻辑，形成了近世国际关系格局，一边是"朱门酒肉臭"，一边是"路有冻死骨"，20世纪以来的惨绝人寰的两次世界大战，将人性之恶发挥到了极致，为此使近世治乱进行了乱治的合乎规律的转变，人类需要和平，而不是战争流血和冷酷无情！正如王尔敏先生精辟的一段论述，"当此列强竞逐之世，强凌弱大欺小，帝国主义者之挟持列国，席卷天下，史家须有检讨，警戒世人自保自救，岂可顺势甘做奴隶？史家不能省察慎择，亦国耻

_____

① ［日］井上清：《日本军国主义》第1册，姜晚成译，北京：商务印书馆1985年版，第24页。

也"。① 由此"国耻"乃至"人性之耻"出发，展开对乱世的批判和对治世的瞻望，将成为审视人类文明进程的重要任务，而且觉醒的人从未放弃过这个任务。

黄遵宪对近世中国的乱局亦有学术阐释，他从历史视角来论证近代之前中学发达和西学不昌，以及近代之后的相反情况及其主要原因。在《日本国志·学术志一》"西学"项结尾"外史氏曰"中，他举证了近代之前的西学根源于包括墨学在内的中学，"西人之学，未有能出吾书之范围者也"，"以余讨论西法，其立教源于墨子，吾既详言之矣"，"凡彼之精微，皆不能出吾书也"，这是因为"盖中土开国最先，数千年前环四海而居者，类皆蛮夷戎狄，鹑居蛾伏，混沌芒昧。而吾中土既圣智辈出，凡所以厚生利用者，固已无不备。其时，儒者能通天、地、人，农夫戍卒能知天文、工执艺事，得与坐而论道者，居六职之一"。然而到近代以后，因为"中土泥古不变"，流入西方的中学变为"西学"，尤其是西方的近代科技成就，使得中学变得逊色不已。黄遵宪认为其中的原因有三：秦始皇的焚书坑儒、魏晋时代士大夫崇尚清谈、宋明理学的空谈心性，导致了封建士大夫们多把科学技术当作雕虫小技，"诋工艺之末为卑无足道，而古人之实学益荒矣"，从而导致了科技落后的中国在鸦片战争以来的对抗西方过程中屡次失败的结局。因此，向西方学习，就是学习祖先的中学，"正当考求古制，参取新法，藉其推阐之妙""以收古人制器利用之助"。②

黄遵宪的"西学源于中学（墨学）"观，亦是吸纳西方"治"世之西学以愈中国"乱"世的良方，但其中的时代进步性和历史局限性是辩证统一在他的政治理想中。他极力对反对学习西学的保守派人士予以批评，在促使某些人思想转变的同时，以减少西学入华的人为阻力。在他看来，

---

① 王尔敏：《弱国的外交：面对列强环伺的晚清世局》，桂林：广西师范大学出版社2008年版，（引论）第2页。

② 黄遵宪：《日本国志·学术志一》，王宝平主编《日本国志》，上海古籍出版社2001年版，第341—342页。

西学源自中学，现在学习西学其实就是学中学，无须对西学不屑一顾，将中土已失之学"学"回来是一件名正言顺的事情，"凡彼之精微，皆不能出吾书。第我引其端，彼竟其委，正可师其长技"。此外，黄遵宪对一些盲目趋新之士也予以警醒和批评，反对全盘西化，不要对传统文化弃之如履，"今东方慕西学者，乃欲舍己而从之，竟或言汉学无用，故详引之，以塞蚍蜉撼树之口。"①甚至可以说，黄遵宪对待不同文化的态度是很明确的，在维护优秀传统文化的基础上，大量学习和接受西方的各种有益的思想文化。在他看来，西学源自中学，就说明中学的优越和伟大，中国人自己就不应该对本民族文化妄自菲薄，一定要在中西文化交流中坚持方向。因此，黄遵宪对明治维新以来日本社会罢黜汉学而全面西化之风不以为然，甚而大力抨击了日本废用汉学之心。黄遵宪所言的"汉学"，是指孔学，而非以儒学为代表的中国文化。在他的人文思想中，儒学并非孔学，他一生尊奉孔子、信仰孔学而反对树立孔教，"与对旧学的批评相对应，黄遵宪终生推崇孔学。"②晚年黄遵宪仍崇孔子，欲作《演孔》一书，后未能成书。同时，黄遵宪不是严格意义上的学者，他的"西学中源"说也存在许多矛盾或缺陷，例如中学如何演变为西学，又怎么传回来的并未考证，只是引述了《史记》"幽、厉之后，周室微，陪臣执政，史不记时，君不告朔，故畴人子弟分散，或在诸夏，或在夷狄，是以其禨祥废而不统"③，"当孟子时，天下之言半归于墨，而其教衍而为七。门人邓陵、禽猾之徒，且蔓延于天下。其入于泰西，源流虽不可考，而泰西之贤智推衍其说，至于今日。而地球万国行墨之道者，十居其七。"④无论如何，一种历史假借或者引论都蕴含着一种政治用意和文化自卫心理，"西学中源"

<hr>

① 黄遵宪：《日本杂事诗》第54首，吴振清等编《黄遵宪集》，天津人民出版社2003年版，第26页。

② 张永春：《黄遵宪与晚清"西学墨源"论》，《江汉论坛》2009年第7期。

③ 司马迁：《史记》卷二十六，北京：中华书局1998年版，第436页。

④ 黄遵宪：《日本国志·学术志一》，王宝平主编《日本国志》，上海古籍出版社2001年版，第332页。

说"未尝没有直觉的偶合与推理的解悟,并逐渐达到洞悉真相的程度"①。

从"治世"的西学学回来的近代法制思想得到了很大程度的贯彻,并在收回治外法权的斗争中取得了一定的回报,这或许是"乱世"中国在近代时期最可宽慰的政治胜利,也是如何在内政修明和外交周旋的国际背景下所取得的一项经验。趁鸦片毒害之危,西方列强用其坚船利炮打败了清王朝,以不平等条约《南京条约》为肇始,攫取了领事裁判权,至清王朝覆灭,依然成为束缚中国人民自由和有辱中国主权的软暴力。在西方列强的无耻由头中,是因为中国没有法律或者法律很"野蛮",主要表现在"(1)中国法制不完全,尤其刑事,以拷问为常事,行复仇主义不以为怪。又有因故不能将犯人直接科刑时,则实行连坐办法,使血统上或社会上有关系之第三者强行负责,代受刑罚;(2)中国裁判官法律上智识不足,德义心又极薄弱,以贿赂公行为常态;(3)中国人目外国人为蛮夷,亦不据法律为治蛮夷之方法。"②这些在反映传统法的落后面的同时,也在主权意识方面给弱国外交提供了内卷的努力自强的意识,引导中国人开始将目光投向国内法制改革和外交收回治外法权的斗争中去。1898年,康有为在《上清帝第六书》中就提出收回领事裁判权和变革法制的必要性,"外人来者,自治其民,不与我平等之权利,实为非常之国耻。彼以我刑律太重而法规不同故也。今宜采罗马及英、美、法、日本之律,重订施行;不能骤行内地,亦当先行于通商各口。其民法、民律、商法、市则、舶则、讼律、军律、国际公法,西人皆极详明,既不能闭关绝市,则通商交际势不能不概予通行。"③在1899年日本收回领事裁判权的刺激下,清廷也多次表示希望收回西方列强在华领事裁判权,声称只要"撤销你们的领事裁判权条款,那么商人和传教士就可以定居在任何地方和一切地方。但

---

① 王尔敏:《中国近代思想史论》,北京:社会科学文献出版社2003年版,第1页。

② [日]今井嘉幸:《中国治外法权问题》,载王健编《西法东渐:外国人与中国法的近代变迁》,北京:中国政法大学出版社2001年版,第286页。

③ 汤志钧编:《康有为政论集》(上),北京:中华书局1981年版,第214页。

是要保留它，那么我们就一定尽量地把你们和我们的纠纷限制在各条约口岸。"①但也都不可能得到列强的回应、支持而有所松懈。在义和团运动的打击下，西方列强在华利益面临着中国人民彼伏此起的正义斗争，而不得不改弦更张，而不甘心统治权旁落的晚清，也不得不内修政治而改订律例。光绪二十八年（1902）二月初二日，清廷政务处奏请修订法律，意在收回领事裁判权。随着中外条约修约或续约之期日近，而修订商约对于治外法权的规定似乎有悖于列强的在华利益，导致了列强之间默契的松动。清末新政在一定程度上得到了列强的支持，在初步萌发的国家主权意识上展开了内部的法制变革和外部的收回治外法权运动。英国首先赞成中国收回治外法权。1902年，中英在《续议通商行船条约》（即《马凯条约》）的第12款中，英国承诺有条件有步骤地放弃在华领事裁判权，"中国深欲整顿本国律例，以期与各国律例改同一律，英国允愿尽力协助，以成此举。一俟查悉中国律例情形及其审断办法，及一切相关事宜皆臻妥善，英国即允弃其治外法权。"②随后美国、日本、葡萄牙和瑞典等国予以响应，如美国在1903年与清廷在上海签订的《通商行船续订条约》第15条的规定，与英国订约主旨一字不差，只是改"英国"为"美国"而已。如此可见，列强逐步放弃在华治外法权的前提是清政府按照西方模式进行法制变革并成功。虽然终清一朝都没有完全收回治外法权，废除一切不平等条约，但中国社会的进步是明显的，这是百年屈辱史所带来的辩证结果，清帝国的"国耻"被后人用"乱""治"的历史逻辑进行了逐渐的废黜与消弭，无数次地证明了中国人民的伟大和中华文明积淀所产生的优势惯性，特别是20世纪80年代开始的改革开放，将近世多灾多难的中国推向了小康社会，现正致力于中华民族和平崛起的伟大征程，更加说明了"中国本身拥有力量"，因为"人民有信仰，民族有希望，国家有力量"！

---

① 吴孟雪：《美国在华领事裁判权百年史》，北京：社会科学文献出版社1992年版，第122页。

② 朱寿朋编，张静庐等校点：《光绪朝东华录》（五），北京：中华书局1958年版，第4919页。

二、世界和平的现实未来

纵观"穷途竟何世，余事且诗人"①的黄遵宪的一生经历，我们可以说他不是一位专业诗人，而从骨子里就是一位史学家和政治活动家，他只是以诗喻志，鼓士气，倡民智，为君主立宪的渐进和平变法而服务。"宋明诸儒骛虚论，徒诩汉大夸皇华。谬言要荒不足论，乌知壤地交犬牙。鄂罗英法联翩起，四邻逼处环相伺。着鞭空让他人先，卧榻一任旁侧睡。古今事变奇至此，彼已不知宁勿耻。"②这首写于1890年的诗词，正是黄遵宪赴命任驻英使馆二等参赞之际的心理写照，表明了他已完全摆脱了所谓华夷之别，真实而艺术地表达出他的开放思想。他站在世界潮流的前列，用一种先进眼光和开阔意识来批判当时中国士大夫中的妄自尊大、不屑和不善于学习其他民族长处的陋习。走出国门的黄遵宪，确实眼光开阔，"年过半百洲游四"，将"身之所遇，目之所见，耳之所闻，而笔之于诗"，③一辈子写就的《人境庐诗草》《人境庐集外诗集》《日本杂事诗》等诗集中有诗歌千余首，乃是描述大千世界的作品，其中"海外诗"几占一半，成为那个时代的新题材、新意境和新风味，"近世诗人，能熔铸新理想以入旧风格者，当推黄公度。"④黄遵宪能成为"诗界革命"拓荒者和旗手，显然与他广阔的世界视野、开放邻交思想和世界和平交流思想密不可分，而且这是他的近代诗歌创作的素材或源泉之一。

与其诗歌里的精神相一致的政治理想，就是黄遵宪与洋务派、早期维新派、康梁派人士相较而言有极大差别的君主立宪理想。他主张渐进的立宪政体建设，是与他深入考察中西的进化阶段性的历史相关，具有与时俱

---

① 黄遵宪：《支离》，载钱仲联《人境庐诗草笺注》，上海古籍出版社1981年版，第773页。

② 黄遵宪：《感事》之三，同上，第529页。

③ 黄遵宪：《朝鲜策略》，载吴振清等编《黄遵宪集》下册，天津人民出版社2003年版，第412页。

④ 梁启超：《饮冰室诗话》，北京：人民文学出版社1959年版，第2页。

进和不断赶超的历史发展观。这是他的经验和思想的双重优势，他参与甚至出力甚多的湖南新政既是维新运动的重要组成部分，也是他的最具成就感的变法实践，"康梁等的维新思想乃得之书本，同时也凭借他们自己的想象。黄遵宪之痛感中国有改革的必要，乃是得自在外国实地的考察与研究。"①更可贵的是，在"相竞而强"的世界大潮面前，黄遵宪以西方进化论之"物竞天择、适者生存"为基调，打破传统变易观的狭小范围，提升中国人的自身认知水平。他没有支持日本"脱亚入欧"后的社会达尔文主义，而是在主张反侵略与开放并举的同时，渐进立宪改革，强国富民，推动世界和平发展。即便在削职放归故里且永不叙用的晚年，黄遵宪仍坚持主张实行立宪体制而不是共和体制，原因在于他自始至终地反对一切形式的革命和流血斗争。他最希望看到的是中国渐进清除专制体制、实现民权、建立民主国家，不需要同胞之间通过你死我活的战争定天下。尽管黄遵宪力主"兵战"迎敌，但他的思想深处的人权观和世界精神，规范了他对于世界各民族人民的人文关怀。所以，黄遵宪自始至终是改良主义者而非革命者，即便予以"革命"也是和平的、推陈出新的变革，晚年虽有"马志尼"的激愤之语，却没有暴力之行，而且他更从不轻言"革命"，"改良是与革命相对而言的，革命是暴力，激烈的行为，而改良则是渐进的。在革命胜利后，我们就要用改良的办法来达到革命的目的。"②暴力与革命相始相终，与流血如影随形，是黄遵宪断断不能目视和容忍的人类惨状，而改良则是温和渐进地推动社会进步的原则和方式，成为他终身孜孜以求的政治祈愿。虽然有学者认为，晚年黄遵宪的思想发生变化，支持暴力革命，《侠客行》便是这一思想的流露，"誓洒铁血红""拔出四亿同胞黑暗地狱中"，他日变马志尼"犹未可知"。倾向马志尼式的民主

---

① 左舜生：《中国近代史四讲》，载沈云龙主编《近代中国史料丛刊续编》第99辑第988册，台北：文海出版社1975年版，第120页。

② 李新：《造反、革命与改良》，载施宣圆主编《中华学林名家文萃》，上海：文汇出版社2003年版，第44—45页。

革命，是流血的，但黄遵宪更要贯彻的是"吾辈终不能誓死不救"，①因此，他"早夜奋励，务养无畏之精神，求舍生之学术，一有机会，投袂起矣"②。然而，这些侠胆豪迈的男子汉的激奋之语，是不能作为他投身革命的有力证据，而重于行动的"改良"才是黄遵宪的本旨，他的"誓死"而救的不是推翻已有政权，而是救君、救国而行立宪，故"投袂而起"是甘洒热血的"先以民族主义，而后立宪"的事业，这是风格稳健的政治家在局势危殆之际的最具建设性的非常手段，而非去摧毁现存政治上层建筑的"洗牌重来"。辛亥革命虽然推翻清王朝，而暴力革命的后果却是军阀混战，以致民国初年的社会动荡有增无减，个中得失耐人寻味。要使国家长治久安、臻于富强，侈言"革命"的危害将是巨大的。历史已然昭示，"要警惕'右'，但主要是防止'左'"。因此，革命是不得已的行动，改良是最好的疗法和养生之道。欲成大事，天时地利人和缺一不可，人才最为关键。要改良，自然需要大义、大智、大才的人才，黄遵宪就是这类人才。可惜"才大世不用"，光绪帝没有用到黄遵宪时就被囚禁瀛台，戊戌政变以"戊戌六君子"血染菜市口而告"胜利"。故有后人因光绪帝未能及时重用黄遵宪而深感惋惜，"若光绪选用公度，则公度将察情度势，劝光绪上结慈禧以善母子之情，厚母后亲信以顺光绪变法施政之道。假以时日，则母子慈孝敬爱，于时施政变法，得权力而后为，岂不顺流无阻，上下畅通乎？"③尽管彭先生的光绪慈禧母子慈爱有益于变法之论有待商榷，但事实是康、梁和光绪帝的戊戌变法确实因激变而导致顺流不畅，这是"百日维新"失败的原因之一。

统观而论，黄遵宪从摒弃战争、主张渐进立宪而推演到具体的人权

---

① 钱仲联：《黄遵宪政治思想的演变》，载张永芳、李玲编《黄遵宪研究资料选编》上册，香港天马图书有限公司2002年版，第553-556页。

② 郑海麟、张伟雄编校：《黄遵宪文集》，京都：中文出版社1991年版，第203页。

③ 彭精一：《嘉应州四位名举人》，载张永芳、李玲编《黄遵宪研究资料选编》上册，香港天马图书有限公司2002年版，第148-149页。

问题，在他的外交活动和思想中都有很好的彰显。他服膺外交之志，忠于人权维护与世界和平，实际上是一个连贯性的政治实践：一是主张仿效西法，修订法律，以法治国；二是尽力维护海外华侨华人正当权益；三是治理湖南监狱积案，维护人身权利；四是同情中国妇女悲惨处境，呼吁维护中国妇女人权。[①]前已有述前面三项，在此不赘述。而第四项对妇女人权的维护堪称是黄遵宪最具人性化的和平理念和人权关怀的最实际体现。众所周知，在千余年的宗法制度压迫、封建礼教束缚、形体的摧残下的中国妇女的困境，如同没有硝烟的战争，男人从制度最高端到单个家庭底层都是主宰者，且不去说那后宫三千佳丽的悲惨命运，中国妇女所受到的身心伤害也是罄竹难书。缠足就是其中较为隐蔽的摧残。黄遵宪从事外交出使日本后，受到卢梭、孟德斯鸠启蒙思想的影响，深切体会到中国妇女人权之况堪忧，其中的缠足是危害深重。卸职归国办理教案，旋即奉派署理湖南按察使而襄助巡抚陈宝箴的湖南新政期间，黄遵宪对中国妇女所受缠足之苦，历数了七大危害：废天理、伤人伦、削人权、害家事、损生命、败风俗和戕种族，已然把妇女缠足视为违背伦理道德、伤风败俗的积弊，提升到丧尽人权的高度。在署理湖南按察使的任上，他还把禁止妇女缠足与国家强弱存亡直接联系起来，例如在1898年5月的一份批文中，他向朝廷呼吁"卧薪尝胆，以共图富强，则劝禁幼女缠足事，自属当务之急"，禁止缠足，"即以保四万万人治种族"。[②]对中国妇女缠足陋习的揭批，可视作黄遵宪对妇女人权的尊重和维护的一大范例，也是近代中国社会改造比较成功的变革，缠足被彻底废除了，中国妇女获得了身体上的巨大解放，实现了黄遵宪的期许。如果把湖南新政时期维新派禁止缠足当作是一种维护妇女人权的呼唤和目标的话，戊戌政变后被罢官回乡后的黄遵宪，则更加关切中国妇女整体的悲惨命运，这是近代中国妇女解放的先声里不可忽视

---

① 陈铮：《黄遵宪的人权观初探》，载中国史学会等编《黄遵宪研究新论》，北京：社会科学文献出版社2007年版，第24页。

② 《士绅刘颂虞等公恳示禁幼女缠足禀批》（1898年5月6日），载陈铮主编《黄遵宪全集》上册，北京：中华书局2005年版，第535—536页。

的愤怒和控诉。

　　黄遵宪所处的时代，不仅是民族矛盾尖锐，而且国内政局动荡不安，特别是流血斗争此起彼伏，令热爱和平、珍爱生命、提倡文明共享的先贤非常痛苦和激愤，曾想通过外交伸展正义、止战惜民，却终不如愿，"惜未能独当一面，以展其怀抱，仅寄托于诗，而诗遂为世人所推重。虽然，称之为诗人，毋宁对于国际困难推之为外交家之有当于事乎！"①然而，作为中国的第一代外交官，黄遵宪的仕宦生涯却是怀才不遇而且坎坷不断。从驻日使馆参赞开始，到使日全权大使未果，他经历了弱国外交的无限困窘，但却在中国外交交事业中为中华民族的外交权益和国际关系均势发展做出了积极的贡献。虽然任职期间为国家和侨胞挽回一些丧失的权益，却在总休上对晚清政局几乎无补。终究而言，黄遵宪不是外交、内政独当一面的政治人物，他对处于弱势下的祖国的贡献，主要在思想提升和政治启蒙上，"在中国近代史上，黄遵宪是一位走在时代前面，影响了中国近代化进程的重要人物。"②因此，其幸与不幸，都只能从黄遵宪的人生经历中求得答案，而且只有他自己才能真正说得清。

　　以诗言志是黄遵宪最有神来之笔的快意人生的表达方式，其快意之中难免含有心酸，是涉足海外而在外交和内政上难有建树的复杂的自我表白。他绝非只想做一位诗人，更不想仅以诗名天下。黄遵宪的诗歌大致分为两类，一类是表现爱国精神的系列史诗，一类是新事物的作品。爱国精神已是传统，并不新鲜，国人津津乐道的则是他的"新派诗"。"新派诗"中的海外文化是未出国门的中国人觉得"新奇"的对象，是"异"。余英时先生说过："西方人诚然重视'创新'，但是他们同时也承认'创新'之前必然有一个'保守'的阶段，'创新'之后也必然要加以'保

---

　　①　黄遵楷：《先兄公度先生事实述略》，载吴振清等编《黄遵宪集》，天津人民出版社2003年版，第816页。

　　②　张永芳：《历史标志的幸者与壮志未酬的先觉：缅怀近代名人黄遵宪》，载中国史学会等编《黄遵宪研究新论》，北京：社会科学文献出版社2007年版，第545-548页。

守'。这是一个'鸡生蛋，蛋生鸡'的无限历程。人的'创造'永远是以前人的业绩为起点，这便是牛顿'站在巨人的肩上'一语的真含义。所以真正的关键不在'创新'和'保守'的本身，而在于'创新'什么，'保守'什么。"①由此推断，黄遵宪"创新"的不是诗歌品位，也不是改变爱国主义传统文风，而是诗歌所载的新鲜气息，他宣扬西方文化，鼓吹变法维新，以科学民主救国；那么他"保守"的则是和平、文明和渐进式改革，这才是他的诗歌乃至他的外交和政治抱负诸方面的根本精神实质。仅仅从诗人的角度来深读黄遵宪，不免断章取义，但却能最深切地感触到他的先觉和先驱的伟大精神力量，他不愧为世界文化交流的使者，是人类和平的捍卫者，更是人权和人的价值观的提倡者。

---

① 余英时：《论士衡史》，上海文艺出版社1999年版，第446-447页。

结　语

　　戊戌变法失败后放归故里人境庐的黄遵宪仍保持对现实世界的关怀和对以往事件的反思。光绪二十八年（1902）十一月朔日，他以"布袋和尚"为名致函梁启超，言简意赅地总结道："自吾少时，绝无求富贵之心，而颇有树勋名之念。游东西洋十年，吾所学屠龙之技，无所可用也。……既而游欧洲，历南洋，又四五年，归见当道者之顽固如此，吾民之聋聩如此，又欲以先知先觉为己任，借报纸以启发之，以拯救之。……然自顾官卑职陋，又欲凭借政府一二人，或南北洋大臣以发摅之，又苦于无人。……及戊戌新政，新机大动，吾又膺非常之知，遂欲捐其躯以报国矣！自是以来，愈益挫折，愈益艰危，而吾志乃益坚。盖蒿目时艰，横揽人才，有无佛称尊之想，益有舍我其谁之叹！"①正是这段话真切地勾勒出黄遵宪五十生年的心路历程，昭示了他的思想有过五次重大转变：少年时，欲树勋名；游东洋后，欲望变法与倡民权；游欧洲后，欲办报纸以唤醒民众而拯救国家；维新运动期间受光绪帝知遇之恩，欲捐躯报国；戊戌变法失败后不气馁，欲重振朝纲，舍我其谁。其中，外交生涯的前因后果，归结到传统与现实的矛盾统一在他的矢志不渝的"变法图强"之宗旨上。特别是他在担任外交官时和归国后草稿、统稿而终于面世的《日本国志》，更将一位先贤的与时俱进的变革精神呈现在当世与后世的史卷中而流芳百世。《日本国志》中"胪举新政，借端伸论"的三万余言"外史

---

　　① 黄遵宪：《致梁启超书》，载吴振清等编《黄遵宪集》，天津人民出版社2003年版，第498—499页。

氏曰"，正是黄遵宪人格品质、精神力量和经世能力的集中体现。遗憾的是，挥斥方遒和"才大世不用"的历史悖论重复上演，展现出人世间多少悲壮的序曲和谢幕。黄遵宪是注定悲寂的英雄，在"天降祸乱，丧我中国"的乱世之秋，"惜未能独当一面，以展其怀抱。仅寄托于诗，而诗遂为世人所推重。虽然，称之为诗人，无宁对于国际困难推之为外交家之有当于事乎！"①在不以成败论英雄和是非成败转头空的两维下，我们可以肯定黄遵宪首先是一个经世致用的改革家、实践家，其次才是一个理论家、思想家，再其次才是一个诗人、散文家、历史学家。他固然写过很多诗，出版过声名远扬的历史著作，留下了不少书札、散文，但这一切都是为改革社会、改造国家这个大目标服务的。或者说，它们中有的干脆就是改革社会、改造国家这一实践行为的体现，是这一实践过程的副产品。②

生在官宦人家的黄遵宪，自小受到比较严格的家庭教育，又经历过近代中国社会的纷乱，思想总是处在不断变化之中。在走出国门之前，黄遵宪是一个知识分子和地主阶级改革派，"吾取法于人，有可得而变革者，有不可得而变革者。其可得而变革者，轮舟也，铁路也，电信也，凡所可以务财、训农、惠工者皆是也。其不可得而变革者，君臣也，父子也，夫妇也，凡关于伦常纲纪者皆是也。"③他的资产阶级改良主义思想始于随使日本期间，即1877—1882年出任驻日使馆参赞。"安能作庸人"④的黄遵宪岂能甘为一介诗人和一位人微言轻的外交官？在离日赴美时，《日本国志》仅"甫创稿本"，卸职旧金山总领事于1885年10月归国后，为专心完成《日本国志》的编撰修改，他便重新编纂，历时两年终于完稿。1888年

---

① 黄遵楷：《先兄公度先生事实述略》，载吴振清等编《黄遵宪集》，天津人民出版社2003年版，第816页。

② 李珺平：《从"加富尔"到"马志尼"：黄遵宪政治理想之定位及价值》，《湛江师范学院学报》2005年第5期。

③ 黄遵宪：《皇朝金鉴序》，载吴振清等编《黄遵宪集》，天津人民出版社2003年版，第372—373页。

④ 康有为：《人境庐诗草·康序》，钱仲联《人境庐诗草笺注》，上海古籍出版社1981年版，第2页。

11月，黄遵宪亲携刚付梓的《日本国志》北上京师。然而，虽在京广为交游，却未能使《日本国志》被总理衙门看中。但也在1889年5月得到时任总理衙门章京的袁昶的大力举荐，被任命为驻英二等参赞，再度开始出使生涯。随使英国也是壮志难酬，使他深感苦闷，不得已常以新诗自娱，"人海茫茫着此身，苍凉独立一伤神。递增哀乐中年感，等是寻常行路人。万里封侯从骠骑，中兴名相画麒麟。虎头燕颔非吾事，何用眉头郁不申。"①正是履职英国的一年间，黄遵宪的政治思想发生了重大转折，他最终确立了君主立宪改良思想，"久而游美洲，见欧人，其政治学术，竟与日本无大异。"②由此逐渐坚定了中国必须要走英、日君主立宪制的改革思想。1894年从新加坡总领事职位上卸任归国后，只得就职张之洞幕下的江宁局而随调办理江南教案。由于不能跻身高层而展现主持全局变革之才，黄遵宪清晰地认识到仅凭一己之力维新运动难以展开，更何况晚清的保守专制势力不仅顽固而且庞大，"故论今日政府之弱，可谓极矣。而以之防家贼、治内扰，犹绰有余裕也。"③黄遵宪在巡抚陈宝箴等一批维新志士的帮扶下，力辟新政先求"地方自治"，进而推及他省乃至全国，所谓"自下而上"之改革。无奈的是，戊戌变法的流产，使包括黄遵宪在内的民族资产阶级仿效英、日自上而下的立宪变法的理想无从实现。英雄随大江东去，仅留下扼腕叹息的唏嘘之音。

尽管黄遵宪行政才能和政治抱负在晚清"民族主义"和"立宪"两大事业都难以为继的背景下，不可能得到实现，但却不能掩盖他的《日本国志》所蕴含的政治理念和外交成就。历时八九年编撰而成的《日本国志》，是黄遵宪官宦仕途和近代外交进程中的一个伟大使命的完美谢幕。在书成之时，他难抑自豪与欣慰之情，奋笔疾书而成的《日本国志书成志

---

① 黄遵宪：《在伦敦写真志感》一诗，钱仲联《人境庐诗草笺注》，上海古籍出版社1981年版，第514页。

② 黄遵宪：《日本杂事诗自序》，载吴振清等编《黄遵宪集》，天津人民出版社2003年版，第6页。

③ 黄遵宪：《致梁启超书》，同上，第510页。

感》诗曰："湖海归来气未除，忧天热血几时撼。《千秋鉴》借《吾妻镜》，四壁图悬人境庐。改制世方尊白统，《罪言》我窃比《黄书》。频年风雨鸡鸣夕，洒泪挑灯自卷舒。"①从本质上讲，《日本国志》是他在十余年涉外活动中力证"弱国有外交"的经典产物，也是记载和展示他的外交理念和外交才能的历史性典章载体。以英、日为师而行渐进立宪制度，是对魏源所揭橥的"师夷长技以制夷"思想的继承和超越，也是对世界观念、开放意识和科学变革落后体制的一种改良主义的推动。因此，仅论黄遵宪的外交成就，就不能忽略他的献身弱国外交的坚定意志、探索近代外交的宽广视阈、发展外交护权的途径方式、利用西学西政开智和立宪改革、推动人类文明的和平交流与共享。凡此种种，既在中国外交发展史上增添了爱国篇章，也是研究中国近代外交成败得失的重要视角。

　　黄遵宪是中国近代史上不可忽视的外交家、史学家、思想家和政治活动家，也是一位新诗派的代表人物，他的海外诗既将他的外交活动和所见所思表述无遗，是真切的"诗史"，也将他的弱国外交和内政改革的思想传播国内，推动立宪事业的渐进有效地进行，黄遵宪"四十（岁）以前所作诗，多随手散佚。庚、辛之交，随使欧洲，愤时势之不可为，感身世之不遇，乃始荟萃成编（即《人境庐诗草》），藉以自娱"，以致以诗明世，成为中国近代"诗界革命"的旗手和中流砥柱，"公度之诗，独辟境界，卓然自立于二十世纪诗界中，群推为大家"，但是，他"不屑以诗人自居"。②黄遵宪的诗歌，包括《日本杂事诗》《人境庐诗草》《人境庐诗草补遗》等，不仅感情丰富，而且充满理性，尤其社会意识浓烈、变革思想专注，"性情之作，纪事之作，说理之作，沈博绝丽，体殆备矣。惟绮语绝少概见。"③就在病逝前一年，黄遵宪在给梁启超信中回顾自己的一

---

①　黄遵宪：《日本国志书成志感》，载钱仲联《人境庐诗草笺注》（全二册上），上海古籍出版社1981年版，第443页。

②　梁启超：《饮冰室诗话》，载钱仲联《人境庐诗草笺注》附录三《诗话上》，上海古籍出版社1981年版，第1260页。

③　同上，第1261页。

生时，仍提到"这里所谈的是变法，是民权，而不是诗。"①在家学渊源
的熏陶下，自幼养成写诗习惯，将平时思考所得诉诸笔端，如《日本杂事
诗》，再以史歌体裁写史，构造皇皇巨著《日本国志》，从而将"海外经
验"扩展到全局性"现实关怀"上，特别是国家山河破碎和外敌瓜分国土
的危境，激发了他的"修身齐家治国平天下"和"天下兴亡，匹夫有责"
的社会责任感，正如他在晚年病中仍致信梁启超所言，"然一息尚存，尚
有生人应尽之义务，于此而不能自尽其职，无益于群，则顽然七尺，虽躯
壳犹存，亦无异于死人。无辟死之法而有不虚生之责，孔子所谓'君子息
焉，死而后已。'未死则无息已时也。"②

　　或许伟人都是矛盾的，渐进立宪与和平外交在黄遵宪思想中占据重
要地位，但他依然坚定"民族主义"应置于政体改革之前，显然是近代列
强瓜分中国的野心不死之故。1899年退出政坛归隐故里的黄遵宪依然题写
《己亥杂诗》，在组诗的自注中写道："种月季花。严复译《天演论》，
以天演为体，而其用有二：曰物竞，曰天择。此万物莫不然，而于有生之
类为尤著。物竞者，物争自存也。以一物以与物物争，或存或亡，而其效
则归于天择。天择者，物争而独存。"③也许在21世纪看来，用战争消除战
争的思想是不道德和不科学的，"那些用战争去防止战争的提法是一种文
字上的游戏，是好战者可鄙的托词。"④然而在19世纪末民族危亡的关头，
中国不采用民族战争的手段就无法得到任何独立和起码的尊重。其次，黄
遵宪认为敢于打民族战争才能免除战败后患从而维护国家主权和领土完
整。早在日本履职期间，黄遵宪就对日本的野心有所戒备，确切指出"文

① 钟叔河：《千秋鉴借吾妻镜：黄遵宪与其日本研究》，《钟叔河散文》，杭
州：浙江文艺出版社1999年版，第209页。
② 黄遵宪：《致梁启超函》（1905年2月21日），载陈铮编《黄遵宪全集》
（上），北京：中华书局2005年版，第458页。
③ 黄遵宪：《己亥杂诗》，同上，第808-809页。
④ 王小野等编译：《百年诺贝尔和平奖演说词》，西安：陕西师范大学出版社
2004年版，第8页。

治天下"的中国在"强权即公理"的近代是难以国富民强，"居今日五洲万国尚力竞赛攘夺搏噬之世，苟有一国焉，偏重乎文章，国必弱。故文章为今日无用之物。"①所以主张以民族战争来防御外侵，以最大限度地减少战败后割地赔款和遭遇瓜分的危害。最后，黄遵宪指出近代战争需要未雨绸缪，练兵备战，并从打胜仗的角度关注军事人才和战略战术。在《哀旅顺》《东沟行》中，黄遵宪肯定了洋务运动的军事变革以及清朝应对甲午战争所作的准备与努力，但这些海防硬件和坚疾船舰最终未能敌过日本侵犯，是因为"有器无人"，"从此华船匿不出，人言船坚不如疾，有器无人终委敌。"②在黄遵宪看来，近代战争不仅需要事先准备的客观军力，更应强调战争中发挥人才主观能动性的重要性。无论武器装备如何精良，决定战争胜负的关键还是人，而洋务运动为国家提供了与东西列强不相上下的武器装备，却没有为中国培养足够的军事人才和救国之人。毛泽东曾在《论持久战》一文中提出"兵民是胜利之本"的论点，这是现代战争取胜之道的经典之论，而黄遵宪所言的军事人才观与这一点亦不乏异曲同工之妙。因此，黄遵宪非常渴望能有力挽狂澜的政治军事人才出现，"从古荆蛮原小丑，即今砥柱孰中流？红髯碧眼知何意，挈镜来登最上头。"③要培养近代军事人才，黄遵宪主张创办军事学校，并从青少年军事教育做起，他在晚年所作的《小学校学生相和歌》共有19首，灌输世界意识和军事卫国思想，"来来汝小生，汝看汝面何种族？芒砀五洲几大陆，红苗蜷伏黑蛮辱。虬髯碧眼独横行，虎视眈眈欲逐逐。于戏我小生，全球半黄人，以何保面目？……勉勉汝小生，汝当发愿造世界。太平升平虽有待，此责此任在汝辈。华胥极乐华严庄，更赋六合更赋海。于戏我小生，世运方日

①　黄遵宪：《明治名家诗选序》，载郑海麟、张伟雄编校《黄遵宪文集》，日本京都：中文出版社1991年版，第119页。

②　黄遵宪：《东沟行》，载钱仲联《人境庐诗草笺注》，上海古籍出版社1981年版，第650页。

③　黄遵宪：《上岳阳楼》，同上，第765页。

新，日进日日改。"①

通过外交活动观察列强觊觎中华利权的企图自然是最便捷的途径，黄遵宪涉足外交，也看到了列强摧毁中华亦非容易之事，所以在外交历练中，他学会并施展了宏观而具体的斡旋谈判原则和技能，对维护国权和侨胞利益发挥了一定的作用。更重要的是，黄遵宪特别强调了近代世界开放的大势和邻交有益的资源共享，进而酝酿了他止战而和平交流的文化观。世界需要和平，世界也需要中国，中国走向世界是人类有望和平永久的一支重要力量。因此，开启民智，世界文明共享，成为黄遵宪乃至全体中国人的共同心愿。这是世界和平事业的基础，也是捍卫人类和平的文化互动。返归家乡的黄遵宪依然坚持渐进的社会进步，他更加深刻地理解到了民智开启与政治制度改革、民族国家独立自强的紧密关系，因而主张当下急务必须加强改造国民的工作，也就是说，"教育救国便成为他最终的选择"。②1903年，黄遵宪就以嘉应兴学会议所会长的名义发布《敬告同乡诸君子》一文，坚定了要在家乡创办小学校的意志，"鄙人环游海外，历十数年，深知东西诸大国之富强，由于兴学，而以小学校为尤重，名之曰普及教育，谓无地无学，无人不学也。又名之曰义务教育，谓乡之士夫，族之尊长，各有教子弟之职，各负兴学之责也。……综其大纲，曰德育，曰智育，曰体育。……普及小学校，系专为大局计，专为将来计。"③随后，他在梅州首倡设立了东山师范学堂，又在梅州首倡成人补习学堂。黄遵宪还重视留学生教育问题，积极联络和选派家乡子弟，如黄遵庚、杨徽五等人出国留学，以往日本为最。④应该说，黄遵宪晚年在梅州家乡的兴学之

① 黄遵宪：《小学校学生相和歌》，吴振清等编《黄遵宪集》，天津人民出版社2003年版，第353-356页。

② Noriko Kamachi, *Reform in China: Huang Tsun-hsien and the Japanese Model*. (Cambridge: Harvard University Press, 1981), p.253.

③ 黄遵宪：《敬告同乡诸君子》，吴振清等编《黄遵宪集》，天津人民出版社2003年版，第407-411页。

④ 韩小林：《论黄遵宪与日本》，载中国史学会等编《黄遵宪研究新论》，北京：社会科学文献出版社2007年版，第302页。

举，直接促使客家地区成为"文化之乡"，也是中国近代教育史上的倡导新式教育之功，值得后人敬仰。

统而言之，黄遵宪从一位晚清举人转变为近代资产阶级改良派的人生经历，已经表明他以很强的开放意识和先进思想而成为走在时代前列的重要历史人物。先贤已经离去，但他的外交理念和政治经验是后世的宝贵财富。当今全球化背景下的世界各国之间的博弈，有赖于主权国家的综合国力的竞争，除经济、军事与科技实力的"硬实力"外，国家的文化影响力这个"软实力"越来越成为博弈的重要指标。中国人已开始在现代化历史中找回一度失落的文化信心，将会在全球化浪潮中使中国昔日的光荣、现在的理想变成未来的真实。中华文化的创造力在半个多世纪以来所产生的复兴效应，举世瞩目，到21世纪中叶中国的综合国力有望重新跻身世界前列，正如沃勒斯坦所预言的那样，21世纪中叶，资本主义世界体系将让位于另一种或几种后继的体系，而"占人类四分之一的中国人民，将会在决定人类共同命运中起重大的作用"[①]。更有甚者，曾经说过"19世纪是英国人的世纪，20世纪是美国人的世纪，而21世纪就是中国人的世纪"的英国史学泰斗汤因比在20世纪70年代就提出了著名论断："世界统一是避免人类集体自杀的道路。在这一点上，现在世界各民族中具有最充分准备的是两千年来培育了独特思维方式的中华民族。"[②]所有这些预言，在我们所处的21世纪初始，是对"江山代有人才出"的中国先贤的历史积淀的肯定，也给了当代中国人的一种无限的精神鼓舞，有历史、有实力、有世界胸怀，中国人更有责任维护世界和平，创造更丰富的文明成果以惠及全人类！

---

① ［美］伊曼纽尔·沃勒斯坦：《现代世界体系》第1卷，尤来寅、路爱国等译，北京：高等教育出版社1998年版，第2页。

② ［英］汤因比，［日］池田大作：《展望21世纪：汤因比与池田大作对话录》，荀春生等译，北京：国际文化出版公司1983年版，第298页。

参考文献

中共中央马克思、恩格斯、列宁、斯大林著作编译局编．马克思恩格斯选集：第1卷［M］．北京：人民出版社，1975．

中共中央马克思、恩格斯、列宁、斯大林著作编译局编．马克思恩格斯选集：第2卷［M］．北京：人民出版社，1975．

马克思，恩格斯著．马克思恩格斯全集：第7卷［M］．北京：人民出版社，1959．

中共中央马克思、恩格斯、列宁、斯大林著作编译局译．恩格斯反杜林论［M］．北京：人民出版社，1970．

列宁著；中共中央马克思、恩格斯、列宁、斯大林著作编译局编译．列宁全集：第2卷［M］．北京：人民出版社，1984．

列宁著；中共中央马克思、恩格斯、列宁、斯大林著作编译局译．列宁全集：第3卷［M］．北京：人民出版社，1959．

列宁著；中共中央马克思、恩格斯、列宁、斯大林著作编译局编译．列宁全集：第22卷［M］．北京：人民出版社，1990．

中共中央马克思、恩格斯、列宁、斯大林著作编译局编．列宁选集：第1卷［M］．北京：人民出版社，1972．

中共中央马克思、恩格斯、列宁、斯大林著作编译局编．列宁选集：第4卷［M］．北京：人民出版社，1960．

毛泽东著．毛泽东选集：第4卷［M］．2版．北京：人民出版社，1991．

毛泽东著. 毛泽东选集：第2卷［M］. 北京：人民出版社，1991.

陈铮编. 黄遵宪全集［M］. 北京：中华书局，2005.

黄遵宪著. 黄遵宪集［M］. 天津：天津人民出版社，2003.

郑海麟，张伟雄编校. 黄遵宪文集［M］. 京都：中文出版社，1991年版.

黄遵宪撰. 日本国志［M］. 上海：上海古籍出版社，2001.

黄遵宪著；钱仲联笺注. 人境庐诗草笺注［M］. 上海：上海古籍出版社，1981.

黄遵宪著；钟贤培选注. 黄遵宪诗选［M］. 广州：广东人民出版社，1985.

中国哲学编辑部编辑. 中国哲学：第8辑［M］. 北京：生活·读书·新知三联书店，1982.

嘉应学院黄遵宪研究所选编. 黄遵宪研究资料选编［M］. 香港：香港天马图书有限公司，2002.

司马迁撰. 史记：第4册［M］. 北京：中华书局出版社，1972.

范晔撰. 后汉书［M］. 郑州：中州古籍出版社，1996.

阮元校刻. 十三经注疏［M］. 北京：中华书局，1980.

释僧佑编. 弘明集［M］. 上海：上海书店，1989.

童诰等辑. 全唐文［M］. 北京：中华书局，1983.

宋濂等撰. 元史［M］. 北京：中华书局，1976.

赵尔巽. 清史稿［M］. 北京：中华书局，1976.

朱寿朋编. 光绪朝东华录［M］. 北京：中华书局，1958.

陈宝箴等编. 大清德宗景皇帝实录［M］. 北京：中华书局，1987.

中山大学历史系中国近代现代史教研组、研究室编. 林则徐集：奏稿［M］. 北京：中华书局出版社，1965.

姚莹著. 康輶纪行：东槎纪略［M］. 合肥：黄山书社，1990.

中国史学会主编；中国科学院近代史研究所史料编辑室，中央档案馆明清档案部编辑组编. 中国近代史资料丛刊：洋务运动［M］. 上海：上海人民出版社，1961.

国家档案局明清档案馆编. 戊戌变法档案史料［M］. 北京：中华书局，1958.

陈荷夫编. 中国宪法类编［M］. 北京：中国社会科学出版社，1980.

王韬著. 漫游随录：扶桑游记［M］. 长沙：湖南人民出版社，1982.

王韬著. 弢园文录外编［M］. 上海：上海书店出版社，2002.

薛福成著；丁凤麟，王欣之编. 薛福成选集［M］. 上海：上海人民出版社，1987.

汤志钧. 康有为政论集［M］. 北京：中华书局，1981.

张应昌主编. 清诗铎［M］. 北京：中华书局，1960.

王铁崖编. 中外旧约章汇编：第1册［M］. 北京：三联书店，1957.

王栻主编. 严复集［M］. 北京：中华书局，1986.

王闿运撰. 湘绮楼日记［M］. 北京：商务印书馆，1927.

魏源撰. 海国图志［M］. 长沙：岳麓书社，1998.

台湾中央研究院近代史研究所. 清季中日韩关系史料［M］. 1972.

吴晗辑. 朝鲜李朝实录中的中国史料［M］. 北京：中华书局，1980.

宝鋆编修. 筹办夷务始末：同治朝卷［M］. 北京：中华书局，1979.

阮元撰. 畴人传：35卷［M］. 北京：商务印书馆，1935.

故宫博物院明清档案部编. 清末筹备立宪档案史料［M］. 北京：中华书局，1979.

梁启超著；舒无校点. 饮冰室诗话［M］. 北京：人民文学出版社，1959.

郑观应撰. 盛世危言正续编［M］. 上海：上海书局：1898.

李鸿章著. 李文忠公全集［M］. 台北：文海出版社，1980.

谭嗣同著. 谭嗣同全集［M］. 北京：三联书店，1954.

张之洞著. 张文襄公全集［M］. 北京：中国书店，1990.

袁英光，胡逢祥整理. 王文韶日记 [M]. 北京：中华书局，1989.

汪康年著. 汪康年师友书札 [M]. 上海：上海古籍出版社，1986.

福建师范大学历史系华侨史资料选辑组编. 晚清海外笔记选 [M]. 北京：海洋出版社，1983.

台湾中央研究院近代史研究所. 清季中日韩关系史料 [M]. 台北：精华印书馆，1972.

何启，胡礼垣著；郑大华点校. 新政真诠 [M]. 沈阳：辽宁人民出版社，1994.

中国史学会主编. 戊戌变法 [M]. 上海：上海书店出版社，2000.

郑观应著；夏东元编. 郑观应集 [M]. 上海：上海人民出版社，1982.

康有为撰；姜义华编校. 康有为全集：第3集 [M]. 上海：上海古籍出版社，1992.

黄明同，吴熙钊主编；黄明同，吴熙钊，徐光仁，何建安著. 康有为早期遗稿述评 [M]. 广州：中山大学出版社，1988.

陈寅恪著. 寒柳堂集 [M]. 上海：上海古籍出版社，1980.

陈寅恪著. 陈寅恪史学论文选集 [M]. 上海：上海古籍出版社，1992.

欧阳哲生编. 傅斯年全集 [M]. 长沙：湖南教育出版社，2002.

故宫博物馆明清档案部，福建师范大学历史系编. 清季中外使领年表 [M]. 北京：中华书局，1985.

李瀚章编. 曾文正公全集奏议 [M]. 上海：世界书局，1922.

李鸿章著. 李文忠公全集 [M]. 台北：文海出版社，1980.

翁同龢著；陈义杰整理. 翁同龢日记：第6册 [M]. 北京：中华书局，1998.

中国史学会主编. 中国近代史资料丛刊 [M]. 上海：上海书店出版社，1978.

杨天石著. 黄遵宪 [M]. 上海：上海人民出版社，1979.

张永芳著. 黄遵宪新论［M］. 北京：中国文联出版社，2004.

周作人著；钟叔河编. 周作人作品集：第2辑［M］. 长沙：岳麓书社，2020.

吴天任著. 黄公度先生传稿［M］. 香港：香港中文大学出版，1972.

黄升任著. 黄遵宪评传［M］. 南京：南京大学出版社，2006.

盛邦和著. 黄遵宪史学研究［M］. 南京：江苏古籍出版社，1987.

郑海麟著. 黄遵宪传［M］. 北京：中华书局，2006.

郑海麟著. 黄遵宪与近代中国［M］. 北京：三联书店，1988.

朱传誉编. 黄遵宪传记资料［M］. 台北：天一出版社，1979.

北京市中日文化交流史研究会编. 中日文化交流史论文集［M］. 北京：人民出版社，1982.

蒋英豪编著. 黄遵宪师友记［M］. 上海：上海书店出版社，2002.

汤志钧著. 戊戌变法人物传稿［M］. 北京：中华书局，1982.

晓秋，陈应年主编. 黄遵宪与近代中日文化交流［M］. 大连：辽宁师范大学出版社，2007.

中国史学会，中国社会科学院近代史研究所编. 黄遵宪研究新论：纪念黄遵宪逝世一百周年国际学术讨论会论文集［M］. 北京：社会科学文献出版社，2007.

梁启超著. 饮冰室合集10［M］. 北京：中华书局，2015.

汪向荣著. 中国的近代化与日本［M］. 长沙：湖南人民出版社，1987.

汪向荣著. 日本教习［M］. 北京：三联书店，1988.

王尔敏著. 弱国的外交：面对列强环伺的晚清世局［M］. 桂林：广西师范大学出版社，2008.

王尔敏著. 晚清政治思想史论［M］. 桂林：广西师范大学出版社，2005.

王尔敏著. 中国近代思想史论［M］. 北京：社会科学文献出版社，2003.

耿云志等著．西方民主在近代中国［M］．北京：中国青年出版社，2003．

堀敏一著．中国与古代东亚细亚世界［M］．东京：岩波书店，1993．

中国先秦史学会秘书处编．先秦史研究［M］．昆明：云南民族出版社，1987．

马大正主编．中国边疆经略史［M］．郑州：中州古籍出版社，2000．

李兆祥著．近代中国的外交转型研究［M］．北京：中国社会科学出版社，2008．

庞朴著．文化的民族性与时代性［M］．北京：中国和平出版社，1988．

雷依群，施铁靖主编．中国古代史［M］．北京：高等教育出版社，1999．

陈旭麓著．近代中国社会的新陈代谢［M］．上海：上海人民出版社，1992．

展恒举著．中国近代法制史［M］．台湾：商务印书馆，1973．

朱维铮著．维新旧梦录：戊戌前百年中国的"自改革"运动［M］．北京：三联书店，2000．

萧功秦著．危机中的变革：清末现代化进程中的激进与保守［M］．上海：上海三联书店，1999．

钱穆著．国史大纲［M］．北京：商务印书馆，1997．

曹全来著．国际化与本土化：中国近代法律体系的形成［M］．北京：北京大学出版社，2005．

钟叔河著．从东方到西方：走向世界丛书叙论集［M］．长沙：岳麓书社，2002．

钟叔河著．中国本身拥有力量［M］．南京：江苏教育出版社，2005．

钟叔河著．走向世界：近代中国知识分子考察西方的历史［M］．北京：中华书局，2000．

钟叔河主编．日本杂事诗广注［M］．长沙：岳麓书社，1985．

钟叔河著. 钟叔河散文［M］. 杭州：浙江文艺出版社，1999.

王建朗著. 中国废除不平等条约的历程［M］. 南昌：江西人民出版社，2000.

魏源著；赵丽霞选注. 默觚：魏源集［M］. 沈阳：辽宁人民出版社，1994.

石霓译注. 容闳自传：我在中国和美国的生活［M］. 上海：百家出版社，2003.

丁文江，赵丰田编. 梁启超年谱长编［M］. 上海：上海人民出版社，1983.

丁文江编. 梁任公先生年谱长编初稿［M］. 台北：中华书局，1962.

梁启超著. 新民说：少年中国的国民性改造方案［M］. 郑州：中州古籍出版社，1998.

高淑娟著. 近代化起点论：中日两国封建社会末期对外经济政策比较［M］. 北京：中国社会科学出版社，2004.

罗荣渠著. 现代化新论：世界与中国的现代化进程［M］. 北京：北京大学出版社，1993.

赵德馨著. 中国近现代经济史：1842–1949［M］. 郑州：河南人民出版社，2003.

刘佛丁，王玉茹等著. 近代中国的经济发展［M］. 济南：山东人民出版社，1997.

李斌著. 顿挫与嬗变：晚清社会变革研究［M］. 成都：四川大学出版社，2006.

黄逸平著. 近代中国经济变迁［M］. 上海：上海人民出版社，1992.

辜正坤. 中西文化比较导论［M］. 北京：北京大学出版社，2007.

周宁著. 世界是一座桥：中西文化的交流与建构［M］. 桂林：广西师范大学出版社，2007.

程裕祯著. 中国文化要略［M］. 2版. 北京：外语教学与研究出版社，2003.

赵惠强，洪增林等著. 西部人文资源开发研究［M］. 兰州：甘肃人民出版社，2002.

罗荣渠，牛大勇编. 中国现代化历程的探索［M］. 北京：北京大学出版社，1992.

王盛志等编. 丘菽园居士诗集［M］. 台北：文海出版社，1977.

王小野等编译. 百年诺贝尔和平奖演说辞［M］. 西安：陕西师范大学出版社，2003.

王芸生编著. 六十年来中国与日本：第1卷［M］. 北京：三联书店，1979.

万峰著. 日本近代史［M］. 北京：中国社会科学出版社，1981.

曹中屏著. 朝鲜近代史［M］. 北京：东方出版社，1993.

汤奇学著. 中国近代思想文化史探索［M］. 合肥：安徽大学出版社，2005.

龚书铎主编. 中国近代文化概论［M］. 北京：中华书局，2002.

王健编. 西法东渐：外国人与中国法的近代变革［M］. 北京：中国政法大学出版社，2001.

郭卫东. 不平等条约与近代中国［M］. 北京：高等教育出版社，1993.

高兰著. 双面影人：日本对中国外交的思想与实践［M］. 上海：学林出版社，2003.

叶自成主编. 地缘政治与中国外交［M］. 北京：北京出版社，1998.

李侃著. 中国近代史［M］. 北京：中华书局，1977.

顾长声著. 传教士与近代中国［M］. 上海：上海人民出版社，2004.

王承仁，吴剑杰编著. 中国近代八十年史［M］. 武汉：武汉大学出版社，1985.

于桂芬著. 西风东渐：中日摄取西方文化的比较研究［M］. 北京：商务印书馆，2001.

沈云龙编. 近代中国史料丛刊续编［M］. 台北：文海出版社，1975.

熊月之著. 中国近代民主思想史［M］. 上海：上海人民出版社，1986.

宋德华著. 岭南维新思想述论［M］. 北京：中华书局，2002.

梁启超著；李华兴，吴嘉勋编. 梁启超选集［M］. 上海：上海人民出版社，1984.

汤志钧. 康有为政论集［M］. 北京：中华书局，1981.

夏邦著. 黄旗下的悲歌：晚清法制变革的历史考察［M］. 合肥：合肥工业大学出版社，2009.

张玉法著. 清季的立宪团体［M］. 台北：精华书馆，1971.

梁启超著. 戊戌政变记［M］. 台北：中华书局，1965.

梁启超著. 戊戌变法［M］. 上海：神州国光社，1953.

杨幼炯著. 中国政党史［M］. 上海：上海书店出版社，1984.

茅彭年编. 吕刑今释［M］. 北京：群众出版社，1984.

田晓娜编. 四库全书精编：子部［M］. 北京：国际文化出版公司，1996.

张翰书著. 比较中西政治思想［M］. 长春：吉林出版集团有限责任公司，2009.

张晋藩著. 中国法律的传统与近代转型［M］. 2版. 北京：法律出版社，2005.

田汝康，金重远选编. 现代西方史学流派文选［M］. 上海：上海人民出版社，1982.

严建强，王渊明著. 西方历史哲学［M］. 杭州：浙江人民出版社，1997.

卞修全著. 立宪思潮与清末法制改革［M］. 北京：中国社会科学出版社，2003.

谢俊美著．政治制度与近代中国（增补本）［M］．上海：上海人民出版社，2000．

荆知仁著．中国立宪史［M］．台北：联经出版公司，1984．

蔡枢衡著．中国法理自觉地发展［M］．北京：清华大学出版社，2005．

赵军著．折断了的杠杆：清末新政与明治维新比较研究［M］．长沙：湖南人民出版社，1992．

桑兵著．庚子勤王与晚清政局［M］．北京：北京大学出版社，2004．

（美）汪荣祖著．从传统中求变：晚清思想史研究［M］．南昌：百花洲文艺出版社，2002．

范文澜著．中国近代史［M］．北京：人民出版社，1955．

钱实甫著．清代的外交机关［M］．北京：三联书店，1959．

戴逸主编．简明清史［M］．北京：人民出版社，2004．

黄枝连著．朝鲜的儒化情境构造：朝鲜王朝与满清王朝的关系形态论［M］．北京：中国人民大学出版社，1995．

茅海建著．天朝的崩溃：鸦片战争再研究［M］．北京：三联书店，1995．

吴孟雪著．美国在华领事裁判权百年史［M］．北京：社会科学文献出版社，1992．

李扬帆著．晚清三十人［M］．北京：世界知识出版社，2008．

冯兴元等著．立宪的意涵：欧洲宪法研究［M］．北京：北京大学出版社，2005．

郭廷以编．近代中国史：第2册［M］．北京：商务印书馆，1947．

施宣圆主编．中华学林名家文萃［M］．上海：文汇出版社，2003．

余英时，傅杰编．论士衡史［M］．上海：上海文艺出版社，1999．

李世涛主编；张明，李东亮策划．知识分子立场：激进与保守之间的动荡［M］．长春：时代文艺出版社，2002．

吴于廑著. 古代的希腊和罗马［M］. 北京：中国青年出版社，1957.

（澳）颜清湟著；粟明鲜，贺跃夫译. 出国华工与清朝官员：晚清时期中国对海外华人的保护［M］. 北京：中国友谊出版公司，1990.

（意）利玛窦，金尼阁著；何高济等译. 利玛窦中国札记［M］. 北京：中华书局，1983.

（美）马士著；区宗华译；中国海关史研究中心组译. 东印度公司对华贸易编年史［M］. 广州：中山大学出版社，1991.

（美）马士，宓亨利著；姚曾廙译. 远东国际关系史［M］. 北京：商务印书馆，1975.

（美）马士著；张汇文；姚曾廙，杨志信，马伯煌，伍丹戈合译. 中华帝国对外关系史：第1卷［M］. 世纪出版集团；上海：上海书店出版社，2006.

（美）柯文著；杜继东译. 历史三调：作为事件、经历和神话的义和团［M］. 南京：江苏人民出版社，2000.

（美）丁韪良著；沈弘，恽文杰，郝田虎译. 花甲记忆［M］. 桂林：广西师范大学出版社，2002.

（英）杰弗里·帕克著；刘从德译. 地缘政治学：过去、现在和未来［M］. 北京：新华出版社，2003.

（美）伊曼纽尔·沃勒斯坦著；尤来寅等译. 现代世界体系：第1卷［M］. 北京：高等教育出版社，1998.

（美）塞·亨·纳尔逊著. 难以抉择［M］. 北京：华夏出版社，1989.

（美）约翰·惠特尼·霍尔著；邓懿，周一良译. 日本：从史前到现代［M］. 北京：商务印书馆，1997.

（美）埃德温·赖肖尔著；孟胜德，刘文涛译. 日本人［M］. 上海：上海译文出版社，1980.

（加）诺曼·赫伯特著；姚曾广译. 日本维新史［M］. 北京：商务印书馆，1992.

（日）依田熹家著；雷慧英等译. 近代日本的历史问题［M］. 上海：上海远东出版社，2004.

（日）远山茂树著；邹有恒译. 日本近现代史：第1卷［M］. 北京：商务印书馆，1983.

（法）孟德斯鸠著；张雁深译. 论法的精神：上册［M］. 北京：商务印书馆，1961.

（法）施阿兰著；袁传璋，郑永慧译. 使华记：1893-1897［M］. 北京：商务印书馆，1989.

（英）弗里德利希·冯·哈耶克著；邓正来译. 自由秩序原理：下册［M］. 北京：三联书店，1997.

（日）井上清著；尚永清译. 日本军国主义：第1册［M］. 北京：商务印书馆，1985.

Marianne Bastid. Reform in China: Huang Tsun-hsien and the Japanese Model. By Noriko Kamachi. ［Cambridge, Mass.: Harvard University Press, 1981. Harvard East Asian Monographs No. 95, 384 pp.］［J］. The China Quarterly. 1983:379-381.

Frederick Foochien, The Opening of Korea. The Shoe Tring Press. Inc. , 1967.

黄敬才. 浅析黄遵宪的西学思想［J］. 史志学刊，2009，（第6期）：143-144.

皮锡瑞. 师伏堂未刊日记（1897—1898年）［J］. 湖南历史资料，1958，（第4期）.

吴天钧. 先秦时期夏夷观念之探析［J］. 贵州民族研究，2006，（第4期）：179-183.

谢维扬. 论华夏族的形成［J］. 社会科学战线，1982，（第3期）：116-125.

杨妍. 畛域与融合：试析"夏夷之辨"政治心理对中国早期现代化之影响［J］. 云南行政学院学报，2002，（第3期）：39-43.

葛贤宁. 近代中国民族诗人黄公度［J］. 新中华，1934，（第7

期）：91–215.

戴逸. 清代乾隆朝的中英关系［J］. 清史研究，1993，（第3期）：
1–8.

魏明枢. 论黄遵宪驻日时期对日外交思想［J］. 湖北社会科学，
2003，（第7期）：79–81.

焦润明. 历史事实不容否定：评黄文雄著《从日清战争到太平洋战
争：被捏造的日本史》》［J］. 抗日战争研究，2003，（第2期）：240–250.

任松. 黄遵宪的政治改革思想初探［J］. 中国近代史（人大复印），
1995，（第5期）：117–121.

谭元亨. 黄遵宪与湖南新政［J］. 华南理工大学学报（社会科学
版），2009，（第3期）：60–63.

李珺平. 从"加富尔"到"马志尼"：黄遵宪政治理想之定位及价值
［J］. 湛江师范学院学报，2005，（第5期）：89–94.

郑海麟. 陈宝箴、黄遵宪的交谊与湖南新政（一）：纪念戊戌变法110
周年［J］. 文史知识，2008，（第6期）：19–26.

郑海麟. 陈宝箴、黄遵宪的交谊与湖南新政（四）：纪念戊戌变法110
周年［J］. 文史知识，2008，（第9期）：48–53.

杨惠兰1，李群2. 黄遵宪外交思想初探［J］. 湘潮（理论版），
2007，（第7期）：52–54.

正先. 黄公度：戊戌维新运动的领袖［J］. 逸经，1936，（第10
期）：16–43.

肖根平，饶金才. 黄遵宪：近代中国走向世界第一人［N］. 梅州日
报. 2004.05.09

吴春燕，陈亮谦，徐可，夏桂廉. 晚清爱国诗人黄遵宪感动今人
［N］. 光明日报. 2005.03.30

谭仲池. 自觉担当文化大发展大繁荣的历史责任［N］. 中国文化报.
2011.02.21（第3版：文化评论）

后 记

在传统迈向近代的中国文明进程中，涌现了一大批救国救民的英雄豪杰和文人墨客，无论是文武兼备的仁人志士，还是有一技之长的能人雅士，都为中华民族的永续传承发展做出了卓越的贡献和提供了历久弥新的文化价值，黄遵宪位列其中，他不以仕学扬名，却以诗人、外交家和维新思想家的多种形象青史留名。诗人黄遵宪曾将明治维新入诗，著成《日本杂事诗》，所揭橥的变革思想，与其《日本国志》"外史氏曰"所含的思想具有殊途同归的历史意义。黄遵宪不屑以诗人自居，但诗歌却成为他一生最大的成就。其存世的上千首诗中几乎半数是写时事或与时事有关的作品，被梁启超誉为"诗史"，"公度之诗，独辟境界，卓然自立于二十世纪诗界中，群推为大家，公论不容诬也"。①黄遵宪力扛"诗界革命"的大旗，并且作用突出，因而获得"清末诗人"之美誉！然而，黄遵宪虽有诗才，诗也成就了他，但是他所追求的本来不是诗歌，只是"穷途竟何世？余事且诗人"（黄遵宪：《支离》一诗），何况他亦"不屑以诗人自居"，"其诗的巨大成就完全来源于他的政治生涯中的爱国激情，是其政治命运的诗化产物。因而研究黄遵宪就不能不读其诗，读其诗就不得忽视其诗的政治意蕴，其中的强国思想就是黄遵宪的贯穿终身的政治之魂！"②

在所见所闻的世变情境中，某些暗合着先贤黄遵宪所期冀的世界和

---

① 梁启超：《饮冰室诗话》，钱仲联《人境庐诗草笺注》附录三，上海古籍出版社1981年版，第1260页。

② 黄涛：《黄遵宪：用爱国诗情构建强国之梦》，《台湾源流》民国99年（2010）总50/51期，第147页。

平与文明繁荣之景，世界各国之间联系紧密得可怕，风吹草低见牛羊的全球，善恶毕现于科技媒体，地球村的矛盾和明争暗斗之烈度，绝不逊色于黄遵宪所处的时代。中外通情和古今通灵，着实地将人类文明进程中的所有一切化为时刻都要解决的问题，新旧问题交叠，新旧问题相互转换，始终考验着人类的善良和智慧，以及不断修炼良智的可行办法。人类就是在相互砥砺、相互借鉴、相互更变的不断进化过程中，逐步实现人性善的臻于成功。

黄遵宪在巨著《日本国志》中，几乎没有一个字直呼变革，但却字字珠玑地正告适时变法的重要性和迫切性。苦心孤诣而成的"外史氏曰"三万余言，既是《日本国志》的精髓之语，更是其改革思想最显著的表达，展现出一位学贯中西、审时度势的维新实践家的入世情怀。《日本国志》"外史氏曰"所蕴含的黄遵宪变革思想主要体现在7个方面，即经济、法制、文教、军事、政体、外交、科技等，具有从中世纪向近代社会转型和变革的全面性。而且，这些整体性变革并非并行不悖，而是主次分明、循序渐进的趋新过程，"仆以为由蛮野而文明，世界之进步必积渐而至，实不能蜡等而进，一蹴而就也。"①在他心中，经济改革是第一位的要务，正所谓"兆民之所同欲"，而这种观点非常接近于经济基础决定上层建筑的辩证唯物主义思想，可见黄遵宪对于近代资本主义的世界规律窥察之深邃，而晚清中国欲同轨于占据主流的西方世界，势必要对传统经济进行脱胎换骨的近代经济变革。当中国摆脱了弱国外交，也绝不推行强权外交的本世纪，黄遵宪当含笑九泉，而以子孙贤德而深慰矣！

不妨再看看与黄遵宪同时代的外国人士对于近代中国外交和社会发展趋势的认识，因为这可能对黄遵宪对祖国充满希望的愿景有深入的了解。众所周知，近代化因素增长缓慢是晚清的最基本社会特征，封建君主专制是造成中国近代落伍于西方的最严重的政治因素，是西方"中国停滞论"

---

① 黄遵宪：《致梁启超书》（光绪二十八年十一月），载吴振清等编《黄遵宪集》，天津人民出版社2003年版，第511页。

的引证内核。熟谙中国典籍的丁韪良（William Alexander Parsons Martin, 1827.4.10—1916.12.17）是对中国停滞论相对宽容的来华外国人，他在其著作《中国知识》中，明确指出中国并不是"由蜷缩在各自狭窄外壳中、对外界刺激毫无反应的珊瑚虫堆积而成的庞然大物，中国人也不同于很少有感情交流的非洲人或美洲印第安人，中国历史的发展表明她并不是静止不动的，只不过其变化是缓慢和艰难的"，而"阻止中国历史进步的就是构成中国社会组织结构的四块柱石，即专制的君主制度、文人至上的观念、对父母的绝对服从和祖先崇拜的传统"。[①]丁韪良的归因是否准确有待考证，但晚清中国的近代化步履蹒跚是不容置疑的。美国第一位汉学教授、曾任驻华外交官的卫三畏（Samuel Wells Williams, 1812.9.22—1884.2.16）在其巨著《中国总论》"1883年修订版序"中，对近代中国也有精辟的评价，"毫不足怪的是，我确信汉人的子孙有着伟大的未来……中国不可能再安于懒散隔绝——像过去那样，以过于自负的态度俯视其他国家，就像面对她无须劳神的星星那样。"[②]而对中国近代外交史深有研究的著名学者马士（Hosea Ballou Morse, 1855—1934）在其著《中华帝国对外关系史》第二第三卷弁言中，引用赫德的信文，表达了同样观点，"我对于这个国家的将来……并不觉得沮丧……。这个国家将要在各式各样的错误中蹒跚地向前走，但却总是在前进，并且只要智慧和力量同时增长，我不以为这后者将要在任何场合过分地，或者即使是确如其分地被误用。……改良和发展将结束掉腐化、紊乱和屠弱，这是中国的每一个友人的热诚愿望。"[③]到20世纪初晚清覆灭之时，中国人都在向西方学、向日本学，无疑都是促进了中国近代化因素增长，也推动中国文明的缓慢前进。因此，当代著名历

---

① W. A. P. Martin, The Lore of Cathay, or the Intellect of China. New York: Fleming H. Revell Co., 1912, p.404.

② ［美］卫三畏：《中国总论》（修订版序），陈俱译，上海古籍出版社2005年版，第4页。

③ ［美］马士：《中华帝国对外关系史》第2卷，张汇文等译，上海书店出版社2006年版，（弁言）第4页。

史学家王尔敏先生说过："蹒跚学步，牙牙学语，万事开头难。何况老态龙钟的没落帝国？不管怎么样，这个国家毕竟进步了，管他启蒙老师是谁呢？"①只要有希望，有潜力，有干劲，近代中国的未来就是走向世界的现代中国，将"东方从属于西方"的近代屈辱转换成东西平等的世界格局，中华子孙将继往开来地为民族繁荣和世界文明做出更大更好的贡献，这就是责任，这就是良智！

实际上，近代化是一个不断发展和完善的进化过程。近代化，准确地应称为现代化，因为西文"Modern Times"一词所表达的是一个一直延续至今的时间概念，兼有近代与现代之意。②中国人的近现代化仍在进行之中。如果说邓小平先生将我国当前的社会主义定性为社会主义初级阶段，尚有百余年的发展，是对鸦片战争以来不占主流地位的中国资本主义发展阶段的否定或超越，那么，晚清中国经过鸦片战争、洋务运动、甲午战争、维新变法和清末新政的过程，当属中国的初级近代化，为时很短，速度很慢而已。由此反观，黄遵宪在其巨著《日本国志》中用"外史氏曰"旗帜鲜明地表达了他对当时世界潮流的准确把握、对晚清社会的近代化变革的真切期望、对中国文明在经济、文教、政治、军事、外交等上远驾西方之上的民族自信，"以中土之才智，迟之数年，即当远驾其上，内则追三代之隆，外则居万国之上，吾一为之，而收效无穷矣。"③而这种民族自信早在1881年英国H.N.Shore评论"中国留学美国第一人"容闳（1828—1912）时，就提出了，即"中国本身拥有力量"的论断，"一个能够产生这样人物的国家，就能够做成伟大的事业。这个国家的前途不会是卑贱的。……可以看到，中国本身拥有力量，可以在真正完全摆脱迷信的重担和对过去

---

① 王尔敏：《弱国的外交：面对列强环伺的晚清世局》，桂林：广西师范大学出版社2008年版，第177页。

② 罗荣渠：《现代化新论：世界与中国的现代化进程》，北京大学出版社1993年版，第3页。

③ 黄遵宪：《日本国志·学术志一》，王宝平主编《日本国志》，上海古籍出版社2001年版，第342页。

的崇拜时，迅速使自己新生，把自己建设成为一个真正伟大的国家。"[1]时代前行百余年后的今天，中华民族面临着伟大复兴的现代化使命，而"和平崛起"是中国政府和人民独立自主地建设中国特色社会主义的伟大决策，更是对世界各族人民和平共处、互利共赢的庄严承诺。因此，作为21世纪的中国人，笔者将继续勠力在良智大道上行进，所以将以晋级学者的不揣浅陋之勇，推出《黄遵宪外交活动与思想研究》这部阶段性的学术作品，根本目的不再是炫示致力史学研究的果敢与厚积薄发，而是要传承和发扬包括黄遵宪在内的先贤对于祖国富强和世界文明和平的精神信仰。这是修身齐家的现实目标，也是惠人惠事的立言知行。

必须承认，拙著并未深入发掘有关外交的史实和理论，只是以历史视角简明扼要地陈述黄遵宪外交理念的基本内容，故而在总体或具体的论证或推论上都会有遗漏和缺憾，也就是一个不断深入研究的始点。这种不成熟的黄遵宪外交理念研究，这是一个学术磨砺的尝试，其中酸甜苦辣只能自醒而后自省之。笔者相信，任何研究都没有终点，永远在不足中修补和完善，因而是当前个性化的研究过程中的必经情节。错谬和进步相并而行，却会在日积月累中得到思想和思维的提升。显然，拙著的完成，所收获到的不仅仅是实在的学术体验，而且还有巨大的、启发性的人生感悟：一是先贤伟大的近代强国的梦想就是中华民族复兴之路的前奏，二是伟大的罗马不是一日建成，中国的和平崛起也是渐行渐成的伟业！

最后，真诚感谢给予该著作写作便利的诸位人士，特别感谢推动拙著出版的广东人民出版社的编辑们，正是他们让学术事业走向光明殿堂，为文化繁荣做出了贡献。

作　者

2023年2月13日

---

① 钟叔河：《中国本身拥有力量》（修订本），南京：江苏教育出版社2005年版，第9页。